Thomas Ammann

Die Machtprobe

Thomas Ammann

DIE MACHTPROBE

Wie Social Media
unsere Demokratie verändern

Edition
Körber

Bibliografische Information der Deutschen Nationalbibliothek

Die Deutsche Nationalbibliothek verzeichnet diese Publikation
in der Deutschen Nationalbibliografie; detaillierte bibliografische Daten
sind im Internet unter http://dnb.d-nb.de abrufbar.

Umschlag: Groothuis. www.groothuis.de
Herstellung: Das Herstellungsbüro, Hamburg |
www.buch-herstellungsbuero.de
Druck und Bindung: CPI – Clausen & Bosse, Leck
Printed in Germany

ISBN 978-3-89684-284-8

www.edition-koerber.de

Inhalt

Im Dschungel der Informationen

Ein Samstag im Mai 2020. In Deutschland sind Tausende auf den Straßen, um gegen die Corona-Maßnahmen der Politik zu protestieren. Nicht immer unter Einhaltung der Abstandsregeln. Bei diesen sogenannten Hygiene-Demos melden sich diejenigen zu Wort, die wirklich wissen, was in diesem Land geschieht. Weil sie nicht mehr auf das vertrauen, was sie im Fernsehen sehen oder in der Zeitung lesen, sondern weil sie sich fast nur noch im Internet informieren.

So jedenfalls empfinden es viele von denen, die an diesem Tag gegen angebliche Ausgangssperren, einen vermeintlichen Impfzwang und überhaupt gegen die endgültige Beschneidung ihrer Freiheiten unter dem Vorwand der »Corona-Lüge« demonstrieren. »Fernseher aus, Gehirn an!« ist auf dem Transparent eines Protestierenden in Frankfurt am Main zu lesen. Am Berliner Neptunbrunnen unweit des Fernsehturms stimmt ein Demonstrant einen holprigen Sprechgesang an und tanzt dazu mit eckigen Bewegungen: »Erinnert euch, wer ihr wirklich seid«, ruft er, »befreit euch von Massenmedien! Der Virus existiert nicht. Wenn ihr sagt: ›Ich liebe das Leben, Gott und meinen Nachbarn‹ – der Virus existiert nicht!« Das kurze Video mit der eigenwilligen Darbietung des jungen Mannes wird unter dem Hashtag #coronavirusdeutschland auf Twitter gezeigt, erhält dort bis Ende Juli mehr als 900 000 Aufrufe.[1]

Ein Video aus dem ICE 373 von Berlin nach Interlaken sorgt am selben Tag für große Erheiterung in den sozialen Medien, weil sich der Zugchef mit einer sarkastischen Ansage an »alle Verschwörungstheoretiker bei uns an Bord« wendet: »Denken Sie bitte daran, dass die Bundesregierung heimlich Speichelproben sammelt, um Klone von Ihnen zu produzieren, die Sie dann ersetzen sollen. Tragen Sie daher dauerhaft Ihre Mund-Nasen-Bedeckung, um zu verhindern, dass die Regierung an Ihre DNS kommt. Vielen Dank, auch im Namen aller Mitreisenden.« Das Video der Bordansage geht im Netz viral, erreicht bis Ende Juli 2020 auf Twitter mehr als 800 000 Aufrufe und wird 36 000-mal gelikt.[2] Selten hat sich ein Zugchef so viel Sympathie erworben.

Zur gleichen Zeit würdigt Angela Merkel die Rolle der freien Presse in Deutschland. Der Anlass: Vor 75 Jahren, im Mai 1945, waren die ersten Nachkriegszeitungen erschienen. »Eine Demokratie braucht Fakten und Informationen, sie muss zwischen Wahrheit und Lüge unterscheiden«, erklärt die Kanzlerin in einer ihrer subtilen Anspielungen auf die aktuelle Corona-Debatte. »Wer die Freiheit liebt, dem ist eine freie Presse unverzichtbar.« Und dann sagt sie einen weiteren typischen Merkel-Satz, der alles und nichts bedeuten kann: »Dass wir mittlerweile über 70 Jahre Pressefreiheit haben, das kann uns mit Stolz, aber auch mit Dankbarkeit erfüllen.«[3] Stolz, aber auch Dankbarkeit, das passt für so vieles.

Diese bemerkenswerten Weisheiten erfährt das Volk nicht über die von der Kanzlerin zum 75. Jubiläum gepriesene freie Presse, sondern über den Podcast der Regierungschefin, zu erreichen beispielsweise unter bundeskanzlerin.de. In Zeiten der sozialen Netzwerke wird auch das Kanzleramt zum Medienhaus, und die Kanzlerin ist gleichsam ihre eigene Nachricht. Auf Interviews in der »unverzichtbaren« freien Presse verzichtet Angela Merkel ansonsten sehr gern, dafür ist sie seit fünfzehn Jahren bekannt. Es sei denn, sie kann die Spielregeln selbst bestimmen, wie beispielsweise bei den staatstragenden Auftritten in der Talkshow von Anne Will oder bei den ritualisierten Sommerinterviews in den großen öffentlich-rechtlichen Sendern *ARD* und *ZDF*.

Merkels Kollege in Übersee treibt das Prinzip auf die Spitze. Donald Trump hat für die freie Presse ohnehin nur noch Geringschätzung übrig. Für ihn ist alles, was nicht ihm huldigt, Fake News – »Lügenpresse«. Auch an jenem Samstag im Mai twittert @realDonaldTrump praktisch im Stundentakt seine Attacken gegen die Medien, darunter auch diese: »95 % Zustimmung in der Republikanischen Partei. 51 % Plus, gesamt. Aber das liest oder sieht man NIEMALS in den Medien der Fake News. Stattdessen nur miese, gefälschte Zahlen, wie schlecht ich mich angeblich schlage. Die Lamestream-Medien sind gestört und KORRUPT!«[4]

So weit der Präsident der Vereinigten Staaten in seiner typischen Angriffshaltung gegen *CNN*, *Washington Post*, *New York Times* & Co. Mit der Wortschöpfung »Lamestream-Medien« denunziert er all jene Zeitungen, Magazine und TV-Sender, die er als politische Gegner im Kampf um die Deutungshoheit ausgemacht hat. Das Erschreckende ist, dass diese Rufmordkampagne bei seinen Anhängern zu verfangen scheint, wenn er auch argumentativ in Corona-Zeiten schwer ins Straucheln geraten ist. Auch dieser Tweet gegen die »Lamestream-Medien« wird von den mehr als 84 Millionen Followern Trumps fast 20 000-mal geteilt und 68 000-mal gelikt.[5]

Momentaufnahmen von einem Samstag im Frühling 2020, der sicher kein gewöhnlicher Frühling ist. Die Corona-Pandemie hat seit Jahresbeginn die ganze Welt im Griff, und mit dem Covid-19-Virus reiste auch die Pandemie der Desinformation, der Angstmacherei und der Verschwörungstheorien einmal rund um den Globus.

Zugegeben, nicht alle, die in jener Zeit auf Deutschlands Straßen teilweise lauthals und wütend gegen Corona-Beschränkungen demonstrierten, waren »Aluhüte«, weltfremde Spinner, die hinter jeder Kita-Schließung gleich den Griff dunkler Mächte zur Weltherrschaft vermuten. Viele Einwände und Zweifel an den Maßnahmen waren sicher berechtigt und mussten diskutiert werden. Eine Demokratie muss Debatten nicht nur aushalten, sie lebt davon. Aber alle, die das demokratische Grundrecht auf Meinungsäußerung und Versammlungsfreiheit für sich in Anspruch nahmen, mussten sich selbst die Frage stellen, mit wem sie bei diesen Corona-Protesten in einer Reihe standen – denn es mischten sich Rechtsextreme unter sie, die auf der Empörungswelle mitsurften, Holocaust-Leugner, Reichsbürger und andere Verwirrte, die in grotesker Verzerrung der historischen Verhältnisse mit einem Judenstern gegen die vermeintliche Corona-Verfolgung zu Felde zogen.

Besorgte Bürger, die der Bundesregierung anlässlich der Flüchtlingswelle 2015 noch vorwarfen, sie habe wegen völliger Unfähigkeit das Land an den Abgrund geführt, verdächtigten nun dieselbe Regierung, sie habe in einem clandestinen Kraftakt mit Microsoft-Gründer Bill Gates und anderen Finsterlingen eine Verschwörung zur Unterjochung der Weltbevölkerung angezettelt.

Sie mögen eine Minderheit sein, aber die Melange ist dennoch gefährlich. Ohne digitale Kommunikation, ohne soziale Netzwerke und Messenger-Dienste hätten sie sich nie gefunden und diese Öffentlichkeitswirkung entfaltet.

Was sich im Zeichen der Corona-Pandemie zeigte, ist symptomatisch für die Gesellschaft des 21. Jahrhunderts: Die Glaubwürdigkeit von Regierungen ist bei vielen Menschen nachhaltig erschüttert, die der etablierten Medien sowieso; Erregungswellen folgen in immer kürzeren Abständen; jede noch so abstruse »Theorie« bricht sich Bahn und findet Anhänger; die Botschaften hallen in den Echokammern der sozialen Netzwerke wider, und oft genug werden aus den Worten und Hassparolen auch Taten.

Es hätte nicht der Corona-Krise bedurft, um dieses Buch zu schreiben. Aber diese Pandemie zeigt im Zeitraffer, welcher epochale Wandel sich gerade vollzieht: Mit dem Aufkommen der sozialen Medien haben die großen Parteien das Monopol auf die politische Agenda verloren, ebenso wie die Journalisten das Monopol auf die Verbreitung von Nachrichten. Was wichtig ist, bestimmen sie heute nicht mehr – oder zumindest nicht mehr allein. Es ist zum ersten Mal in der Geschichte eine mächtige Gegenöffentlichkeit entstanden. Die Menschen vertrauen nicht mehr darauf, dass sie die Wahrheit in den klassischen Medien finden. Sie suchen sie vielmehr im Netz, und das kann verhängnisvoll sein. Denn dieses ist mit seinen Filterblasen der ideale Nährboden für Fake News aller Art, für Propaganda und Lügen, mit denen Menschen gezielt in ihrem Verhalten beeinflusst werden sollen. »Data driven persuasion efforts« heißt das im Englischen, zu Deutsch etwas sperrig also: datengetriebene Überzeugungsbemühungen.

Wie erreicht man eine Verhaltensänderung bei den Nutzern, die etwa vor einer Parlamentswahl oder in einer politischen Frage wie der Migration noch unentschlossen sind? Die nicht wissen, was in der Corona-Krise gut und angemessen ist? Oder wie werden, ganz simpel, Kaufentscheidungen motiviert?

Das geschieht, indem man jedem Einzelnen nur noch Beiträge anbietet, die von Algorithmen speziell für sie oder ihn »kuratiert« werden – Beiträge, die nichts anderes tun, als einen eindimensionalen Blickwinkel zu verstärken und uns in Extreme zu treiben, damit wir länger am Smartphone hängen und noch mehr klicken. Das führt zu einer »kognitiven Segregation«, bei der im Extremfall jeder Mensch in seinem eigenen Informationsgetto existiert. Wir erleben die Trennung unserer Realitäten. Beispielsweise, wenn eine britische Biermarke ihre Kundschaft je nach Vorlieben und sozialen Merkmalen in etwa 4000 Kategorien einteilt und entsprechend viele individualisierte Versionen eines einzigen Werbespots verbreitet. Facebook habe das Unternehmen bei der Datenanalyse für diese groß angelegte Operation unterstützt, berichtete ein Facebook-Sprecher 2019 auf einem Workshop auf der OMR in Hamburg, der größten Fachmesse für Online-Marketing in Europa, an der ich teilgenommen habe.

Die sozialen Netzwerke vermitteln millionen- und milliardenfach individualisierte Wirklichkeiten. Das ist die neue Qualität dieser medialen Revolution.

Falsche Meldungen, gefälschte Fotos oder Filme, sogenannte Deep Fakes, Meldungen ohne Recherche, Meinungen ohne Expertise – all das ist im digitalen Zeitalter möglich und findet sein Publikum. Nur der oder die Einzelne entscheidet für sich allein, was für ihn oder sie wahr ist oder nicht. Dachten wir bis vor Kurzem noch, dass vor allem die Wirtschaft das Internet extensiv nutzt, um Werbung zu verbreiten, arbeiten inzwischen viele politische Parteien und Institutionen mit denselben Methoden.

Die Mechanismen, mit denen News, Geschichten oder politische Themen heute »geschaffen« werden, sind völlig neu – und für die allermeisten Nutzer der digitalen Kanäle nicht durchschaubar. Algorithmen bestimmen, wer welche Nachricht in seiner Timeline sieht. Kaum jemand ahnt, in welchem Ausmaß sein Verhalten, seine Aktivitäten, seine Vorlieben, sein Freundeskreis und andere intime Details durch Big Data seziert und analysiert werden. »So wird nicht nur deine Sicht der Welt verzerrt, du kannst dir auch die Perspektiven anderer nicht mehr bewusst machen«, mahnt einer der Pioniere der Computerindustrie, Jaron Lanier. »Vielmehr wirst du von den Erfahrungen anderer Gruppen ferngehalten, die separat manipuliert werden. Ihre Eindrücke sind ebenso unsichtbar für dich wie die Algorithmen, die deinen eigenen Feed hervorbringen.«[6]

Wie ungeheuer mächtig dieses neue Instrument ist, wurde mit dem US-Wahlkampf 2016 in seiner ganzen bedrohlichen Dimension deutlich. Der anfangs verspottete und unterschätzte Kandidat Donald Trump setzte sich zur allgemeinen Überraschung knapp durch. Die gezielte Diffamierung der demokratischen Rivalin Hillary Clinton und die konsequente Ausforschung potenzieller Wechselwähler über die digitalen Medien, das sogenannte Mikrotargeting, waren wesentliche Erfolgsfaktoren für den politischen Newcomer. Clinton hatte ein Wahlkampfbudget von mehr als einer Milliarde Dollar zur Verfügung, wovon ein beträchtlicher Teil in klassische Fernsehspots floss. Trumps Budget betrug nur etwa zwei Drittel davon, aber er investierte deutlich mehr Geld in Facebook-Werbung.

Sein Team verbreitete zu Wahlkampfzeiten bis zu 175 000 Versionen ein und derselben Story über die sozialen Plattformen. Sie unterschieden sich nur in kleinsten Nuancen, waren auf Zielpersonen individuell zugeschnitten. Die Datenbasis dazu lieferte das Unternehmen Cambridge Analytica mit der Unterstützung von Facebook – und von Hunderttausenden Facebook-Nutzern, die bereitwillig ihre detaillierten psychologischen Profile abgaben. Allerdings ahnten sie dabei nicht, dass auch alle ihre Freunde durchleuchtet wurden.

So bekam Trumps Wahlkampfteam Zugriff auf Millionen

von intimen Persönlichkeitsprofilen. Die Datenbasis für den Erfolg. Sie werden auch im laufenden Wahlkampf die entscheidenden Faktoren sein. Bis zum Jahresbeginn 2020 gab Trumps Team erheblich mehr Geld für Facebook aus als jeder der demokratischen Kandidaten. Erst als Michael Bloomberg auf den Plan trat, drehte sich der Trend. Der Multimilliardär setzte ähnlich wie sein republikanischer Kontrahent auf Facebook und investierte laut Angaben des *New Yorker* fast 50 Millionen Dollar allein für Werbung in diesem Netzwerk. »Die Bloomberg-Kampagne ist ein interessanter Testfall«, kommentierte Andrew Marantz im März 2020 im *New Yorker*, »wenn genügend gut platzierte Memes *(kuriose Beiträge, die sich rasch im Netz verbreiten, Anm. d. Verf.)* ein mittelmäßiges Haarprodukt oder einen langweiligen Popsong zu einem Hit machen können, warum dann nicht auch einen Präsidentschaftskandidaten?«[7] Dieser Testfall wird nicht eintreten, da Bloomberg inzwischen zugunsten Joe Bidens auf eine Bewerbung um die Kandidatur verzichtete. Der Testfall Biden gegen Trump dürfte aber ebenfalls sehr spannend werden.

In den vergangenen Jahren haben wir erlebt, wie sich weltweit die politische Arena völlig veränderte. Bewegungen wie #fridaysforfuture oder #blacklivesmatter entstehen praktisch aus dem Nichts; politische Quereinsteiger werden plötzlich in höchste Staatsämter katapultiert, neben Trump in den USA auch Emmanuel Macron in Frankreich oder der Komiker Wolodymyr Selenskyj in der Ukraine; und währenddessen verlieren die einstmals großen Volksparteien in vielen Ländern an Überzeugungskraft. Das Zwischenhoch von CDU/CSU während der Corona-Krise kann über den langfristigen Trend nicht hinwegtäuschen. Die sozialen Medien werden zum Marktplatz all derer, die mit den herrschenden Verhältnissen nicht einverstanden sind. Speakers' Corner ist heute nicht mehr der

Hyde Park in London, sondern es sind Twitter, Facebook und Instagram.

Das birgt große Chancen, schließlich ist das Netz als Inbegriff demokratischer Kommunikation gestartet. Aber es birgt eben auch bislang unbekannte Gefahren, denn auch die Gegner von Freiheit und Demokratie suchen und finden sich im Netz. Ausgrenzung und Hass nehmen scheinbar unaufhaltsam zu, und aus verbalen Attacken können reale Angriffe und sogar Mordanschläge werden – die wiederum in den entsprechenden Echokammern ausgiebig gefeiert werden.[8]

Das schürt vielfach Verunsicherung und vergiftet das politische Klima. Noch haben die etablierten Parteien keine wirksame Idee, wie sie mit den neuen Formen politischer Organisation und politischen Protestes umgehen sollen. Und wie sie die teilweise außer Kontrolle geratene Propagandamaschine im Internet in gesetzliche Schranken weisen, wenn es um Aufrufe zur Gewalt, Volksverhetzung, Naziverherrlichung und andere Straftatbestände geht.

Das ist die neue mediale Wirklichkeit, deren Auswirkungen auf unsere Gesellschaft wir derzeit allenfalls erahnen. Deshalb sind die sozialen Medien in all ihren Erscheinungsformen zur fünften Gewalt geworden. Sie haben endgültig den politischen Raum weltweit erobert, und es scheint, als würde uns erst langsam bewusst, welche radikalen Umwälzungen damit verbunden sind. »Selbst die Menschen, die Facebook erfunden haben, waren überrascht, was man damit alles machen kann«, sagt Philipp Westermeyer, Gründer des »Online Marketing Rockstars«-Festivals (OMR) und einer der erfolgreichsten Digital-Vermarkter Deutschlands, »und wie viel Negatives man auch bewirken kann.«

Es gehe um nichts weniger als »die ganz große Aufgabe, den gesellschaftlichen Zusammenhalt der Demokratie zu sichern«, erklärt der Start-up-Unternehmer, »obwohl das jetzt nicht mehr so funktioniert wie früher.« Nicht mehr die klassischen Medien geben den Takt vor, sondern die großen Online-Plattformen, so Westermeyer, »und an manchen Stellen ist deren Kooperationsbereitschaft nicht stark genug, wenn es ihren Interessen zuwiderläuft«. Ein weiteres Auseinanderdriften der Gesellschaft möglichst zu verhindern, sagt der 41-Jährige, »ist die Aufgabe für unsere Generation. Wir betreten eine Zukunft, von der wir nicht genau wissen, wie sie funktioniert. Das ist ein sehr gefährlicher Weg.«[9]

Mit dem Aufstieg der sozialen Plattformen geht gleichzeitig ein Niedergang der klassischen Medien einher, der teilweise selbst verursacht ist. Und in dieser Zeit der Umwälzungen hallt immer noch der Fall des Fälschers Relotius nach, der im Dezember 2018 die Öffentlichkeit erschütterte: Der *Spiegel* meldete Ungeheuerliches in eigener Sache. Wenn ausgerechnet »das deutsche Nachrichtenmagazin« den größten Fälschungsskandal seiner Geschichte eingestehen muss, ist das nicht nur ein Desaster für das Blatt selbst, sondern auch eine Gefahr für die gesamte Branche, für die etablierten journalistischen Medien überhaupt. Es ist ein Zeichen für eine tief gehende Glaubwürdigkeitskrise jener Form des Journalismus, die sich gern selbst mit dem Zusatz »Qualität« veredelt. Die langfristigen Folgen dieses beispiellosen Skandals sind auch heute noch nicht absehbar. Bessere Munition kann man den Verächtern der freien Presse nicht liefern.

Spiegel-Chefredakteur Steffen Klusmann, der erst ins Amt kam, als die Relotius-Affäre schon überkochte, sieht die Dinge anderthalb Jahre später nicht mehr ganz so dramatisch: »Natürlich hat uns Relotius Glaubwürdigkeit gekostet«, gibt er im Interview zu, »aber die Art und Weise, wie wir den Betrug aufgeklärt haben, fanden unsere Leser angemessen. Wir haben nichts vertuscht, und das haben unsere Leser honoriert.«[10] Gravierend ist der Fall dennoch: Über Jahre druckte das Magazin, das laut eigener Werbung »keine Angst vor der Wahrheit« hat, Fake Stories seines vielfach preisgekrönten Reporters Claas Relotius, in denen außer der Ortsangabe meist nicht viel stimmte. »Das Problem dieser Spiegel-Affäre liegt tiefer«, analysierte Anfang 2019 Springer-Vorstandschef Mathias Döpfner, der auch Präsident des Bundesverbandes Deutscher Zeitungsverleger ist. »Man sitzt auf dem hohen Ross und beschreibt in schöner, fast literarischer Sprache die Welt, wie sie sein soll.« Die Gefahr bestehe, dass »unser höchstes Gut, die Glaubwürdigkeit«, untergraben werde, so Döpfner in einem Interview mit Esteban Engel und Sven Gösmann von der Deutschen Presseagentur: »Wie will man denn in Zukunft mit anderen Enthüllungen umgehen – von der Neuen Heimat bis zu ›Dieselgate‹ – wo doch mit harten moralischen Maßstäben gemessen und schnell nach personellen Konsequenzen gerufen wird.«[11]

Für den *Spiegel* war die Relotius-Affäre der Anlass für die Rückbesinnung auf alte Tugenden, erklärt Chefredakteur Klusmann: »Der ›Goldstandard‹ ist heute nicht mehr die perfekt erzählte Geschichte. Die Exklusivität von Nachrichten, die Investigation – all das hat wieder mehr Gewicht bekommen.«[12]

Auch der größten Krise lässt sich noch etwas Positives abgewinnen. Aber der Riss geht tief. Wenn man sich schon nicht mehr auf den *Spiegel* verlassen kann, worauf dann?

So breitet sich die Unsicherheit in der Gesellschaft aus wie ein zersetzendes Gift: Was ist wahr, was ist gelogen? Ist der Klimawandel Realität oder Hysterie? Tötet der Feinstaub nun Menschen oder nicht? Helfen Malariatabletten gegen Corona, wie US-Präsident Trump behauptete, oder sind sie gar schädlich? Und gibt es das Virus überhaupt?

Sind Zeitungs- oder TV-Redaktionen vom Kanzleramt ferngesteuert, oder wer zieht sonst im Hintergrund die Fäden? Wem kann man überhaupt noch vertrauen? Hat der rapide Vertrauensverlust bei den klassischen Medien und haben die Fake News im Netz die Macht, die ganze Welt zu verändern? Politische Systeme auszuhebeln, gar die Demokratie an sich?

Dieses Buch stellt viele Fragen und wird versuchen, aufzuklären, zu informieren, Analysen und Hintergründe zu liefern zu einer der wichtigsten politisch-gesellschaftlichen Debatten unserer Tage. Wir alle, denke ich, haben inzwischen ein gespaltenes Verhältnis zu dem nie gekannten Kommunikations- und Unterhaltungsangebot. So schätzen wir einerseits die großen Annehmlichkeiten dieses ersten wirklich weltweiten Verbunds, der sogar in Corona-Zeiten Grenzen überwinden konnte, als Reisen längst nicht mehr möglich waren, und der mit Videokonferenzen Begegnungen mit Gesprächspartnern ermöglichte, als man sich persönlich schon lange nicht mehr treffen konnte. Auf der anderen Seite fürchten wir die ungeheuren Überwachungs- und Manipulationsmöglichkeiten durch die neuen Techniken, deren Dimension wir allenfalls erahnen können. Zudem entdecken wir bei uns selbst – nicht nur bei den Jüngeren – gefährliche Tendenzen zum Realitätsverlust und zur Sucht.

Bei aller Kritik und Beschwörung der Gefahren geht es mir nicht darum, die neuen Techniken zu verdammen. Für mich sind sie weder Teufelszeug noch Heilsbringer, sondern eine neue Kulturtechnik, die wir genauso erlernen müssen, wie wir uns das Lesen oder das Rechnen angeeignet haben. Im Umgang mit den sozialen Medien befinden wir uns alle vermutlich noch im Stadium von Erstklässlern.

Im Lauf der letzten Jahrzehnte hatte ich das Privileg, die Entstehung und den Aufstieg der digitalen Medien zu erleben und in den Redaktionen großer Medienhäuser teilweise mitzugestalten. Meine Berufsanfänge als Reporter des Norddeutschen Rundfunks lagen in der medialen Steinzeit – für das Fernsehen wurde noch auf Zelluloid gedreht, die Töne wurden parallel auf einem Tonband aufgezeichnet. Im Schneideraum wurde beides mühselig zusammengeführt. Das Equipment passte gerade so in einen Kombi mittlerer Größe, im Sender war der Schneidetisch ein mechanisches Wunderwerk. Die Cutterinnen, meist waren es Frauen, arbeiteten mit der Klebepresse und gelegentlich sogar mit der Schere.

Faxgeräte kamen gerade auf, die das Recherchieren und Kommunizieren ungemein erleichterten und beschleunigten, und als dann endlich die ersten Handys – groß wie Schuhkartons – verfügbar waren, musste man als Reporter nicht mehr darauf achten, immer genügend Groschen für die Telefonzellen parat zu haben, um mit der heimischen Redaktion zu telefonieren.

Damals gab es drei Fernsehsender, mit der Zulassung des Privatfernsehens in den 1980er-Jahren waren es knapp 30, später 300, und heute kann jede und jeder mit einem Smartphone sein eigener »Sender« sein und sein Programm bei Bedarf in Echtzeit und ungefiltert im Netz übertragen. Selbst Attentäter haben diese Möglichkeit zur Live-Übertragung schon genutzt.

Dann kam die digitale Revolution. Mitte der 1990er-Jahre arbeitete ich bei *Spiegel TV*, und man fragte sich nicht nur im Mutterhaus, beim *Spiegel*, ob dieses Internet vielleicht zu einer Bedrohung für die gedruckten Magazine werden könnte. Man war sich uneinig, ob sich diese Technik durchsetzt. Wir wissen, wie die Verleger und Redaktionen in ihrer Mehrheit damals darauf reagierten: Die kostbare Ware Information wurde verschenkt. Ein Jahrhundertfehler, denn damit trugen die

Produzenten langfristig selbst zur Entwertung ihrer Arbeit bei. Bis heute ist es mit wenigen Ausnahmen nicht gelungen, für den Journalismus im Netz ein tragfähiges Geschäftsmodell zu entwickeln. Etwas, das nichts kostet, ist in den Augen vieler nichts wert. Eine Geringschätzung für den Journalismus, die sich schleichend ausbreitete und mit der gegenwärtigen Diskussion um die »Lügenpresse« ihren vorläufigen Tiefpunkt erreichte. Eine gelungene Transformation hätte anders ausgesehen. Da muss, unter erschwerten Bedingungen, verlorenes Terrain zurückgewonnen werden. Nur ganz langsam wächst bei den Leserinnen und Lesern die Bereitschaft, für Informationen im Netz zu bezahlen.

Erst wurde das Internet von den meisten unterschätzt, dann überschätzt als Hort der freien und demokratischen Kommunikation. Jetzt sind wir an dem Punkt, an dem einige wenige Konzerne die Spielregeln bestimmen, ohne dass sie für sich Regeln akzeptieren würden. Die wertvollsten Konzerne der Menschheitsgeschichte bezahlen nicht einmal angemessene Steuern.

Sie betreiben die mächtigsten sozialen Netzwerke der Welt und fördern damit eine manipulative Gegenöffentlichkeit, die Fake News verbreitet und Hass und Verrohung geschehen lässt. Nur sehr zögerlich sind sie bereit, ihre Verantwortung anzuerkennen und Gegenmaßnahmen zu ergreifen.

Zu lange haben wir die damit verbundenen Gefahren verdrängt, dabei definiert der Umgang mit den sozialen Medien in den nächsten Jahren und Jahrzehnten unsere Demokratie.

Es ist eine Machtprobe, die aus einer paradoxen Situation entstanden ist: Während wir mit unserem Verhalten für die sozialen Netzwerke immer transparenter werden, entziehen diese sich jeglicher Kontrolle durch uns, die Nutzerinnen und Nutzer. Dass wir bis in die intimsten Details überwacht und analysiert werden, nehmen wir vielfach als gegeben hin. Dass dieses über Jahre angehäufte Wissen aber von Regierungen, Parteien, Wirtschaftsunternehmen und anderen Interessengruppen zunehmend dazu benutzt wird, uns gezielt zu manipulieren und unser Verhalten zu beeinflussen, ist den wenigsten klar. Und da alle unsere Daten auf ewig gespeichert und durch immer neue Analysemethoden immer feinmaschiger verknüpft werden können, ist auch künftigem Missbrauch Tür und Tor geöffnet.

Deshalb will dieses Buch auch ein Medienkompass sein für den Informationsdschungel unserer Tage: Wie finden wir uns dort zurecht, wie können wir wahr und falsch unterscheiden, wie funktionieren die unsichtbaren Mechanismen im Netz, die Algorithmen? Werden sie gezielt eingesetzt, um uns süchtig zu machen, unsere politischen Ansichten, unser soziales Leben und unser Konsumverhalten zu manipulieren? Wie entstehen Fake News, wer hat daran Interesse, wer verbreitet sie, wie kann man erkennen, welche Urheber und welche Interessen dahinterstecken, wie kann ich mich vor ungebetenen Nachrichten schützen? Wie wird die demokratische Kontrolle bei politischen Kampagnen ausgehebelt, und welche Gefahren für die Demokratie sind damit verbunden – und was müsste die Politik endlich tun, um die Internetgiganten zumindest dazu zu bringen, die geltenden Gesetze zu respektieren?

1. »Corona existiert nicht!«

Die Pandemie der Fake News

Noch bevor das Coronavirus die ganze Welt erfasste, warnte die Weltgesundheitsorganisation (WHO) bereits vor einer drohenden »Infodemie«. Falschmeldungen verbreiteten sich schneller als das Virus und seien genauso gefährlich, sagte im Februar 2020 WHO-Präsident Tedros Adhanom Ghebreyesus, den die Trump-Administration später wegen seiner Haltung zu China unter Beschuss nahm. Die Gefahr der Fake News, so viel lässt sich jetzt schon sagen, hat der WHO-Chef zu jener Zeit richtig eingeschätzt. Anfangs wurden noch Witze gemacht – als in Deutschland Toilettenpapier und Trockenhefe und in Frankreich angeblich Rotwein und Kondome knapp wurden –, aber bald grassierten mit dem Virus vor allen Dingen die Ängste. Das mag einer der Hauptgründe sein, weshalb so viele Menschen bereitwillig auch noch den größten Unsinn über den Ursprung von Covid-19 glaubten – und millionenfach in den sozialen Netzen teilten. Wer sich fürchtet, sagen Kognitionsforscher, ist anfälliger für Fake News.

Auf die Ängste folgten Taten: In Großbritannien wurden laut Angaben der Betreiber bis Anfang Juni 2020 rund 80 Sendemasten für den 5G-Mobilfunkstandard angezündet und zerstört, rund zwanzig waren es allein in den Tagen um Ostern. Auch in Irland und in den Niederlanden wurden vermehrt ähnliche Fälle von Brandstiftung gemeldet. Videos von brennenden Masten wurden 100 000-fach geklickt. Auf Youtube und mehreren sozialen Plattformen waren zuvor Berichte aufgetaucht, die einen Zusammenhang zwischen dem Ausbau des 5G-Standards und der Verbreitung des Coronavirus herstellten. Auch Hollywoodstars wie John Cusack und Woody Harrelson verbreiteten die Falschmeldungen auf Twitter. Das 5G-Mobilfunknetz steht ohnehin unter Generalverdacht, nicht nur in Großbritannien. So fordern beispielsweise in der Initiative 5G Appeal fast 400 europäische Wissenschaftler und Ärzte ein Moratorium für den Ausbau des Mobilfunknetzes, weil sie Gesundheitsschäden befürchten.[1]

Die einzige reale Verbindung zwischen Covid-19 und 5G bestand darin, dass in der chinesischen Stadt Wuhan, die als Ursprungsort der Corona-Pandemie gilt, derzeit ein 5G-Mobilfunknetz aufgebaut wird. Wie bei jeder guten Verschwörungstheorie lag ihrem Ursprung auch hier ein wahrer Kern zugrunde. Die Schlüsse, die manche daraus zogen, waren jedoch mehr als abenteuerlich. Die Strahlung der Masten greife in die Körperchemie ein, vermuteten die Gegner, und lasse die Menschen so anfälliger für die Viren werden. Corona sei nur erfunden worden, um während der Quarantäne heimlich ein 5G-Netz aufzubauen, behaupteten andere, und die dadurch verursachten Todesopfer vertuschen zu können. Allerdings blieben die Verschwörungstheoretiker die Antwort auf die Frage schuldig, warum sich die Pandemie vor allem dort ausbreitete, wo es keine 5G-Netze gibt – also im größten Teil der Welt.

Für Piers Corbyn, Bruder des früheren Labour-Chefs Jeremy Corbyn und einer der eifrigsten Anti-5G-Aktivisten, ist der Zusammenhang zwischen Covid-19, einem möglichen Impfstoff und dem neuen Mobilfunkstandard offensichtlich: »Den Impfstoff sollen alle bekommen, das dient der Kontrolle«, sagte er auf einer von ihm organisierten Demonstration, über die das *ARD*-Magazin *Weltspiegel* Anfang Juni 2020 berichtete. »Da wird gleichzeitig ein Mikrochip in den Körper injiziert, und über 5G werden die Leute mithilfe dieses Chips überwacht.«[2]

Eine der wesentlichen Quellen für diese Verschwörungstheorien, so fand der britische *Guardian* Ende April heraus, war ein angeblicher früherer Vodafone-Manager.[3] Er hatte in einer etwa halbstündigen Tonbandaufzeichnung als einer der Ersten das »Geheimnis« verraten, die Corona-Pandemie sei nur die Tarnung für eine globale Verschwörung. »Es hat nichts mit biologischer Kriegsführung zu tun, sondern unser Körper reagiert auf hochfrequente Strahlung«, behauptete er. In der Aufzeichnung deutete er ebenfalls an, Multimilliardär Bill Gates sei an der Herstellung von Impfstoffen gegen das Corona-Virus beteiligt, die Computerchips zur Verfolgung von Personen enthalten sollen. Auch das eine haltlose Behauptung, die unter Verschwörungstheoretikern rasch verbreitet wurde.

In Wahrheit, so enthüllten die *Guardian*-Journalisten, handelte es sich bei dem Urheber der Spekulationen nicht um einen ehemaligen Vodafone-Manager, sondern um Jonathon James, einen evangelikalen Pastor aus der Stadt Luton in der Nähe von London. James war kurz zuvor bekannt geworden, als er versuchte, die Regierung von Simbabwe zu überzeugen, sie solle in ihrer Wirtschaft Kryptowährungen verwenden.

Spötter lästerten im Netz, die 5G-Masten seien die Nachfolger der sogenannten Chemtrails, über die auch die wildesten Vermutungen kursieren. Gemeint sind die Kondensstreifen der Flugzeuge am Himmel, die bei manchen im Verdacht stehen, sie seien heimlich eingesetzte Nervengifte, die auf die Bevölkerung herniederregnen.

Auf rationale Argumente kommt es dabei nicht unbedingt an. Es half nichts, dass sich umgehend Experten zu Wort meldeten. »Das ist völliger Quatsch«, erklärte Simon Clarke, Zellbiologe an der Universität von Reading, im Fernsehsender *BBC*. Clarke (Twittername: @dr_simon) nahm während der Corona-Krise sehr ausgiebig an den Diskussionen in den sozialen Netzen teil, wobei er sich nach eigener Aussage als »Stimme der Vernunft« verstand. So warb er schon frühzeitig für den Gebrauch von Schutzmasken, als Politiker und die obersten Gesundheitswächter in Großbritannien in der Frage noch unentschieden waren. Auch in Deutschland war die Maskenpflicht anfangs umstritten. »Die Vorstellung, dass 5G unser Immunsystem schwächt, lässt sich nicht halten«, so der Experte. Zwar könne Strahlung grundsätzlich den Körper aufheizen und dadurch auch auf das Immunsystem einwirken. »Aber das Energieniveau von 5G-Strahlen ist niedrig und nicht annähernd stark genug, um unser Immunsystem zu beeinflussen.«[4] Sogar das britische Ministerium für Digitales, Kultur, Medien und Sport sah sich zu einer Stellungnahme veranlasst: »Es gibt absolut keine glaubwürdigen Beweise für eine Verbindung zwischen 5G und Coronavirus«, stellte das Ministerium Anfang April 2020 auf Twitter klar.[5]

Die britische Regierung arbeitet nun an einem Gesetz, um Fake News und Verschwörungstheorien einzudämmen. Der konservative Abgeordnete Julian Knight eröffnete die parlamentarische Debatte. »Ich wünsche mir«, so der Vorsitzende des Ausschusses für Digitales, Kultur, Medien und Sport im *ARD-Weltspiegel*, »dass wir künftig soziale Medien bestrafen, wenn sie wissentlich oder aus Nachlässigkeit Desinformation oder Hassreden verbreiten. Wir haben auch gefordert, dass Social-Media-Plattformen in schweren Fällen von Fahrlässigkeit strafrechtliche Sanktionen drohen, damit sie nicht einfach so davonkommen.«[6] Das ist allerdings leichter gesagt als getan. Und möglicherweise wird das Misstrauen bei den selbsternannten »Wahrheitssuchenden« (truth-seekers) durch solche offiziellen Initiativen nur noch vergrößert.

Forscher der Universität von Bath untersuchen seit 2016 die Entstehung von Verschwörungstheorien und fanden heraus, dass sie in Krisenzeiten besonders häufig aufzutreten scheinen. Das Coronavirus habe für einen »perfekten Sturm« gesorgt, so Tim Hill, einer der beteiligten Forscher, »weil der Staat machtlos zu sein scheint gegenüber dem, was er zu verwalten versucht«. Ein anderes Beispiel, so Hill, seien die Anschläge vom 11. September 2001 auf das World Trade Center in New York. »Verschwörungstheorien geben manchen Menschen die Gewissheit, dass es eine Struktur in der Welt gibt und dass hinter all dem bestimmte Mächte stehen, egal, wie böse oder wohlwollend sie sind«, so der Marketingexperte.[7]

Die Forscher aus Bath, die ihre Studien zusammen mit Kollegen aus Essex und Melbourne, Australien, durchführten, sehen in den 5G-Theorien ein Symptom für das Misstrauen gegenüber der Regierung. In Großbritannien habe der Glaube an Verschwörungen in den letzten Jahren zugenommen. »Deshalb haben wir unsere Untersuchungen begonnen«, berichtet Hill, »denn um das Jahr 2016 gab es eine Reihe von Umfragen, die von YouGov[8] durchgeführt wurden und die einen wachsenden Glauben an Verschwörungstheorien und ein zunehmendes Misstrauen gegenüber der Regierung, Autoritäten und vielen Institutionen zeigten.«

Ihre Studien der Verschwörungstheoretiker bezeichnen die Forscher als »ethnografisch«, wie Tim Hill erklärt: »Wir hängen mit ihnen ab, führen Interviews, zeichnen beiläufige Gespräche auf und beobachten, wie sie soziale Medien nutzen.« Die Forschung, so Hill, begleite »Menschen auf einer Reise von radikalen Skeptikern bis hin zu ausgewachsenen Verschwörungstheoretikern«.[9]

Da wundert es nicht, dass Psychologen der Universität Oxford im Mai 2020 nach einer repräsentativen Befragung zum Ergebnis kamen, die Hälfte der Briten neige in verschiedenen Abstufungen dazu, Verschwörungstheorien zu glauben. 25 Prozent stimmten ihnen »zu einem gewissen Grad« zu, fünfzehn Prozent zeigten »beständige Zustimmungsmuster« und zehn Prozent einen »hohen Grad an Zustimmung«, berichtete Professor Daniel Freeman, der Leiter der Studie, in der Fachzeitschrift *Psychological Medicine*.[10]

Mehr als zwanzig Prozent der befragten erwachsenen Briten halten der Studie zufolge das Coronavirus »bis zu einem gewissen Grad für eine Art Erfindung«. 40 Prozent sehen in seiner Verbreitung einen »bewussten Versuch mächtiger Leute, Kontrolle auszuüben«, und fast 60 Prozent glauben, dass sie von ihrer Regierung über die Ursache der Pandemie in die Irre geführt werden. Das Gefährliche daran ist, dass sich diese Skepsis auch im praktischen Verhalten ausdrückt, wie Psychologe Freeman erklärt: »Wer an Verschwörungstheorien glaubt, neigt weniger dazu, Empfehlungen der Regierung zu folgen, zum Beispiel zu Hause zu bleiben oder zwei Meter Abstand zu halten, wenn man sich draußen aufhält.«[11]

Für die Soziologen aus Bath wiederum ist der entscheidende Punkt, dass diese Menschen »zu denen gehören, die sich im Wesentlichen ausgeschlossen fühlen«, wie Marketingexperte Tim Hill sagt. »Sie stehen am Rand der Gesellschaft und fühlen sich machtlos. Teil einer Gruppe für Verschwörungstheorien zu sein, gibt den lautstärksten Aktivisten ein Gefühl von Prestige und Status, das sie noch nie zuvor hatten.«[12]

Es ist unschwer zu erraten, wo sich die »Ausgeschlossenen« finden in einer Welt, in der man der Regierung und den Medien angeblich nicht trauen kann. In den Echokammern der sozialen Netzwerke grassiert der Realitätsverlust. Da werden

Gerüchte und Spekulationen schnell zu vermeintlichen Gewissheiten.

Besonders brisant sind die Erkenntnisse der Forscher aus Bath über die Entstehung einiger dieser Verschwörungstheorien. Manches davon, bemerkte Hill, könne als eine Form der »Top-Down-Propaganda« angesehen werden. Russland zum Beispiel sei »heute sehr prominent in den Verschwörungstheorie-Gemeinschaften und in vielen 5G-Gemeinschaften vertreten«. Die Rolle Russlands bei der Verbreitung dieser Desinformation könne man »nicht übersehen«.[13] In diesem und in vielen anderen Fällen von Desinformation, möchte man hinzufügen.

Verschwörungstheorien und Fake News sind Teil eines breit angelegten Propagandakrieges, den Putin spätestens seit Beginn der Krim-Krise gegen den Westen führt, getreu der Doktrin des Generalstabschefs der russischen Streitkräfte, Waleri Gerassimov. Der hatte bereits im Jahr 2013 in einem Vortrag erklärt: Russland werde seine militärischen Ziele nicht allein mit konventionellen Streitkräften erreichen. Stattdessen habe »die Bedeutung der Rolle nicht-militärischer Mittel zur Erreichung politischer und strategischer Ziele zugenommen«, und vielfach hätten sie »die Wirkung der Durchschlagskraft der Waffen überschritten«. Der Generalstabschef forderte in der Rede seine Militärs zu »neuen Ideen, ungewöhnlichen Lösungsansätzen« auf. Zu denen zählte er auch die »Anwendung von Technologien zur Beeinflussung durch Informationsnetze sowohl staatlicher Strukturen als auch der Bevölkerung«.[14]

Im Kalten Krieg nannte man das »Disinformazija«, »Desinformation« – eine Waffe, die schon der sowjetische KGB einsetzte. »Wir gehen davon aus, dass Russland in der Lage ist, Desinformationskampagnen im Zusammenhang mit der Bundestagswahl zu starten«, sagte der damalige Präsident des Bundesverfassungsschutzes, Hans-Georg Maaßen, im August

2017.[15] Der Präsident des Bundesnachrichtendienstes (BND), Bruno Kahl, hatte bereits zuvor gewarnt, es gebe »Erkenntnisse, dass Cyber-Angriffe stattfinden, die keinen anderen Sinn haben, als politische Verunsicherung hervorzurufen«. Die Täter hätten »ein Interesse, den demokratischen Prozess als solchen zu delegitimieren. Egal, wem das nachher hilft«, sagte Kahl in der *Süddeutschen Zeitung*.[16]

Die Corona-Krise war für Russlands Medienkrieger offenbar ein willkommener Anlass, aufs Neue Unsicherheit und Ängste zu schüren. Das ist keine Verschwörungstheorie, sondern die Erkenntnis eines internen Berichts der Abteilung für Strategische Kommunikation des Europäischen Auswärtigen Dienstes (EEAS) vom März 2020. »Kremlfreundliche Medien spielen eine wichtige Rolle bei der Verbreitung von Desinformationen über das Coronavirus«, schreibt die East StratCom Task Force. Ziel sei es, Unruhe in der Bevölkerung zu stiften und das Vertrauen in die nationalen Behörden und Gesundheitssysteme zu untergraben.[17]

In den ersten fünf Monaten des Jahres 2020 dokumentierte der EEAS rund 500 Fälle von Desinformation über Corona in russischen Staatsmedien oder von Akteuren, die dem Kreml nahestehen.[18] Eine klare inhaltliche Linie gibt es dabei nicht, Widersprüche sollen die Verwirrung beim Publikum noch steigern. So veröffentlichten russische Webseiten wie amur.info und sputniknews.ru mehrere »Meldungen«, Papst Franziskus und zwei seiner Mitarbeiter seien angeblich mit dem Coronavirus infiziert und befänden sich in Quarantäne. In anderen russlandnahen Medien war zu lesen, das Virus sei eine starke biologische Waffe, die von den USA, den Briten oder der Opposition in Weißrussland eingesetzt werde. Der russische Nachrichtensender Sputnik behauptete, das Coronavirus sei in Lettland erfunden worden, weil es dort »viele talentierte Biologen und Pharmazeuten« gäbe.[19] Andere kremlnahe Quellen verbreiteten, das Virus sei im britischen Militärlabor Porton Down nahe Salisbury entwickelt worden. Die Widersprüchlichkeit der Meldungen sei Teil der Strategie, so die Faktenchecker des EEAS: »Verwirrung ist die Botschaft.«[20]

Die kremlnahe Webseite *Oriental Review* schrieb: »Wenn die Panik vorbei ist, wird das Erbe von Covid-19 weniger Tote hinterlassen als die normale Grippe.«[21] In dem Artikel werden vor allem Fremdenfeindlichkeit und rassistische Motive als Triebkräfte der gegenwärtigen Corona-Ängste unterstellt. Dann wiederum wurde behauptet, »Big Pharma« übertreibe die Ausmaße der Epidemie, um den Absatz von Medikamenten zu steigern.

Der russische Internetsender *Zvezda TV* zeigte auf Youtube »Berichte«, nach denen Microsoft-Gründer Bill Gates als Mastermind hinter der Corona-Pandemie stecken soll. »Vor einigen Monaten hielt der Microsoft-Chef eine Übung namens Event 201 ab«, so Zvezda TV, »bei der ein Ausbruch eines neuen Virus simuliert wurde, der in achtzehn Monaten 65 Millionen Menschen tötete. Die Idee der Lehren ist einfach – Globalisierung im Namen der Rettung.« Bekannte Pharmariesen und Vertreter des US-Verteidigungsministeriums hätten an dieser Übung teilgenommen, so der TV-Sender weiter. »Der Zeitpunkt der Übung kann kein Zufall sein: Als sie durchgeführt wurde, existierte das Coronavirus noch nicht.« Man müsste also entweder Nostradamus sein, so die Schlussfolgerung, um eine solch düstere Vision zu entwickeln, oder jemand, der das Virus selbst erschaffen habe. Daher bestätigten diese Übungen »direkt die Beteiligung von Gates an diesem Problem«, so Zvezda TV.[22] Der teuflische Großkapitalist – wer würde sich für dieses beliebte Muster der Diffamierung besser eignen als einer der reichsten Männer der Welt?

Tatsächlich stellten die Faktenchecker der East StratCom Task Force des EEAS fest, dass im Oktober 2019 eine Übung namens Event 201 stattfand, die vom Johns Hopkins Center for Health Security veranstaltet wurde. Prognosen über mögliche Todesfallzahlen habe es dabei nicht gegeben, teilte das Center in einer Stellungnahme mit: »Für das Szenario haben wir eine fiktive Coronavirus-Pandemie modelliert, aber wir haben ausdrücklich erklärt, dass es sich nicht um eine Vorhersage handelte. Stattdessen diente die Übung dazu, sich auf die Anforderungen an die Notfallbereitschaft zu konzentrieren, die bei einer sehr schweren Pandemie vermutlich auftreten würden. Wir sagen jetzt nicht voraus, dass der Ausbruch von Covid-19 65 Millionen Menschen töten wird.«[23]

Cui bono? Wem nützt diese Desinformationsstrategie, fragen sich auch die Experten des EEAS: »Warum blasen kremlfreundliche Stellen alle möglichen Verschwörungstheorien, unbegründeten Behauptungen und unverhohlenen Lügen in die Welt hinaus?«

Ihre Analyse ist bemerkenswert: »Die kremlfreundlichen Desinformationsstellen versuchen nicht, ›eine Idee zu verkaufen‹, sondern das Publikum zu verwirren. Während Journalisten seriöser Nachrichtenagenturen sorgfältig Quellen und Daten überprüfen, verbreiten die Desinformationsstellen ›alternative Fakten‹. Der Informationsraum ist mit Lügen besetzt; ein Nebel von Fälschungen verschleiert die Fakten. Die ›Leerstellen‹ werden besetzt.

Die wichtige Aufgabe für jede Art von Botschaft, die von kremlfreundlichen Sendern an ein internationales Publikum gesendet wird, besteht darin, Zwietracht zu säen. Kremlfreundliche Desinformationsstellen stellen das Zielpublikum mit Dutzenden von verschiedenen Aussagen, Versionen, Erklärungen, ›Lecks‹, ›sensationellen Enthüllungen‹ und Verschwörungstheorien bloß. All dies zielt darauf ab, das Vertrauen in die Bemühungen des Gesundheitssystems, der Behörden, der nationalen und internationalen Institutionen zu mindern; Panik und Misstrauen zu säen; ein Bild eines bevorstehenden Zusammenbruchs zu schaffen; ein Zusammenbrechen von Institutionen vorherzusagen.«[24]

Die russlandtreuen Medien sind wesentliche Quellen für diese schleichende Zersetzung, aber beileibe nicht die einzigen. Die große Gefahr all dieser Desinformationskampagnen ist, dass sie in der Regel sehr erfolgreich sind. Sie werden in den sozialen Medien oft millionenfach geteilt und gelikt, und das sind die wesentlichen Faktoren, nach denen sich der Erfolg im Netz bemisst.

Wie ansteckend das Virus der Verschwörungstheorien sein kann, zeigt das Fallbeispiel »Plandemic«. Das Wortspiel aus *planned* und *pandemic* – also »geplante Pandemie« – ist der Titel einer knapp halbstündigen Reportage, die einmal mehr die Pharmariesen, Bill Gates und die Weltgesundheitsorganisation bezichtigt, sie steckten gemeinsam hinter dem Ausbruch der Covid-19-Pandemie, um Profite zu erzielen und die Macht an sich zu reißen. Was in aller Welt Bill Gates motivieren soll, noch mehr Geld zu verdienen, als er sowieso schon hat, bleibt das Geheimnis der Verschwörungstheoretiker. Aber auf rationale Einsichten kommt es hier nicht an.

Kronzeugin des Films ist Dr. Judy Mikovits, eine pensionierte Forscherin, bekannt als »eingefleischte Verschwörungstheoretikerin«, wie der britische *Guardian* berichtete.[25] Sie behauptet in dem Video, das National Institute of Allergy and Infectious Diseases – dessen renommierter Chef Anthony Fauci zum Höhepunkt der Corona-Krise in den USA als Gegenpol zu Präsident Trump zur landesweiten Instanz wurde – habe eine ihrer Arbeiten totgeschwiegen, die angeblich gezeigt habe, dass

Impfstoffe das Immunsystem der Menschen schwächen und sie anfälliger für Covid-19 machen. Ebenfalls in dem Film behauptet Judy Mikovits, das Tragen von Atemschutzmasken sei gefährlich, weil es »buchstäblich das eigene Virus« aktiviere.

Der bis dahin wenig bekannte kalifornische Filmemacher Mikki Willis stellte den Film »Plandemic« am 4. Mai 2020 online. Er erschien zunächst auf Facebook, Youtube, der Videoplattform Vimeo sowie auf einer eigens für die Präsentation des Videos vorgesehenen Seite.[26] Was dann passierte, rekonstruierte ein Team der *New York Times* unter der Überschrift »Wie sich der Film ›Plandemic‹ und seine Fälschungen weltweit ausbreiteten«.[27] Die Rechercheure benutzten dafür Daten von CrowdTangle, einem Analysetool für die Interaktionen auf Facebook. Drei Tage lang kursierte der Film zunächst in Gruppen von Verschwörungstheoretikern und Impfgegnern, darunter auch auf einer Facebook-Seite, die QAnon zugerechnet wird, einem rechtsgerichteten Zirkel, der vor allem auf Imageboards wie dem berüchtigten 4Chan Verschwörungstheorien verbreitet. Dort wurden die »exklusiven Inhalte« angepriesen, die man »unbedingt ansehen« müsse.

Über die Initiatoren von QAnon gibt es keine gesicherten Erkenntnisse, der Einfluss in der US-amerikanischen Rechten ist aber nicht zu unterschätzen. QAnon wurde auf 4Chan populär mit der durch nichts zu belegenden Behauptung, US-Präsident Trump kämpfe im Verborgenen gegen eine kriminelle Organisation, den sogenannten Deep State, dem unter anderem die früheren Präsidenten Bill Clinton und Barack Obama, der Milliardär George Soros und Stars wie Lady Gaga angehörten. Unter dem Stichwort »Pizzagate« ging von QAnon während des US-Wahlkampfs 2016 die Verschwörungstheorie aus, der Deep State betreibe in einer Pizzeria in der Hauptstadt Washington einen Kinderpornoring, von dem die Präsidentschaftskandidatin Hillary Clinton zumindest gewusst haben soll. Am 4. Dezember 2016 stürmte Edgar Welch bewaffnet mit einem Sturmgewehr den angeblichen Tatort, die Pizzeria Comet Ping Pong, und gab mehrere Schüsse ab. Verletzt wurde niemand. Später ließ er sich widerstandslos festnehmen. Welch wurde im Juni 2017 zu vier Jahren Gefängnis verurteilt. Die Pizzagate-Lüge wurde im Wahlkampf von mehreren rechten Medien aufgegriffen, darunter auch von Breitbart News, dem Portal des Trump-Strategen Stephen Bannon. Auch Trumps späterer Sicherheitsberater Michael Flynn hatte die Gerüchte über Twitter verbreitet: »New York Police Department enthüllt neue Hillary E-Mails: Geldwäsche, Sexverbrechen mit Kindern etc. Muss man gelesen haben!«[28]

Das war also das Milieu, in dem »Plandemic« zur Top-Enthüllung hochgejubelt wurde. Es dauerte nur einen weiteren Tag, nachdem QAnon sich eingeschaltet hatte, bis einige prominente Impfgegner das Video im Netz teilten. Unter ihnen Dr. Christiane Northrup, eine Ärztin mit einer halben Million Facebook-Followern, die durch Auftritte in der TV-Show von Oprah Winfrey bekannt geworden war. Am selben Abend teilte auch Nick Catone, ein Mixed-Martial-Arts-Kämpfer, »Plandemic« mit seinen rund 70 000 Anhängern auf Facebook. Catone macht Impfstoffe für den Tod seines zweijährigen Sohnes im Jahr 2017 verantwortlich.

Zu diesem Zeitpunkt war »Plandemic« bereits auf der Facebook-Seite von Reopen Alabama aufgetaucht, einer konservativen Bewegung mit über 36 000 Mitgliedern, die gegen die Ausgangsbeschränkungen während der Corona-Krise protestierte. Rasch wurde das Video mit Dutzenden anderer Reopen-America-Gruppen geteilt. So verbreitete es sich innerhalb weniger Tage immer weiter, »und zwar in einer Art kraftvollem Multiplikatoreneffekt«, wie die *New York Times* konstatierte.[29]

Das Newsportal Buzzfeed berichtete am 7. Mai über die Fälschungen in »Plandemic«, was als eines der ersten Anzeichen dafür galt, dass die großen Nachrichtenmedien das Video entdeckt hatten. Am selben Tag sperrten Youtube und Facebook den Film auf ihren Plattformen, weil der Film gegen die Regeln für den Umgang mit Fehlinformationen verstieß. Aber da war es schon zu spät. »Zu diesem Zeitpunkt«, stellte die *New York Times* fest, »war das Video bereits voll im Mainstream.«[30]

Denn die Abrufzahlen waren längst explodiert. Mehr als acht Millionen Mal wurde das Video auf Youtube, Facebook, Twitter und Instagram angesehen, und es hatte unzählige weitere Beiträge generiert, die wiederum über Messenger-Dienste wie Whatsapp oder Telegram verbreitet wurden. Auf Facebook allein wurde »Plandemic« fast zweieinhalb Millionen Mal gelikt, kommentiert oder geteilt, wie die *New York Times* nach Auswertung von CrowdTangle-Daten berichtete.[31]

Um die Dimensionen einzuordnen: Verglichen damit hatte der Post eines der größten Stars unserer Zeit, der Sängerin Taylor Swift, keine Chance. Die Ankündigung ihres »City of Lover«-Konzerts kam in derselben Zeit auf gerade mal 110 000 solcher Interaktionen.[32] Allenfalls das US-Pentagon konnte noch einigermaßen mithalten. Drei Videos über »unerklärliche Himmelsphänomene« kamen in zwei Wochen auf etwa eine Million Interaktionen.[33]

Fazit der *New York Times* in der »Plandemic«-Affäre: »Verschwörungstheorien über die Pandemie entwickeln mehr Zugkraft als die Online-Aktivitäten des Mainstreams.«[34]

Eine Erkenntnis, die leider nicht neu ist. Ebenso wenig wie die Beobachtung, dass es nur weniger konspirativer Facebook-Gruppen und Youtube-Kanäle bedarf, um einen solchen medialen Sturm zu entfachen. »Dies bestätigt etwas, was wir seit mindestens 2016 wissen«, kommentierte *Guardian*-Reporter

John Naughton die »Plandemic«-Affäre, »nämlich, dass die Seiten der Verschwörungstheoretiker die stärksten Treiber für Desinformation sind.« Vor allem, wenn es um medizinische oder gesundheitspolitische Verschwörungstheorien geht. »Sie neigen dazu, ideologische Bereiche zu durchkreuzen«, so Professor Eric Oliver, Politikwissenschaftler an der Universität von Chicago, zum *Guardian*, »weil sie nicht explizit politisch sind.«[35]

In Deutschland nennt sich das Querfront. Im »Widerstand« gegen einen angeblichen »Impfterrorismus« treffen die notorisch besorgten Bürger auf selbsternannte Verteidiger der Freiheit, auf die sogenannten Aluhüte oder auf Reichsbürger, die diesen Staat grundsätzlich ablehnen. Der äußerste rechte Rand wittert wieder einmal eine Chance, gegen das verhasste »System« anzugehen und Misstrauen gegen die Regierenden zu säen. Es bilden sich Allianzen, deren Dynamik nur sehr schwer einzuschätzen ist.

Der Bielefelder Konfliktforscher Andreas Zick untersuchte im Frühjahr 2020 die Wahrnehmung der Corona-Krise in Deutschland. Eine Umfrage unter 3000 Personen ergab, dass jeder Vierte glaubte, Medien und Politik würden »gezielt bestimmte Informationen verschweigen«, und jeder Zwölfte stimmte der Aussage zu, es gebe »geheime Organisationen, die während der Corona-Krise großen Einfluss auf politische Entscheidungen haben«. Auf diese Stimmungslage setzten die rechten Gruppierungen wie die »Reichsbürger«, wenn sie »Brücken schlagen«, wie Zick gegenüber der *Süddeutschen Zeitung* sagte, »in eine Widerstandsideologie gegen das etablierte System und seine Eliten«.[36]

Auch der Präsident des nordrhein-westfälischen Verfassungsschutzes, Burkhard Freier, bestätigte, dass Rechtsextreme die Nähe zu Corona-Demonstranten suchten. Anfangs hätten Gruppen wie »Die Rechte«, die NPD oder die »Bruderschaft Deutschland« versucht, die Proteste selbst zu organisieren, berichtete Burkhard Freier bei der Vorstellung des Jahresberichtes seiner Behörde. »Aber das hat nicht geklappt, da funktionieren die Abwehrreflexe der Gesellschaft«, sagte Freier. Deshalb hätten die Rechten ihre Taktik umgestellt und sich unter die Demonstranten gemischt.[37] Landesinnenminister Herbert Reul warnte in dem Zusammenhang vor den Gefahren des Internets: »Das Netz ist die Dunkelkammer eines extremistischen Weltbilds und die Reifekammer für Terroristen«, so Reul bei der Vorstellung des NRW-Verfassungsschutzberichts. »Es ist die Radikalisierungsmaschine des 21. Jahrhunderts.«[38]

Dass es die obskuren Verschwörungstheorien aus Großbritannien und den USA auch bis nach Deutschland geschafft haben, wurde über mehrere Wochen bei den Bildern der Demonstrationen in Berlin, Stuttgart, Frankfurt, Dresden und in zahlreichen anderen Städten deutlich. »Gib Gates keine Chance« war auf vielen Transparenten zu lesen, in Anlehnung an den Slogan der früheren Präventionskampagne »Gib Aids keine Chance«. Die Botschaft, hinter der ganzen Pandemie stecke der Microsoft-Gründer, war einmal um den Globus gereist.

Mit dabei auch der mittlerweile am rechten Rand gelandete Kochbuchautor Attila Hildmann, einst gefeierter Star der veganen Szene, gegen den inzwischen in Brandenburg und in Berlin wegen Volksverhetzung ermittelt wird. Unter anderem wirft ihm die Berliner Polizei vor, er habe bei einer von ihm angemeldeten Corona-Kundgebung den Holocaust verharmlost und Hitler gelobt.[39] Auch in seinen Social-Media-Kanälen propagiert Hildmann die schon aus den USA bekannten Verschwörungstheorien und schürt Hass gegen Bill Gates und andere.[40] »Die Organisation funktioniert seit einigen Jahren ganz gut, schnell und unkompliziert über die sozialen Medien«, konstatierte der Chemnitzer Extremismusforscher Tom Mannewitz. »Wenn Sie an die Demonstration in Berlin von und mit Attila Hildmann denken, dann funktioniert das prototypisch sehr gut mit den sozialen Medien, in dem Fall mit Telegram, oder mit Facebook-Gruppen.« Der Forscher verwies im *Deutschlandfunk* auf die Erfahrungen, die jeder selbst machen kann oder schon gemacht hat: »Sie werden es selber feststellen«, so Mannewitz, »wenn Sie bei YouTube ein Video über Verschwörungstheorien anschauen, dann werden Ihnen im Nachhinein keine Videos empfohlen, die versuchen, damit aufzuräumen, sondern solche, die weitere Verschwörungstheorien bringen.«[41] Eine Meinungsmaschine, die sich selbst befeuert. Das ist, vereinfacht gesagt, das Prinzip der sozialen Medien.

»Welche Coronavirus-Verschwörungstheorie ist die populärste in den USA, Italien, Deutschland, Frankreich und Großbritannien?«, fragte im Mai 2020 das Medien-Start-up Newsguard aus New York, das Glaubwürdigkeit und Transparenz von Quellen im Netz beurteilt. Vier mögliche Antworten boten die Faktenchecker an:

»a) Bill Gates finanzierte einen Coronavirus-Impfstoff und war auch für die Übertragung des Virus verantwortlich.
b) Das Coronavirus ist eine biologische Waffe, die in einem chinesischen Labor in Wuhan entwickelt wurde.
c) Die Ursache des Coronavirus ist einfach: Es ist eigentlich kein Coronavirus, sondern ein Resultat der 5G-Technologie, die grippeähnliche Symptome verursacht.
d) Afrikanische Migranten brachten das Coronavirus nach Italien und verursachten den Ausbruch in Europa.«[42]

Die Antwort erfahren Sie am Ende des Buches … nein, das wäre nicht fair. Das Coronavirus als biologische Waffe, Antwort b), ist an der Spitze aller Fake News in den genannten fünf Ländern, wie der »Misinformation Monitor« von Newsguard nach einer Analyse von mehr als 130 Websites feststellte.[43]

Das 2018 gegründete Start-up Newsguard wird von Steven Brill und Gordon Crovitz geleitet, zwei erfahrenen Journalisten und Medienunternehmern, die auch die Hauptgesellschafter sind. Brill hatte zuvor unter anderem Court TV gegründet, Crovitz war Herausgeber und Kolumnist des *Wall Street Journal*.

Bei der Beschreibung ihrer Mission legen die »Nachrichtenwächter« selbst großen Wert auf Transparenz. »Ein Team von ausgebildeten Journalisten und erfahrenen Redakteuren«, ist auf der Website zu lesen, überprüfe und bewerte »Nachrichten- und Informationswebseiten basierend auf den neun journalistischen Kriterien«, die sich auf grundlegende Anforderungen an Glaubwürdigkeit und Transparenz bezögen. »Wir zensieren nicht«, betont Marie Richter, die als Senior Editor für Deutschland zuständig ist, gegenüber dem *Handelsblatt*. Vielmehr ginge es um eine schnelle Einordnung für Internetnutzer, die nicht die Zeit hätten, die Quelle selbst umfassend zu prüfen.[44]

Einer der Bewertungspunkte ist laut der Newsguard-Website: »Journalisten recherchieren Informationen verantwortungsbewusst und nach klassischen journalistischen Kriterien.« Weitere Bewertungspunkte sind: »Unterlaufene Fehler werden regelmäßig richtiggestellt« oder »klare Unterscheidung zwischen Nachricht und Meinung«. Auf der Basis dieser Kriterien teilt Newsguard die Websites in grün oder rot ein, je nachdem, ob die Standards der Glaubwürdigkeit und Transparenz eingehalten werden oder nicht. Das Besondere an der Idee: Newsguard kann von registrierten Nutzern als (kostenlose) Browser-Erweiterung auf jedem Desktop installiert werden und zeigt dann in der Google-Suche oder in den Social-Media-Feeds neben einer Nachrichtenquelle direkt deren Glaubwürdigkeit an.

Dabei zeigt sich auch im Fall Corona, dass für die massive Verbreitung von Falschnachrichten immer wieder die üblichen verdächtigen Quellen verantwortlich sind. Die Rechercheure von Newsguard verfolgten die populärste Verschwörungstheorie bis zu ihrem Ursprung zurück, um dann deren virale Verbreitung zu dokumentieren.

Sie stellten fest, dass eine obskure indische Plattform, GreatGameIndia, am 26. Januar 2020 einen Artikel mit dem Titel »Wie China das Coronavirus aus Kanada gestohlen und zur Waffe gemacht hat« publizierte.[45] Angeblich hätten »zwei chinesische Spione« das Virus von einem Labor in Winnipeg in ein Militärlabor in Wuhan geschmuggelt. Dort sei es »entwichen« und hätte begonnen, Menschen zu infizieren. Das Interessante daran: Laut Newswhip, einer Analyseplattform für Social Media, erzielte der Beitrag seit seiner Veröffentlichung bis Mitte März nur rund 1600 Reaktionen in den sozialen Medien. Eine relativ geringe Zahl.[46]

Aber Zerohedge, ein verschwörerischer US-amerikanischer Blog über Politik und Finanzen, übernahm die Story von GreatGameIndia bereits am Tag nach deren Erscheinen, allerdings mit einer Relativierung. Aus der Tatsachenbehauptung wurde eine Frage: »Hat China das Coronavirus aus Kanada gestohlen und es zur Waffe umgewandelt?« Der Beitrag erhielt bis Mitte März 2020 mehr als 24 000 Reaktionen in den sozialen Medien. Zerohedge zählt laut dem zu Amazon gehörenden Internet-Statistikdienst Alexa zu den 350 größten Websites in den USA.[47] Rund 330 000 Unique User, zu drei Vierteln US-Amerikaner, erreicht die Seite pro Monat.

Die Fallstudie macht deutlich, wie schnell eine Falschmeldung von einer dubiosen indischen Quelle, die schon kurz nach ihrem Erscheinen von verschiedenen Faktencheckern entlarvt wurde, auf den Displays von Hunderttausenden Amerikanern erscheint. »Unzuverlässige Nachrichtenquellen beobachten sich gegenseitig und veröffentlichen Artikel von anderen Seiten erneut – ohne Rücksicht auf die Fakten«, lautet die Erkenntnis von Newsguard.[48]

In Deutschland machten die Nachrichtenwächter in der Hauptsache vier Twitter-Konten ausfindig, die an der Spitze der Meinungsmache standen: KenFM.de, der Kanal des Verschwörungspropagandisten Ken Jebsen, RT Deutsch, früher Russia Today, das Compact-Magazin und RalfTHeuer. Die Konten sind alle seit Jahren aktiv und haben auf Twitter jeweils mehr als 20 000 Follower, die als Multiplikatoren ihrerseits für eine geradezu virale Ausbreitung der Fake News sorgen.

Welche Dimensionen das annimmt, zeigt das Beispiel Ken Jebsen. Auf Youtube folgen eine halbe Million Abonnenten dem ehemaligen Radiomoderator und seinem Kanal KenFM, der laut Eigenwerbung »crowdfinanziert und unabhängig« ist. Am 4. Mai 2020 veröffentlichte Jebsen das Video »Gates kapert Deutschland« in seinem Youtube-Kanal. Vier Tage später war es nach Recherchen von Correctiv bereits drei Millionen Mal abgerufen worden.[49] Ende Juni wurde es von Youtube gelöscht, wird aber immer wieder von Jebsen-Unterstützern hochgeladen.[50] Auf Jebsens eigener Website ist es ebenfalls noch zu sehen.[51]

Jebsen wurde in der Corona-Krise zur Galionsfigur der deutschen Verschwörungstheoretiker. Als Dauerredner auf den sogenannten Hygiene-Demos hetzte er unter anderem gegen die *Tagesschau* als das »wichtigste Propagandamedium« der *ARD*, das die Menschen »mental« vergifte. Auf KenFM schrieb er: »Ab sofort treffen wir uns täglich um 20.00 Uhr, pünktlich zur *Tagesschau*, auf dem Balkon oder am offenen Fenster und rufen gemeinsam: ›Ihr könnt mich alle am Arsch lecken!‹ ›Ich lass mir das nicht länger gefallen!‹ ›Mein Körper gehört mir!‹«[52] Es ist nicht bekannt, wie viele Anhänger der Aufforderung Folge leisteten.

Jebsens Hass auf die öffentlich-rechtlichen Sender hat möglicherweise biografische Gründe. Bis 2011 war er als Moderator der populären Jugendsendung *KenFM* beim Rundfunk Berlin-Brandenburg (rbb) tätig. Der Sender trennte sich von ihm, weil »zahlreiche seiner Beiträge nicht den journalistischen Standards des rbb entsprachen«, wie die damalige Programmdirektorin Claudia Nothelle erklärte.[53] Zuvor musste der rbb den Moderator gegen den Vorwurf verteidigen, er sei Antisemit und Holocaust-Leugner. Wie der Publizist Henryk M. Broder berichtete, hatte Jebsen einem Hörer geschrieben: »ich weis wer den holocaust als PR erfunden hat. der neffe freuds. bernays. in seinem buch propaganda schrieb er wie man solche kampagnen durchführt. goebbels hat das gelesen und umgesetzt. (…) was ist das grösste problem der juden? ihre führer. also wie in der restwelt auch.«[54] *(Schreibfehler im Original, Anm. d. Verf.)*. Auf Youtube kommentierte Jebsen seinen Rauswurf so: »Ich bin vielleicht irre, aber kein Antisemit.«[55] Und als Redner auf einer sogenannten Mahnwache bei einer Montagsdemo am Brandenburger Tor rief er 2014: »Demokratie löst nicht alle Probleme. Das denkt man, dass Demokratie alle Probleme lösen kann. Es gibt auch andere Möglichkeiten. Und da orientiere ich mich auch an der Natur. Stellt euch mal vor: Zugvögel würden die Reise nach Afrika demokratisch organisieren. Die kämen nur bis Sylt!«[56] Das ist der Mann, dessen Tiraden sich Millionen Deutsche in der Corona-Krise im Netz ansehen.

RalfTHeuer, ein anderer populärer Corona-Propagandist,

betreibt nach dem Urteil von Newsguard einen »pro-russischen und pro-Trump-Account, der häufig Artikel, Videos und Fotos über Verschwörungsmythen veröffentlicht«. Seit dem Frühjahr 2020 gilt er den Nachrichtenwächtern als einer der »Superspreader von Corona-Falschinformationen«.[57] Und noch im Juli 2020 postete er auf Twitter in einem wahren Trommelfeuer gegen die angebliche »ANGST & PANIKmache« im Zusammenhang mit Corona, das »CO_2 dauerschnüffeln mit Maske«[58], die »Pharmakartelle« und den »Menschenvernichter« Bill Gates sowie »die Umwandlung der Gesellschaft in ein neues [rotFAschistisches BRD-Überwachungs & Kontroll-Regime]«.[59] Und die angeblich Verantwortlichen benennt der Propagandist regelmäßig in seiner eigenen merkwürdigen Diktion so: »Der [Deep State/DS], die [Massenmedien/MSM] & die [korrupten Politiker].«[60]

Der *Deutschland-Kurier*, laut Newsguard »eine konservative, pro-AfD- und Anti-Immigrations-Website«[61], bringt gleich mehrere Feindbilder der Rechten zusammen. Im Februar 2020 behauptete ein Artikel, dass ein »geheimer Bericht des Bundesgesundheitsministeriums vor einer Coronavirus-Epidemie durch afrikanische Migranten« warne. Angeblich brächten »im Mittelmeer ›gerettete‹ Migranten« die Krankheit »en masse nach Deutschland, wo das Virus dann sich in ihren Unterkünften rasch ausbreitet – ein Szenario von apokalyptischen Ausmaßen!«[62] Als Quelle wurde ein namentlich nicht genannter Regierungsbeamter zitiert. Zu diesem Zeitpunkt war noch kein einziger Corona-Patient in Afrika registriert worden und auch kein entsprechender Fall in Deutschland bekannt. Ein Sprecher des Bundesgesundheitsministeriums teilte dem Recherchezentrum Correctiv auf Anfrage mit, eine »solche Presseberichterstattung« sei »fiktiv und ohne jede sachliche Grundlage«.[63]

Compact ist der digitale Ableger eines monatlichen deutschen Magazins, das nach dem Urteil von Newsguard, »falsche Inhalte« veröffentlicht, »um rechtspopulistische bis rechtsextreme Ansichten der Partei AfD sowie russische Desinformation zu unterstützen«.[64] Im Februar 2020 schürte Compact kräftig die Fake-News-These, das Virus sei eine im Labor entwickelte Biowaffe. »Ausgangspunkt der Seuche war demnach nicht der Fischmarkt in Wuhan, sondern ein Biowaffenlabor, das in der Nähe der Millionenmetropole liegt«, hieß es in dem Artikel.[65]

Der digitale Kanal RT Deutsch schließlich (früher Russia Today) ist für Newsguard »ein Instrument der russischen Regierung zur Verbreitung von Falschinformation und Propaganda«.[66] RT selbst bezeichnet sich als »autonome, gemeinnützige Organisation, die aus dem Budget der Russischen Föderation öffentlich finanziert wird«.[67]

Dass die Website Eigentumsverhältnisse und Finanzierung vermerkt, wird von Newsguard positiv bewertet, ansonsten ist die Einstufung aber tiefrot. »RT veröffentlicht regelmäßig falsche Behauptungen und Propaganda des Kremls«, so das Urteil der Newswächter, »verschweigt Informationen und widerspricht Fakten und Positionen, die nicht mit den Zielen und Positionen der russischen Regierung übereinstimmen.«[68]

In Sachen Corona enthielt ein Artikel vom März 2020 mit dem Titel »Peter König zu Corona-Virus und Event 201: ›Menschen werden gerade getestet!‹« ein Video-Interview mit dem Ökonomen und ehemaligen Mitarbeiter der Weltbank, Peter König. Der bezog sich auf die bereits erwähnte Simulation des Johns Hopkins Center for Health Security und der Bill & Melinda Gates Foundation im Herbst 2019. »Eine Computer-Simulation von genau diesem Coronavirus, der dann im Computer also 65 Millionen Tote verursacht hat«, erklärte König, »das ist meines Erachtens ein zu großer Zufall, um Zufall zu sein.«[69] König tritt auch in RT-Deutsch-Videos auf Youtube auf und wirft beispielsweise dem Internationalen Währungsfonds (IWF) vor, die Corona-Pandemie zu nutzen, um seinen Einfluss zu festigen und auszuweiten. Das ist dann wohl gemeint, wenn der Kreml-Kanal seinen Usern auf Youtube mitteilt, er wolle »mit einer alternativen Berichterstattung etablierte Meinungen« hinterfragen. »Wir zeigen und schreiben das, was sonst verschwiegen oder weggeschnitten wird.«[70]

König ist auch bei KenFM oder der prorussischen kanadischen Website Global Research zu finden. Dort veröffentlichte er einen Beitrag unter der Überschrift »Ein Akt der Bio-Kriegsführung?«. Das Virus könnte, fabuliert König, »in einem oder mehreren der zahlreichen US-Labors für biologische Kriegsführung vom Menschen hergestellt worden sein« und befalle »anscheinend in hohem Maße ethnische Chinesen …, das heißt, dass es speziell auf chinesische DNA abzielt«. Es handele sich vermutlich, so König, um »einen finsteren Plan einer westlichen Elite, die Chinas schnell wachsende Wirtschaft angreifen will«.[71]

In einem RT-Deutsch-Beitrag vom März 2020 mit dem Titel »Thailand heilt offenbar Corona-Patientin mit Medikamenten-Mix« werden offenkundig falsche Hoffnungen geweckt. So habe Thailand berichtet, eine chinesische Staatsbürgerin sei mit einer experimentellen Mischung von Medikamenten geheilt worden, die zur Behandlung der Grippe und von HIV eingesetzt wurden.[72] Tatsächlich hatten die thailändischen Behörden jedoch nie behauptet, die Patientin geheilt zu haben, sondern ihr Zustand habe sich lediglich gebessert, wie eine Überprüfung der Nachrichtenagentur Reuters ergab.[73]

Der weltweite Einfluss der Putin-Propaganda ist immens. RT geht auf einen Beschluss der russischen Regierung von 2005 zurück, die staatliche Kommunikationsstrategie auf das Ausland auszuweiten. RT startete zunächst als Fernsehsender in US-Kabelnetzen, konzentrierte sich aber zunehmend auf das Internet, als die sozialen Medien immer populärer wurden. Im Jahr 2013 war RT nach eigenen Angaben das erste Nachrichtenmedium, das mehr als eine Milliarde Views auf Youtube erreichte. Nach einem Bericht des *Wall Street Journal* von 2017 näherte sich die englischsprachige Version von RT in der Reichweite dem US-Nachrichtensender *CNN* – gemessen sowohl an den Views als auch an der Zahl der Abonnenten. Zu dem Zeitpunkt zählte RT bereits mehr als zwei Milliarden Views und mehr als zwei Millionen Abonnenten.[74] Der deutsche Ableger wurde 2014 gegründet. Der Youtube-Kanal RT Deutsch verzeichnet im Sommer 2020 mehr als 377 000 Abonnenten.[75]

Auch anonymousnews.ru mischte in der Corona-Krise kräftig im Fake-News-Geschäft mit. Die laut Newsguard »anonym geführte, rechtsextreme deutsche Website« veröffentlicht seit 2016 »Falschinformationen und Verschwörungstheorien«, war insbesondere während der Flüchtlingskrise aktiv und produzierte dabei einige der populärsten und am meisten geteilten Fake News. So beispielsweise mit der Schlagzeile: »Staat zahlt Harem 7500 Euro im Monat: Syrer lebt jetzt mit zwei Ehefrauen und acht Kindern in Deutschland«, die im Jahr 2018 gemessen an den Interaktionen auf Facebook die erfolgreichste Falschmeldung war, wie das Newsportal Buzzfeed berichtete.[76] Im Januar 2020 behauptete anonymousnews.ru, das Coronavirus sei »keineswegs natürlichen Ursprungs«, und verstieg sich sogar zu der Behauptung, dass seine Entwicklung von der Gates-Stiftung finanziert worden sei. »Verdächtigerweise ist die Bill and Melinda Gates Stiftung ein ›Hauptfinanzierer‹ des Pirbright-Instituts«, war in dem Beitrag zu lesen.[77]

Hintergrund des absurden Verdachts: Das britische Pirbright-Institut forscht im Bereich der Tiergesundheit und besitzt ein Patent auf ein Coronavirus. Allerdings handelt es sich dabei nicht um das neuartige Sars-CoV-2, das die Pandemie verursachte, sondern um einen schwächeren Stamm. Er befällt nur Hühner, keine Menschen.

Wie lässt sich diese Flut an Fake News eindämmen? Geht das überhaupt noch? Diese Fragen stellen sich nicht nur Newsguard und andere Faktenchecker wie beispielsweise Correctiv in Deutschland, sondern zunehmend auch Politikerinnen und Politiker.

So warnte auch Věra Jourová, Vizepräsidentin der EU-Kommission und Kommissarin für Werte und Transparenz, vor einer »zunehmenden Menge von Falschinformationen über den Ausbruch von Covid-19«. Gleichzeitig wies sie gegenüber dem *Handelsblatt* auf ein Problem hin: Es sei notwendig, so Jourová, die Rolle von verschlüsselten Messenger-Diensten wie Whatsapp oder Telegram besser zu verstehen: »Der größte Teil der problematischen Inhalte scheint organisch zu sein, stammt also von den Nutzern selbst.«[78] Dagegen lässt sich noch weniger ausrichten als gegen zentral gesteuerte Desinformationskampagnen, denn private Chats sind kaum zu kontrollieren. »Wie soll man Inhalte entfernen, die man nicht sieht?«, zitiert das *Handelsblatt* einen EU-Experten.[79] Das schafften nicht einmal die Betreiber der großen Plattformen selbst, obwohl sie doch sonst (fast) alles sehen.

Schon Anfang März 2020, als die Covid-19-Krise ihrem Höhepunkt zustrebte, hatte Jourová sich mit Vertretern von Google, Facebook, Twitter und Microsoft getroffen, um gezielt Maßnahmen gegen Corona-Fake-News zu besprechen. Sie forderte die Konzerne auf, irreführende Post zu entfernen und dafür die Sichtbarkeit vertrauenswürdiger Informationen wie zum Beispiel die der WHO zu verbessern. Dabei bezog sie sich auf den Verhaltenskodex, den die großen Vier schon lange vor

Corona, im Oktober 2018, unterzeichnet hatten, in dem sie sich freiwillig zum Kampf gegen Desinformationen verpflichteten. Das ist der Grund, weshalb man seither zum Beispiel bei Youtube unter der Überschrift »Covid-19« den Hinweis liest: »Aktuelle, wissenschaftliche Informationen finden Sie bei der Bundeszentrale für gesundheitliche Aufklärung«, und einen Link zu »weiteren Informationen« findet. Youtube ist einer der reichweitenstärksten Verbreitungskanäle für Fake News, auf denen allein Propagandisten wie Ken Jebsen Abrufzahlen erreichen, die in die Millionen gehen.

Laut einer Datenrecherche, die *NDR*, *WDR* und *Süddeutsche Zeitung* gemeinsam mit dem Datenanalysten Philip Kreißel im April 2020 durchführte, wurden neunzehn fragwürdige Youtube-Videos zum Thema Corona in den sechs Wochen davor rund zwölf Millionen Mal angesehen. Diese und weitere Videos sowie entsprechende Texte wurden auf Facebook 300 000-mal geteilt. Dagegen wurden journalistische Faktenchecks, die Inhalte genau dieser Videos und Texte überprüften, nach der Studie zwanzig Mal weniger geteilt und erreichten demnach viel weniger Menschen. Die Desinformation ist also wesentlich erfolgreicher als die Korrektur.[80]

Das Recherchezentrum Correctiv meldete im April 2020, rund 46 Prozent aller Hinweise auf Falschmeldungen, die bei ihnen eingingen, würden sich allein auf Youtube beziehen.[81] Allerdings stießen die Faktenchecker immer wieder auf das Problem, dass Meinungen mit verschwörungstheoretischen Elementen vermischt würden. »Die Beiträge säen Zweifel, sind aber schwer zu überprüfen, weil es sich oft nicht um konkrete Tatsachenbehauptungen handelt«, berichtet Correctiv-Redakteur Till Eckert im Gespräch. »Deshalb werden sie von den Plattformen nicht so einfach gelöscht, und Leute wie Ken Jebsen können weiterhin ihre irreführenden Botschaften verbreiten.« Um nur ein Beispiel zu nennen: Ein zweieinhalbstündiges Jebsen-Video mit dem Titel »And the Winner is … Bill Gates!«, das altbekannte Falschbehauptungen enthält, ist im Juli 2020 noch problemlos abrufbar. Knapp 750 000 Menschen haben es sich bisher angesehen. Ein Warnhinweis von Youtube fehlt.[82]

Bei Facebook werden vor allem Posts überprüft, die besonders viele Reaktionen provozieren. Neuerdings arbeitet auch das größte soziale Netzwerk der Welt mit Warnungen vor Falschinformationen. Allein im April 2020 habe man »fünfzig Millionen Beiträge mit Covid-19-Bezug mit Warnhinweisen« versehen, erklärte Facebook-Chef Mark Zuckerberg gegenüber der britischen *BBC*, als er einen Bericht über Verstöße gegen die Netzwerkregeln vorstellte. »In 95 Prozent der Fälle, in denen jemand Inhalte mit dem Label sieht, klickt er nicht darauf, um diesen Inhalt anzusehen«, behauptete Zuckerberg.[83]

Schlechte Aussichten für die Wahrheit in Corona-Zeiten? Auch der Faktenfinder der *ARD-Tagesschau* dürfte es schwer haben, sich gegen die Flut der Fake News zu behaupten. Er empfiehlt, sich mehr auf den gesunden Menschenverstand zu verlassen: »Wenn Sie Nachrichten erhalten oder lesen, denen zufolge bald alle Supermärkte geschlossen werden, oder die angeblich Heilmittel gegen die Krankheit Covid-19 versprechen, leiten Sie diese nicht einfach weiter.

Nehmen sie sich Zeit, um über die Behauptungen nachzudenken. Woher kommt diese Nachricht? Wer hat Ihnen diese geschickt? Und gibt es eine Quelle für die Behauptung? Damit ist gemeint: Wird auf einen Forscher oder einen seriösen Medienbericht verwiesen – oder handelt es sich um anonyme Quellen? In vorliegenden Whatsapp-Nachrichten berufen sich Absender auf angebliche Bekannte, die Kontakte zu hochrangigen Politikern hätten und ›wirklich‹ Bescheid wüssten. Vertrauen Sie solchen Angaben nicht.«[84]

Immerhin deuten erste Analysen aus den Corona-Monaten des Frühjahrs 2020 darauf hin, dass das Bedürfnis nach glaubwürdigen Informationen in der Krise gewachsen ist. Die Printmagazine und Websites der etablierten Nachrichtenmarken erfreuten sich steigender Nachfrage, die *ARD-Tagesschau* und die diversen regelmäßigen Sondersendungen in öffentlich-rechtlichen und privaten Sendern konnten zeitweilig neue Zuschauerrekorde registrieren, und selbst Wissenschaftler wie der sachlich-nüchterne Berliner Virologe Christian Drosten wurden zu populären, wenn auch nicht unumstrittenen Vertretern ihrer Zunft. Das tägliche Coronavirus-Update – ein Podcast, den Drosten mit dem *Norddeutschen Rundfunk* produziert – hatte bereits Ende März 2020 mehr als fünfzehn Millionen Abrufe erzielt.

Das Medienmagazin *Zapp* des *NDR*-Fernsehens gab im Mai 2020 bei infratest dimap eine Befragung in Auftrag, die den Trend zu bestätigen schien.[85] Von allen Befragten hielten 68 Prozent die öffentlich-rechtlichen Medien in der Berichterstattung über Corona für glaubwürdig. Dahinter folgten Printmedien mit 42 Prozent, der Private Rundfunk mit 23 Prozent und Social-Media-Plattformen mit sieben Prozent.

Wie die Studie weiter zeigte, war mit 27 Prozent das Vertrauen der AfD-Anhänger in die öffentlich-rechtlichen Medien am geringsten. Das ist wenig überraschend: Aus diesen Kreisen war in den vergangenen Jahren die lauteste Kritik an der »Lügenpresse« zu vernehmen. Bei den Anhängern der anderen im Bundestag vertretenen Parteien lagen die Werte für das Vertrauen über 70 Prozent, am höchsten sogar mit jeweils 82 Prozent bei Linken und Grünen.

Beim Alter waren die Unterschiede weniger groß: 60 Prozent der 18- bis 39-Jährigen vertrauten den öffentlich-rechtlichen Medien, bei den Befragten über 65 Jahre waren es fast drei Viertel, 74 Prozent. Das traf ebenfalls auf die Unterschiede zwischen Ost und West zu. Für glaubwürdig halten 60 Prozent der Befragten in Ostdeutschland und 70 Prozent in Westdeutschland die öffentlich-rechtlichen Medien. Was man für glaubwürdig hält, so das Fazit im Corona-Frühjahr, hängt im Wesentlichen von den politischen Überzeugungen, dem Alter und der Frage ab, wo man lebt – im Westen oder im Osten Deutschlands.

Das sind Momentaufnahmen in der Corona-Krise, einer historisch einmaligen Situation. Aber der langfristige Trend zeigt in eine etwas andere Richtung. Das Vertrauen in die Glaubwürdigkeit der etablierten Medien mag im Durchschnitt noch relativ hoch sein, langfristig bröckelt es aber, vor allem am rechten Rand. Die Studie der Unternehmensberatung PriceWaterhouseCoopers »Vertrauen in Medien« aus dem Jahr 2018 kommt zu ähnlichen Ergebnissen, ebenso die Allensbach-Untersuchung »Wem glauben wir was?« aus dem Jahr 2019 im Auftrag von Axel Springer.[86]

Die Lehre aus diesen Untersuchungen kann sein, dass Macht und Einfluss der Fake News im Netz nicht unbedingt daraus resultieren, dass Millionen Menschen sie für glaubwürdig halten. Die Attraktivität von Falschmeldungen und Verschwörungstheorien wird durch viele Faktoren bestimmt. Für die geradezu pandemische Ausbreitung spielen die Algorithmen in den sozialen Medien eine entscheidende Rolle.

Befördert und bevorzugt positioniert werden eben nicht die Posts, die besonders glaubwürdig oder journalistisch wertvoll sind, sondern diejenigen, die viele Interaktionen hervorrufen – oder durch besonders kontroverse Inhalte geradezu provozieren. Und je erfolgreicher sie sind, desto höher werden sie gerankt. Was dazu führt, dass sie noch mehr Aufmerksamkeit erregen und für immer mehr Bestätigung in den Zirkeln sorgen, in denen sie kursieren. So entstehen die Filterblasen in den sozialen Netzwerken. Es ist das klassische Beispiel für die sich selbst erfüllende Prophezeiung, eine Windmaschine, die sich selbst antreibt, mit beängstigenden Folgen für den gesellschaftlichen Diskurs. Vor allem, wenn man bedenkt, dass der Einfluss der sozialen Medien scheinbar unaufhaltsam steigt. In den USA beziehen nach einer Studie des Pew Research Center bereits 40 Prozent aller Erwachsenen ihre Nachrichten vor allem aus Facebook.[87] Es steht zu befürchten, dass die USA uns in Deutschland auch in dieser Frage nur vorangehen.

Insoweit gilt es, einen Rat des Faktenfinders der *ARD* zu beherzigen und die mentalen Abstandsregeln zu Verschwörungstheorien und ihren »Superspreadern« einzuhalten:

»Erkundigen Sie sich bei Freunden und Bekannten, was diese von den Behauptungen halten, fragen Sie Personen, die fachlich mit solchen Themen vertraut sind. Tauschen Sie sich generell mit anderen Menschen aus und gönnen sich auch einmal eine Pause von den Nachrichten über die Pandemie.«[88]

2. »Relotius hat uns geerdet.«
Interview mit Steffen Klusmann

Spiegel-Chefredakteur Steffen Klusmann über Social Media und die klassischen Medien in der Corona-Krise, das gedeihliche Zusammenwachsen von Print und Online, warum Copycats gefährlich leben und weshalb die Relotius-Affäre am Ende nicht nur schlecht war.[1]

Herr Klusmann, der Spiegel *steht für klassischen Journalismus. Wie sehen Sie die Entwicklung rund um Social Media? Als Chance, als Bedrohung, als Ende der klassischen Medien?*

Vor drei bis fünf Jahren habe ich die sozialen Netzwerke tatsächlich als eine große Bedrohung gesehen, weil sie ein Riesenpublikum erreichen, und vor allem, weil sie mit ihrer Coolness und Schnelligkeit viele junge Leute ansprechen. Unsere Sorge war, dass wir ausbluten könnten, also mehr Leser verlieren, als wir neue gewinnen, weil wir immer noch an den alten Tugenden festhalten, die Geld kosten. *Spiegel.de* ist einfach deutlich aufwendiger und teurer als viele der bunten Newsportale, die in den vergangenen Jahren neu entstanden sind und cleveres Marketing betrieben haben. Das hätte also sehr gefährlich werden können: Die einen hätten uns die Anzeigen, die anderen die Leser wegnehmen können.

Das war vor drei bis fünf Jahren. Und heute?

Inzwischen hat sich das geändert. Es gelingt den sozialen Netzwerken ja kaum noch, zwischen ernsthaften Nachrichten und Fake News zu unterscheiden. Sie werden von Verschwörungstheoretikern regelrecht gekapert. Viele der neuen Medienplattformen wiederum wollten genauso werden wie wir. Buzzfeed etwa war extrem stolz, als auch deren Washington-Korrespondent zum engeren Zirkel des US-Pressekorps zählte und nah an Präsident Barack Obama rankam.

Also doch keine Gefahr für die klassischen Medien?

Viele dieser Start-ups, die die Welt erobern wollten, sind inzwischen wieder verschwunden oder wurden stark dezimiert, es wurde in großem Stil Personal abgebaut. Sie spüren jetzt, dass ihre Inhalte für bezahlten Content nur sehr begrenzt funktionieren. Spätestens die Corona-Krise hat bewiesen, dass die Leser für gut recherchierte Fakten auch bereit sind zu bezahlen. Und da sind wir im Vorteil.

Also endlich ein Geschäftsmodell für Journalismus im Netz?

Es zeigt auf jeden Fall, dass wir so schlecht nicht aufgestellt sind. Klar, neue Abonnenten finden sich hauptsächlich in der digitalen Welt. Aber die sind deshalb ja nicht weniger wertvoll. Um unsere Schlagkraft im Digitalen besser auszuspielen, haben wir die Redaktionen von Print und Online fusioniert. Und das hat sich bei Corona definitiv ausgezahlt. Deswegen bin ich inzwischen optimistischer als vor drei oder fünf Jahren.

Was lehrt uns die aktuelle Corona-Krise?

Man muss sich ständig infrage stellen und modernisieren, zugleich muss sich Old Media aber auch treu bleiben. Faktentreuer, kritischer und investigativer Journalismus ist äußerst begehrt. Und das können wir nun mal, auch wenn uns Relotius zwischenzeitlich einen schweren Dämpfer versetzt hat. Unsere Digital-Abos steigen beständig, was eine Hinwendung zu Marken und Medien belegt, denen man vertraut. Das macht mir Hoffnung.

Dennoch: Ein großer Vertrauensverlust bei den Medien ist nicht zu übersehen. Die Leserschaft schwindet seit Jahren konstant und in einem Maß, das man lange nicht für möglich hielt.

Wenn man Print und Online zusammennimmt, ist die Zahl unserer Leser de facto um ein Vielfaches größer als früher, selbst verglichen mit den goldenen Zeiten. Es zahlen eben nur nicht alle für die Inhalte. Und durch die sozialen Netzwerke, die gigantische Mengen an Content aggregieren, ist der Einfluss klassischer Medien relativ gesehen natürlich zurückgegangen. Das heißt: Manchmal bleiben wir als Regulativ einfach außen vor. Wie ein Linienrichter, der die ganze Zeit »Abseits« anzeigt, aber der Schiedsrichter pfeift nicht ab.

Verschwörungstheorien und Fake News sind die Schlagworte der Stunde. Ist die Debatte überschätzt, weil es doch nur ein paar Verrückte sind, die das glauben? Oder verbirgt sich dahinter ein nennenswerter Wirklichkeitsverlust?

Das wird sich noch zeigen. Taucht man in die digitale Welt ein, scheint das Phänomen groß zu sein. Physisch demonstrieren dann am Ende aber doch nur wenige. Und die Zustimmung der Bevölkerung zu den Maßnahmen der Bundesregierung ist ja nach wie vor enorm hoch. Die Union hat in den Umfragen schon lange nicht mehr so gut abgeschnitten wie während der Corona-Krise. Wenn sich jetzt herausstellt, dass viele Entscheidungen falsch und übertrieben waren, dass die Wirtschaft durch den Lockdown nachhaltig beschädigt wurde und uns deshalb eine jahrelange Rezession droht, sieht das schon wieder alles anders aus. Dann kann die Stimmung schnell kippen.

Aber kann beispielsweise der Spiegel *diese Leute überhaupt noch erreichen?*

Zu Unzufriedenheit tendieren ja nicht nur irgendwelche Verbohrten und Verschwörungstheoretiker, sondern durchaus auch erfolgreiche Leute, die sich bei FDP und Union nicht mehr aufgehoben fühlen und immer mal in Richtung AfD schielen. Solche Menschen sind durchaus noch erreichbar. Corona entzaubert ja gerade diverse Staatschefs als Scharlatane.

Klar ist, dass die großen Medien das Monopol auf die Verbreitung von Nachrichten verloren haben.

Das Monopol ist weg, stimmt. Wenn Youtuber Rezo ein Video produziert, das siebzehn Millionen Mal geklickt wird, dann ist das sehr bemerkenswert. Aber wie wir aus der Volkswirtschaftslehre wissen, sind Monopole auf Dauer ohnehin nicht wirklich gesund. Und überflüssig sind die klassischen Medien aus dieser Logik heraus noch lange nicht.

Womit wir bei Trump wären. Er hat Social Media nicht erfunden, aber er hat ihnen seinen Aufstieg mit zu verdanken, und er regiert mit ihnen. Anscheinend gibt es in der Politik keine anerkannten

Wahrheiten mehr, möglicherweise auch im Journalismus nicht. Trump lügt, und jeder weiß das. Es interessiert seine Anhänger aber nicht.

Warten wir mal ab. Derzeit findet Trump mit seinen Lügen nur noch schwer Gehör. Selbst seine Anhänger merken, dass er ein schlechter Krisenmanager ist. Manchmal sind die Fakten dann doch stärker, weil sie einfach so offensichtlich sind.

Die sozialen Medien sind ein Mechanismus, der sich selbst befeuert. Was die Leute mögen, das schafft neue Reaktionen. Das sind genau die Algorithmen, die bei Facebook & Co. eingesetzt werden. Ist das ein Vorbild für den Journalismus, dass man noch mehr darauf achtet, was erfolgreich läuft?

Wir schauen uns jeden Tag sehr genau an, was gut läuft, und fragen uns, ob wir dazu noch weitere Geschichten brauchen. Und Stücke, die gut geklickt werden, bleiben länger prominent platziert als andere. Insofern spielen die Metrics im operativen Geschäft eine wichtige Rolle. Aber eben nicht die alleinige. Wir machen uns nicht zu Sklaven von Themen, die bei Google oder anderswo gerade trenden. Wissen, was in den sozialen Netzwerken angesagt ist, sollte man trotzdem.

Und wo sind da die Grenzen? Auch manche der journalistischen Websites setzen inzwischen sehr vordergründig auf Klickzahlen.

Wenn man als Website die sozialen Netzwerke imitiert, wird man zwangsläufig zur Copycat. Das bringt nichts, den meisten Leuten reicht das Original. In der Volkswirtschaft gibt es die Theorie der komparativen Vorteile: Mach das, was du gut kannst, noch besser, damit der andere dir nicht in die Parade fahren kann. Man braucht diesen einen Mehrwert, einen USP, der die Leser immer wieder anlockt, weil diesen kein anderer so gut bietet.

Glaubwürdigkeit ist ein solcher Mehrwert. Wie steht es damit beim Spiegel, *knapp zwei Jahre nach der Relotius-Affäre? Ist der Vorwurf der Abgehobenheit berechtigt?*

Wir haben aus Relotius gelernt. Guter Nachrichtenjournalismus ist Handwerk, keine Kunst. Es geht darum, zu schildern und einzuordnen, was ist, und weniger darum, es möglichst bombastisch zu verpacken. Natürlich hat uns Relotius Glaubwürdigkeit gekostet. Aber die Art und Weise, wie wir den Betrug aufgeklärt haben, fanden unsere Leser angemessen. Wir haben nichts vertuscht, und das haben unsere Leser honoriert. Und ein Stück weit hat uns das beim *Spiegel* auch geerdet. Der »Goldstandard« ist heute nicht mehr die perfekt erzählte Geschichte. Die Exklusivität von Nachrichten, die Investigation – all das hat wieder mehr Gewicht bekommen.

Also hatte die Affäre auch etwas Gutes?

Durch Relotius sind wir definitiv enger zusammengerückt. Die Print- und Online-Redaktionen sind innerhalb eines Jahres zusammengewachsen. Wir wägen heute ab, was unter *Spiegel*+ läuft und Abonnenten binden soll und was im freien Bereich ausgespielt wird und Reichweite generieren soll. Das Interessante ist: Wenn viel freier Traffic auf der Seite ist, schließen wir auch besonders viele neue Abos ab. Man muss die Seite für den kostenlosen Gebrauch also nicht schließen, damit die Abonnements steigen. Das Gegenteil ist richtig. Zumindest derzeit noch.

3. Social Media

Der Siegeszug der digitalen Marktplätze

Meistens werden 50-jährige Jubiläen mit pompösen Veranstaltungen gefeiert, besonders dann, wenn sie, wie in diesem Fall, die ganze Welt betreffen. Wohl kaum ein Ereignis hat das Leben auf dem Planeten in den vergangenen fünf Jahrzehnten so nachhaltig verändert wie jenes, das sich am 29. Oktober 1969 gegen 22 Uhr 30 an der Universität von Kalifornien in Los Angeles (UCLA) abspielte, genauer gesagt im Raum 3204 in der Boelter Hall, 508 Portola Plaza. Auch wenn es sehr unspektakulär begann. Einer der Beteiligten, der damalige Informatikstudent Charles Kline, berichtet, was geschah:

> »Wir stellten eine Telefonverbindung zwischen uns und den Jungs vom Stanford Research Institute her. Wir tippten ein L und fragten am Telefon:
> ›Seht ihr das L?‹
> ›Ja, wir sehen das L‹, kam die Antwort.
> Wir tippten ein O und fragten: ›Seht ihr das O?‹
> ›Ja, wir sehen das O.‹
> Dann tippten wir ein G, und das System stürzte ab …«[1]

So beginnen Revolutionen. Und dennoch erschien das 50. Jubiläum am 29. Oktober 2019 eher wie eine Randnotiz, allenfalls wahrgenommen von der Netzgemeinde – und den damals beteiligten Internetpionieren selbst. Charles Kline und sein Gegenüber am Stanford Research Institute (SRI), der Programmierer Bill Duvall, waren die ersten Menschen, die jemals über das Internet kommunizierten. »Login« hatte Kline eigentlich eintippen wollen, als das System abstürzte. Wenig später ist ihm das dann gelungen.

Zwei Monate später, im Dezember 1969, waren bereits vier Großrechner ans Netz angeschlossen, das noch den Namen Arpanet trug (nach Arpa, der Advanced Research Projects Agency, die vom US-Verteidigungsministerium gegründet worden war). Neben der UCLA und dem SRI waren noch die University of California in Santa Barbara und die University of Utah beteiligt. Seit diesen Anfängen ist das Netzwerk geradezu explodiert: Waren 1977 erst 100 Computer angeschlossen, zählte man 1989 schon 100 000, Anfang der 1990er-Jahre eine Million, und 2012 schließlich wurde die Milliardengrenze geknackt. In unseren Tagen hat sich die Zahl der ans Netz angeschlossenen Geräte noch einmal vervielfacht, und deutlich mehr als die Hälfte der Weltbevölkerung, fast 59 Prozent, nutzt das Internet, was etwas mehr als vier Milliarden Menschen entspricht.[2]

Rasanter und radikaler hat sich selten ein technologischer Wandel mit allen seinen politischen, sozialen und kulturellen Folgen vollzogen.

Professor Leonard Kleinrock, inzwischen weit über 80 Jahre alt und immer noch Professor an der UCLA, erinnerte 2019 in einem Beitrag für das Portal TechCrunch an das historische Ereignis. Er leitete damals das Team an der UCLA, das die ersten Schritte ins Internetzeitalter wagte. »Es klingt utopisch, aber in diesen frühen Tagen erfreuten wir uns einer wunderbaren Kultur der Offenheit, der Zusammenarbeit, des Teilens, des Vertrauens und der Ethik«, schreibt Kleinrock. »Heute würde fast niemand mehr sagen, dass das Internet eindeutig wunderbar, offen, kooperativ, vertrauenswürdig oder ethisch ist.

Wie konnte sich ein Medium, das für den Austausch von Daten und Informationen geschaffen wurde, in ein solch zweischneidiges Schwert, eine so zweifelhafte Informationsquelle verwandeln? Wie sind wir von Zusammenarbeit zu Wettbewerb, von Konsens zu Konfrontationen, von einer zuverlässigen digitalen Ressource zu einem Verstärker fragwürdiger Informationen gekommen?«[3]

Es klingt wie ein Hilferuf. Noch vor wenigen Jahrzehnten wäre wohl niemand auf die Idee gekommen, dass die Möglichkeit, immer und überall mit jedem zu kommunizieren, von jedem Ort der Welt aus Texte und Bilder auszutauschen, Informationen und Filme abzurufen und vieles andere mehr, einmal das Lebensgefühl von Milliarden Menschen so nachhaltig prägen wird, wie wir das heute für selbstverständlich halten. Diese atemberaubende Entwicklung konnten sich selbst die Väter des Internets nicht vorstellen, wie auch Leonard Kleinrock bekennt: »Auf dem Weg dorthin wurden wir immer wieder von unerwarteten Anwendungen überrascht, die plötzlich auftauchten und im Internet große Verbreitung fanden; das war bei den E-Mails der Fall, dem World Wide Web, dem Peer-to-Peer-Filesharing, nutzergenerierten Inhalten, bei Plattformen wie Napster, YouTube, Instagram und den sozialen Netzwerken.«[4]

Im Sommer 2020 ist die digitale Welt zweigeteilt zwischen den beiden Supermächten USA und China. Auf der einen Seite die unter GAFAM zusammengefassten US-Konzerne Google, Apple, Facebook, Amazon und Microsoft, auf der anderen Seite die chinesischen Giganten Alibaba, Huawei, Tencent, Wechat (das chinesische Pendant zu Facebook) und das aufstrebende Videoportal Tiktok. Europa gerät ins Hintertreffen.

In der Welt der sozialen Medien gab es im Juni 2020 denn auch ein prominentes deutsches Opfer zu beklagen: StudiVZ ging endgültig vom Netz, nachdem die Betreiber gut drei Jahre zuvor bereits Insolvenz angemeldet hatten. StudiVZ (VZ für Verzeichnis) war im Jahr 2005 gegründet worden und gilt als das erste große soziale Netzwerk in Deutschland. In den besten Zeiten zählte es mit einigen, auch internationalen, Ablegern rund siebzehn Millionen Mitglieder und wurde in Deutschland als Konkurrenz zu Facebook gehandelt, das Mark Zuckerberg einige Monate zuvor gegründet hatte. Zuletzt waren es nach Angaben des Unternehmens noch 600 000 aktive Nutzer im Monat, die »ihrem« StudiVZ unentwegt die Treue hielten.

Im Jahr 2007 war die Holtzbrinck-Gruppe für die damals fantastische Summe von 85 Millionen Euro eingestiegen, die beiden StudiVZ-Gründer Ehssan Dariani und Dennis Bemmann wurden damit zu frühen Wunderkindern des aufziehenden Social-Media-Booms. In einem Podcast mit OMR-Gründer Philipp Westermeyer berichtete Dariani im Juni 2016 sogar, Mark Zuckerberg selbst habe ihm 2006 fünf bis sechs Prozent der Facebook-Anteile für StudiVZ geboten.[5] Es wäre natürlich ein ungleich besseres Geschäft für die Gründer geworden, wenn sie darauf eingegangen wären.

Auch als StudiVZ schon zu Holtzbrinck gehörte, versuchte Facebook noch einzusteigen und bot dem Düsseldorfer Konzern im Gegenzug ebenfalls eine Beteiligung an. Am Ende sei der Deal an »datenschutzrechtlichen Auflagen gescheitert, die wir gar nicht beeinflussen konnten«, berichtete 2012 der Chef von Holtzbrinck Digital, Markus Schunk, im Interview der *Welt* über die Verhandlungen aus dem Jahr 2007. »Sicher, betriebswirtschaftlich wäre das schon schön gewesen. Vieles von dem, was da kolportiert wird, muss allerdings auch in den Bereich der Gerüchteküche verwiesen werden«, kommentierte

Schunk im Rückblick die entgangene Chance auf einen Milliardendeal.[6] Offenbar hat niemand das märchenhafte Potenzial von Facebook erahnt. Sechzehn Jahre nach dessen Gründung im Februar 2004 sind rund zweieinhalb Milliarden Nutzer auf dieser Plattform registriert.

In den Anfangstagen von Facebook versuchte Zuckerberg nach dem geplatzten Einstieg, StudiVZ mit juristischen Mitteln zu besiegen. »If you can't join them, beat them«, war wohl seine Devise in Umkehrung einer viel zitierten Businessweisheit. Im Frühjahr 2010 erstattete Facebook vor einem Bezirksgericht in San José Anzeige wegen »Missbrauchs geistigen Eigentums« gegen das deutsche Netzwerk. Damals war Facebook mit rund 100 Millionen Mitgliedern bereits die erfolgreichste soziale Plattform der Welt. »StudiVZ hat nicht nur Facebooks Features gestohlen, sondern auch das Look and Feel, das Design, große Teile der Websitefunktionalitäten und andere Eigentumsrechte wie Style Sheets«, hieß es in der Klageschrift.[7] Tatsächlich unterschied sich StudiVZ durch die Farbgebung, wirkte aber ansonsten »wie der offizielle deutsche Ableger von Facebook«, so die *Süddeutsche Zeitung* damals.[8] Die Kontaktfunktion »Gruscheln« erinnere verdächtig an »Poking« (deutsch: anstupsen), stellte die Zeitung fest, und bis Anfang Oktober 2006 habe ein Stylesheet von StudiVZ myfb.css, also myFaceBook, geheißen. StudiVZ wehrte sich vehement gegen die Plagiatsvorwürfe. »Nachdem es Facebook trotz aufwändiger Bemühungen bisher nicht gelungen ist, in Deutschland Fuß zu fassen«, entgegnete Markus Riecke, der damalige CEO von StudiVZ, »versucht man jetzt offenkundig, den Erfolg von StudiVZ gerichtlich zu behindern.«[9] Das Kölner Landgericht entschied später zugunsten der Deutschen: Trotz offensichtlicher Übereinstimmungen liege keine unlautere Nachahmung vor. Die Entscheidung über das weitere Schicksal von StudiVZ trafen dann recht schnell die User selbst. Facebook, könnte man sagen, walzte alles platt. Mit seinem weltweiten Aufstieg begann der Niedergang von StudiVZ. Es wurde, wie das Newsportal Vice schreibt, »ins Nirvana gedrängt«.[10] Daran änderte sich auch nichts, als Holtzbrinck 2012 die Firma Poolworks gründete, um StudiVZ samt Ablegern dorthin auszulagern. »Ich bin der festen Überzeugung, dass wir bei der Entwicklung von Social Networks erst noch am Anfang stehen, und wir wollen daran unseren Anteil haben«, sagte Holtzbrinck-Digital Chef Schunk damals der *Welt*.[11] Mit dem ersten Teil der Prognose hatte er recht, mit dem zweiten weniger. Holtzbrinck verkaufte Poolworks 2014 an eine US-Investmentfirma, die als deutsche Managerin Agneta Binninger ins Unternehmen holte.

Im Jahr 2017 schließlich musste Poolworks einen Insolvenzantrag stellen. Es ging unter anderem um Forderungen von drei Millionen Euro, die der Holtzbrinck-Konzern an sein einstiges Tochterunternehmen hatte. Im Juni 2020 gingen StudiVZ, SchülerVZ und MeinVZ vom Netz – um sogleich als VZ.net wiederaufzuerstehen. Der Datenschatz scheint zu verlockend, als dass man ihn ungenutzt herumliegen lassen möchte. VZ-Geschäftsführerin Binninger schwärmt, »300 Mio. Studentenbilder« seien noch vorhanden. »Die wollen wir nicht einfach löschen.« Offenbar rechnet die Managerin mit älteren Nutzerinnen und Nutzern, die VZ.net für nostalgische Erinnerungstrips in die eigene Jugendzeit nutzen und sich nach etwas »Gruscheln« sehnen. »Man will Freund*innen von früher wiedersehen. Dass man sich wieder mit den alten Studentenbildern austauscht, ist ein toller USP«, sagt Agneta Binninger. »Wir bereiten uns auf einen großen Ansturm vor.«[12] Man darf gespannt sein.

Das Schicksal von StudiVZ wirkt umso tragischer, wenn man sich den weltweiten Social-Media-Boom vor Augen hält.

Die Zahlen sind schwindelerregend. Wenn es wirklich eine globale Bewegung gibt, dann sind das die User, die sich auf den sozialen Plattformen tummeln: Vom »Planet Facebook« mit seinen rund zweieinhalb Milliarden Mitgliedern war schon die Rede. Ein Jahr nach Facebook ging die Videoplattform Youtube an den Start, die das Sehverhalten einer ganzen Generation prägte. Inzwischen ist Youtube, das heute zum Google-Mutterkonzern Alphabet gehört, mit knapp zwei Milliarden Nutzern nach Facebook die zweitbeliebteste Online-Plattform. Schätzungen zufolge werden in jeder Minute rund 400 Stunden Videomaterial hochgeladen und an jedem Tag des Jahres mehr als eine Milliarde Stunden an Videos angesehen, wie Youtube bereits 2017 stolz vermeldete.[13] Das entspricht etwa 114 000 Jahren. Whatsapp nutzen mehr als anderthalb Milliarden Menschen auf der Welt, etwas weniger sind es bei Facebook Messenger. Instagram zählt derzeit etwa eine Milliarde User. Telegram meldete im Frühjahr 2020 rund 400 Millionen aktive Teilnehmer.[14]

Die permanente Verfügbarkeit durch Smartphones und mobiles Internet spielt eine bedeutende Rolle für den Siegeszug der sozialen Medien. Anfang 2007 präsentierte Apple-Gründer Steve Jobs das erste iPhone und läutete damit eine Revolution ein – der Durchbruch für das mobile Internet und all die Dienste, die Milliarden Menschen auf Schritt und Tritt begleiten.

Mehr als vier Milliarden Menschen auf der Welt, das sind fast 60 Prozent der Weltbevölkerung, haben Zugang zum Netz.[15] Mehr als fünf Milliarden, 67 Prozent der gesamten Menschheit, nutzen mobile Telefone, wobei die Abdeckung in den Industrienationen deutlich höher ist als beispielsweise im mittleren Afrika. In Nordeuropa liegt die Zahl der mobilen Anschlüsse bei rund 120 Prozent, bezogen auf die Einwohnerzahlen. Das bedeutet, rein mathematisch verfügt jeder Einwohner, unabhängig vom Alter, über mehr als einen Anschluss. In Deutschland liegt der Anteil sogar bei 130 Prozent. Mehr als 90 Prozent der Deutschen – vom Säugling bis zum Greis – besitzen rechnerisch ein Smartphone.

Praktisch alles wird vermessen und in Statistiken gefasst: 38 Millionen Deutsche sind regelmäßig in den sozialen Netzwerken unterwegs, das sind 45 Prozent der Bevölkerung, und nahezu alle benutzen dafür ihre mobilen Geräte. Wenig überraschend ist, dass die Altersgruppen von achtzehn bis 24 Jahren am stärksten vertreten sind.

Rund 58 Millionen Deutsche sind täglich bei Whatsapp aktiv, rund 23 Millionen sind es pro Tag bei Facebook, Instagram bringt es auf neun Millionen aktive User und Twitter auf immerhin noch knapp anderthalb Millionen.[16] Erwähnenswert ist noch die Entwicklung bei Linkedin, das zu Microsoft gehört und steil im Aufwind ist: Im deutschsprachigen Raum hat die Businessplattform inzwischen vierzehn Millionen Mitglieder, weltweit sind es 660 Millionen und damit knapp 100 Millionen mehr als noch 2019.

Diese gewaltigen Zahlen präzisieren das, was man jeden Tag, zu jeder Zeit und überall beobachten kann – zu Hause, im Restaurant, im Wartezimmer, in Bus und Bahn oder auch im Straßenverkehr: Immer mehr Menschen fällt es offenbar sehr schwer, den Blick auch nur für kurze Zeit vom Display ihres Smartphones abzuwenden. Nicht nur in Deutschland warnen Behörden und Verkehrssicherheitsorganisationen deshalb vor dem – längst fast überall verbotenen – Gebrauch von Smartphones am Steuer. Man mag die vor Straßenbahnhaltestellen im Boden eingelassenen Fußgängerampeln anfänglich für einen Scherz gehalten haben. Sie sind aber durchaus ernst gemeint, um Unfälle mit sogenannten Smartphone-Zombies zu vermeiden, deren Zahl in den Städten erschreckend zunimmt.[17]

Die Evolution, so scheint es fast, führt vom aufrechten Gang wieder zurück zu einer permanent gebückten Haltung.

Warum sind wir alle, Millionen und Milliarden Menschen, so fasziniert von diesen Geräten, denen wir einen beträchtlichen Teil unserer täglichen Aktivitäten widmen und die uns zuweilen das Gegenüber und die Umwelt vergessen lassen?

Das ist nicht einfach zu beantworten, zumal noch etwas anderes hinzukommt: Jeder, der Teil dieser weltweiten Aufmerksamkeitsmaschinerie ist, weiß, dass er oder sie nicht nur Teilnehmer ist, sondern eine aktive Rolle spielt und diese Maschinerie dadurch erst befeuert – durch die Preisgabe persönlicher Daten. Soziale Medien seien »Websites und Anwendungen, die es Nutzern ermöglichen, Inhalte zu erstellen und auszutauschen oder an sozialen Netzwerken teilzunehmen«, definiert das Oxford Dictionary. Das ist eine ebenso knappe wie unzureichende Erklärung.

Milliarden User geben heute über die sozialen Plattformen freiwillig ihre privatesten Geheimnisse preis, ohne dass sie die geringste Kontrolle darüber haben, was weiter mit diesen geschieht. Das scheint aber kaum jemanden mehr zu kümmern. Nicht einmal George Orwell, der mit »1984« eine düstere Vision des allumfassenden Überwachungsstaats schuf, konnte vorhersehen, dass die Smartphone- und Internetnutzer von heute sich nicht nur damit abfinden, dass sie Datenspuren legen, sondern sogar begeistert dabei mitmachen. »Facebook, Twitter, der eigene Blog: Viele glauben, das seien nur Spielzeuge unter anderen, Möglichkeiten zur eigenen Entfaltung, Plattformen des Selbst«, schrieb der 2014 verstorbene Herausgeber der *Frankfurter Allgemeinen Zeitung* Frank Schirrmacher bereits vor zehn Jahren.[18] »Möglicherweise sind sie es. Aber alles, was wir auf ihnen treiben, ist Input.« Gemeint war: Rohstoff für die Milliardenmaschinerie der Internetkonzerne.

Schirrmacher hat damals schon klar und deutlich gesehen, was die meisten von uns noch nicht einmal ahnten. Neue Kommunikationstechniken haben den Alltag, das Arbeitsleben und das Freizeitverhalten radikal verändert, doch die Normen dafür müssen wir erst noch finden. Wo die Grenzen zwischen privat und öffentlich verschwimmen, fällt es schwer, sich auf eine Privatsphäre zu berufen. »Sucht ist ein großer Teil der Erklärung«, analysiert Internetpionier Jaron Lanier, »warum so viele von uns es hinnehmen, von unserer Informationstechnologie ausgeforscht und manipuliert zu werden, doch sie ist nicht der einzige Grund. Digitale Netzwerke bringen uns echten Nutzen. Sie können vieles im Leben effizienter und bequemer machen. Das ist der Grund dafür, warum so viele Menschen so hart gearbeitet haben, um sie möglich zu machen.«[19]

Und es geht nicht nur um Effizienz und Bequemlichkeit, jedenfalls nicht im engeren Sinn. Eine Dating-Plattform wie Tinder dient auf den ersten Blick dazu, dass Menschen sich kennenlernen und zueinanderfinden. Auf den zweiten Blick wird die Partnersuche in einer Weise rationalisiert, beschleunigt und damit effektiviert, wie es in der Geschichte der Menschheit ohne Beispiel ist. Und wenn man genau hinschaut, dann ist Tinder, wie die meisten sozialen Plattformen, eine Datensammelmaschine ungeahnten Ausmaßes: Rund 50 Millionen Nutzer geben bereitwillig ihre intimsten Bedürfnisse preis, in der Erwartung, das perfekte Match in Form eines Partners oder einer Partnerin zu finden – und vertrauen sich doch nur blindlings einem Algorithmus an. Die angehäuften persönlichen Daten allein dürften den Milliardenwert der weltweit erfolgreichsten Partnerbörse begründen.

Der Philosoph Zygmunt Bauman, der 2017 im Alter von 91 Jahren starb, hatte die gesellschaftlichen Auswirkungen der digitalen Revolution jahrelang beobachtet und in vielen

Veröffentlichungen beschrieben. »Heute fürchten wir nicht so sehr, dass jemand in unsere Privatsphäre eindringt und uns verrät«, stellte er erstaunt fest, »sondern das Gegenteil: dass ihre Ausgänge versperrt werden.« Die permanente Beobachtung, wie sie beispielsweise Orwell in »1984« beschrieb, habe sich »aus einer Bedrohung in eine Verheißung verwandelt«, so Bauman.[20] Wir werden später noch mehr von diesem weisen alten Mann hören.

In einem knappen Vierteljahrhundert haben die sozialen Medien unseren Alltag, das Zusammenleben, die Kommunikation, letztlich die gesamte Wahrnehmung unserer Welt radikal verändert – und außerdem entstanden durch sie die wertvollsten Unternehmen, die es je auf diesem Planeten gab.

Manchmal hilft ein kurzer Blick zurück, um zu verstehen, wie es dazu gekommen ist.

Als erstes soziales Netzwerk des Digitalzeitalters gilt Six Degrees (sixdegrees.com), gegründet 1997 vom US-Unternehmer Andrew Weinreich. Die Plattform erlaubte registrierten Nutzern, persönliche Profile anzulegen und Freundschaften mit anderen Nutzern aufzulisten, wenn sie sich direkt kannten oder höchstens über zwei Freunde miteinander bekannt waren. In den besten Zeiten waren mehr als eine Million User auf der Plattform registriert, profitabel war sie nie. Im Jahr 2001 ging Six Degrees vom Netz.

Geblieben ist der Name, der auf ein berühmtes psychologisches Experiment von Stanley Milgram zurückgeht. Der umstrittene Harvard-Professor wollte 1967 mit seinem »Small World Experiment« beweisen, dass jeder Mensch mit jedem beliebigen anderen Menschen über eine erstaunlich kurze Kette von Bekanntschaften verbunden ist. Milgram bat knapp 300 zufällig ausgewählte Testkandidaten aus den Städten Wichita, Kansas, und Omaha, Nebraska, jeweils eine Postsendung an zwei vorher festgelegte Zielpersonen in der Gegend um Boston zu schicken. Die Städte in der Mitte des Landes schienen weit genug von der amerikanischen Ostküste entfernt, um zu gewährleisten, dass es keine direkten Berührungspunkte zwischen Testkandidaten und Zielpersonen gab. »Wenn Sie die Zielperson nicht persönlich kennen, versuchen Sie nicht, sie direkt zu kontaktieren«, lautete die Anweisung an die Kandidaten. Stattdessen sollten sie die Lieferung »an einen persönlichen Bekannten« schicken, »der die Zielperson mit größerer Wahrscheinlichkeit kennt als Sie«. Das könne ein Freund, Verwandter oder Bekannter sein, so der Hinweis, »aber es muss jemand sein, den Sie mit Vornamen kennen«. Der Adressat wiederum sollte genauso verfahren. Das wurde wiederholt, bis die Sendung die Zielperson erreichte; ein klassischer Kettenbrief also. An jeder Zwischenstation verschickten die Kandidaten Postkarten an den Leiter des Experiments, um den Weg der Lieferung zu dokumentieren. Das verblüffende Ergebnis laut Milgram und seinem Co-Autor Jeffrey Travers: Es brauchte durchschnittlich nur sechs Personen, bis die Zielperson erreicht wurde. Jede Person in den USA, so die Schlussfolgerung, sei von jeder anderen Person durch gerade mal sechs Stufen getrennt – die sechs Grade der Trennung: »six degrees of separation«.[21]

Angezweifelt wurden Milgrams Ergebnisse vor allem wegen der ungenauen Datenbasis von rund 300 Kandidaten, die als wenig repräsentativ erschien. Im Jahr 2006 allerdings lieferten Jure Leskovec von der Carnegie Mellon University und Eric Horvitz von Microsoft Research eine eindrucksvolle Bestätigung des »Small World Experiments«. Die beiden Forscher untersuchten die Verbindungen von 240 Millionen Instant-Messenger-Accounts und kamen dabei auf 30 Milliarden Einzelverbindungen. Es war nach Angaben der Computerwissenschaftler das größte je analysierte soziale Netzwerk.

Das Ergebnis: 48 Prozent aller Empfänger konnten über sechs Stationen erreicht werden, bei 78 Prozent der Instant-Messenger-Nutzer reichten statistisch etwas mehr als sieben Stationen. In Einzelfällen allerdings konnte der Weg bis zu 29 Stationen erfordern.[22]

Selbst wenn der Plattform Six Degrees kein langes Leben beschert war, geblieben ist die Idee eines Netzwerks, in dem Verbindungen geknüpft werden nach dem Motto »Der Freund meines Freundes ist mein Freund«. Aber es dauerte noch einige Jahre, bis sich aus diesem Prinzip Kapital schlagen ließ.

Die Plattform Moveon ist ein Beispiel dafür, dass auch politische Aktivisten das neue Medium früh für sich entdeckten. Die Gruppe wurde von den Software-Entwicklern Joan Blades und Wes Boyd aus San Francisco vor der Aufnahme des Amtsenthebungsverfahrens gegen den damaligen US-Präsidenten Bill Clinton gegründet.

Im September 1998 setzte das Ehepaar eine Website auf, die den US-Kongress aufforderte, das Impeachment fallen zu lassen und sich anderen Aufgaben zu widmen (»to move on«). Innerhalb eines Monats hatten sich bereits 250 000 Nutzer in eine E-Mail-Liste eingetragen, um die Petition zu unterstützen. Im Dezember 1998 waren es bereits über eine halbe Million. Das Amtsenthebungsverfahren fand dennoch statt, die Republikaner scheiterten jedoch mit ihrem Versuch, den Präsidenten aus dem Amt zu fegen. Clinton überlebte die politische Attacke Anfang 1999 knapp.

Für die Gründer von Moveon war die erste große Online-Petition ein gelungener Auftakt. »Wes und Joan erkannten, dass der Erfolg ihrer Petition nur eine Andeutung war, welches Potenzial das Internet hat, die Politik zu beeinflussen«, schreibt Moveon auf der eigenen Website. »Sie erkannten, dass die digitale Organisation die Kraft hatte, die Richtung unserer

Demokratie zu beeinflussen und grundlegend zu verändern.«[23] Und so entwickelte sich die E-Mail-Gruppe in der Folge zu einem machtvollen Kampagneninstrument der linksliberalen Bewegung, das bei Wahlen und anderen politischen Ereignissen zunehmend an Einfluss gewann. Moveon unterstützte demokratische Kandidaten bei Präsidentschaftsbewerbungen, kämpfte nach den Anschlägen vom 11. September 2001 für eine zivile Antwort der USA auf den Terrorismus und erhielt Anfang 2003 noch einmal erheblichen Zulauf, als sich gegen die »Bush-Krieger« wegen des Irak-Feldzugs Protest erhob. In den Zeiten der größten innenpolitischen Konfrontation mit dem damaligen Präsidenten George W. Bush zählte Moveon rund fünf Millionen Anhänger.

Kommuniziert wird auch heute noch vor allem über E-Mails und die eigene Website, teilweise auch über Nachbarschafts- und Ortsgruppen. Seit November 2016 gibt es wieder viel zu tun für die Online-Politveteranen: »Unmittelbar nach der Wahl von Donald Trump leisteten die Moveon-Mitglieder ihren Dienst als Stütze der Widerstandsbewegung«, verkündet die Moveon-Website nicht ohne Stolz. »Durch massenhafte Mobilisierungen, spontane Aktionen, Telefonanrufe und E-Mails an den Kongress, durch digitalen Aktivismus und andere strategische Interventionen konnten wir den von Trump angerichteten Schaden begrenzen.«[24] Die Plattform gilt heute als Vorläufer einer Vielzahl ähnlicher Social-Media-Kampagnen, die im gesamten politischen Spektrum zu finden sind.

Seit Mitte der 1990er-Jahre schon war es auch Privatpersonen oder kleineren Firmen ohne eigene Infrastruktur möglich, Webseiten ins Netz zu stellen. Damit erweiterte sich nicht nur der Teilnehmerkreis unabsehbar, sondern auch die Anwendungen explodierten förmlich. Es ist unmöglich, sie auch nur ansatzweise aufzuzählen. Deshalb kann in diesem kurzen Abriss auch keinesfalls der Anspruch auf Vollständigkeit erhoben werden.

Um die Jahrtausendwende begannen die sogenannten Blogging- oder Weblog-Sites populär zu werden. Livejournal beispielsweise, gegründet 1999, gehörte zu den ersten Seiten dieser Art, wurde ursprünglich von Schülern als eine Art Online-Tagebuch genutzt und ist inzwischen eine der beliebtesten Blogging-Sites weltweit. »LiveJournal ist ein einzigartiger Ort, an dem Menschen ihre Lebensgeschichten miteinander teilen, sich gegenseitig Ratschläge geben und Ideen austauschen«, so das Motto der Plattform, die nach eigener Aussage »bewusst die Grenzen zwischen Blogging und sozialen Netzwerken verwischt«. Mehr als 50 Millionen Journale mit unzähligen Posts sind inzwischen weltweit zu Themen wie Politik, Unterhaltung, Mode, Literatur und Design zusammengekommen. Über vierzehn Millionen Nutzer sind angemeldet, drei Millionen sind es in den USA, und besonders in Russland spielt Livejournal mit rund einer halben Million Mitgliedern für die Bloggerszene eine zentrale Rolle. Laut dem Internet-Statistikdienst Alexa gehört Livejournal zu den 30 reichweitenstärksten Websites in Russland (weltweit gehört es zu den Top 500).[25] In Deutschland sind immerhin rund 43 000 Mitglieder verzeichnet.[26]

Während Livejournal und andere vor allem den Gedanken der Community-Building und des freien Meinungsaustauschs in den Vordergrund stellten, setzten andere von Anfang an auf einen kommerziellen Nutzen. Im Jahr 2000 ging mit Lunarstorm in Schweden eines der ersten werbefinanzierten sozialen Netzwerke online und wurde dort schnell zum populärsten Medium für junge Menschen zwischen fünfzehn und zwanzig Jahren. Zum ersten Mal hatten sie einen virtuellen Treffpunkt, um von sich selbst zu erzählen, Fotos oder Filme hochzuladen – und andere Jugendliche mit ähnlichen Interessen kennenzulernen. »Vier Millionen Besucher zählt die Community-Plattform im Monat – bei rund neun Millionen Einwohnern«, berichtete *tagesschau.de* auf dem Höhepunkt des Erfolgs von Lunarstorm im Jahr 2008, »damit macht sie einen gewaltigen Anteil des schwedischen Internet-Verkehrs aus«.[27]

Allerdings war auch Pädophilen nicht entgangen, dass sich vor allem die junge Zielgruppe auf Lunarstorm trifft. Mit verschärften Sicherheitsmaßnahmen versuchte man, die unerwünschten Nutzer fernzuhalten. So musste jedes neue Mitglied bei der Registrierung seine individuelle Identifikationsnummer eingeben, die jeder Schwede sein Leben lang behält. Damit war es nicht mehr möglich, anonym oder mit einem gefälschten Account teilzunehmen. Überprüft wurden die Mitglieder aber nur stichprobenartig, wie *tagesschau.de* berichtete.[28] Das Problem des Jugendschutzes allerdings blieb – und ist bis heute ein in vieler Hinsicht ungelöstes Thema.

Auch für andere mit weniger dunklen Absichten waren die jungen Nutzerinnen und Nutzer von Interesse. Einen Großteil seiner Einnahmen bezog Lunarstorm mit dem Verkauf von Online-Werbung. Unternehmen konnten nicht nur klassische Anzeigen schalten, sondern auch bei der »Frage des Tages« neue Produkte vorstellen und sich dem Urteil der User stellen. Lunarstorm entdeckte relativ rasch, dass die große Community eine gute Basis für Marktforschungsstudien war, und richtete eine eigene Abteilung dafür ein.

Es waren die Vorboten eines beispiellosen Booms, der bis heute anhält und seinen Höhepunkt möglicherweise noch gar nicht erreicht hat. Einer, der das frühzeitig erkannte, war Rupert Murdoch, der ebenso erfolgreiche wie umstrittene Mogul der Medienbranche. Im Jahr 2005 übernahm er die Plattform Myspace für 580 Millionen Dollar, was damals als geradezu fantastische Summe galt. Aber Murdoch, damals 74, sah ganz offenbar das Zukunftspotenzial, das in den sozialen Netzwerken lag. Einige andere auch: Oliver Samwer, der mit der Gründung einiger Internetportale selbst früh zum Millionär geworden war, hielt den Preis damals noch für zu gering. »In fünf Jahren ist Myspace mehr wert als Bertelsmann«, sagte er 2006 gegenüber der *Frankfurter Allgemeinen Zeitung*.[29]

Damals hatte Myspace rund 50 Millionen Mitglieder weltweit. »Eine typische Seite auf ›MySpace‹ erinnert an längst vergangene Design-Alpträume aus der Frühzeit des Internets«, wunderte sich damals *tagesschau.de* über den Erfolg des Netzwerks. »Auch das grundlegende Konzept von ›MySpace‹ ist längst bekannt: Wer sich registriert, kann sich dort auf seiner Seite vorstellen und Kontakte zu Nutzern mit ähnlichen Interessen knüpfen. Wer wen kennt, kann durch Klicken nachvollzogen werden: Von Kimberly aus Illinois über Tom, den Hundetrainer, zum Nachwuchsmodell Shannon, das sich mit großem Ausschnitt präsentiert.«[30]

Die virtuelle Kontaktbörse mit praktisch ungehindertem Zugang brachte ein neues, potenziell lebensgefährliches Internetphänomen mit sich: Es wurde zu einer Art Sehnsuchtsfalle. In den USA wurden Anfang der 2000er-Jahre die ersten Fälle von Kindesmissbrauch und -mord bekannt, bei dem sich Täter und Opfer über die Plattform kennengelernt hatten. Das blieb kein amerikanisches Problem. Auch in Deutschland musste die Polizei in ähnlichen Fällen ermitteln. So 2007 in Berlin, als der zwanzigjährige Dorian B. zunächst seine Freundin Vanessa H. und dann sich selbst umbrachte. Erstmals getroffen hatten sie sich auf der beliebten Chatplattform Knuddels, auf der sie ihre Liebe auch öffentlich zelebrierten. Für das Motiv fand die Polizei keinen eindeutigen Beleg. Es war das tödliche Ende einer Internetliebe.[31]

Längst hatte sich im Schatten der großen Netzwerke eine

Subkultur gebildet, die sich praktisch ungehindert ausbreiten konnte. Es gab kaum eine Chance, den Wildwuchs im Blick zu behalten, und selbstverständlich sind »Offline«-Morde zwischen Erwachsenen, die sich online kennengelernt haben, kaum durch technische Maßnahmen zu verhindern. Um wenigstens den Schutz von Kindern und Jugendlichen zu verbessern, schlossen sich im Jahr 2007 die drei wichtigsten damals in Deutschland vertretenen Online-Communitys zu einer »Selbstkontrolle Chat« zusammen und unterzeichneten einen ersten Verhaltenskodex.[32] Neben Knuddels waren das noch Lycos Europe und RTL Interactive. Die Selbstverpflichtung galt nicht nur für speziell auf Kinder und Jugendliche zugeschnittene Angebote der drei Unternehmen, sondern für all ihre Angebote, zu denen Minderjährige Zugang hatten. Eine der Regeln war, dass zwischen zehn und 22 Uhr ein Moderator verfügbar sein musste. Darüber hinaus verpflichteten sich die Unternehmen, eine Ignorierfunktion anzubieten sowie Teilnehmer zu sperren, die gegen Regeln verstoßen hatten. Der Zusammenschluss fand im Rahmen der Freiwilligen Selbstkontrolle Multimedia-Diensteanbieter (FSM) statt, die 2003 analog zur Freiwilligen Selbstkontrolle der Filmwirtschaft (FSK) gegründet worden war.

Es waren erste zaghafte Versuche, die düsteren Begleiterscheinungen eines völlig neuen Mediums einzudämmen, auf die anfangs niemand wirklich vorbereitet war. Aber auch diese Probleme änderten nichts am weltweiten Siegeszug der sozialen Netzwerke. Myspace war Mitte der 2000er-Jahre gerade dabei, praktisch alle anderen bis dahin gegründeten sozialen Netzwerke zu überflügeln. Sein wesentlicher Wettbewerbsvorteil war, dass nun erstmals umfangreiche Video- und Audiodateien ausgetauscht werden konnten. Außerdem hatte Myspace einen besonders für Jugendliche attraktiven Schwerpunkt: Musik. Auch hier brach ein neues Zeitalter an. Erstmals hatten unbekannte Interpreten die Chance, berühmt zu werden, und zwar vollständig aus eigener Kraft. Sie brauchten keine Agenten und keine Plattenverträge mehr, um ein breites Publikum zu erreichen. Sie legten ihre eigenen Profile an, und die Zahl der Follower auf Myspace und die entsprechende virale Verbreitung im Netz waren fortan die harte Währung im Musikbusiness, was auch bald Superstars wie Coldplay oder Madonna entdeckten. Sie hatten nun – ebenfalls erstmals in der Geschichte – einen direkten Draht zu ihren Fans. Im Jahr 2006 verzeichnete Myspace 100 Millionen Mitglieder.

Es waren die verheißungsvollen Anfänge einer medialen und kommerziellen Revolution. Im Prinzip hatten Rupert Murdoch und Oliver Samwer mit ihrer Bewertung von Myspace recht. Aber sie hatten nicht mit Facebook gerechnet. Im Jahr 2011 verkaufte Murdoch die Plattform für einen vergleichsweise lächerlichen Preis an eine kalifornische Online-Werbefirma. Facebook war längst uneinholbar davongezogen. Murdoch bekam noch geschätzte 35 Millionen Dollar.[33]

Linkedin hat die Facebook-Welle nicht nur überlebt, sondern erfreut sich wachsender Beliebtheit. Als Business-Plattform tritt es nicht in Konkurrenz zum Quasi-Monopolisten im privaten Bereich. Im Jahr 2016 bezahlte Microsoft rund 26 Milliarden Dollar für Linkedin, das inzwischen rund 660 Millionen Mitglieder hat, davon in der sogenannten DACH-Region (Deutschland, Österreich, Schweiz) rund vierzehn Millionen. Das deutschsprachige Xing hat etwa siebzehn Millionen eingetragene Nutzer, kann aber weltweit nicht mit dem Giganten Linkedin konkurrieren. Ähnlich wie in den privaten Netzwerken können die Nutzer auch hier Profile von sich selbst anlegen, Kontakte aufbauen und Inhalte teilen. Nur dass man eben tunlichst keine Urlaubsbilder, Selfies mit Katze oder Liebesgedichte postet, sondern sich möglichst seriös präsentiert. Längst haben auch die Unternehmen selbst die Kraft von Social Media entdeckt und sind auf Linkedin mit eigenen Profilen vertreten.

Neben der Markenbildung ist vor allem das »Recruiting« in den sozialen Netzwerken für die Firmen interessant, wie eine Studie des Marktforschungsunternehmens Hootsuite aus dem Jahr 2018 zeigt. Befragt wurden mehr als 9000 Unternehmen weltweit, darunter 200 aus Deutschland. Demnach sind 87 Prozent der deutschen Unternehmen der Ansicht, dass soziale Medien wichtig sind, um wettbewerbsfähig zu bleiben. 80 Prozent gaben an, dass die Relevanz der sozialen Medien in ihrem Unternehmen im vergangenen Jahr zugenommen hat, und mehr als 40 Prozent der deutschen Unternehmen nutzen die sozialen Netzwerke hauptsächlich zur Personalbeschaffung.[34]

Wenn es noch eines Beweises bedurft hätte, so zeigen die Business-Netzwerke, dass das Social-Media-Prinzip praktisch auf jeden Bereich des Lebens anwendbar ist. Das macht sie zu Universalmedien, deren Regeln, Methoden und Kommunikationsformen mehr und mehr in unseren Alltag einfließen. Die Multimedialität ermöglicht darüber hinaus praktisch jede Ausdrucksform. Die 2005 gegründete Videoplattform Youtube ist mit ihren knapp zwei Milliarden Nutzern nach Facebook das zweitgrößte soziale Netzwerk der Welt.

Bevor Youtube existierte, war es schlicht nicht denkbar, dass Privatpersonen Videos erstellen und diese selbst über große Entfernungen miteinander austauschen. Es eröffnete eine völlig neue Art der Kommunikation, aber die Bedeutung geht weit darüber hinaus. Wer nicht aufpasst oder sich nicht selbst diszipliniert, verliert sich, weil die Vorschlagslisten einen buchstäblich unerschöpflichen Vorrat an Material bieten, der genau auf die Interessen- und Gemütslage des Betrachters zielt. Youtube ist unzweifelhaft das größte Filmarchiv der Menschheit (auch wenn die Frage der Nutzungsrechte nie geklärt wurde, Google also Milliarden auf Kosten der Rechteinhaber erwirtschaftet), es ist eine Marketingmaschine für Politik, Wirtschaft, Kultur (in der die Grenzen zwischen Werbung und Information nur vage existieren), es ist ein Instrument für politische Kampagnen, für Beeinflussung und Unterhaltung, und es ist vor allem für die Generation der heute 20- bis 30-Jährigen praktisch der Ersatz für das Fernsehen, mit dem ihre Eltern und Großeltern aufgewachsen sind.

Bei den Jugendlichen ist der Hang zu den sozialen Medien – man kann auch sagen: die Sucht – besonders ausgeprägt. Die JIM-Studie (Jugend, Information, Medien) des Medienpädagogischen Forschungsverbunds Südwest liefert seit mehr als zwei Jahrzehnten interessante Basisdaten zum Medienumgang der Zwölf- bis Neunzehnjährigen. Nach der bundesweiten Befragung aus dem Jahr 2019 haben mit 92 Prozent das Smartphone und mit 89 Prozent das Internet den größten Stellenwert bei der Mediennutzung der jungen Menschen. Es folgen Musik-Streamingdienste mit 77 Prozent.[35] Nach einer Untersuchung des Forsa-Instituts im Auftrag der DAK-Gesundheit von 2017 verbringen Jungen und Mädchen im Alter zwischen zwölf und siebzehn Jahren täglich im Durchschnitt mehr als 160 Minuten, also mehr als zweieinhalb Stunden, in den sozialen Netzwerken.[36]

Und schließlich sollte man noch wissen, dass 95 Prozent der Sechzehn- bis Achtzehnjährigen in Deutschland Whatsapp benutzen, 73 Prozent nutzen Instagram, 64 Prozent Snapchat und immerhin noch 36 Prozent Facebook.[37] Letzteres gilt inzwischen als Netzwerk »für die Älteren«. Wer möchte sich schon dort mit seinen Freunden treffen, wo Mama, Papa und die Großeltern auch verkehren?

Denn längst hat die Massenbewegung alle Altersgruppen erfasst. Fast drei Viertel aller Internetnutzer in Deutschland bewegen sich auf Youtube, mehr als 70 Prozent nutzen den Messengerdienst Whatsapp, der mit Gruppenchats und Videoversand auch eine Art Instant-Social-Network ist, und 69 Prozent sind auf Facebook aktiv.[38]

Das ist unsere virtuelle Realität. »Die digitale Technik wird in unserer Zeit als maßgeblicher Kanal des Optimismus überfrachtet«, sagte Jaron Lanier in seiner Rede zur Verleihung des Friedenspreises des Deutschen Buchhandels 2014. »Und das, nachdem vor ihr so viele Götter versagt haben. Was für ein sonderbares Schicksal für ein Phänomen, das als sterile Ecke der Mathematik begonnen hatte.« Milliarden Menschen beobachten durch die sozialen Medien und werden beobachtet; sie nutzen sie als Fenster zur Welt und als Spiegel zur Selbstdarstellung.

Dabei geben wir unsere geheimsten Wünsche und Sehnsüchte, Träume und Pläne preis – mit Folgen, die für kaum jemanden noch zu überblicken sind. »Wenn wir unser digitales Spielzeug verwenden, unterwerfen wir uns bekanntermaßen der billigen und beiläufigen Massenspionage und -manipulation«, so Lanier in seiner Friedenspreis-Rede. »Damit haben wir eine neue Klasse ultra-elitärer, extrem reicher und unberührbarer Technologen erschaffen; und allzu oft geben wir uns mit dem Rausch eines digital effizienten Hyper-Narzissmus zufrieden.«[39]

Eines der wesentlichen Kennzeichen der »flüchtigen Moderne« sei, bemerkte der Philosoph Zygmunt Bauman, dass die Macht nur noch schwer greifbar sei, weil sie »sich in einen globalen, exterritorialen Raum verzogen« habe, »während die Politik, die einst zwischen den Interessen des einzelnen und der Gemeinschaft vermittelte, an feste Orte gebunden bleibt und nicht auf globaler Ebene zu agieren vermag«. Das ist einer der Gründe, weshalb es im Zeitalter der sozialen Medien um unsere digitalen Persönlichkeitsrechte, um unser Grundrecht auf informationelle Selbstbestimmung so schlecht bestellt ist: Die wachsende Macht der Internetgiganten entzieht sich jeglicher Kontrolle, die Kräfteverhältnisse verschieben sich, demokratische Spielregeln gelten nur noch bedingt. »Die neuen Formen der Überwachung«, so Bauman, »bewirken, kurz gesagt, eine neue Transparenz, durch die nicht nur der Staatsbürger als solcher, sondern jeder Mensch in allen Bereichen des Alltagslebens pausenlos überprüft, beobachtet, getestet, bewertet, beurteilt und in Kategorien eingeordnet werden kann. Und zwar völlig einseitig. Während unser Alltag für die uns beobachtenden Organisationen in allen Details transparenter wird, entziehen sich deren Aktivitäten zunehmend unseren Einsichtsmöglichkeiten.«

Während die Macht »mit der Geschwindigkeit elektronischer Signale strömt«, so Bauman, erhöhe sich »die Transparenz auf der einen Seite, während sie auf der anderen schwindet«. Die Folgen sind entweder Ausgrenzung für diejenigen, die sich verweigern, oder Bestärkung und Belohnung für jene, die solche Verhältnisse für ganz natürlich halten. Das dürften vermutlich alle Menschen sein, die mit Facebook, Youtube und Instagram groß geworden sind. Das Bemerkenswerte daran ist, dass die Überwachung erst durch den Enthusiasmus der Überwachten ihre ganze Wirkung entfalten kann. Die Konzerne, die mit unseren Daten ihre Gewinne machten, hätten Baumans Meinung nach entdeckt, dass »die Manipulation von Entscheidungen in die gewünschte Richtung am besten durch Verführung, nicht durch Zwang zu bewerkstelligen« sei. Die Marketingstrategen hätten es geschafft, die Konsumenten zur freiwilligen Versklavung zu erziehen und dazu, ihre Knechtschaft als einen Zugewinn an Freiheit und als Zeugnis ihrer Autonomie zu erfahren.

Bauman fasst es mit drastischen Worten zusammen: »Wir verzichten auf unser Recht auf Privatsphäre und lassen uns freiwillig zur Schlachtbank führen. Möglicherweise stimmen wir dem Verlust der Privatsphäre aber auch zu, weil er ein akzeptabler Preis für das tolle Zeug ist, das wir im Tausch dafür erhalten.«[40]

4. Das Leben der anderen

Instagram, die Marketingmaschine

Cathy Hummels führt einen heroischen Kampf. Und zwar kämpft sie, wie sie Ende Juni 2020 auf Instagram schrieb, für »das Recht auf freie Meinungsäußerung«, das sie »bis zur allerletzten Instanz verteidigen« werde. »Ich kämpfe für UNS alle, für UNS Influencer, uns digitalen neuen Zeitschriften«[1], schickte sie grammatikalisch etwas holprig hinterher. Es geht, verkürzt gesagt, um die Frage, ob Schleichwerbung auf Instagram erlaubt ist.

Cathy Hummels ist die Ehefrau des Fußball-Nationalspielers Mats Hummels und außerdem bekannt als Kolumnistin für Lifestyle-Zeitschriften, Moderatorin diverser Fernsehsendungen und als eine der Kandidatinnen in der *RTL*-Sendung *Let's dance!*. Schlagzeilen abseits der Boulevardpresse aber macht Cathy Hummels derzeit als Influencerin auf Instagram. Dort wird sie als Person des öffentlichen Lebens eingestuft, ihre Follower-Gemeinde zählt inzwischen mehr als eine halbe Million Mitglieder. Beim Aufrufen des Accounts erfährt man von ihr, dass sie unter anderem auch Autorin der Bücher »Stark mit Yoga« und »Das Zuckerfrei-Kochbuch für Kinder« ist, das passenderweise unter dem angegebenen Link sofort bei einer großen Buchhandelskette zu bestellen ist – womit sich schon das grundlegende Problem zeigt.

»Ist es ein Fall von Schleichwerbung, wenn die Spielerfrau Markenkleidung trägt, Handtaschen in die Kamera hält oder in Fahrzeugen sitzt – und dies nicht als Werbung kennzeichnet?«, fragte das *Handelsblatt* im Juni 2020 anlässlich des Verfahrens gegen Hummels. »Gibt es überhaupt unkommerzielle Postings bei einer Influencerin?«[2]

Genau damit musste sich das Oberlandesgericht München beschäftigen, nachdem der Verband Sozialer Wettbewerb e.V. (VSW) Klage gegen Hummels eingereicht hatte. In erster Instanz hatten die Wettbewerbswächter bereits verloren. Die 32-jährige Cathy Hummels, so kann man ohne Übertreibung sagen, beschäftigt sich in ihren mehr als 3000 Posts auf Instagram vorwiegend … mit sich selbst. Ihre Themen sind Mode, Gesundheit, Yoga, Freizeit und gelegentlich aussenrist15 (so der Instagram-Name von Ehemann Mats). Auf praktisch allen Fotos ist Cathy Hummels zu sehen, je nach Anlass mal in Trainingskleidung, mal im Bikini, mal in Abendgarderobe. Die Botschaften unter den Bildern lauten dann so: »Die Sonne ist mein Filter (Smiley) Waren gestern mal zu zweit essen und haben uns in Schale geschmissen«, »Also zum Mountainbiken keine Flip-Flops und langen Hosen tragen. Akute Gefahr« oder unter #relaxingday einfach nur »Dahoam in Bayern«. Wer auf dieses Foto tippt, erhält den Hinweis bachmaierweissach und gelangt nach nochmaligem Tippen direkt zum Instagram-Account des noblen Spa & Resort Bachmaier Weissach am Tegernsee. Auf anderen Fotos erfährt man die Marke ihres Outfits, ihres bevorzugten Joghurtdrinks, ihrer Make-up-Artistin und vieles andere mehr. Meist wird man per Antippen über die entsprechenden Links weitergeleitet. Es finden sich auch Hinweise auf ihre eigene Marke The Helping Leopard, die sie in Corona-Zeiten gegründet hat. Sogenannte Community-Masken sollen »sicher und vor allem stylisch« sein, wie die Webseite verkündet. Für jede verkaufte Schutzmaske wird ein Euro an Pflege- und medizinische Einrichtungen gespendet. Hinter allem steht das Instagram-Prinzip: Die Influencer verbinden scheinbar völlig zwanglos ihren Alltag mit ihren bevorzugten Marken. So erfahren eine halbe Million Menschen ständig, was Cathy Hummels beschäftigt, wie sie ihren Lifestyle prägt, wo sie essen geht, in den Urlaub fährt, mit welchen Produkten und Dienstleistern sie sich umgibt. Tatsächlich sind bei ihr manche Produkthinweise als »Werbung« oder »bezahlte Partnerschaft« gekennzeichnet, aber viele eben auch nicht.

Der Verband Sozialer Wettbewerb, der seit mehr als 30 Jahren aktiv ist, sieht in Hummels' Instagram-Auftritt einen Verstoß gegen das sogenannte Trennungsgebot, das die Vermischung von redaktionellen und werblichen Inhalten verbietet. Das gilt als eherner Grundsatz des journalistischen und verlegerischen Selbstverständnisses in den klassischen Medien. Die Verstöße dagegen waren und sind dennoch zahlreich. Wenn in beliebten Fernsehserien der öffentlich-rechtlichen Programme die Kommissare oder Bergdoktoren immer nur eine bestimmte Automarke bevorzugen oder wenn in großen Illustrierten bestimmte Diätmittel oder Urlaubsziele wohlwollend besprochen werden, dann liegt der Verdacht der Schleichwerbung nahe.

In Zeiten von Instagram wirkt nicht nur der Begriff antiquiert. Millionen Menschen folgen ihren Idolen genau deshalb, um zu erfahren, welche Designer und Modemarken sie bevorzugen, mit welchen Outfits, Sneakers und Accessoires sie sich ausstatten, und ihnen dann möglichst nachzueifern.

Das Oberlandesgericht München (OLG) sah das im Fall Cathy Hummels offenbar so ähnlich und wies die Klage des Verbands zurück. Die beanstandeten Posts seien nicht als »unlauter im Sinne des Wettbewerbsrechts« zu sehen, teilte das

Gericht mit. Außerdem habe der Senat des OLG »das Vorliegen einer geschäftlichen Handlung verneint«.[3] Zu Deutsch: Cathy Hummels habe damit kein Geld verdienen wollen. Auch in Zeitschriftenartikeln beispielsweise, könnte man argumentieren, werden Produkte erwähnt, ohne dass eine direkte kommerzielle Absicht dahintersteht.

Das Münchner OLG bestätigte damit ein Urteil des Landgerichts in der ersten Instanz vom April 2019. Damals bekamen Cathy Hummels und ihr Rechtsanwalt Alexander Moser ebenfalls recht. Die für Nicht-Juristen schwer verständliche Begründung: Informierte Internetnutzer würden wissen, so das Landgericht damals, dass Hummels mit ihrem Instagram-Account kommerzielle Interessen verfolge. Allein die hohe Zahl von damals einer knappen halben Million Followern weise darauf hin, dass Hummels mit ihren Aktivitäten auf der Social-Media-Plattform keine rein privaten Interessen verfolge. »Damit verglich das Gericht die Aktivitäten Hummels' mit denen einer Zeitschrift: Produkthinweise in Magazinen sind erlaubt, ohne dass dies als Schleichwerbung gilt«, bilanzierte das *Handelsblatt*.[4]

Die endgültige Klärung der Schleichwerbungsfrage steht allerdings noch aus: Das Oberlandesgericht ließ die Revision zu, offenbar ein Hinweis darauf, dass das Thema Influencer noch einer einheitlichen Klärung bedarf. Die bisherigen Urteile in Deutschland waren durchaus widersprüchlich. So entschied das Landgericht Berlin im Jahr 2018 in einem Urteil gegen die Bloggerin Vreni Frost, dass sie auch die Verlinkung einer Marke ohne Gegenleistung als Werbung kennzeichnen müsse. Später errang sie einen Teilerfolg, indem eine einstweilige Verfügung gegen eines ihrer Postings, auf dem sie einen Pullover mit der Aufschrift »Bananas« trägt, wieder aufgehoben wurde.[5] Dann wiederum schrieb das Landgericht Karlsruhe der Influencerin Pamela Reif in einem Urteil vor, dass jede Verlinkung von Marken unabhängig vom Erhalt einer Gegenleistung als Werbung kenntlich gemacht werden müsse.[6] Im Fall Cathy Hummels entschied das Münchner Oberlandesgericht das genaue Gegenteil.

Dabei scheint die Position der Medienanstalten auf den ersten Blick klar. Sie sind in Deutschland unter anderem, wie es im Beamtendeutsch heißt, zuständig für »die Aufsicht über die Einhaltung der Bestimmungen zur Werbung, zum Jugendschutz und zu den allgemeinen Programmgrundsätzen im Rundfunk und im Internet«.[7] Der Trennungsgrundsatz gilt demnach auch im Internet: »Werbung muss als solche leicht erkennbar und von redaktionellen Inhalten getrennt sein.« Das Problem: Schleichwerbung ist verboten, wenn für den »Zuschauer bzw. Nutzer« nicht erkennbar ist, »ob er einen inhaltlichen, redaktionellen Inhalt oder Werbung wahrnimmt«. Produktplatzierungen hingegen sind unter bestimmten Voraussetzungen erlaubt. Unter anderem dürfen sie, so die Medienanstalten, »nicht unmittelbar zu Kauf, Miete oder Pacht von Waren oder Dienstleistungen auffordern«. Es ist eben ein schmaler Grat zwischen Information und Werbung, nicht nur für die Justiz, sondern auch für die Medienaufsicht.

Online-Marketing-Profis wie Philipp Westermeyer sehen das Problem ohnehin nicht als gravierend an. »Wenn jemand permanent Werbung und Inhalt nicht sauber trennt, dann werden ihm oder ihr die Leute nicht mehr vertrauen«, da könne man »ganz kapitalistisch« auf die »Kräfte des Marktes setzen«, meint der Gründer des OMR-Festivals im Gespräch. »Die Follower spüren, wenn jemand nur etwas verkaufen will. Langfristig ist das auch zum Schaden desjenigen, der das macht und dafür Geld bekommt.« Nur wenn es um Kinder als Zielgruppe ginge, so Westermeyer, müssten die Regeln strenger sein.[8] Influencer gelten als die Zukunftshoffnung im Marketing schlechthin. Sie seien »eine der ganz großen Säulen« im Business, sagt auch Westermeyer, »nichts wirkt stärker. Nichts passt sich präziser an. Das, was früher Zeitschriften gemacht haben, Frauenzeitschriften oder Musikzeitschriften, das sind jetzt die Influencer.« Und dies vor allem mit Blick auf die jüngeren Zielgruppen. Nach den Erkenntnissen der ARD/ZDF-Onlinestudie 2019 sind derzeit in Deutschland rund neunzehn Millionen Nutzer eingetragen.[9] Fast die Hälfte der Vierzehn- bis 29-Jährigen nutzt Instagram täglich. Die Zuwachsraten in der Nutzung waren im Jahr 2019 bei Instagram deutlich höher als bei anderen sozialen Netzwerken – noch; neue Plattformen drängen mit Macht auf den Markt, beispielweise Snapchat oder das chinesische Tiktok, die sich an noch jüngere Zielgruppen richten.

Cathy Hummels' Fangemeinde mit etwas mehr als einer halben Million Followern ist noch relativ überschaubar. Lena Gercke mit rund zweieinhalb Millionen Followern spielt da schon in einer anderen Liga. Wie andere Models sei auch Gercke »eigentlich eine Art Frauenzeitschrift für viele Menschen«, erklärt Philipp Westermeyer. Stefanie Giesinger, eine der Siegerinnen der von Heidi Klum (sieben Millionen Follower) moderierten TV-Castingserie *Germany's Next Topmodel*, fällt mit knapp vier Millionen Followern in eine ähnliche Kategorie.[10]

Aber das ist alles nichts im Vergleich zu den Zwillingen Lisa und Lena Mantler aus Stuttgart, die als @lisaandlena auf Instagram rund fünfzehn Millionen und auf Tiktok mehr als acht Millionen Fans zählen.[11] Die Teenager, geboren im Jahr 2002, wurden mehrfach bei einschlägigen Wettbewerben ausgezeichnet, unter anderem 2017 mit dem New Faces Award der Illustrierten *Bunte* als »Social Media Stars of the Year«, und sind die Stars in zahllosen Fernsehshows, die sich an junge Menschen richten. Stark zur Popularität trugen auch ihre Moderationen beim Kid's Choice Award des TV-Jugendsenders Nick (Nickelodeon) bei.

Lisa und Lena sind groß geworden als Kinderstars mit einem direkten Draht zu ihren Fans. So wurden sie zu Idolen einer ganzen Generation. Per Instagram lassen sie ihre Gemeinde an ihrem Alltag teilhaben, sei es der neue Haarschnitt (für beide gleichzeitig), der Führerschein (ebenso), seien es die Fitnessaktivitäten während des Corona-Lockdowns oder ihre Gedanken zur Rassismusdebatte (If we stayed together we could do so much better). Zwischen all dem finden sich dann Anzeigen für das Modelabel NA-KD, für das die Zwillinge eifrig werben: »We're so excited for our collaboration with @nakdfashion!!« Interessanterweise sind auch die privaten Posts in Englisch gehalten, das schafft internationales Flair. Nichts deutet auf schwäbische Provinz hin. In der Berichterstattung, wenn man das so nennen möchte, bewegt sich der Planet @lisaandlena auf seiner eigenen Umlaufbahn. Bei den Zwillingen dreht sich alles, wie bei Cathy Hummels, um das mäßig aufregende Alltagsleben, nur noch etwas jugendlicher und naiver als bei der vierzehn Jahre älteren Influencer-Kollegin.

Es ist diese große Leere, über die sich ein gestandener Werbeprofi wie Amir Kassaei maßlos ärgern kann. Er gehört zu den profiliertesten Werbern der Welt. Bei Springer & Jacoby und zuletzt als Chief Creative Officer und geschäftsführender Gesellschafter bei DDB Worldwide war er jahrzehntelang verantwortlich für zahllose weltweite Kampagnen. Jetzt hat er der Werbung den Rücken gekehrt, um eigene Design- und Modeprojekte zu verfolgen. Ein streitbarer Geist ist er geblieben, wie sich auch im Gespräch zeigt. »Ich glaube schon, dass die soziale Vernetzung von Menschen über das Internet eine unglaubliche Errungenschaft ist«, urteilt er. »Diese wird nur leider überhaupt nicht genutzt, weil wir sie falsch angehen. Wir nutzen sie als Plattform für unsere Eitelkeiten.« Wenn jemand wirklich etwas zu sagen habe, meint er, »dann kommt die Message auch an. Technologie ist nur ein Instrument dafür. Aber es geht um den Inhalt der Message.« Und da sieht der einstige Kreativchef ein großes schwarzes Loch. »Wenn man bedenkt«, so Kassaei, »da sind etwa fünf Milliarden Menschen miteinander mit ihren Gehirnen verknüpft. Eine neue Infrastruktur, die man das erste Mal in der Geschichte der Menschheit nutzen könnte. Und alles, was wir daraus machen, sind Selfies.« Die Aufmerksamkeit dürfe nicht das Ziel sein. Relevanz sei das Ziel. Die sozialen Medien aber, zürnt Kassaei, »vermitteln die Illusion, dass man sich über Kurzfristigkeit und über Schein definieren kann«.[12]

Der Siegeszug des Influencer-Marketings wird einstweilen nicht aufzuhalten sein. Die farbige Doppelseite in großen Illustrierten, der aufwendig produzierte Spot für die TV-Werbung, der glitzernde Messeauftritt, sie sind schon lange nicht mehr der Maßstab aller Dinge in der Werbung – und endgültig passé, bis auf wenige Ausnahmen, zu denen beispielsweise nationale oder internationale Sportevents wie die Olympischen Spiele oder die Fußball-Weltmeisterschaft gehören.

Noch vor wenigen Jahren, berichtete mir der Chief Marketing Officer eines deutschen Autokonzerns, planten die großen deutschen Hersteller bei der Einführung eines einzigen neuen Modells zwischen 40 und 60 Millionen Euro nur für die Werbung in Fernsehen und Zeitschriften ein. Zusätzliche Maßnahmen wie Messen und Events nicht eingerechnet. Das waren goldene Zeiten, auch für Kreativchefs wie Amir Kassaei. Diese Budgets sind heute beträchtlich geringer, und sie werden völlig anders verteilt als früher. Die großen Profiteure dieses Wandels sind die Influencer und die Agenturen, die sie betreuen – und natürlich die Social-Media-Plattformen, auf denen sie präsent sind, allen voran Instagram. Bei den pompösen Fashion Weeks in Paris oder Mailand saßen früher die Chefredakteurinnen der großen Modemagazine wie *Vogue*, *Elle* oder *Harper's Bazaar* in der ersten Reihe. Heute sind es die Influencerinnen wie Dagi Bee (sechs Millionen Follower), die auf Instagram die größte Fangemeinde vorweisen können.

Über die neue Art von Werbung und Produktplatzierung können die Unternehmen nicht nur ein Millionenpublikum erreichen, sondern auch die Wirkung viel direkter steuern. Die Markenbotschafter verschmelzen gleichsam mit der Marke – und umgekehrt. Und die immer ausgefeilteren Algorithmen erlauben es, ausgewählte Zielgruppen ganz präzise anzusprechen. So erreicht die Botschaft immer exakt die gewünschten Adressaten. Und je mehr die angesprochenen Nutzerinnen und Nutzer reagieren, desto intensiver werden sie mit den Werbebotschaften bombardiert.

Schiere Größe ist immer noch ein Argument. Die weltweit erfolgreichsten Megastars auf Instagram sind der Fußballer Cristiano Ronaldo (knapp 230 Millionen Follower[13]), die Sängerin und Schauspielerin Ariana Grande (193 Millionen) und der Action-Schauspieler Dwain Douglas »The Rock« Johnson (189 Millionen), der seine Karriere als Wrestler begann. Kylie Jenner, Platz fünf, bringt es auf 184 Millionen Fans, ihre Schwester Kim Kardashian liegt knapp hinter ihr mit 178 Millionen. Wenn diese Instagram-Spitzenreiter ein bestimmtes Produkt in ihren Posts vorstellen, ist es in der Regel am nächsten Tag weltweit ausverkauft. Es geht aber nicht um die Produkte allein, sondern um Storytelling und Image, darum, bestimmte Emotionen und Erlebniswelten mit einer Marke zu verbinden. Dafür bieten Videos, Fotos und Musik die idealen Voraussetzungen. So werden die Influencer zu wandelnden Verkaufsmaschinen.

Unter den Top Ten sind allein drei Fußballspieler vertreten, neben Ronaldo noch Lionel Messi und Neymar. Sie wären wohl auch in Vor-Instagram-Zeiten zu Weltruhm aufgestiegen. Der deutsche Follower-König ist Toni Kroos mit vergleichsweise bescheidenen rund 22 Millionen Anhängern. Die aktuellen Stars aus dem Showbusiness verdanken ihre globale Berühmtheit (und ihren märchenhaften Reichtum) zum großen Teil ihrer Dauerpräsenz in den sozialen Medien. So wurde die Erfolgsfamilie Kardashian in den USA zunächst durch eine Fernsehserie populär *(Keeping Up with the Kardashians)*, doch vor allem die Töchter des Clans waren äußerst erfolgreich darin, die Selbstvermarktung mit anderen Mitteln des Social-Media-Zeitalters fortzusetzen. Kylie Jenner, Jahrgang 1997, gründete schon als Achtzehnjährige eine eigene Kosmetiklinie, die sie vorwiegend online bewarb. Im Jahr 2019 rief *Forbes* sie zur jüngsten Selfmade-Milliardärin des Landes aus. Monatelanges Nachrechnen ergab dann allerdings im Frühjahr 2020, dass ihre Unternehmungen auf einen Wert von »nur« 900 Millionen Dollar geschätzt wurden. Auch das von *Forbes* gewählte Etikett »Selfmade« wurde angezweifelt.[14] Schließlich habe Kylie Jenner von der Popularität ihrer gesamten Familie profitiert. Sie selbst bestritt das nicht. »Ich hatte schon so eine starke Reichweite, bevor ich in der Lage war, irgendetwas zu starten«, sagte sie laut *Frankfurter Allgemeine Zeitung* und fügte hinzu: »Das ist die Stärke von Social Media.«[15]

So entwickelte sich die einstige Foto-Tauschplattform Instagram zu einer gewaltigen Marketingmaschine. Der Wirtschaftsinformationsdienst Bloomberg schätzte den Werbeumsatz von Instagram für das Jahr 2019 auf rund zwanzig Milliarden Dollar.[16]

Die Anfänge waren, wie so oft in dieser Branche, bescheiden. Zwei Software-Entwickler gründeten den Dienst im Oktober 2010, wobei sie die Unterstützung prominenter Silicon-Valley-Investoren wie Marc Andreessen oder Don Valentine von Sequoia Capital erhielten. Nicht einmal zwei Jahre später, im April 2012, kündigte Facebook-Chef Mark Zuckerberg an, er wolle den Fotodienst für eine Milliarde Dollar übernehmen. Der für damalige Verhältnisse astronomische Kaufpreis sollte teilweise mit Facebook-Aktien finanziert werden, das damals mit 100 Milliarden Dollar bewertet wurde. Nach dem kurz darauf folgenden Börsengang von Facebook geriet die Aktie allerdings stark unter Druck. Als die Instagram-Übernahme im September 2012 schließlich vollzogen wurde, betrug der effektive Kaufpreis wegen des gesunkenen Facebook-Kurses rund 715 Millionen Dollar.[17]

Instagram hatte zu jener Zeit gerade mal ein Dutzend Mitarbeiter und konnte keine nennenswerten Umsätze vorweisen. »Facebook investiert in Foto-Hype«, titelte damals die *Financial Times Deutschland*, die ihre Verwunderung über die kostspielige Erwerbung kaum verhehlen konnte. Facebook wolle sich wohl einen möglichen Rivalen einverleiben oder zumindest verhindern, dass er Wettbewerbern wie Twitter oder Google in die Hände falle, vermutete die Zeitung damals.[18] Zuckerberg selbst schien erkannt zu haben, welches zusätzliche Potenzial er mit Instagram erschließen konnte. »Wir müssen darauf achten, dass wir die Stärken und Funktionen von Instagram erhalten und ausbauen, statt nur zu versuchen, alles in Facebook zu integrieren«, schrieb er damals in seinem Facebook-Profil.[19] Das war ein sehr schlauer Schachzug, denn die Datenbasis für Facebook potenzierte sich dadurch, zumal sich die Nutzerzahlen rasant entwickelten. Hatte Instagram zum Zeitpunkt der Facebook-Übernahme im April 2012 nach eigenen Angaben noch 30 Millionen Nutzer, waren es im Februar 2013 bereits 100 Millionen und im Juni 2016 schon über 500 Millionen eingetragene Mitglieder[20], die im Durchschnitt jünger waren als die Facebook-Mitglieder.[21] Der rapide Anstieg war eng verbunden mit der wachsenden Verbreitung von Smartphones und dem Ausbau der mobilen Datenübertragungskapazitäten. Fotos und sogar Videos mit dem Handy zu verschicken war nun viel einfacher und preiswerter möglich als noch einige Jahre zuvor. Das Erfolgsgeheimnis waren die Hashtags, mit denen die Posts versehen werden konnten. Wenn sie entsprechend populär waren, sorgten sie für rasche Verbreitung der Posts, denn man erreicht damit auch Nutzer außerhalb des eigenen Followerkreises.

Instagram galt im Vergleich zu Facebook als die harmlosere, nettere Alternative. Kein Hate Speech, keine Fake News, und auch sonst stand Instagram eher für die schönen Seiten des Lebens – bis heute ist das so geblieben. »Näher an den Menschen und Dingen, die du liebst«, wirbt Instagram auf der eigenen Website. Alle seien willkommen, heißt es da. Das Ziel sei es, »eine sichere und solidarische Community für alle Menschen aufzubauen«.[22] Seit dem Jahr 2015 waren Anzeigen, sogenannte gesponserte Posts, auf Instagram möglich. »Wir starten mit einigen Unternehmen, die bereits auf Instagram erfolgreich sind, um sicherzustellen, dass Werbeanzeigen, die ihr in eurem Foto-Stream seht, kreativ und interessant sind«, teilte die Facebook-Tochter damals mit.[23] In Deutschland gehörte Mercedes-Benz zu den ersten Werbekunden. Durch den Zusammenschluss mit Facebook konnte Instagram das sogenannte Targeting entscheidend erweitern. Damit erhielten werbetreibende Unternehmen auch auf der Foto-Plattform die Möglichkeit, die Nutzer aufgrund ihrer demografischen Daten und Interessen noch präziser anzusprechen.

In welchem Maße die anfallenden Daten und Bildmaterialien gesammelt, analysiert und mit Facebook und dem ebenfalls zum Konzern gehörenden Whatsapp abgeglichen werden, war damals wie heute wohl den wenigsten der vorwiegend jungen Nutzerinnen und Nutzern bewusst. Und den meisten vielleicht sowieso gleichgültig.

Für europaweites Aufsehen sorgte eine Initiative der Kinderbeauftragten für England, Anne Longfield, im Jahr 2017. Sie beauftragte eine Rechtsanwältin damit, die Allgemeinen Geschäftsbedingungen (AGB) von Instagram in eine Sprache zu übersetzen, die auch für Kinder und Jugendliche verständlich sein sollte. Im Deutschen umfassten die AGB damals fünfzehn Seiten und waren so kompliziert formuliert, dass sicher auch Erwachsene Verständnisprobleme hatten – wenn überhaupt jemals jemand sich die Mühe machte, sich das Kleingedruckte durchzulesen. Die entscheidende Passage, wer über die Nutzungsrechte der geposteten Inhalte verfügt, las sich in den AGB von Instagram zum Beispiel so: »Instagram beansprucht nicht, Inhaber irgendwelcher Inhalte zu sein, die du auf dem oder über den Dienst postest. Stattdessen gewährst du Instagram hiermit eine nicht-exklusive, vollständig bezahlte und gebührenfreie, übertragbare, unterlizenzierbare, weltweite Lizenz für die Nutzung der Inhalte, die du auf dem oder durch den Dienst postest; diese unterliegt den Datenschutzrichtlinien des Dienstes, die du hier einsehen kannst http://instagram.com/legal/privacy/; dazu gehören u.a. die Abschnitte 3 (›Teilen deiner Informationen‹), 4 (›Speicherung deiner Informationen‹) und 5 (›Deine Wahlmöglichkeiten in Bezug auf deine Informationen‹). Wie in den Datenschutzrichtlinien beschrieben, kannst du auswählen, wer deine Inhalte und Aktivitäten sehen kann, einschließlich deiner Fotos.«[24]

Die Version von Rechtsanwältin Jenny Afia klang dann bedeutend verständlicher: »Offiziell gehören dir die geposteten Fotos und Videos, aber wir dürfen sie benutzen und an andere Leute weitergeben, überall auf der Welt. Andere Leute könnten uns etwas dafür bezahlen, aber dich werden wir dafür nicht bezahlen.«[25]

In ihrem Bericht an die englische Kinderbeauftragte hielt Anwältin Afia eines der zentralen Probleme fest, das auch Datenschützer immer wieder bemängeln. Es betrifft aber bei Weitem nicht nur Instagram, sondern alle sozialen Medien: »Junge Menschen geben unwissentlich persönliche Informationen preis«, schrieb sie, »ohne richtig zu verstehen, wer diese Informationen hat, wo sie aufbewahrt werden, und was der Anbieter damit vorhat.«[26]

Schon mit der Whatsapp-Übernahme durch Facebook im Jahr 2014 mussten Nutzer zustimmen, dass die Nutzungsrechte an sämtlichen verschickten Fotos und Videos an Facebook übergehen, ohne dass es dafür irgendeine Entschädigung gab. Das war ein Transfer von Milliardenwerten, der offenbar keinen der Nutzer störte. Die einzige Alternative wäre de facto für sie gewesen, die neuen Geschäftsbedingungen nicht zu akzeptieren und sich von Whatsapp zu verabschieden. Wohl niemand auf dieser Welt würde sich in einen langwierigen Rechtsstreit mit einem Milliardenkonzern begeben. Hier nutzen die Dienste ihre Monopolstellung auf dem Markt gnadenlos aus. Wer Whatsapp verlässt, verabschiedet sich zwangsläufig von der schnellen und unkomplizierten Kommunikation mit den allermeisten seiner Freunde.

Die Marktmacht und die überbordende Datensammelwut des Instagram-Mutterkonzerns Facebook riefen in Deutschland sogar das Bundeskartellamt auf den Plan. Die Wettbewerbshüter bescheinigten Facebook im Jahr 2019, es sei »auf dem deutschen Markt für soziale Netzwerke marktbeherrschend« und unterliege »damit der kartellrechtlichen Missbrauchskontrolle«.[27] Vorausgegangen war ein knapp drei Jahre dauerndes Verfahren, an dessen Ende das Bundeskartellamt nach den Worten seines Präsidenten Andreas Mundt die »innere Entflechtung« des Konzerns mit seinen Töchtern Instagram, Whatsapp und Facebook Messenger anordnete. Das Amt sah den Ursprungsverdacht bestätigt, der Konzern hätte seine Marktmacht missbraucht.

Der Hintergrund: Facebook ließ Nutzer auf seiner Plattform nur zu, wenn sie zustimmten, dass auch ihre Daten der Tochterfirmen Whatsapp und Instagram gesammelt werden durften sowie Daten anderer Webseiten oder Apps, die sogenannte Facebook Business Tools eingebunden hatten. Dazu zählten beispielsweise der Like-Button, das Facebook Login oder Facebook Analytics. Die Kombination dieser Daten ermöglichte Facebook, sehr präzise Persönlichkeitsprofile zu erstellen und beispielsweise die Handynummer aus Whatsapp mit den zunächst anonymen Daten aus anderen Diensten zu verbinden und damit natürlich seine marktbeherrschende Stellung weiter zu festigen.

Facebook wehrte sich zunächst mit der Begründung, das Bundeskartellamt sei gar nicht zuständig, da es sich um ein datenschutz- und kein wettbewerbsrechtliches Problem handele. Außerdem halte man sich an die neue Datenschutz-Grundverordnung, die für alle Europäer gelte, so Facebook, indem man die Privatsphäre-Einstellungen für Nutzer bereits überarbeitet habe. Im Endeffekt sah die innere Entflechtung dann so aus, dass die Nutzer der Datenweitergabe innerhalb des Konzerns explizit zustimmen mussten. Die allermeisten werden das getan haben, ohne sich – siehe oben – die einmal mehr bei Facebook, Instagram und Whatsapp geänderten Nutzungsbedingungen durchgelesen zu haben.

Zwei Jahre zuvor hätte Facebook noch richtiggelegen mit dem Argument, die Wettbewerbshüter seien gar nicht zuständig. Aber durch eine Novellierung des Gesetzes gegen Wettbewerbsbeschränkungen wurde die Gesetzeslage im Jahr 2017 an die digitale Ökonomie und die Quasi-Monopolisten angepasst, die sie hervorgebracht hatte. Der Umgang eines Unternehmens mit personenbezogenen Daten sei deshalb auch ein Fall für die Kartellbehörden, »wenn die Datensammlung und -verwertung ein wesentlicher Faktor für die Stellung eines Unternehmens im Wettbewerb ist«.[28] Entscheidend für die Beurteilung waren unter anderem die sogenannten Netzwerkeffekte, die Facebook und Google so mächtig gemacht hätten: Je mehr Menschen die Plattform nutzen, umso mehr lohnt es sich, ihr beizutreten. Je größer die Plattform sei, umso höher sei der Aufwand, den ein Wechsel zu einem anderen Dienst bedeuten würde.

Man kann also nicht sagen, der Gesetzgeber würde nicht versuchen, mit der technologischen Entwicklung Schritt zu halten. Es ist eben nur unendlich mühsam in einem weltweiten Markt, der sich so dynamisch entwickelt. Das ist wie mit dem Hasen und dem Igel.

Auch ein anderes Problem wurde durch die Gesetzesnovelle zumindest entschärft. Erst seit 2017 darf das Kartellamt auch einschreiten, wenn in einem Markt kein Geld fließt. Facebook ist, wie viele andere soziale Plattformen, in einem sogenannten zweiseitigen Markt aktiv: Das Angebot ist für die Mitglieder kostenlos, bezahlen müssen lediglich die Werbekunden.

Allerdings zahlen die Nutzer mit ihren Daten, auf deren Grundlage Facebook seine Umsätze mit den Werbekunden generiert. Facebook sei ein »unentgeltlicher Dienst«, so das Kartellamt in seinen Hintergrundinformationen zur Facebook-Entscheidung. Der Missbrauch führe »daher nicht zu einem unmittelbaren finanziellen Schaden für den Nutzer. Der Schaden liegt hier vielmehr in einem Kontrollverlust für den Nutzer: Er kann nicht mehr selbstbestimmt über seine persönlichen Daten verfügen. Er kann nicht überschauen, welche Daten aus welchen Quellen für welche Zwecke mit Daten aus Facebook-Konten verknüpft und z. B. zur Erstellung von Nutzerprofilen (Profiling) genutzt werden.«[29]

Hinter der Hochglanzfassade verbirgt sich eben auch bei Instagram das knallharte Geschäftsmodell der Internetwirtschaft – die Ökonomie der Aufmerksamkeit. Wer die meisten Follower, die meisten Aktionen und Reaktionen erzielt, führt auch die Umsatz-Hitlisten an. In der Psychologie haben die Behavioristen versucht, menschliches Verhalten durch Mechanismen von Belohnung und Bestrafung zu konditionieren. Ähnlich funktioniert Instagram, wobei das Suchtmittel Dopamin im Gehirn zum Einsatz kommt wie in einem Laborversuch eines Behavioristen. Die Schattenseiten wurden erst nach und nach deutlich.

Der Computerpionier Jaron Lanier bezeichnet den Effekt bezogen auf die sozialen Medien abschätzig so: »Eine unglückselige Verbindung aus Biologie und Mathematik zieht also die Zersetzung der Menschheit nach sich.«[30]

Sara Melotti aus Italien arbeitet als Fotografin und – wie sie sich selbst nennt – visuelle und kreative Beraterin und Content Creator für Marken, Agenturen, Tourismusverbände sowie NGOs auf der ganzen Welt. Mit ihren etwas über 40 000 Followern kommt sie nicht ansatzweise an die Millionengefolgschaft der großen Influencer heran, aber sie findet damit ihre Kundschaft. Und obwohl sie Instagram selbst nutzt, beschäftigt sie sich sehr kritisch mit dem sozialen Netzwerk.

Ihre Analyse des Influencer-Hypes, die sie 2018 in zwei Teilen in ihrem Blog Behind the Quest (etwa: Hinter der Suche) unter dem Titel »Instagram hat ein Monster erschaffen« veröffentlichte, sorgte in der Szene für großes Aufsehen. »Die Dinge auf Instagram haben sich im letzten Jahr stark verändert«, so ihre Einleitung, »mit einer Milliarde Dollar, die in Influencer-Marketing investiert wurden, und Zehntausenden von Menschen, die ihre Popularität vortäuschen, müssen wir eine längst überfällige Debatte beginnen und das Wort BETRUG in das Spiel einführen.«[31]

Melotti hatte herausgefunden, wie man sich als »Fake Influencer« positionieren kann. Sie fuhr beispielsweise an Orte, an denen andere Instagram-User viele Likes für Selfies bekommen hatten, um dieselbe Zustimmung zu erreichen. Außerdem kaufte sie sich Fans: 100 Follower kosteten knapp drei Dollar, 10 000 gab es für 70 Dollar. Auch Posts kann man sich von Profis schreiben und ins Netz stellen lassen, ab 150 Dollar. »Es sollte einmal um Inhalte und Originalität gehen«, schrieb Melotti, »aber jetzt geht es nur um die sinnlose Dynamik eines Algorithmus. Wer die Zeit und das Geld hat, das System auszutricksen, gewinnt das Spiel.« Mit sinnloser Dynamik meint sie, dass auf Instagram alles dem Ziel untergeordnet wird, möglichst viele Klicks zu erzielen, weil das wiederum die Werbung befeuert. Instagram wird von Algorithmen bestimmt, deren einziger Zweck darin besteht, auszuwählen, was die User beschäftigt, und nicht, was sie tatsächlich informiert. Vor der Facebook-Übernahme hatte Instagram keinen Algorithmus, er wurde erst im August 2016 eingeführt. »Seitdem wird der Instagram-Feed nicht mehr chronologisch dargestellt, sondern von Instagram für die Nutzer priorisiert. Der Instagram-Algorithmus belohnt Posts, die in den ersten 30 bis 60 Minuten besonders viele Likes und Kommentare bekommen«, klären die Online-Marketing-Profis von OMR ihre Kundschaft auf.[32]

Die Algorithmen wählen nach Relevanz aus, und die lässt

sich auch mit fragwürdigen Mitteln erzeugen. Sara Melotti forderte von Instagram die Sperrung sämtlicher automatisierter Programme, sogenannter Bots, mit denen künstliche Followerzahlen generiert werden. »Ehrlichkeit = Unsichtbarkeit«, schrieb sie, »wenn man sauber spielt und keine Bots oder Pods[33] verwendet, um Anhänger und Aktivitäten zu gewinnen, wird der Account nach außen und oft auch nach innen unsichtbar.« Wenn zu wenige Aktivitäten auf Beiträge folgen, bewirken die Algorithmen, dass nur etwa die Hälfte der Follower sie in ihren Feeds sehen. Dadurch werden die Beiträge unter anderem weniger geteilt. Das genaue Gegenteil passiert, wenn Posts in den ersten Minuten künstlich gepusht werden. Das Ergebnis, laut Melotti: »Wenn man sauber spielt, wird die Zahl der Follower eine konstante flache Linie bilden. Das ist keine Science-Fiction, es ist ein FAKT!«

Melotti weiter: »So wenig ich auch Fan von Gesetzen bin, denke ich, dass wir eine klare Linie ziehen müssen, die angibt, was Betrug ist (also strafbar) und was nicht.«[34] Instagram kennt die Probleme mit Bots und gekauften Followern und versucht, solche Aktivitäten zu erkennen und zu unterbinden. Aber wer mit Followerzahlen tricksen will, findet immer wieder neue Wege, die Prüfalgorithmen von Instagram zu umgehen.

Sara Melotti berichtete über ihre Erkenntnisse unter anderem im Oktober 2018 in einem Ted-Talk im norditalienischen Reggio Emilia. Ihre Schlussfolgerung: »Erstens geben wir den zukünftigen Generationen die falsche Botschaft: Wir lehren sie, dass Unehrlichkeit die Norm ist und harte Arbeit wertlos. Wenn Menschen mit wenig bis gar keinem Talent – und vorgetäuschtem Einfluss – im Leben vorankommen oder an die Spitze kommen, weil sie gut darin waren, ihre Followerzahlen künstlich hochzujagen und ihre Popularität dank Bots zu simulieren, welche Art von Welt bauen wir dann?«[35]

Dabei gehört Fälschung eigentlich zum Instagram-Prinzip. Der schöne Schein ist das Wichtigste. Genauso wie die Yellow Press nicht die Wirklichkeit aus dem Leben der Showstars und Royals abbildet, ist den vermeintlich privaten Beiträgen der Promis des Social-Media-Zeitalters nicht zu trauen. Was Aktricen und Models, Rapper und Sportstars angeblich aus ihrem Privatleben posten, stammt oft von Agenturen, die das Image ihrer prominenten Kunden nach ausgeklügelten Strategien vermarkten. Es fließt inzwischen viel Geld für Fotos, Videoclips oder kurze Texte, und das nicht nur in der internationalen Topliga. Bis zu 5000 Euro für einen einzigen Instagram-Post verlangt beispielsweise einer der Stars des Privatsenders Pro7, wenn er das im Auftrag eines Kunden macht. Da kommt auf Dauer einiges zusammen.

Die Ästhetik tut ihr Übriges, um ein geschöntes Bild von der Welt wiederzugeben. Die Instagram-Filter mit so klingenden Namen wie Clarendon, Amaro, Mayfair oder Sierra lassen alles immer schöner und edler erscheinen, als es in Wirklichkeit ist. Diese moderne Version der rosaroten Brille lässt auch den grauesten Alltag noch bunt erscheinen. »In sozialen Medien ist die Manipulation sozialer Gefühle die einfachste Methode, um Bestrafungen und Belohnungen herbeizuführen«, urteilt Jaron Lanier. »Das wird sich vielleicht eines Tages ändern, wenn Drohnen am Himmel echte Bonbons abwerfen, doch bis es so weit ist, geht es nur darum, Gefühle bei dir hervorzurufen – hauptsächlich Gefühle, die sich darauf beziehen, was andere Leute über dich denken.«[36]

Die Fortsetzung der Selbstinszenierung ist die Selbstoptimierung, die durch geschönte Bilder vorangetrieben wird. Wo Filter und Weichzeichner nicht mehr ausreichen, helfen andere Mittel der modernen Bildbearbeitung, mit denen man sich wahlweise schlanker, runder, größer oder kleiner erscheinen lassen kann, um den Vorbildern aus der Glamourwelt nachzueifern.

Die Auswirkungen seien fatal, urteilt die Journalistin Nena Schink im Gespräch.[37] »Instagram hat uns allen die Möglichkeit gegeben, ein vermeintlicher Promi zu sein. Dieser Mechanismus spielt mit uns und macht uns süchtig«, meint die 28-Jährige, die im Februar 2020 mit ihrem Buch »Unfollow!« mit Instagram abrechnete.[38] Es klingt bei ihr ein bisschen wie enttäuschte Liebe.

Für die meisten der Instagram-Mitglieder sei es das einzige Ziel, die Filter zu nutzen und sich selbst möglichst gut darzustellen. »Warum posten Leute auf Instagram?«, so Nena Schink. »Weil sie toll und wichtig sein wollen, obwohl es manchmal gar nicht stimmt.« Sie glaubt, »Eitelkeit und mangelndes Selbstbewusstsein« seien die Triebfedern, sich auf Instagram zu präsentieren. Es mache ihr am meisten Angst, erzählt sie, »dass junge Menschen Youtuber und Influencer werden wollen. Früher war es asozial, keine Ausbildung gehabt zu haben, und heute nennt man das selbstständig sein.«

Instagram, so Schink, sei durch und durch vom Sozialneid der Follower befeuert. Die Influencer und Influencerinnen lebten davon, »dass wir neidisch sind, uns diese Welt aber voyeuristisch anschauen. Wir beneiden diese Frauen um ihre Designerhandtaschen. Bilder, die auf diesen Sozialneid anspielen, etwa mit Louis-Vuitton-Sonnenbrille im Gesicht, tollem Kleid, krassen Körpern, krasser Yacht, bekommen mehr Likes als ein Doktortitel.«

Letzteres ist unbestritten. Auf Instagram gebe es »nichts zu gewinnen außer die Anerkennung der anderen«, sagt Nena Schink. Und die gibt es nicht unbedingt für intellektuelle Höchstleistungen. Junge Mädchen sollten »träumen und sich nicht auf ihr Aussehen reduzieren lassen«, meint sie und wirbt dafür, bei den Kontoeinstellungen die Funktion »privat« zu wählen, damit man zumindest die Kontrolle habe, dass nur zugelassene Bekannte die Fotos und Videos sehen können.

Instagram sei »das selbstzerstörerischste und schlimmste soziale Netzwerk von allen«, sagt Nena Schink, und weiter: »Das Problem ist, dass wir von Mark Zuckerbergs Team darauf konditioniert werden. Das ist höchst unethisch. Im Silicon Valley sind Psychologen angestellt, deren Job darin besteht, herauszufinden, wie man am schnellsten süchtig wird. Das ist wie ein Sog, und aus diesem Sog findet man schwer wieder heraus. Ich habe zu meinen schlimmsten Zeiten zwei Stunden auf Instagram verbracht, ohne es zu merken.«

Deshalb ihr Ratschlag: Unfollow! Wer die völlige Abstinenz scheut (»man könnte ja schließlich was verpassen«), sollte zumindest kritisch prüfen, wie lang die Liste der Freunde und Bekannten, denen man folgt, wirklich sein muss.

5. »Alles hat sich extrem ausdifferenziert.«

Interview mit Philipp Westermeyer

Philipp Westermeyer ist in Deutschland der ungekrönte König des Influencer-Marketings und mit seinem Hamburger Festival »Online Marketing Rockstars« (OMR) selbst ein Beispiel für erfolgreiche Selbstvermarktung. Als er das Festival 2011 erstmalig veranstaltete, kamen 200 Neugierige. Im Jahr 2019 pilgerten rund 50 000 zahlende Besucher zu dieser inzwischen größten Messe für Online-Marketing in Europa. Nach der Absage 2020 soll sie im nächsten Jahr wieder im gewohnten Rahmen stattfinden, hofft der Organisator.

Herr Westermeyer, digitales Marketing macht großen Spaß, wie Sie selbst bekannt haben. Ist das die Zukunft des Marketings?

Ganz eindeutig. Man muss sich einfach vor Augen halten, wie relevant Social Media geworden ist. Wir kommunizieren für eine Kernzielgruppe zwischen 25 und 50 Jahren, diese Zielgruppe ist zu 80 Prozent eigentlich nur noch über Social Media erreichbar. Klassische PR ist zu teuer und nicht gut skalierbar, Anzeigen im Fernsehen oder in Zeitschriften bringen uns bei OMR nichts.

Früher hat man mit Anzeigen in großen Zeitschriften oder mit Fernsehspots vor allem auf Reichweite gesetzt. Ist das vorbei, weil es jetzt zielgerichtetere Maßnahmen gibt?

Klassische Werbung gibt es einfach viel weniger als früher, weil sich die Konsumentenseite in den letzten Jahren sehr stark ausdifferenziert hat. Diese Situationen, bei denen sich die ganze Nation um den Fernseher versammelt hat, sind immer weniger geworden. »Wetten, dass …« gibt es nicht mehr, allenfalls die Fußball-Länderspiele können das noch bieten. Die großen Zeitschriften, die großen Sender haben alle sehr stark an Reichweiten eingebüßt. Deshalb müssen Audiences und Zielgruppen häufig aus kleineren Puzzleteilen neu zusammengesetzt werden. Die Entwicklung wird aber nicht werbeseitig getrieben, sondern eher konsumentenseitig.

Wirkt sich dieser Prozess auch auf die Märkte aus?

Auch die Produktwelt wurde immer differenzierter. Es gibt immer weniger von diesen ganz großen Firmen, die ohne viele Streuverluste werben können – weil ihre Produkte potenziell von allen Menschen gebraucht werden, wie Schuhe, Essen und Mobilität. Wir haben ein Wirtschaftssystem, in dem viele Firmen dazugekommen sind, die sich bewusst an Nischen richten. Das gab es vorher so nicht. Man konnte über Fernsehen, Radio und Flyer kaum Nischen und Kleinstgruppen ansprechen. Das ist seit ein paar Jahren viel besser möglich und führte zu ganz neuen Geschäftsmodellen. Man sieht das unter anderem in der Mode, im Food-Bereich oder in der Musik.

Und deshalb sieht jeder in seiner »Timeline« nur noch die Produkte, die speziell auf ihn oder sie zugeschnitten sind?

Genau. Früher hatte es wirtschaftlich keine Berechtigung für diese Produkte gegeben, weil man die potenziellen Käufer nicht zielgenau und damit wirtschaftlich effizient genug gefunden hätte. Jetzt kann man sehr kleine Zielgruppen »targeten«, für die diese Produkte exakt zugeschnitten sind, und muss nur dafür bezahlen, ohne Streuverluste. Alles hat sich extrem ausdifferenziert.

Können Sie erklären, wie man die richtigen Kunden findet?

Das läuft vor allem über Google, Instagram, Amazon und Facebook. Das sind die vier großen Digitalplattformen, die die Welt verändert haben. Youtube vielleicht noch. Alle bieten ein neues Instrumentarium, mit dem ihre Werbekunden die Zielpersonen noch genauer ansprechen und quasi ersteigern können.

Die großen Plattformen teilen ihre Kenntnisse über ihre Nutzer mit anderen und verdienen damit sehr viel Geld.

Eben weil sie die kleinsten Zielgruppen adressierbar machen, um es neutral zu formulieren. Dafür reicht dann auch ein kleines Werbebudget. Das ist die Revolution. Auch Zalando ist auf diese Weise groß geworden. Die haben ja nicht mit ein paar Millionen Budget im Monat angefangen. Das heißt, die Eintrittsbarriere ist viel geringer, und viel mehr Firmen können am Ende an der Wirtschaftswelt teilnehmen.

Wie wichtig sind die Influencer, vor allem im Konsumentenbereich?

Aus meiner Sicht gibt es im Internetmarketing vier Säulen: Google, Facebook, Amazon, und die vierte ist Influencermarketing. Dessen Bedeutung wird in Zukunft eher noch wachsen. Ich sehe ja schon jetzt, wie Firmen ihre Budgets aufteilen. Für viele Verantwortliche, die um die 30 oder 40 Jahre alt sind und Werbebudgets platzieren, ist es der erste Impuls, über Influencer nachzudenken. Die Followerzahlen bei manchen herausragenden Influencern wie z. B. von LeBron James, dem amerikanischen Basketballer, oder Cristiano Ronaldo sind einfach gigantisch. Und es gibt andererseits sehr präzise Nischeninfluencer, die auch sehr kleine, spezielle Gruppen ansprechen. Das ist, wie gesagt, einer der Vorteile des Internets.

Wen sehen Sie in der Pflicht, wenn es um die Trennung von Information und Werbung geht?

Das ist eine politische Frage. Die Firmen machen das, was ihnen nützt. Das ist ja auch in unserem System so gewollt. Marktwirtschaft und Kapitalismus funktionieren so. Es ist doch klar, dass börsennotierte Firmen das machen, was für sie richtig ist. Die Regeln sind eine politische, eine gesellschaftliche Aufgabe. Man kann das nicht zum Beispiel an Facebook delegieren, die haben eine besondere Interessenlage. Wenn wir das alles ungeregelt lassen, kann man schließlich nicht mit dem Finger auf die Internetkonzerne zeigen. Wir wissen ja, in welchem System wir leben. Insofern stellt sich die Frage: »Wen wählen wir? Und wie gehen die Menschen, die wir wählen, mit dem Thema um?«

Aber Internetkonzerne agieren teilweise wie Monopolisten. Wo sehen Sie deren Verantwortung?

Ich glaube, dass die Diskussion, ob diese Plattformen Medien sind oder nicht, aufhören muss. Sie sind Medien. Punkt. Sie verteilen Inhalte und entscheiden mit ihren Algorithmen darüber, in welchem Maße diese Inhalte gezeigt werden. Das ist keine neutrale Technologie. Deshalb müssen aus meiner Sicht auch Externe mitbestimmen. Es geht um die grundsätzliche Gewichtung von Algorithmen. Welche Inhalte sind wie viel Reichweite wert? Je extremer so ein Post ist, je stärker man sich positioniert, desto mehr Menschen reagieren darauf. Das heißt, politisch extreme Meinungen sind aus Sicht der Netzalgorithmen extrem wünschenswert. Aber es kann ja nicht sinnvoll sein, Menschen nur deshalb extreme politische Positionen zu zeigen, weil viele andere darauf reagiert haben. Wir leben in einer Welt, in der extreme Positionen belohnt werden. Das finde ich falsch.

6. Aus dem Nichts

Die neuen politischen Bewegungen

Emma González hat überlebt. Vierzehn ihrer Mitschülerinnen und Mitschüler waren im Kugelhagel gestorben, ebenso drei Erwachsene, fünfzehn weitere Menschen waren verletzt worden, als der neunzehnjährige Nikolas Cruz am 14. Februar 2018 die Marjory Stoneman Douglas Highschool in Parkland, Florida, gestürmt und wild um sich geschossen hatte. Cruz, so ergaben die Ermittlungen später, feuerte mit einem Schnellfeuergewehr in den sechs Minuten des Massakers 200-mal. Das Mündungsfeuer seiner Waffe war so stark, dass es den Feueralarm in der Schule auslöste. Nach dem Angriff mischte er sich unter die flüchtenden Schüler, verließ unerkannt das Gebäude und tauchte zunächst in einem Supermarkt unter. Etwa eine Stunde später ließ er sich von einem Polizeibeamten ohne Gegenwehr festnehmen.

Der Prozess gegen Cruz dauert an, ihm droht die Todesstrafe, nachdem die Staatsanwaltschaft einen Deal abgelehnt hat. Die Ankläger vermuten Rache als Motiv. Nikolas Cruz war ein Jahr vor dem Attentat aus disziplinarischen Gründen von der Highschool verwiesen worden.

Eine von der Justiz in Florida eingesetzte Untersuchungskommission fand später heraus, dass Cruz zur Vorbereitung seiner Morde im Internet zum Massaker an der Columbine

High School in der Nähe von Denver, Colorado, recherchiert hatte. Am 20. April 1999 hatten dort zwei Schüler dreizehn Menschen erschossen, bevor sie sich selbst richteten. Zuvor hatten die Attentäter Videos von sich aufgenommen[1], in denen sie ihren Hass gegen »Nigger, Latinos, Juden, Schwule, sch*** Weiße« dokumentierten. »Ich hoffe, wir töten 250 von ihnen«, sagt einer der beiden.[2] Diese Videos kursierten zusammen mit Aufnahmen aus Überwachungskameras der Columbine High School kurz nach dem blutigen Angriff im Internet, das damals schon weltweit zum bevorzugten Medium der Jugendlichen geworden war.

Columbine gilt als das erste Schulmassaker des digitalen Medienzeitalters. Noch Jahre später wurden die Attentäter in Online-Communitys als Helden gefeiert. Es ist ein sehr trauriger Ruhm. Allein auf Youtube kursierten die Videos des Anschlags tausendfach. »Ich werde sie nie vergessen. Sie haben so vielen beigebracht, für ihre Rechte einzustehen«, schrieb einer der Nutzer als Kommentar dazu.[3] Die ungeheuerliche Tat von Harris und Klebold sei »vielfach nachgeahmt« worden, berichtete die Zeitung *Die Welt* – wohl auch in Deutschland, wo es »ähnliche Amokläufe an Schulen« gegeben habe. »Etwa in Erfurt am 26. April 2002 mit 16 Toten und in Winnenden bei Stuttgart am 11. März 2009 mit 15 Opfern. In beiden Fällen richteten sich die Täter selbst.«[4] Als weitere traurige Beispiele nennt die *Welt* das Massaker »an der Virginia Tech in Blacksburg am 16. April 2007 (33 Tote); am 14. Dezember 2012 an der Sandy Hook Elementary School in Newtown in Connecticut (28 Tote, davon 20 sechs- und siebenjährige Kinder)«[5]; und eben den Überfall am 14. Februar 2018 an der Marjory Stoneman Douglas High School in Parkland.

Es war bereits das dritte Massaker an einer Schule im noch jungen Jahr 2018 und das neunte, das sich innerhalb von zwölf

Monaten allein in den USA an Bildungseinrichtungen ereignet hatte. Längst waren Schulen und Universitäten des Landes zu militarisierten Zonen geworden, in denen Schülerinnen und Schüler, Studierende und das Lehrpersonal ihren zum Teil bis an die Zähne bewaffneten Angreifern weitgehend schutzlos ausgeliefert waren. Und das vor dem Hintergrund, dass in den USA seit dem Jahr 1968 mehr Menschen durch Schusswaffengebrauch getötet wurden als in allen Kriegen in der Geschichte Nordamerikas zusammen.[6]

Präsident Trump reagierte auf das Massaker, wie man es von ihm nicht anders kannte. Zuerst schrieb er auf Twitter: »Meine Gebete und Beileidsbekundungen gehen an die Familien der Opfer der schrecklichen Schießerei in Florida. Kein Kind, Lehrer oder sonst jemand sollte sich jemals in einer amerikanischen Schule unsicher fühlen.«[7] Nach Parkland fuhr er nicht, obwohl es nur rund 60 Kilometer von seinem Golfresort in Mar-a-Lago entfernt liegt. Acht Tage später verbreitete Trump auf Twitter den Vorschlag, »hoch qualifizierte, an Waffen trainierte Lehrer / Coaches würden das Problem sofort lösen, bevor die Polizei eintrifft«.[8]

Diese Maßnahme sei weitaus weniger kostspielig, als Wachen aufzustellen. Die Führung der US-Waffenlobby, der National Rifle Association (NRA), lobte er einmal mehr als »großartige amerikanische Patrioten«.[9] Die NRA forderte mehr bewaffnetes Sicherheitspersonal als Antwort auf diese verheerende Bluttat. Es waren die altbekannten Versuche, Forderungen nach einer Verschärfung der amerikanischen Waffengesetze bereits im Vorfeld abzuwehren.

Doch Trump und die Waffenlobby waren in die Defensive geraten. Das war das Verdienst von Emma González und anderer Überlebender. Drei Tage nach dem Massenmord hielt die damals Achtzehnjährige in ihrer Heimatstadt bei einem Trauermarsch eine Rede, die sich über die sozialen Medien in Windeseile verbreitete und ihr zu weltweiter Berühmtheit verhalf. Unter anderem wandte sie sich direkt an Trump: »Wenn der Präsident zu mir kommen und mir ins Gesicht sagen will, dass es eine schreckliche Tragödie war, die nie hätte passieren dürfen, und uns außerdem sagen will, dass nichts dagegen unternommen wird, werde ich ihn gern fragen, wie viel Geld er von der National Rifle Association bekommen hat. Wisst ihr was? Es spielt keine Rolle, denn ich weiß es schon. 30 Millionen Dollar. Und geteilt durch die Zahl der Opfer von Schießereien in den Vereinigten Staaten allein in den ersten anderthalb Monaten des Jahres 2018 ergibt das 5800 Dollar. Sind Ihnen diese Menschen so viel wert, Trump? Wenn Sie nichts tun, um zu verhindern, dass dies weiterhin geschieht, wird diese Zahl der Opfer steigen, und ihr Wert wird sinken. Und wir werden für Sie wertlos sein. An jeden Politiker, der Spenden von der NRA annimmt: Schämen Sie sich!«[10]

Es war unerhört. Ein Teenager legte sich mit dem mächtigsten Mann der Welt an und fand dafür ein weltweites Publikum. Das allein ist schon beispiellos. Was dann folgte, war aber noch bemerkenswerter. Emma Gonzáles und andere Überlebende des 14. Februar gründeten die Initiative »Never Again MSD« – MSD steht für Marjory Stoneman Douglas, den Namen ihrer Highschool. Auf Facebook beschrieb sich die Gruppe selbst, sie werde »geleitet von Überlebenden der Schießerei von Stoneman Douglas. Wir haben es satt, dass den Gesetzgebern in Florida das Geld von der NRA wichtiger ist als unsere Sicherheit. #Never Again.«[11] Und auf ihrem neu gegründeten Twitter-Konto versprachen die Aktivisten: »#NeverAgain wird den Politikern die Stirn bieten und für jedes Kind marschieren: Vergangenheit, Gegenwart und Zukunft.«[12] Die nächste große Aktion wurde gleich angekündigt: ein zentraler Protestmarsch in der Hauptstadt Washington für den 24. März. Das Motto: March For Our Lives.

Es wurde ein historischer Tag. Rund 800 000 Menschen kamen laut Medienberichten nach Washington, um ein Ende der Waffengewalt zu fordern. Sie trugen Transparente mit Aufschriften wie: »Schützt Kinder, nicht Waffen« oder »Ich lehre mit Büchern, nicht mit Waffen«. Pop-Superstar Ariana Grande trat in Washington mit ihrem Song »Be Alright!« vor den Demonstranten auf. »Wir kämpfen für Veränderung und Liebe, Sicherheit und für unsere Zukunft!«, rief sie ihnen zu. Yolanda Renee King, die neunjährige Enkelin Martin Luther Kings, sagte in Anlehnung an das berühmteste Zitat ihres ermordeten Großvaters: »Ich habe einen Traum: Genug ist genug. Dies sollte eine Welt ohne Waffen sein. Punkt.«[13] Emma González schließlich stand auf der Bühne, um ein Zeremoniell anzuführen, mit dem der Opfer von Parkland gedacht wurde: Sechs Minuten und zwanzig Sekunden dauerte das gemeinsame Schweigen – genauso lange wie die Schießerei in der Highschool.

An diesem Tag wurde auch in anderen Städten inner- und außerhalb der USA demonstriert: in Parkland selbst, New York City, San Francisco – insgesamt an mehr als 800 Orten auf der Welt, darunter Berlin, London, Sydney, Tokio und Mumbai. Millionen Menschen waren auf den Straßen, viele Prominente wie George Clooney oder Paul McCartney stellten sich an die Seite der Demonstranten.

Das Weiße Haus teilte am Tag des Protestmarschs in einer Erklärung mit: »Wir applaudieren den vielen mutigen jungen Amerikanern, die heute ihr Verfassungsrecht nach Artikel eins *(Recht auf freie Meinungsäußerung, Anm. d. Verf.)* ausüben. Unsere Kinder zu schützen hat auch für den Präsidenten oberste Priorität.«[14] Von dem war jedoch an diesem Samstag kein

Wort zu hören. Trump war übers Wochenende Golf spielen in Mar-a-Lago. Am Tag zuvor hatte seine Regierung ein Gesetz zum Verbot von Aufsätzen für Schnellfeuerwaffen, sogenannten »bump stocks«, vorgelegt. »Wir werden Vorrichtungen verbieten, die legale Waffen in illegale Maschinengewehre umwandeln«, sagte Trump bei der Vorstellung und kündigte schärfere Hintergrund-Überprüfungen für Waffenkäufer an.[15] Das reichte den Organisatoren der Proteste bei Weitem nicht. »Der Marsch ist erst der Anfang«, zitierte *Die Zeit* eine der Parkland-Schülerinnen, Aalayah Eastmond. »Wir werden kämpfen, bis sich etwas ändert.«[16]

Offensichtlich machte Trump den Fehler, den später andere Politiker in anderen Ländern und Zusammenhängen auch machten, nämlich, dass er die demonstrierenden »Kinder« sträflich unterschätzte.

Eine Bewegung war geboren. »March for Our Lives« beziehungsweise »Never Again« kämpfte weiter gegen die mächtige Waffenlobby und warb besonders bei jungen Menschen dafür, sich für die US-Präsidentschaftswahl im Herbst 2020 registrieren zu lassen.

Diese Bewegung brauchte keine Parteien, keine Armeen und kein Zentralorgan, um sich zu organisieren. Es brauchte eine kleine, entschlossene Gruppe junger Menschen, die verstehen, wie Kommunikation im 21. Jahrhundert funktioniert. Die Mobilisierung fand über das Internet und die sozialen Medien statt. Über Facebook, Twitter und andere Dienste schufen sie eine neue Gegenöffentlichkeit und setzten eine Welle des Protestes in Gang, die sich weltweit rasch ausbreitete.

Vor dem Hintergrund des lang schwelenden Konflikts um die Waffengesetze, der die USA spaltet, wurde aus einer lokalen Tragödie eine globale Bewegung. Auch das ist ein Ergebnis der Aufmerksamkeitsökonomie in den sozialen Medien. Der

Auslöser war das erschütternde Ereignis, das vor allem junge Menschen emotional sehr stark berührte. Sie konnten sich in die Rolle der Opfer versetzen. Erst mit Verzögerung fand die Aufarbeitung in den etablierten Medien statt. Emma González und andere Überlebende des Angriffs waren im April 2018 auf dem Cover des Magazins *Time* zu sehen, zahllose Talkshows luden sie in ihre Studios ein. Das Thema stand plötzlich wieder auf der Tagesordnung.

Das Massaker selbst, die Trauer, die Verzweiflung, die Protestmärsche, die Charity-Auftritte der Stars – alles fand praktisch in Echtzeit rund um den Globus statt, wurde live gestreamt oder zumindest zeitnah gepostet und erzeugte bei Millionen Menschen unmittelbare Betroffenheit. Die Welt wurde in diesem Fall wirklich zum globalen Dorf. Schlagworte wie »NeverAgain«, »End of Gun Violence« oder »We Want Change« waren unmittelbar verständlich und wurden millionenfach im Netz geteilt.

Und nicht zuletzt fanden neue, medial wirksame Formen des Protestes begeisterte Aufnahme. Für den 14. März 2018, genau einen Monat nach dem Massaker, rief Empower, die Jugendorganisation von Women's March, Schüler, Lehrer und andere Beschäftigte an Schulen und Universitäten zum National School Walkout[17] auf. Alle sollten um zehn Uhr morgens, während der Unterrichtszeit, die Schulen verlassen und für siebzehn Minuten auf die Straße gehen. Man wolle damit der siebzehn Opfer der MSD Highschool gedenken und die Politiker drängen, endlich schärfere Waffengesetze zu erlassen, teilten die Veranstalterinnen mit. »In New York City, in Chicago, Atlanta und Santa Monica, an der Columbine High School und in Newtown, Connecticut, sowie in vielen anderen Städten und Gemeinden verließen die Schüler die Schulen zu Hunderten und Tausenden um zehn Uhr«, berichtete die *New York Times* in ihrer Online-Ausgabe, »nicht immer mit Zustimmung der Schulbehörden, die geteilter Meinung zu sein schienen und sich sogar fragten, wie sie damit umgehen sollen, wenn sich die Klassenzimmer leeren.« Rektoren und Vertreter der Schulbehörde »schienen nicht geneigt zu sein«[18], so die *New York Times* weiter, die Protestierenden zu stoppen. Einige seien uneingeschränkt dafür gewesen, »andere warnten jedoch davor, dass die Schülerinnen und Schüler disziplinarische Konsequenzen zu erwarten hätten«, wenn sie den Unterricht verließen. Es sollte nicht lange dauern, bis diese Form des Schülerprotestes Schule machte.

»Ich habe von den Jugendlichen in den USA gehört, die nicht mehr zur Schule gegangen sind, um gegen die Amokläufe zu protestieren«, erzählte Ende 2018 die damals fünfzehnjährige Greta Thunberg im Interview mit der *Süddeutschen Zeitung*, »und jemand sagte: Was wäre, wenn Kinder genau das fürs Klima machen würden? Der Gedanke hat mir gefallen. Anfangs wollte niemand mit mir streiken. Also musste ich es alleine machen.«[19]

Es war der 20. August 2018, als Greta Thunberg sich in Stockholm mit einem selbst gemalten Schild vor den schwedischen Reichstag setzte. Die Sommerferien waren gerade zu Ende gegangen, die auch in Skandinavien durch Hitze und Trockenheit gekennzeichnet waren. Neben dem Schild lag ein Handzettel, den die Fünfzehnjährige mit einem Stein auf dem Boden fixierte. Darauf war zu lesen: »Wir Kinder tun oft nicht das, was ihr uns sagt. Wir tun das, was ihr tut. Und weil ihr Erwachsenen auf unsere Zukunft scheißt, tue ich das auch. Mein Name ist Greta, und ich bin in der neunten Klasse. Und ich bestreike die Schule für das Klima bis zum Tag der Wahl.«[20]

Der Rest ist (Welt-)Geschichte. Es war der Beginn einer beispiellosen Welle von immenser Aufmerksamkeit, begeisterter Zustimmung, Hass und erbitterten Kontroversen, von politischen Aktionen und Gegenaktionen, die dieses schwedische Mädchen auslöste. Das alles gipfelte in der Erwartung, Greta Thunberg könne den Friedensnobelpreis verliehen bekommen, und in ihrer Rede auf dem UN-Klimagipfel in New York im September 2019, in der sie den Erwachsenen ihr wütendes »How dare you!« (Wie könnt ihr es wagen!) entgegenschleuderte, weil sie nichts gegen den von ihnen selbst maßgeblich verursachten Klimawandel täten und die Existenzgrundlagen der nachfolgenden Generationen vernichteten.

So weit die Legende von der einsamen Kämpferin für die Zukunft unseres Planeten. Jeanne d'Arc im Internetzeitalter. Nicht nur zornige ältere Männer wie beispielsweise der Publizist Roland Tichy[21] hegten schnell den Verdacht, dass diese Entstehungsgeschichte zu schön sei, als dass sie wahr sein könnte. Steckte vielleicht doch eine professionelle PR-Maschinerie dahinter? Hatten der schwedische Umweltaktivist Bo Thorén von Extinction Rebellion und der Start-up-Unternehmer Ingmar Rentzhog, Gründer eines Netzwerks von Klimaaktivisten[22], nicht doch ursprünglich die Idee, Greta Thunberg für den Kampf gegen den Klimawandel zu instrumentalisieren und sie medienwirksam zu inszenieren? Wollten die Eltern mit ihrer unter dem Asperger-Syndrom leidenden Tochter gar Geschäfte machen? Hat nicht ihre Mutter Malena Ernman ihre Biografie mit dem Titel »Szenen aus dem Herzen« zeitlich genau auf den ersten Schulstreik abgestimmt?[23]

Alles hatte im Mai 2018 mit einem Text Greta Thunbergs begonnen, mit dem sie einen Schreibwettbewerb der Tageszeitung *Svenska Dagbladet* gewann. So berichtete sie es 2019 selbst in einem sehr ausführlichen Facebook-Post.[24] Daraufhin habe sich Bo Thorén gemeldet und vorgeschlagen, Demonstrationen oder Schulstreiks nach dem Vorbild der Studenten aus Parkland zu organisieren. Sie habe dann andere Schüler für die Idee des Streiks gewinnen wollen, so Greta Thunberg, jedoch ohne Erfolg. Ihre Eltern seien auch dagegen gewesen. Sie habe dann beschlossen, allein loszulegen.

Kurz vor Beginn des Streiks verschickte Thorén eine Rundmail an sein Netzwerk, in der er auf die Streikaktion hinwies. Einer der Empfänger war der Unternehmer Ingmar Rentzhog. Am ersten Streiktag verbreitete er Fotos von Greta über die sozialen Medien, die offenbar einer seiner Mitarbeiter gemacht hatte. Sie gingen schnell viral. Noch am selben Tag berichteten die schwedischen Zeitungen *Expressen* und *Aftonbladet* auf ihren Internetseiten über die Aktion. Auch Thunberg selbst verbreitete Fotos auf Facebook und Twitter, ihre Accounts wurden damals aber wenig beachtet.

In Deutschland berichtete erstmals die *taz* über die ungewöhnliche Streikaktion. Unter der Überschrift »Greta schwänzt die Schule – fürs Klima« schrieb Skandinavien-Korrespondent Reinhard Wolff am 27. August: »Auch in Schweden gilt Schulpflicht. Eine Stockholmerin hat derzeit allerdings Wichtigeres zu tun: Sie ermahnt Politiker, die Klimafrage ernstzunehmen.«[25]

Am ersten Tag habe Greta Thunberg noch allein vor dem Reichstag gesessen, dann hätten sich Linnea und Melda, zwölf und dreizehn Jahre alt, zu ihr gesellt, so Wolff, und weiter: »Schon 35 Menschen, darunter auch Erwachsene, sogar ein Lehrer, waren es am Freitag. Greta ist gespannt: ›Mal sehen, wie viele wir jetzt am Montag sind.‹«

An dem Tag, als der *taz*-Beitrag erschien, hatte Thunbergs Tweet gerade mal 1100 Likes und 238 Kommentare. Am 8. September 2018, dem Tag vor den schwedischen Parlamentswahlen, benutzte Greta Thunberg erstmals den Hashtag #fridaysforfuture, als sie via Twitter ankündigte, ab der folgenden Woche wolle sie nur noch freitags streiken. Sie erreichte damit 260 Retweets, also immer noch keine besonders große Reichweite. Aber jetzt hatte die Bewegung einen Namen.

Am 23. Oktober 2018 demonstrierten 10000 Menschen in Helsinki gegen die Klimaerwärmung. Greta Thunberg sprach auf ihrer ersten großen Veranstaltung. »Manche Leute sagen, dass wir Klimawissenschaften studieren sollten, damit wir die Klimakrise lösen können«, ruft sie den Mitdemonstranten zu. »Aber die Klimakrise ist bereits gelöst. Wir haben schon alle Fakten und Lösungen. Alles, was wir tun müssen, ist aufzuwachen und mit dem Wandel beginnen.«[26]

Im November druckte der britische *Guardian* einen Gastbeitrag von Greta Thunberg. Unter anderem schrieb sie dort: »Ich habe das Asperger-Syndrom, daher sind für mich die meisten Dinge schwarz oder weiß. Ich schaue mir die mächtigen Leute an und frage mich, wie sie die Dinge so kompliziert gemacht haben. (...) Ich fordere andere Schüler auf, sich mir anzuschließen: Setzt euch vor euer Parlament oder die Kommunalverwaltung, wo auch immer ihr euch befindet, und fordert, dass sie etwas tun, um die Welt*[erwärmung, Anm. d. Verf.]* unter anderthalb Grad zu halten. Manche sagen, ich sollte in die Schule gehen. Aber warum sollte man einen jungen Menschen dazu bringen, für eine Zukunft zu lernen, wenn niemand genug tut, um diese Zukunft zu retten?«[27]

Es ist diese radikale Schwarz-Weiß-Haltung, die Millionen fasziniert, vielen Angst macht und manche abstößt. Im Dezember 2018 streikten erstmals in mehreren deutschen Städten Schülerinnen und Schüler, die sich unter #fridaysforfuture organisiert haben. In Hamburg gingen »Dutzende« Schüler auf die Straße, meldete die Deutsche Presseagentur damals.

Greta Thunberg war zur selben Zeit mit ihrem Vater (im

Elektroauto) unterwegs zum UN-Klimagipfel in Kattowitz. Bei der Abschlusskundgebung hatte sie die Chance, drei Minuten vor der Generalversammlung zu sprechen. »Wenn ein paar Kinder auf der ganzen Welt für Schlagzeilen sorgen können, nur weil sie nicht zur Schule gehen«, sagte sie zu den Delegierten, »dann stellen Sie sich vor, was wir alle zusammen bewirken könnten, wenn wir etwas wirklich wollten.«[28]

Der Auftritt in Kattowitz war der große Durchbruch für Greta Thunberg und die Bewegung Fridays for Future. Ein bei der UN gut vernetzter Klimaaktivist hatte daran maßgeblichen Anteil, wie Anette Dowidat in der Zeitung *Die Welt* später enthüllte.[29] Der Amerikaner Stuart Scott, der sich in der International Society for Ecological Economics engagiert, habe in Stockholm zunächst Ingmar Rentzhog und dann dessen Freund Svante Thunberg, Gretas Vater, kennengelernt und sei spontan von dessen Ausstrahlung begeistert gewesen. Daraufhin habe Scott für Thunberg und seine Tochter zwei Pässe für die UN-Konferenz organisiert. »Ihren Aufstieg hätte es so wohl nicht gegeben«, so Dowidats Urteil über Greta Thunberg, »wären nicht erwachsene Aktivisten im Spiel gewesen, die ihr Potenzial sahen – um den Klimaschutz voranzutreiben.«

Das mag so sein, und vielleicht spielten auch die Interessen der gut vernetzten und in Schweden relativ prominenten Eltern (Malena Ernman ist Opernsängerin, vertrat ihr Land 2009 beim Eurovision Song Contest) eine Rolle bei der Auswahl des Themas für den Schreibwettbewerb, mit dem alles in Gang kam. Aber vielfach geäußerte Vorwürfe, die Eltern hätten sich durch die Instrumentalisierung ihrer Tochter bereichert, liefen ins Leere. Da in Schweden sämtliche Steuerdaten öffentlich sind, kann man einsehen, dass weder das 2018 erschienene Buch Ernmans der Familie großen Wohlstand brachte, noch Svante Thunbergs Musik-Produktionsfirma von der plötzlichen Popularität der Tochter profitierte. Der Umsatz der Firma blieb seit Jahren ungefähr stabil.[30]

Zumindest einer versuchte offenbar, mit Greta Thunberg Geschäfte zu machen. Nach einem Bericht des *Svenska Dagbladet* wollte »Entdecker« Ingmar Rentzhog mit der Ausgabe neuer Aktien Geld von Investoren für sein Klimanetzwerk wedonthavetime einsammeln.[31] In einem Prospekt habe er mehrfach mit Greta Thunbergs Namen geworben. Fast zehn Millionen Kronen konnte Rentzhog von Investoren einwerben, umgerechnet etwa 900 000 Euro. Greta Thunberg behauptete später, sie habe davon nichts gewusst, und stieg in der Konsequenz als Beraterin des Stiftungsrates aus.[32]

Sollte tatsächlich ein Masterplan eines PR-Profis hinter der ganzen Aktion gesteckt haben, so wäre es ein sehr guter Plan gewesen, wie ein einzelner Mensch eine weltweite Bewegung auslösen kann.

Greta Thunbergs bevorzugtes Medium war von Anfang an Twitter, nicht etwa Instagram wie sonst in ihrer Altersgruppe üblich. Auswertungen zeigen, wie Ende 2018 die Nennung ihres Namens im Netz geradezu explodierte.[33] Bis November war er nur wenige Tausend Male zu finden, innerhalb von vier Wochen stieg die Zahl auf über 100 000 und steigerte sich in weiteren zwei Monaten auf über 300 000-mal.

Im Jahr 2019 gehörte #fridaysforfuture in Deutschland zu den fünf meistverbreiteten Hashtags, neben #AfD, #Artikel13 *(das Grundrecht der Unverletzlichkeit der Wohnung, Anm. d. Verf.)*, #Berlin und #CDU (wegen des Rezo-Videos).[34] Mit Greta Thunbergs wachsender Popularität folgten die Auftritte bei den großen Konferenzen wie dem TED-Talk in Stockholm, der UN-Klimakonferenz in Kattowitz oder dem Weltwirtschaftsforum in Davos, die sich wiederum über Twitter und Youtube viral verbreiteten. Jedes Video, jeder Tweet, rief 100 000-fache Reaktionen hervor, wurde gelikt, kommentiert und geteilt. Insofern spielen auch beim Aufstieg von Fridays for Future die Mechanismen der sozialen Medien eine entscheidende Rolle. Der Erfolg im Netz in Form gesteigerter Aktivitäten sorgt automatisch für immer mehr Erfolg, befeuert sich also gleichsam selbst.

Hier zeigt sich das Doppelgesicht der sozialen Medien. Die Algorithmen können einerseits der Manipulation dienen, andererseits ermöglichen sie ein Empowerment in dem Sinne, dass sich soziale Bewegungen durch sie in Windeseile formieren können. So werden sie tatsächlich zu einer fünften Gewalt, die eine Kontrolle politischer Macht darstellen kann. Nicht zu unterschätzen ist dabei die emotionale Komponente. Sowohl nach dem Massaker in Parkland als auch bei Fridays for Future sind es junge Frauen, die der Empörung und Betroffenheit ein Gesicht geben.

Auch die Reaktion der Gegenseite hilft bei der Polarisierung – und damit der Mobilisierung für die Bewegung. Die AfD und andere Gruppierungen aus dem rechten Spektrum versuchten, die Proteste durch Fälschungen zu diskreditieren, wie *tagesschau*-Mitarbeiter Patrick Gensing im *ARD*-Faktenfinder berichtete: »So kursierten bereits mehrfach Bilder, die zeigen sollten, dass die Aktivisten nach ihren Streiks massenhaft Müll einfach liegen gelassen hätten. Tatsächlich wurden Fotos aus dem Kontext gerissen, eine Aufnahme stammt beispielsweise vom August 2016 und zeigt die Aufräumarbeiten nach der Street-Parade in Zürich.« [35] Ein AfD-Kreisverband habe zudem ein manipuliertes Foto verbreitet. Auf dem Original stand auf Plakaten von Aktivisten »Schulstreik für das Klima« und »It's our future«. Auf der gefälschten Version wurde daraus »Strom und Benzin sind nicht teuer genug – Rettet die Eisbeeren« (sic!) und »Schafft die Autos ab, geht doch zu Fuss«. Unter dem Bild war noch zu lesen: »Diese Kinder kann man nicht mehr retten … Endgültig verblödet!«[36]

Der Rechtsanwalt und Autor Joachim Steinhöfel, als Autor von Online-Portalen wie The European oder Die Achse des Guten ebenfalls nicht gerade linker Umtriebe verdächtig, twitterte im Januar 2019: »Ein 16-jähriges Mädchen, altklug und verhaltensgestört, von Untergangsphantasien verfolgt und von der Idee besessen, die Welt retten zu müssen, wird innerhalb weniger Wochen zur Ikone einer neuen Jugendbewegung. Mit dem Missbrauch Minderjähriger kennen sich die Grünen aus.«[37] Und der Publizist Henryk M. Broder höhnte kurz darauf bei einer Rede vor der AfD-Bundestagsfraktion: »Ich bin für eine Verschärfung des Tatbestands ›Kindesmissbrauch‹, um auch solche Fälle verfolgen zu können, wie den der bereits erwähnten Greta aus Schweden, die von den Klimarettern zur Ikone ihrer Bewegung erkoren wurde.«[38]

Andere, obwohl noch jung an Jahren, reagierten eher altväterlich und von oben herab. Der damals 33-jährige Generalsekretär der CDU, Paul Ziemiak, meldete sich Anfang 2019 mit einem Kommentar auf Twitter zu Wort: »Greta Thunberg findet deutschen Kohlekompromiss ›absurd‹ – Oh, man (sic!) … kein Wort von Arbeitsplätzen, Versorgungssicherheit, Bezahlbarkeit. Nur pure Ideologie. Arme Greta!«[39] Die Welle der Empörung folgte sofort. Und FDP-Chef Christian Lindner twitterte am 10. März 2019, er fände »politisches Engagement von Schülerinnen und Schülern toll« – jedoch: »Von Kindern und Jugendlichen kann man aber nicht erwarten, dass sie bereits alle globalen Zusammenhänge, das technisch Sinnvolle und das ökonomisch Machbare sehen. Das ist eine Sache für Profis.«[40] Lindner löste damit einen regelrechten Shitstorm aus. Auf diese Weise bekam auch er die Gesetzmäßigkeiten in den sozialen Medien zu spüren, denn Empörung befeuert die

Netzaktivitäten ungeheuer – technisch gesprochen profitierten beide Seiten von der gesteigerten Aufmerksamkeit, Lindner und Fridays for Future.

Offenbar hatte der FDP-Chef gänzlich übersehen, dass die Protestbewegung längst nicht mehr auf Kinder und Jugendliche beschränkt war. Fünf Tage nach seinem Tweet gingen über anderthalb Millionen Menschen in mehr als 100 Ländern auf die Straßen, um für eine neue Klimapolitik zu demonstrieren. Immer mehr Wissenschaftler schlossen sich dem Protest an, die bei ihrer Arbeit direkt mit den Auswirkungen des Klimawandels zu tun haben. Beispielsweise gründeten mehr als 23 000 Forscher aus Deutschland, Österreich und der Schweiz die Vereinigung Scientists for Future (S4F), um die von Fridays for Future postulierten Ziele zu unterstützen.[41]

Der Tübinger Medienwissenschaftler Bernhard Pörksen analysierte, in welche selbst gestellte Falle Lindner und andere bei der Auseinandersetzung mit der neuen Bewegung getappt sind. »Die arrogante Abfuhr, die verklemmte Relativierung, die pauschale Abwertung, der Start einer Gegenkampagne, der Versuch von Einschüchterung und Zensur – all das kann das Entrüstungsfeuer kräftig anheizen«, erklärt er im Gespräch. »Es sind die Reaktionsformen einer Macht, die in der digitalen Gegenwart angreifbar geworden ist wie nie zuvor«, so Pörksen. Die klassischen Medien und die Politik hätten ihre »Gatekeeper-Funktion« verloren, meint er: »Die vierte Gewalt des klassischen Journalisten wird durch die fünfte Gewalt der vernetzten Vielen ergänzt. Längst kann jeder, ein Smartphone in der Hand, Aufmerksamkeit für ein Thema organisieren, wenn es ihm gelingt, ein Publikum dafür zu finden.«

Im Zeitalter der sozialen Medien lasse sich eine Krise, ganz gleich, ob es um das Klima- oder das Flüchtlingsthema gehe, »nicht mehr tabuisieren, weil unabweisbar geworden ist, was andere darüber glauben und denken. Und wenn man eine Tabuisierung dennoch versucht, dann bilden sich sehr schnell mediale Gegenöffentlichkeiten.«[42]

Diese Gegenöffentlichkeiten erschüttern auch das Fundament der etablierten Medien. In vielen Zeitungs- und Fernsehredaktionen war die Überraschung groß, als man merkte, dass hier nicht nur eine Bewegung entstanden war, sondern dass sie auch einen Kulturwandel mit sich brachte. Die Themen Erderwärmung, Klimaschutz und Ökologie hatten lange Zeit als sichere Ladenhüter und Quotenkiller gegolten. Das ging uns beim Magazin *stern* nicht anders, für das ich damals als stellvertretender Chefredakteur arbeitete. Wann immer die Themen angesprochen wurden, kam der Verweis auf ein Schwerpunktheft aus dem Jahr 2007 mit dem Titel »So retten wir das Klima«. Das stets rote Logo des *stern* wurde zum ersten und einzigen Mal umgefärbt – in Grün. Das Heft lag wie Blei in den Regalen, keines soll sich in der Geschichte des Magazins bis dahin schlechter verkauft haben. Dass sich in der Gesellschaft mittlerweile ein fundamentaler Sinneswandel vollzogen hatte, war an uns in der Redaktion, wie an vielen anderen, anscheinend völlig vorbeigegangen. Ähnlich war es, auch wenn sich das inhaltlich nicht vergleichen lässt, mit dem Aufkommen der rechten Pegida-Demonstrationen. Es dauerte sehr lang, bis in den Redaktionen ankam, was sich da auf den Straßen Dresdens abspielte.

Durch Fridays for Future und die fortdauernde Provokation des Schulstreiks war Klimaschutz plötzlich angesagt. Und zwar nicht nur unter dem Aspekt des Verzichts oder der Zivilisationskritik. Nachhaltigkeit wurde zum Lifestyle-Thema, eine ganze Generation schien sich umzuorientieren. Wirtschaftswachstum, Luftverschmutzung durch fossile Brennstoffe, Vergeudung natürlicher Ressourcen – alles wurde kritisch beleuchtet. Eltern mussten sich vor ihren Kindern für ihre schweren SUV-Karossen oder für umweltschädliche Inlandsflüge rechtfertigen, ganz im Sinne von Greta Thunberg: »How dare you!« Und es kam etwas in Gang. Die Welle schwappte aus der virtuellen in die reale Welt.

Viele Politiker reagierten wie Christian Lindner anfangs verunsichert, ratlos oder überheblich, bis auch sie merkten, dass hier etwas Neues entstanden war. Die Zustimmung für die Grünen stieg im Sommer 2019 bei der sogenannten Sonntagsfrage auf Spitzenwerte bis 26 Prozent.[43] Für die anderen Parteien der Anstoß, zumindest ein bisschen grün zu werden. Alle spürten: Die Zeit des Lavierens, der Beschwichtigungen und der Hinterzimmerabsprachen mit der Industrie war zumindest bei diesem Thema vorbei. Nachhaltigkeit, Ressourcenschonung, neue Formen der Mobilität und der Schutz der Weltmeere gehören zu den Themen, die auch die Corona-Welle überstehen werden.

Die Diskussion um die Zukunft ist eröffnet. Das ist nicht zuletzt das Verdienst eines damals fünfzehnjährigen Mädchens, das mit ihren Tweets das ausdrückte, was Millionen Menschen empfunden haben.

Der Medienwissenschaftler Bernhard Pörksen sieht die neue Macht der »Digital-Publizisten«, wie er sie nennt, darin begründet, dass sie »die Technologien der Trend- und Themenanalyse und die Tricks der Emotionalisierung beherrschen«. Deshalb, analysiert er, seien sie »zu mächtigen Instanzen des Agendasettings geworden. Sie können seriöse Inhalte setzen, aber eben auch Nonsensgeschichten mit enormer Wucht versorgen und Spektakelstorys in einer Weise verstärken, die das kommunikative Klima verändert.« Millionen von Menschen, so Pörksen, diskutierten dann »mit einem Mal über ein einziges seltsames Foto oder ein einziges berührendes Video, empörten sich über eine einzige, sofort verständliche, unmittelbar aufwühlende Grausamkeit«.[44]

Die gnadenlose Tötung von George Floyd durch einen Polizisten bei seiner gewaltsamen Festnahme in Minneapolis im Mai 2020 kommt einem da sofort in den Sinn. Videos von Augenzeugen dokumentieren die Brutalität, mit der Floyd am Boden festgehalten wurde. Während Polizist Derek Chauvin sein Knie auf Floyds Hals drückt, fleht ihn der Festgenommene insgesamt zwanzig Mal an, er könne nicht atmen. Chauvin drückt Floyds Hals auch dann noch minutenlang zu Boden, als dieser schon bewusstlos ist. Später wird Floyd mit einem Krankenwagen abtransportiert, erlangt das Bewusstsein nicht wieder und wird schließlich in der Notaufnahme des Krankenhauses für tot erklärt.

Auf diesen schockierenden Vorfall, im Netz millionenfach geteilt, folgten sofort Demonstrationen, Protestmärsche und Ausschreitungen, wie sie die USA seit Jahren nicht mehr erlebt hatten. US-Präsident Trump ließ in der Hauptstadt Washington die Nationalgarde aufmarschieren, zeigte sich in einer bizarren Szene mit einer Bibel in der Hand, diffamierte die Demonstranten pauschal als Linksfaschisten und heizte damit die Stimmung weiter an.[45] Und wieder reiste die Empörungswelle einmal um den Globus. Sie richtete sich gegen die brutalen Übergriffe der Staatsmacht, aber ebenso gegen einen Präsidenten, der die Nation zu spalten versuchte, anstatt sie zu versöhnen.

Unter Hashtags wie #blacklivesmatter oder #blackouttuesday formierte sich weltweiter Protest gegen Rassismus. Die Reaktionen von konservativen Trump-Anhängern ließen nicht lange auf sich warten. Einer der Gegen-Hashtags lautete #whitelivesmatter. Auch in Deutschland wurde kontrovers diskutiert, ob es rassistische Tendenzen bei der Polizei gibt.

Es gibt keinen Zweifel, dass vor allem die Handyaufnahmen der brutalen Tötung George Floyds diese Empörungswelle auslösten. Es war – unabhängig davon, wie die Gerichte entscheiden werden – ein live dokumentierter Mord, der sofort über die sozialen Medien verbreitet wurde. Diese Bilder, die man in dieser Unmittelbarkeit und Grausamkeit bis dahin selten gesehen hatte, sorgten für direkte Betroffenheit und lösten spontane Empörung aus. »Früher entschieden vor allem mächtige Journalisten, ob ein Ereignis als Skandal einzustufen ist«, sagt Medienforscher Bernhard Pörksen, »und das Publikum konnte im Akt der Empörung lediglich Beifall spenden oder die Geschichte ignorieren.« Die Kehrseite sei, meint Pörksen, »eine eigene Kybernetik der Erregung, eine von Feedbackschleifen und Signalblitzen getriebene Erhitzung der öffentlichen Welt«, angefeuert auch durch die Algorithmen der sozialen Medien. Daraus entwickele sich »eine zunächst selbstorganisierte, dann blitzschnell von Profis verstärkte Mechanik der emotionalen Infektion«, so Pörksen. »Die Empörung der jeweils anderen Seite gilt als das eigentliche Ärgernis, weshalb Deutungskonflikte in neuer Schärfe aufeinanderprallen. Die Folge ist eine sich selbst anheizende Skandalisierung der Skandalisierung.«[46]

Die Frage ist, wie nachhaltig solche Erregungswellen sind. Die Zyklen werden, so scheint es, immer kürzer. Das ist auch eine Folge der Informationsflut durch die explosionsartige Zunahme der Medien. Die Anlässe kommen und gehen in rascher Folge, die Themen aber bleiben, vor allem, wenn sich viele Menschen betroffen fühlen – oder tatsächlich betroffen sind und bei den etablierten Medien nicht genügend Gehör finden.

Bernhard Pörksen weist auf die Sexismus-Debatte hin, die sich in Deutschland 2013 unter dem Stichwort #aufschrei entwickelte, lange bevor die Enthüllungen über den Hollywood-

Mogul Harvey Weinstein die weltweite #metoo-Diskussion auslösten. Auslöser waren anzügliche Bemerkungen des damaligen FDP-Vizevorsitzenden Rainer Brüderle gegenüber der *stern*-Reporterin Laura Himmelreich, die nach einem Wahltermin zu späterer Stunde an einer Bar fielen. Brüderle wiegte sich wohl in der Sicherheit, dass Äußerungen in diesem Kontext nach einer stillen Übereinkunft zwischen Journalisten und Politikern nicht ihren Weg in die Berichterstattung finden. Aber er verkalkulierte sich. Die Geschichte wurde gedruckt und eröffnete eine Diskussion über verbale und andere sexistische Angriffe gegen Frauen.

In dieser sensibilisierten Atmosphäre erhält die Netzaktivistin Anne Wizorek die Botschaft einer Online-Bekannnten, die sie aufschreckt: »Der Arzt, der meinen Po tätschelte, nachdem ich wegen eines Selbstmordversuches im Krankenhaus lag.« Die Nachricht bringt Wizorek auf den Gedanken, solche Erfahrungen unter dem Hashtag #aufschrei zu sammeln. Plötzlich melden sich immer mehr Frauen mit ihren Erlebnissen zu Wort. 140 Zeichen lange Berichte über Anmache, dumme Sprüche, aber auch Schläge und andere Gewalt. 60 000 Tweets kommen allein innerhalb der ersten beiden Wochen zusammen. Die Debatte hielt weiter an, bekam durch den Weinstein-Skandal noch einmal neue Nahrung und mündete schließlich in gesellschaftliche Diskussionen über die Rollenverteilung in der Familie, männlich beherrschte Strukturen und Chancengleichheit in der Wirtschaft und, nicht zuletzt, die Frauenquote.

»Man sieht hier«, erklärt Pörksen, »eine Organisation ohne Organisation, die sich um einen Hashtag bildet.« Pörksen spricht, im Unterschied zu einem strikt hierarchisch geprägten Kollektiv, lieber von einem Konnektiv. Gemeint ist eine Gemeinschaft, die durch das Teilen von Informationen entsteht, in Intensität und Größe aber nicht festgefügt ist. Kollektive wie Parteien oder Unternehmen, so Pörksen, seien »orientiert an deutlich erkennbaren Entscheidungs- und Machtzentren«. Das konnektive Handeln sei hingegen »weniger fremdbestimmt, stärker am persönlichen Selbstausdruck ausgerichtet, ermöglicht und geprägt von digitalen Medien«.[47]

Die sozialen Medien können Katalysatoren für gesellschaftliche Veränderungsprozesse sein, auch weil sie völlig neue Formen der Organisation ermöglichen. Das zeigte sich bereits im sogenannten Arabischen Frühling, als die Menschen in den Jahren 2010/2011 nach Unabhängigkeit und Freiheit strebten und zu Zehntausenden auf die Straße gingen. Auch die Revolutionen in Tunesien und Ägypten, die Unruhen in Libyen und Syrien, die später in den Bürgerkrieg mündeten, waren scheinbar aus dem Nichts gekommen. Während der tunesischen Jasminrevolution Ende 2010 benutzte die junge Generation vor allem Facebook, um Aufrufe zu Protestmärschen oder Platzbesetzungen zu verschicken. Instagram war gerade erst erfunden worden. Demonstranten drehten mit Smartphones bei blutigen Straßenschlachten, um die Polizeigewalt zu dokumentieren. Anschließend wurden die Videos über Facebook und Youtube in der ganzen Welt verbreitet. Es erschien wie eine junge, eine moderne Revolution. Nie zuvor konnte ein globales Publikum praktisch in Echtzeit miterleben, wie sich eine Revolte entwickelt.

Auch in Ägypten waren Facebook und Twitter die meistgenutzten Plattformen, um Nachrichten und Videos, vielfach auch Meinungen und Gerüchte über die Situation auf dem Kairoer Tahrir-Platz auch anderswo in die Welt hinauszuschicken. Aber das marode Mubarak-Regime schlug zurück, mit einer radikalen Maßnahme: Es schnitt fast das ganze Land von der Außenwelt ab. Ägypten ging offline: Internet und Mobilfunknetze waren mit einem Schlag lahmgelegt. Wenige Computerbefehle reichten aus, um 85 Millionen Menschen von der elektronischen Kommunikation auszuschließen – und damit auch die Weltöffentlichkeit als Zeuge der Übergriffe von Polizei und Militär.

Es war die mediale Gegenattacke eines Systems, für das die demokratische Öffentlichkeit zur existenziellen Bedrohung geworden war. Zugleich war es eine Bankrotterklärung, denn damit legte sich das Regime teilweise selbst lahm. Auch die Staatsmacht hatte das Internet genutzt, um die eigene Bevölkerung zu bespitzeln.

Der Vorgang offenbarte das Doppelgesicht des elektronischen Datenverkehrs: Das Internet kann in den Händen des Volkes »das perfekte Medium der Demokratie, der Emanzipation, der Selbstbefreiung« sein, wie der Publizist Sascha Lobo einmal bemerkte.[48] In den Händen eines diktatorischen Regimes ist es jedoch das perfekte Herrschaftsinstrument – erst recht, seit die mobilen Geräte immer dabei sind und als ferngesteuerte Überwachungsgeräte missbraucht werden können. Für die Aktivisten des Arabischen Frühlings waren sie unentbehrliche Hilfsmittel, um den Protest zu organisieren und sich gegenüber der Weltöffentlichkeit Gehör zu verschaffen. Gleichzeitig setzten sich Dissidenten damit der Bespitzelung durch Geheimdienste in einem nie gekannten Ausmaß aus. Die Wortführer bei den Demonstrationen wurden über soziale Netzwerke identifiziert und anschließend verhaftet. Dass deutsche Überwachungstechnik dabei half, sei hier nur am Rande erwähnt.[49]

Diese Möglichkeiten, Zielpersonen herauszufiltern, haben sich seither potenziert, weil die Big-Data-Algorithmen zur Ausarbeitung von Persönlichkeitsprofilen noch perfekter wurden und weil Plattformen wie Facebook und Instagram, die zu einem Konzern gehören, untereinander immer mehr Informationen verknüpfen und analysieren können.

Wie groß die staatlichen Begehrlichkeiten auf die persönlichen Daten aus den sozialen Medien gerade in autoritären Regimen sind, zeigt auch der Konflikt um das sogenannte Sicherheitsgesetz in Hongkong, mit dem die chinesische Zentralregierung gegen die Demokratiebewegung vorgeht. Bisher waren freie Meinungsäußerung und Demonstrationsfreiheit durch Hongkongs Sonderstatus geschützt, nach Einführung des Gesetzes im Juli 2020 können sie als »Untergrabung der Staatsgewalt« geahndet werden. Das neue Gesetz gibt China weitreichende und unkontrollierte Vollmachten in Hongkong, ermöglicht eine Auslieferung aufs Festland und sieht als Höchststrafe lebenslange Haft vor.[50]

Laut diesem Gesetz müssen Anbieter von Internetdiensten den Sicherheitsorganen auf Anfrage »Identifikationsnachweise oder Hilfe bei der Entschlüsselung zur Verfügung stellen«. Sie würden damit faktisch zu Hilfsorganen der Staatsmacht. Facebook, Whatsapp, Google, Twitter und Telegram kündigten daraufhin an, mögliche Anfragen von Hongkonger Behörden vorerst nicht zu beantworten. Whatsapp werde die Zusammenarbeit »bis zu einer weiteren Bewertung der Auswirkungen des Nationalen Sicherheitsgesetzes« einstellen und sich darüber hinaus mit Menschenrechtsexperten beraten, teilte das Unternehmen dem *Wall Street Journal* mit. Der Mutterkonzern Facebook schloss sich an: »Wir glauben, dass die freie Meinungsäußerung ein Grundrecht ist, und unterstützen das Recht der Menschen, sich ohne Angst um ihre Sicherheit zu äußern«, sagte eine Facebook-Sprecherin.[51]

Das Videonetzwerk Tiktok stoppte sogar seinen Geschäftsbetrieb in Hongkong. Das habe man »im Licht der jüngsten Ereignisse« entschieden, erklärte das Unternehmen. Die zensierte und in der kommunistischen Volksrepublik verfügbare Version Douyin werde aber auch in Hongkong weiterlaufen. Tiktok wird vom chinesischen Internetriesen Bytedance betrieben, versucht sich aber von seinen Wurzeln zu distanzieren, um nicht wie Chinas Vorzeigekonzern Huawei im Westen als Sicherheitsrisiko zu gelten.

Dennoch erklärte US-Außenminister Mike Pompeo im Juli 2020, man prüfe ein Verbot mancher sozialen Netzwerke, darunter auch Tiktok. Sollten wiederum die amerikanischen Unternehmen in Hongkong tatsächlich nicht mit den Sicherheitsbehörden kooperieren, könnten ihre Dienste, wie auch heute schon in der Volksrepublik China, geblockt werden.

Das ist der neue Kalte Krieg im Zeitalter der sozialen Medien.

7. Rechte Echokammern

Die dunkle Seite des Netzes

Es war eine Bluttat, die Deutschland erschütterte. Vor dem Staatsschutzsenat des Oberlandesgerichts Frankfurt am Main wird im Juni 2020 der Prozess um den Mord an dem Kasseler Regierungspräsidenten Walter Lübcke eröffnet. Angeklagt sind der 45-jährige Stephan Ernst und sein mutmaßlicher Helfer Markus H. Ein Jahr zuvor, im Juni 2019, war Lübcke auf der Terrasse seines Wohnhauses in Wolfhagen-Istha regelrecht hingerichtet worden. Ihm war aus nächster Nähe in den Kopf geschossen worden.

Durch Auswertung von DNA-Spuren am Tatort konnte der Neonazi Stephan Ernst zwei Wochen nach dem Mord festgenommen werden. Im Polizeiverhör legte er zunächst ein umfangreiches Geständnis zum Tathergang und zu seinen Motiven ab. Nachdem er seine Verteidiger gewechselt hatte, widerrief Ernst seine Aussagen und beschuldigte stattdessen seinen mutmaßlichen Helfer H. als Haupttäter. Die Ermittler hielten die Beweislast dennoch für so erdrückend, dass sie Ernst des Mordes und H. der Beihilfe zum Mord anklagten. Sie gehen von einem rechtsradikalen Anschlag aus.

Walter Lübcke lebte gefährlich. Das wusste der CDU-Politiker. Er zog den Hass der Rechten auf sich, weil er in der Migrationsfrage mehrfach klar Stellung bezogen hatte. »Da muss man für Werte eintreten«, sagte er im Oktober 2015 bei einer Informationsveranstaltung zum Bau einer Erstaufnahmeeinrichtung für Flüchtlinge im hessischen Lohfelden, »und wer dafür nicht eintritt, der kann jederzeit das Land verlassen, wenn er damit nicht einverstanden ist. Das ist die Freiheit jedes Deutschen.«[1] Der Ausschnitt aus Lübckes Rede wurde auf Youtube gepostet und in rechten Foren weiterverbreitet.[2] Wie die späteren Ermittlungen ergaben, hatte der Angeklagte Ernst an dieser Veranstaltung teilgenommen. Danach hagelte es in den sozialen Medien Beschimpfungen und Morddrohungen gegen den als »Volksverräter« diffamierten Politiker. Der *Spiegel* sprach in seiner Online-Ausgabe von einer »Hetzjagd im Netz«.[3] So sei beispielsweise auf dem rechten Portal PI News im Oktober 2015 ein Beitrag erschienen, in dem Lübckes Rede aufgegriffen und das entsprechende Zitat verkürzt und verfälscht worden sei. Zudem seien auch die Mailadresse von Lübcke und seine dienstliche Telefonnummer veröffentlicht worden, weshalb er zeitweilig unter Polizeischutz stand. Jedoch nicht mehr an jenem Abend, an dem er erschossen wurde.

Im Februar 2019 noch postete die frühere CDU-Bundestagsabgeordnete Erika Steinbach, die auch schon auf Veranstaltungen der AfD aufgetreten war, auf Facebook: »Ich rate den Kritikern merkelscher Asylpolitik, die CDU zu verlassen und nicht ihre Heimat.« Auf Twitter äußerte sie sich ähnlich. Dazu verlinkte sie zu einem – mittlerweile gelöschten – Blog und nahm Bezug auf das Zitat von Lübcke aus dem Jahr 2015. In den Kommentaren unter diesen Posts wurde Lübcke unter anderem gedroht, er stehe auf der »schwarzen Liste«, auf Twitter schrieb jemand: »Landesverrat. An die Wand mit dem«. Bis nach dem Mord an Lübcke waren diese Beiträge noch unkommentiert auf den Plattformen zu lesen.[4] Erst als Lübcke tot war, wurden sie durch Twitter gelöscht.

Im Prozess spielte das Gericht die Videoaufzeichnung der vierstündigen Vernehmung ein, in der Stephan Ernst den Mord zunächst gestanden hatte. »Sie gleicht einer Lebensbeichte«, notierte die *Spiegel*-Reporterin Julia Jüttner, die den Gerichtstermin in Frankfurt verfolgte.[5] Stephan Ernst habe zunächst beschrieben, wie er nach seiner Freiheitsstrafe wegen versuchten Totschlags an einem türkischen Imam in die rechte Szene Kassels gerutscht sei. Zuvor habe er seinen Hass auf Ausländer als »Einzelgänger« ausgelebt, so Ernst, im Kreis der freien Kameradschaft, umgeben von autonomen Nationalisten, Nationalsozialisten, NPD-Anhängern und sogenannten Reichsbürgern. Nachweisbar sind laut Anklage seine Verbindungen zur Neonazi-Gruppe Combat 18[6], die eng mit dem rechtsradikalen Netzwerk Blood and Honour verbunden ist. Spuren von dort wiederum führen zur rechtsradikalen Terrorzelle Nationalsozialistischer Untergrund (NSU) um Uwe Böhnhardt, Uwe Mundlos und Beate Zschäpe, die zwischen den Jahren 2000 und 2007 zehn Menschen ermordete.[7] Zumindest der Mitverdächtige im Lübcke-Prozess, Markus H., sei während der Ermittlungen zu einem NSU-Mord in Kassel im Jahr 2006 vernommen worden. Demnach soll er das Kasseler NSU-Opfer Halit Yozgat gekannt haben, berichtete das *ARD*-Magazin *Panorama*.[8]

Nun muss das Gericht die Schuldfrage im Mordfall Walter Lübcke klären. Im Prozess kehrte Ernst zu seiner ersten Aussage zurück und gestand, er habe geschossen. Das Verfahren dauerte bei Drucklegung dieses Buches noch an.

Erschreckend war der Mord an Walter Lübcke nicht nur, weil es das erste Attentat auf einen Repräsentanten des Staates seit den Anschlägen der Rote Armee Fraktion (RAF) im Jahr 1993 war. Erschreckend war auch die Explosion des Hasses im Netz nach der Rede des Politikers auf der Infoveranstaltung zur Erstaufnahmeeinrichtung, die dann verkürzt auf Youtube gepostet wurde. Er selbst ließ sich nicht einschüchtern und bekräftigte kurz danach in einem Interview, er bleibe bei seiner Aussage.[9] Zugleich schilderte er, wie er selbst die Situation wahrgenommen hat: »Unser Zusammenleben beruht auf christlichen Werten«, so Lübcke in der *Hessischen / Niedersächsischen Allgemeine (HNA)*, »damit eng verbunden sind die Sorge, die Verantwortung und die Hilfe für Menschen in Not. An diese christlichen Kernbegriffe hatte ich erinnert, als ich immer wieder durch Zwischenrufe wie ›Scheiß Staat!‹ und durch hämische Bemerkungen unterbrochen wurde.«[10] Die Häme und der Hass fielen in den rechten Echokammern des Netzes auf fruchtbaren Boden, wurden auf Facebook und Twitter tausendfach geteilt, auf rechten Plattformen kommentiert und schaukelten sich zu Morddrohungen hoch, die schließlich im Mord an Lübcke gipfelten. Volksverhetzung und Morddrohungen – das sind Straftaten. Eingegriffen wurde dennoch nicht, weder von den Plattformen noch von der Justiz. Tausendfache Straftaten sind schwer zu ahnden. Die Justiz ist überfordert, die Plattformen ließen den Hass im Netz zu lange ungeahndet. Ein weiterer trauriger Beweis für den Wildwuchs im Netz.

Erst drei Monate nach dem gewaltsamen Tod von Walter Lübcke nahmen die Zentralstelle zur Bekämpfung der Internetkriminalität der Generalstaatsanwaltschaft Frankfurt (ZIT) und Experten des hessischen Landeskriminalamts Ermittlungen auf und identifizierten nach monatelanger Arbeit insgesamt 64 Tatverdächtige. Es ging nach Angaben des hessischen Justizministeriums um folgende Delikte: Verdacht der öffentlichen Aufforderung zu Straftaten, der Volksverhetzung, der Belohnung und Billigung von Straftaten sowie der Verunglimpfung des Andenkens Verstorbener. »Das, was sich nach dem Tod von Walter Lübcke in den sozialen Medien abgespielt hat, war fürchterlich und für einen demokratischen Rechtsstaat nicht hinnehmbar«, sagte Hessens Justizministerin Eva Kühne-Hörmann laut *Zeit Online* im Juli 2020.[11] »Wir dürfen Hass und Hetze keine Plattform bieten, weder online noch offline.« Einen Monat zuvor waren auf Grundlage der Ermittlungsverfahren Razzien und Vernehmungen in zwölf Bundesländern bei insgesamt 39 Beschuldigten durchgeführt worden. Die Aktion zeige den Betroffenen, so Kühne-Hörmann, »dass das Internet kein rechtsfreier Raum ist«.

Das war es de jure noch nie. Volksverhetzung, Aufrufe zur Gewalt, Morddrohungen sind und bleiben Straftaten – das Internet ist genauso wenig ein rechtsfreier Raum wie der Straßenverkehr, obwohl dort auch einige tun und lassen, was sie wollen. Verdächtige, menschenverachtende und gewaltverherrlichende Posts können bei der Polizei gemeldet, teilweise sogar direkt online angezeigt werden. Von jedem von uns.

De facto ist das Netz allerdings leider immer noch viel zu oft ein rechtsfreier Raum. Das Internet sei »aufgrund seiner Verbreitungsmöglichkeiten und einer zum Teil fehlenden Kontrollinstanz ein ideales Medium für rechtsextremistische Inhalte«, analysiert der Bundesverfassungsschutz in seinem aktuellen Bericht für das Jahr 2019.[12]

Hier liegt das eigentliche Problem. Das gemeinsame Kompetenzzentrum von Bund und Ländern für den Jugendschutz im Internet, jugendschutz.net, widmete dem Rechtsextremismus im digitalen Raum im Dezember 2019 eine ausführliche Analyse. Die Erkenntnisse sind alarmierend. »Das Netz und insbesondere Social Media sind zu Kernelementen rechtsextremer Agitation geworden«, so die Einleitung des Berichts. »Mehr noch: Social Media wird selbst als Aktionsfeld begriffen, in welchem in öffentliche Diskurse eingegriffen, Aufmerksamkeit für die eigene Weltdeutung gewonnen und neue Gefolgschaft rekrutiert werden soll.«

Während Dienste wie Youtube oder Facebook genutzt würden, um eine möglichst große Reichweite für die eigene Propaganda zu erzielen, dienten rechtsextreme Angebote auf Plattformen wie Instagram dazu, junge Menschen zielgruppengenau in ihren Lebenswelten anzusprechen. »Daneben nutzen Rechtsextreme auch Dienste, die als Ausweichplattformen dienen«, fährt der Bericht fort. Gemeint sind Messenger-Services wie beispielsweise Telegram, in denen in geschlossenen Gruppen verschlüsselt kommuniziert wird. Löschungen erfolgten »dort im Vergleich zu den bekannteren Plattformen nur selten«, und »der Verfolgungsdruck« würde »als geringer empfunden«.[13] Dadurch könnten Gruppenmitglieder »drastische Inhalte« weitgehend ungehindert untereinander austauschen, es würden »schnell sogenannte Echokammern entstehen«.[14]

Zwei ausführlich geschilderte Fallbeispiele aus dem Bericht vermitteln erschreckende Einblicke. In Chemnitz wurde am Rande eines Stadtfestes im August 2018 der Deutsche Daniel H. nach einem Streit unter mehreren Männern erstochen. Der Tatverdächtige, ein 23-jähriger Syrer, wurde festgenommen und später zu einer Haftstrafe von neun Jahren und sechs Monaten verurteilt. Ein mutmaßlicher Mittäter ist seit der Tatnacht auf der Flucht. Kurz nach dem Tod Daniel H.s fanden in Chemnitz Aufmärsche und Demonstrationen statt, das linke Bündnis »Chemnitz nazifrei« und die rechtsgerichtete Bürgerbewegung »Pro Chemnitz« trafen aufeinander. Es kam zu gewalttätigen Auseinandersetzungen. In der Folge entwickelte sich in Deutschland eine erbitterte, politisch motivierte Debatte, ob es in jener Nacht in Chemnitz zu Hetzjagden auf Ausländer gekommen sei oder nicht. Der Streit kostete später den damaligen Verfassungsschutzpräsidenten Hans-Georg Maaßen das Amt. Er hatte sich in der aufgeladenen Situation frühzeitig zu Wort gemeldet und behauptet, von Hetzjagden könne keine Rede sein.

Nach dem Tötungsdelikt an Daniel H. beobachtete jugendschutz.net laut seinem Bericht »erneut eine rasante Verbreitung von Fake News«. In der Propaganda sei »das konstruierte Katastrophenszenario unterfüttert« worden, »wonach Deutsche durch den Zuzug von Geflüchteten und Migranten existenziell bedroht« seien.[15] Der Szene-Rapper Chris Ares (eigentlich Christoph Aljoscha Zloch) sprach in einem Youtube-Video von täglichen Morden und Vergewaltigungen durch Migranten und einem angeblichen »Rassismus gegen Deutsche«. Innerhalb von zwei Wochen nach dem tödlichen Vorfall erzielte allein dieses Hetzvideo eine knappe halbe Million Aufrufe.[16] Inzwischen blockte Youtube den Ares-Kanal.

Auch der Österreicher Martin Sellner, einer der Anführer der Identitären Bewegung im deutschsprachigen Raum, veröffentlichte nach Recherchen von jugendschutz.net innerhalb einer knappen Woche fünf Videos mit insgesamt Hunderttausenden Aufrufen und trug, wie der Bericht feststellt, »massiv zur rechtsextremen Umdeutung der Vorfälle in Chemnitz bei«. Zu den erfolgreichsten Sellner-Videos zählten diejenigen mit Titeln wie »Die erfundene ›Hetzjagd‹ von Chemnitz«, »Mord in Chemnitz & der Zorn der jungen Männer« sowie der Livestream »#wirsindmehr – eine Party über Leichen«.[17]

Für die staatlichen Jugendschützer sind solche Internetveröffentlichungen unzweideutig Aufrufe zur Gewalt. Das mediale Dauerfeuer von rechts habe auch »Ausschreitungen und Gewalttaten in Chemnitz« befeuert, stellten sie in ihrem Bericht fest. Die »weite Verbreitung von emotionalisierenden Fake News im Netz« habe zur Mobilisierung beigetragen. »So fanden in Chemnitz mehrfach große Demonstrationen statt, die online organisiert und beworben wurden und an denen sich zahlreiche rechtsextreme Akteure beteiligten.«[18] Erst langsam findet bei den Plattformbetreibern ein Umdenken statt. Im Juli sperrte Twitter nach Angaben der *Süddeutschen Zeitung* den Account des Identitären Martin Sellner, wenig später löschte Youtube seinen populären Kanal und auch auf Tiktok kann der Rechtsradikale nichts mehr veröffentlichen. Auf Telegram kann er sich einstweilen noch zu Wort melden. »Der digitale Vernichtungsfeldzug der Eliten geht weiter«, beklagte er sich dort über angebliche moderne stalinistische Säuberungen.[19]

Auf die weltweite Dimension des Rechtsextremismus im Netz verweist der zweite Fall, den die staatlichen Jugendschützer genauer analysierten. Am 9. Oktober 2019 versuchte der 28-jährige Stephan B., in die Synagoge von Halle einzudringen. Es war Jom Kippur, der höchste jüdische Feiertag, etwa 70 Gläubige hatten sich im Gotteshaus versammelt, darunter auch Gäste aus dem Ausland. Stephan B. gelang es nicht, die Eingangstür zu öffnen, stattdessen erschoss er zunächst eine Passantin auf der Straße und dann einen Gast in einem Dönerimbiss. Bei seiner Flucht verletzte er zwei weitere Menschen, später ließ er sich von Polizisten festnehmen. Stephan B. steht derzeit vor dem Oberlandesgericht in Naumburg wegen zweifachen Mordes und Mordversuchs zum Nachteil von 68 Menschen. Er habe aus einer »antisemitischen, rassistischen und fremdenfeindlichen Gesinnung heraus einen Mordanschlag auf Mitbürgerinnen und Mitbürger jüdischen Glaubens« geplant, heißt es in der Anklageschrift der Bundesanwaltschaft. Außerdem werden B. schwere räuberische Erpressung und Volksverhetzung vorgeworfen. Die *Süddeutsche Zeitung* urteilte nach den Morden, der »Terror, offen und am helllichten Tag« zeige »eine neue Dimension der Gewalt in Deutschland«.[20]

Ein Massenmord in der nur durch Videokameras gesicherten Synagoge konnte offenbar nur durch Zufall und sehr viel

Glück verhindert werden. Der Vorsitzende der Jüdischen Gemeinde in Halle, Max Privorozki, berichtete in einem Video auf Twitter: »Wir haben über die Kamera unserer Synagoge gesehen, dass ein schwer bewaffneter Täter mit Stahlhelm und Gewehr versucht hat, unsere Türen aufzuschießen. Der Mann sah aus wie von einer Spezialeinheit. Aber unsere Türen haben gehalten.«[21] Die Gemeinde habe sich verbarrikadiert und auf die Polizei gewartet. Die sei aber erst zehn Minuten nach dem Notruf eingetroffen.

Wie sich kurz nach der Festnahme des Attentäters herausstellte, hatte er seine Tat zuvor auf einem Imageboard namens Meguca in einer Art Bekennerschreiben angekündigt, und zwar in englischer Sprache. Er wolle »so viele Juden wie möglich töten«, erklärte er dort. Seine Identität musste B. wie in den meisten Imageboards nicht preisgeben, die Teilnehmer treten dort üblicherweise unter der Bezeichnung Anon auf, der Kurzform von Anonymous.[22]

Später postete B. noch einen Link zu einem Livestreaming-Dienst, über die er seine Verbrechen im Netz übertrug. Wie die Ermittlungen ergaben, parkte er seinen Wagen um 11.54 Uhr vor der Synagoge, drei Minuten später begann er mit der Liveübertragung, für die er eine Helmkamera benutzte. Das Video dauerte insgesamt 36 Minuten. Nach der Tat löschte B. es wieder aus dem Netz.[23]

Reporter des Rechercheverbunds von *Süddeutscher Zeitung*, *NDR* und *WDR* konnten später dennoch eine archivierte Fassung einsehen. Ihr Bericht: »Gleich zu Beginn leugnet der junge Mann mit Glatze in schlechtem Englisch den Holocaust und hetzt gegen Juden, Feminismus und Flüchtlinge, er sagt: ›Die Wurzel all dieser Probleme ist der Jude.‹« Seine Morde habe B. »aus der Ich-Perspektive wie in einem Videospiel« gefilmt, so die *Süddeutsche Zeitung*. »In der Synagoge hält ihn die Eingangstür aus Holz auf, er flucht und erschießt kurz darauf eine Frau aus nächster Nähe. Vor dem Dönerladen versagen bald seine offenbar selbst gebauten Waffen. Später gibt er Schüsse auf einen Polizeiwagen ab, dabei bricht seine Ausrüstung auseinander. Von einem Komplizen ist nichts zu sehen.«[24]

Dennoch scheut man sich, Stephan B. einen Einzeltäter zu nennen. Er mag in einer Wahnwelt gelebt haben, in der die Weißen unterdrückt, westliche Regierungen von einer angeblichen jüdischen Weltverschwörung beherrscht werden und ein »Rassenkrieg« unvermeidlich ist. Aber in diesem Wahn lebt er nicht allein, die Bestätigung durch Gleichgesinnte finden Täter wie Stephan B. in den rechten Echokammern der digitalen Welt.

»Im Netz hat sich eine hasserfüllte rechtsextreme Online-Subkultur entwickelt«, stellt der jugendschutz.net-Bericht fest. »Sie spinnt antisemitische Verschwörungstheorien kollektiv weiter, huldigt rechtsterroristischen Attentätern als ›Märtyrern‹ und trägt ihre Menschenverachtung offen zur Schau.« Bemerkenswert sei, dass mit der Anlehnung an die Gaming- und Internetkultur, beispielsweise durch die »Ego-Shooter-Perpektive«, die Mediengewohnheiten junger Menschen übernommen würden. Dabei spielten insbesondere Plattformen, die anonym genutzt werden können, eine fatale Rolle, so die Experten von jugendschutz.net, denn dort fänden sich vor allem die »radikalisierten Echokammern«, geprägt von »Grenzüberschreitungen«.[25]

»Über Plattformen wie VK[26], den Messenger-Dienst Telegram und Imageboards wie 4chan werden Anleitungen für den bewaffneten Kampf oder die Herstellung von Waffen und Sprengstoff offen ausgetauscht. Dort werden perfide ›Highscores‹ rechtsterroristischer Attentäter geführt und über mögliche Anschlagsziele diskutiert.«[27]

Diese Einschätzung wurde und wird leider allzu oft bestätigt. August 2019: Bei einem Massaker in der US-mexikanischen Grenzstadt El Paso tötet der 21-jährige Patrick Wood Crusius mit einem Sturmgewehr zwanzig Menschen. Zwei weitere Menschen starben nach dem Anschlag im Krankenhaus an ihren Verletzungen. Seine Tat bezeichnete Crusius in einem zuvor auf dem Imageboard 8chan veröffentlichten »Manifest« als »Antwort auf die hispanische Invasion« durch zentralamerikanische Migranten: »Ich verteidige mein Land gegen kulturelle und ethnische Verdrängung. Wenn wir genug Leute loswerden, kann sich unsere Lebensart halten.«[28]

Lange blieben solche Wahnvorstellungen auf die obskuren Onlineforen beschränkt. Doch sie schwappten in die reale Welt – via Twitter, Facebook, Fox News und auch durch US-Präsident Trump, der selbst oft Verschwörungstheorien propagierte und sich mehrmals nur halbherzig von rechtsradikalen Tätern distanzierte. Der Schütze von El Paso sei »psychisch krank« gewesen, diagnostizierte Trump zwei Tage nach dem Massaker, ebenso wie der Todesschütze, der am selben Wochenende in Dayton, Ohio, neun Menschen, darunter sechs Schwarze, erschossen hatte. Das kann sein. Auch die Verteidiger des El-Paso-Schützen Crusius plädierten im Verfahren auf verminderte Schuldfähigkeit des Angeklagten, weil er zeit seines Lebens psychische Probleme gehabt hätte. Aber als Erklärung reicht das nicht aus.

Dasselbe müsste nach Trumps Definition auch für Täter wie Cesar S. gegolten haben, der Briefbomben an prominente Demokraten und US-Medien schickte. Oder Santino L., neunzehn Jahre alt, der nur eine Woche vor El Paso bei einem kalifornischen Volksfest drei Menschen erschoss. Die Horrorliste ließe sich beliebig fortsetzen.

Junge weiße Männer, getrieben von Verschwörungstheorien, rassistischen Gewaltfantasien und privaten Komplexen, müssen sich in der digitalen Welt nicht mehr einsam fühlen – dabei ist die These vom psychisch kranken Einzeltäter längst unhaltbar geworden. Crusius, der Attentäter von El Paso, nannte in seinem »Manifest« den Anschlag auf zwei Moscheen im neuseeländischen Christchurch als Vorbild, bei dem der Rechtsterrorist Brenton Tarrant im März 2019 insgesamt 51 Menschen tötete und die Tat live auf Facebook übertrug. Auch Tarrant wurde im Netz als »Märtyrer« gefeiert, ebenso wie ein halbes Jahr später Stephan B. aus Halle, der sich offenbar den inzwischen zu lebenslanger Haft verurteilten Christchurch-Attentäter zum Vorbild genommen hatte.[29]

Tarrant wiederum berief sich unter anderem auf Timothy McVeigh, einen der Bombenleger des Anschlags von Oklahoma City, bei dem 1995 168 Menschen getötet und 600 verletzt wurden, sowie den Massenmörder Anders Breivik, der 2011 in Norwegen 77 überwiegend junge Menschen tötete. Sie sind die »Helden« in einem weltweiten klandestinen Netzwerk, in dem sich hauptsächlich junge Männer bewegen, krude Überfremdungstheorien kursieren und die Gewalt gegen alles Fremde verherrlicht wird. Es ist die potenziell tödliche mörderische Ausprägung dessen, was man heute Filterblase nennt.

Die Blaupause für all diese Anschläge ist fast so alt wie das Internet selbst. Im Jahr 1978 veröffentlichte der rechtsradikale Amerikaner William Luther Pierce, Gründer der Neonazi-Organisation National Alliance, unter dem Pseudonym Andrew MacDonald die Turner-Tagebücher (»The Turner Diaries«). Der Roman des Rechtsextremisten wurde oft als Nazibibel bezeichnet und ist nach Angaben der Bürgerrechtsorganisation Anti-Defamation League in den USA das wohl meistgelesene Buch in der gesamten rechtsextremistischen Szene. Auch international liefert es das ideologische Rüstzeug für die rechten

Kameraden, zugleich enthält es eine exakte Bauanleitung für jede Art von selbst gebastelten Bomben und ausführlich beschriebene Folterszenen. Das in Form eines fiktiven Tagebuchs geschriebene Buch ruft zum »Rassenkrieg« und zum Kampf gegen das sogenannte System auf. In Deutschland steht das Machwerk seit 2006 zwar auf dem Index für jugendgefährdende Schriften, ist aber dennoch – im englischen Original und in deutscher Übersetzung – im Internet problemlos zu bekommen. So bietet es ein obskurer Verlag mit Sitz in Thailand für 25 Euro zum Versand an. Auf der Homepage des Verlags wird mit einem weiteren Bestseller geworben: Hitlers »Mein Kampf« für 30 Euro als »unveränderter Nachdruck (gesetzt in leicht lesbarer Antiquaschrift)«.

Dass die Turner-Tagebücher auch großen Einfluss auf die deutsche Neonazi-Szene haben, steht für Terrorexperten und Verfassungsschützer schon lange fest. So erklärte der deutsche Rechtsextremist Kay Diesner, der wegen Mordes an einem Polizisten 1999 zu lebenslanger Haft verurteilt wurde, in einem Interview 2001 aus dem Gefängnis heraus: »Jeder sollte erkennen, wie die Welt da draußen wirklich ist. Er kann sich letztendlich nur für unsere Sache entscheiden. Die Turner-Tagebücher sagen und zeigen alles, was von Wichtigkeit ist. Lasst sie uns in die Tat umsetzen!«[30] Diesner wurde 2016 aus der Haft entlassen, weil er sich von der rechtsradikalen Szene abgewandt haben soll.[31]

Nach der Mordserie des sogenannten Nationalsozialistischen Untergrunds beschäftigte sich der NSU-Untersuchungsausschuss des Deutschen Bundestags ausführlich mit dem ideologischen Hintergrund der Terrorzelle und ihrer Unterstützer. Über die Turner-Tagebücher hält der Ausschuss in seinem vorläufigen Bericht vom August 2013 unter anderem fest: »Das Buch hat erwiesenermaßen als Vorbild für mindestens sechs große rechtsextreme Anschläge gedient. Unter anderem hat sich der sogenannte ›Oklahoma-Bomber‹, Timothy McVeigh, bei seinem Anschlag auf das Buch berufen, aber auch David Copeland bei den Nagelbombenanschlägen in London.«[32] Der britische Neonazi Copeland, Mitglied von Combat 18, wurde im Jahr 2000 des dreifachen Mordes schuldig gesprochen und zu einer sechsfachen lebenslangen Haftstrafe verurteilt. »Wenn Sie die Turner-Tagebücher gelesen haben, wissen Sie, dass es im Jahr 2000 einen Aufstand geben wird und all das, rassische Gewalt auf der Straße. Mein Ziel war politisch. Ich wollte einen Rassenkrieg in diesem Land auslösen«, sagte Copeland laut dem britischen Fernsehsender *BBC* bei seiner Vernehmung.[33]

Nagelbomben wurden 2004 auch bei einem Anschlag in der Kölner Keupstraße verwendet, der inzwischen dem NSU zugerechnet wird. 22 Menschen wurden verletzt, als die Sprengsätze vor einem Friseursalon und mehreren Ladenlokalen explodierten. Interessanterweise zogen Experten der Abteilung Rechtsterrorismus beim Bundesverfassungsschutz schon wenige Tage nach dem Attentat die Parallele zu Combat 18 und den Londoner Nagelbombenanschlägen. Die Spur wurde aber erst nach dem Ende der NSU-Terrorzelle wieder aufgenommen.

So führen die Turner-Tagebücher sehr direkt zu der mörderischen Anschlagsserie des sogenannten Nationalsozialistischen Untergrunds. Der NSU-Ausschuss des Bundestags fährt in seinem Bericht fort:

»Inspiriert von dieser Vorlage haben sich zwei weitere Widerstandskonzepte gegen ›das System‹ entwickelt. Einmal das Konzept des ›Führerlosen Widerstandes‹ (Leaderless Resistance) von Louis Beam. Der US-Amerikaner hatte sein Strategiepapier zwar schon 1983 geschrieben, einer größeren Öffentlichkeit bekannt wurde es aber erst 1992, als Louis Beam in der Zeitschrift ›The Seditionist‹ seine Gedanken veröffentlichen konnte. (…) Blood & Honour, Combat 18 und auch die ›Weisse Wölfe‹ haben dieses Konzept übernommen, bei dem der Name an sich schon Programm ist: Kleine Terrorzellen werden gebildet, die direkt und unabhängig agieren und sich selbst den angemessenen Weg des Widerstandes gegen das System suchen. Sie agieren aber auf einer gemeinsamen ideologischen Grundlage.

Dieser Ansatz wird in der Regel kombiniert mit dem ›Werwolf‹ oder ›Lone-Wolf‹-Konzept, das ebenfalls aus dem US-amerikanischen Rechtsextremismus kommt. Einzeltäter oder Kleinstgruppen mit maximal drei Mitgliedern agieren vollkommen eigenständig, sind aber in aller Regel in kommunikative Netzwerke eingebunden.«[34]

Spätestens hier schließt sich der Kreis von den Turner-Tagebüchern über Timothy McVeigh in Oklahoma, Blood and Honour, Combat 18, den Nationalsozialistischen Untergrund bis zu den vermeintlichen Einzeltätern wie Brenton Tarrant in Christchurch und Stephan Ernst, dem mutmaßlichen Mörder des Kasseler Regierungspräsidenten Walter Lübcke – alle eingebunden in kommunikative Netzwerke über das World Wide Web und die sozialen Medien.

Während die mutmaßlichen Lübcke-Mörder im Juli 2020 vor Gericht standen, wies die Vizepräsidentin des Deutschen Bundestags, die Linken-Politikerin Petra Pau, in einem Interview darauf hin, dass die sogenannte Kampfeinheit Adolf Hitler von Combat 18 ihren Schwerpunkt in Kassel hatte, bevor sie verboten wurde. »Im Untersuchungsausschuss waren wir jedenfalls parteiübergreifend davon überzeugt, dass Beate Zschäpe, Uwe Böhnhardt und Uwe Mundlos ihre Mordserie niemals allein planen und durchführen konnten«, sagte sie der Zeitung *Die Welt*. »Schon damals muss es also Netzwerke hinter den drei im Untergrund lebenden Rechtsterroristen gegeben haben und ich bin mir sicher: Diese alten NSU-Netzwerke existieren noch heute. Und formieren sich womöglich neu.« Eines dürfe nicht geschehen, so Pau: »Dass der Eindruck entsteht, Ernst und H. seien Einzeltäter, die nirgendwo verankert sind.«[35]

Generalbundesanwalt Peter Frank hat sogenannte Strukturermittlungen eingeleitet, um mögliche Zusammenhänge zwischen dem Mord an dem Kasseler Regierungspräsidenten und den Taten des NSU aufzuklären. Mitte Juli 2020 wurde bekannt, dass eine sogenannte NSU 2.0 Drohmails an exponierte Politikerinnen wie die Fraktionsvorsitzende der Linken im Hessischen Landtag Janine Wissler verschickt. Ihre geheim gehaltene Privatanschrift und die zweier weiterer Adressatinnen waren zuvor von einem Polizeicomputer in Wiesbaden abgefragt worden. Ein Sonderermittler soll jetzt im Auftrag des hessischen Innenministers Beuth dem Verdacht nachgehen, ob es ein rechtes Netzwerk bei der hessischen Polizei gibt.[36]

Auch der Bundesverfassungsschutz beobachtet unter neuer Führung die aktuelle Entwicklung am rechten Rand mit großer Beunruhigung. Über den Mord an Lübcke und den Anschlag auf die Synagoge von Halle bemerkt der Verfassungsschutzbericht 2019, beide Taten verdeutlichten, dass »Gefährdungsmomente im Rechtsextremismus bestehen, die nicht mehr nur innerhalb etablierter rechtsextremistischer Strukturen und Organisationen zu finden sind, sondern die sich am Rande oder sogar außerhalb der rechtsextremistischen Szene entwickeln können«.[37]

Ungewöhnlich deutliche Worte wählte der neue Verfassungsschutzpräsident Thomas Haldenwang bei der Vorstellung des Berichts im Juli 2020. Seit seinem Amtsantritt als Nachfolger von Hans-Georg Maaßen legte Haldenwang den Schwerpunkt seiner Arbeit auf gewaltorientierten Rechtsextremismus und -terrorismus. Die Morde von Halle und Kassel seien nur die »Spitze einer Gefahr, die um sich greift«, betonte er. Einige der Rechtsextremisten, so Haldenwang weiter, befänden sich im Wettstreit um den Anschlag mit der höchsten Opferzahl. Dabei gehe es darum, den »Highscore der meisten Toten zu brechen«. Haldenwang lenkte bei diesem bemerkenswerten Auftritt in der Bundespressekonferenz in Berlin den Blick nicht nur auf die Täter, sondern auch auf die »Wegbereiter«, wie er sagte. Beispielsweise die Neue Rechte, die »zwar keine physische Gewalt ausübt, aber Rassismus, Antisemitismus und Fremdenfeindlichkeit in unsere Gesellschaft bringt«. Haldenwang nannte sie »Superspreader von Hass«, die »ihre pseudointellektuellen Theorien« mit »fremdenfeindlichen, nationalistischen, rassistischen und antisemitischen Ideologieelementen« anreicherten.[38]

Sie alle nutzen das Internet zur Informationsvermittlung, Meinungsbildung und zur internen Vernetzung. Dazu gehöre auch eine im Internet um die Meinungshoheit wetteifernde Vielzahl von Influencern und Trollen, stellt der Verfassungsschutzbericht fest, die alle »einen Beitrag zur Verrohung der Sprache und Konsensverschiebung im öffentlichen Diskurs« leisteten. Eine Definition für Trolle liefern die Verfassungshüter in einer Fußnote: So würden im Internet »Personen bezeichnet, die auf emotionale Provokation anderer Gesprächsteilnehmer zielen«.[39]

Wie die rechte Meinungsmache im Netz funktioniert, haben die Verfassungsschützer präzise analysiert. Die Verbreitung von Hassbotschaften in sozialen Netzwerken stünde bei rechtsextremistischen Akteuren im Vordergrund, so der Bericht: »Ziel ist es, durch Verneinung der Gleichwertigkeit aller Menschen Ressentiments gegen Minderheiten zu schüren. Zwar ist die Anzahl derjenigen, die im Internet stark polarisieren, verhältnismäßig gering, diese wenigen Akteure erwecken jedoch durch ihre große Präsenz den Eindruck einer breiten Masse.« Fake Accounts, mit denen die Kommentarspalten in den sozialen Netzwerken geflutet werden, spielen dabei eine zentrale Rolle.[40]

Exemplarisch für Hassposts im Netz dürfte die rechtsradikale Gruppierung Reconquista Germanica[41] (RG) sein. Sie trat nach den Erkenntnissen von Verfassungsschützern vor der Bundestagswahl 2017 erstmals in Erscheinung und löste sich nach eigenen Behauptungen im Oktober 2019 wieder auf. Was natürlich nicht bedeutet, dass sie nicht jederzeit in anderen Zusammenhängen und unter anderem Deckmantel wieder aktiv werden kann. »Die Existenz von in ähnlicher Form hierarchisch und klandestin organisierten Nachfolgeprojekten kann nicht ausgeschlossen werden«, stellte die Bundesregierung im Februar 2020 in einer Antwort auf eine Kleine Anfrage der Grünen-Bundestagsfraktion fest.

Reconquista Germanica war in den Kommentarspalten sozialer Netzwerke aktiv, wie der Verfassungsschutz ermittelte, trat aber nicht offen auf, sondern unter mehreren, nach außen hin voneinander unabhängigen Accounts. Das Ziel sei gewesen, »durch das Liken und Disliken von Inhalten mit in großer Zahl angelegten Fake-Accounts eine verzerrte Mehrheitsmeinung« vorzutäuschen und »durch die Verwendung von Memes auf subtile Weise eigene rassistische Inhalte in den Diskurs« zu steuern.[42]

Ein seltener Einblick, wie »Deutschlands größte rechtsextreme Trollfabrik«[43] arbeitete, gelang der Extremismus-Forscherin Julia Ebner vom Londoner Institute for Strategic Dialogue, die sich für sechs Monate bei RG einschleusen konnte. Ihr Bericht, den sie zusammen mit ihrem Kollegen Jacob Davey verfasste, offenbart ein nach militärischen Grundsätzen arbeitendes, streng abgeschottetes Netzwerk.[44] Geplant und koordiniert wurden die medialen Angriffe über verschlüsselte Sprach- und Textkanäle der Gaming-Plattform Discord. Durch Identitätsprüfung und die Überprüfung der Social-Media-Historie jedes Bewerbers wurde sichergestellt, dass nur (im Sinne der RG) vertrauenswürdige Personen Zugang zu internen Gesprächen, strategischen Dokumenten und Richtlinien für die Desinformationskampagnen erhielten. Die Chatrooms der RG trugen Bezeichnungen wie »Radarstation«, »Tagesbefehle«, »Meme-Workshops« oder »Politik und Ereignisse«. Die Kategorien »Gegenkultur« und »politisch inkorrekt« enthielten antisemitische, den Holocaust verleugnende, antimuslimische und rassistische Inhalte. In einem Chatroom mit dem Titel Zentrum für Krisenvorausschau bereiteten sich Mitglieder auf den Tag X im Falle eines Krieges oder eines Zusammenbruchs der öffentlichen Ordnung vor. Dort wurden ausführliche Survival-Ratgeber geteilt, umfassende Überlebenshilfen mit Empfehlungen für die Bewaffnung mit Messern, Elektroschockern oder dem Gewehr FG 42, das die deutschen Fallschirmjäger während des Zweiten Weltkriegs benutzten.

Mit angeblich knapp 5000 Mitgliedern bezeichnete sich RG als »größter patriotischer deutschsprachiger Kanal auf Discord«. Verbindungen gab es zu den Identitären in Deutschland und zur sogenannten Alt-Right-Bewegung in den USA. Gründer der Troll-Armee war der deutsche Rechtsradikale Nikolai Alexander, der auf Youtube den Kanal Reconquista Germania mit über 30 000 Abonnenten betrieb. Inzwischen sperrte Youtube den Kanal, Unterstützer versuchen immer wieder, RG-Inhalte auf die Videoplattform hochzuladen. »Die Strukturen dieser Troll-Truppen«, berichtet Julia Ebner im Magazin *Focus*, »sind streng hierarchisch, der Ton ist militärisch. Wenn der selbsternannte Oberbefehlshaber Nikolai Alexander seinen Soldaten, Offizieren und Generälen, die im virtuellen Schlachtfeld kämpften, Befehle zur Durchführung von sogenannten Sniper-Missionen und massiven Luftanschlägen erteilte, machten alle mit.«[45] Denn erfolgreiche Online-Aktionen wurden mit der Beförderung in höhere Ränge belohnt, die sich nach dem Zusammenbruch der bisherigen Ordnung auch in der realen Welt widerspiegeln sollten.

Das erklärte politische Ziel sei es gewesen, so Ebner, »der AfD einen möglichst starken Auftritt im Bundestag zu sichern«. Dafür überzogen die RG-Trolle die großen Plattformen wie Twitter, Facebook und Youtube mit sogenannten Raids, gezielten Überfällen. Das war das Kennwort für koordiniertes Hijacking mithilfe spezieller Bots, die Social-Media-Trends aufspürten oder selbst kreierten. Zu den regelmäßigen Zielen auf Twitter gehörten Politiker der sogenannten Altparteien, die Mainstream-Medien oder linke Aktivisten. Auf Youtube und Facebook wurden die Kommentarabschnitte von Videos und Posts politischer Gegner mit negativen oder beleidigenden Kommentaren und koordinierten Kampagnen überflutet, um Kritiker und politische Gegner anzuprangern. Um die Verbreitung ihrer Hasskommentare überhaupt zu ermöglichen und Kontrollen zu umgehen, gaben die RG-Administratoren Leitfäden heraus, wie man IP-Adressen versteckt, Twitter-Konten automatisiert und vermeidet, dass sie gelöscht werden.

Fazit dieser koordinierten Angriffe laut Ebners Bericht: »In den zwei Wochen vor der Wahl erreichten die Pro-AfD-Hashtags in Deutschland mehrfach die Top Fünf der Trend-Hashtags auf Twitter. Das war nach unserer Analyse vor allem auf das koordinierte Vorgehen der Rechtsextremen zurückzuführen.«[46]

Am 9. September 2017, gut zwei Wochen vor der Bundestagswahl, waren sieben der von RG-Nutzern erstellten Hashtags, darunter #nichtmeinekanzlerin, #reconquista und #merkelmussweg, unter den Top Zwanzig der in Deutschland erfolgreichsten Hashtags vertreten. Daneben wurden nach Erkenntnis der Londoner Forscher auch von anderen erstellte rechte Tweets von RG aktiv »gepusht«, beispielsweise unter dem Hashtag #Traudichdeutschland, und erreichten in den Tagen vor der Wahl nahezu dieselbe Verbreitung wie der populäre Hashtag #afd. Der Feldzug von Reconquista Germanica war also in ihrem Sinne durchaus effektiv.

Twitter ist mit seinen knapp anderthalb Millionen Nutzern nicht das größte der sozialen Netzwerke in Deutschland. Aber die Trends, die dort mit den Hashtags gesetzt werden, können Indikatoren für eine tatsächliche oder vorgetäuschte Stimmung im Land sein. Sie erreichen gerade im politischen Bereich wichtige Multiplikatoren wie beispielsweise Journalisten. Dabei spielt es nicht die entscheidende Rolle, wie viele originäre Follower ein Account hat, es kommt vielmehr darauf an, ob es gelingt, einen Tweet durch massenhafte Weiterleitung viral zu verbreiten. Twitter veröffentlicht dazu keine offiziellen Zahlen. Deshalb waren auch die Forscher am Oxford Internet Institute auf umfangreiche Datenrecherchen und Schätzungen angewiesen, als sie knapp eine Million Tweets untersuchten, die in der Zeit vom 1. bis 10. September 2017 mit Bezug auf die Wahlen und die Politik abgesetzt wurden. Die erste Erkenntnis war, dass im Untersuchungszeitraum die »Konversationen über die AfD und ihre Kandidaten« mit 30,1 Prozent »dominierten«. Dahinter folgten die CDU und ihre Spitzenkandidatin Merkel mit 18,9 Prozent.[47]

Die zweite Erkenntnis der Wissenschaftler aus Oxford, die sich auf das Gebiet computergestützte Propaganda spezialisiert haben: »Unsere Forschung«, so die an der Studie beteiligte Kommunikationsforscherin Luisa-Maria Neudert im April 2019 in einer öffentlichen Anhörung vor dem Bundestagsausschuss Digitale Agenda, »hat ergeben, dass während der Bundestagswahl 2017 rund 20 Prozent der politischen Inhalte, die in den sozialen Medien geteilt wurden, von extremistischen, hoch-polarisierenden, verschwörungstheoretischen ›Junk News‹-Quellen stammten.« Der Umgang mit Desinformation in Deutschland, so Neudert weiter, sei deshalb »kein Randphänomen und keine Ausnahme, sondern etwas, das den Otto-Normal-Bürger, der im Internet unterwegs ist, direkt betrifft.« Die Gefahr der »computergestützten Propaganda«, so ihre Warnung bei der Bundestagsanhörung, sei deshalb so groß, weil sie »potenziell wirkungsstärker und zielgenauer ist als Desinformation und Propaganda offline«.[48]

Die AfD zog nach der Bundestagswahl als drittstärkste Kraft in den Bundestag ein. Sicherlich nicht nur, aber auch wegen der Hilfstruppen aus dem Reich der Trolle.

Nach wie vor findet sich der weit überwiegende Teil der entdeckten rechtsradikalen Propaganda auf den großen Social-Media-Plattformen wie Youtube, Facebook, Twitter und Instagram. Dabei finden sich strafbare Inhalte, wie jugendschutz.net in seinem Bericht über Rechtsextremismus im Netz feststellte, vor allem in Kommentaren und in Einzelpostings rechter Profile. Verstöße können über eigens eingerichtete Portale und Hotlines wie hass-im-netz.info/hass-im-netz-melden oder jugendschutz.net/hotline angezeigt werden. Mehr als 1400 Fälle auf den großen Plattformen Youtube, Facebook, Twitter und Instagram dokumentierte jugendschutz.net in den Jahren 2018 und 2019, rund 2200 Maßnahmen wurden eingeleitet, meist durch die Kommission für Jugendmedienschutz (KJM). Wenn sich eine konkrete Gefährdungslage ergeben könnte, wird darüber hinaus das Bundeskriminalamt (BKA) informiert. Die häufigsten Verstöße waren Kennzeichen verfassungswidriger Organisationen und Volksverhetzung, so der Bericht.[49] 66-mal wurde die Leugnung des Holocaust festgestellt. In 80 Prozent der gemeldeten Fälle wurde durch direkte Ansprache der Betreiber eine Löschung oder Sperrung erreicht.

Aber das alles betrifft offensichtlich nur einen verschwindend kleinen Teil der Hasspropaganda. »Die Ausweichplattformen und die Verlagerung der Kommunikation in weniger öffentliche Kanäle« stelle eine große Herausforderung dar, klagen die Jugendschützer: »Hier werden einerseits besonders drastische Inhalte verbreitet, während andererseits die Plattformbetreiber kaum Schutzmaßnahmen vollziehen und bei Meldungen nur unzureichend reagieren.«[50]

Was sich in den Tiefen des Internets abspielt, in denen auch die Imageboards wie 4chan beheimatet sind, kann man nur erahnen. Es sind Bereiche, die man nicht über Google oder andere Suchmaschinen finden kann, weil deren Algorithmen die Zugangsbeschränkungen nicht überwinden können. Sie bleiben gewöhnlichen Nutzern in der Regel verborgen. Zum Darknet gehört auch das Verschlüsselungsnetzwerk Tor, mit dem sich die Absender von Nachrichten einigermaßen sicher tarnen können. Das kann politische Aktivisten in autoritären Staaten vor Verfolgung schützen, ebenso aber auch Straftäter aller Art.

Unter dem Schutz der Anonymität treffen sich hier Waffenhändler, Drogendealer, Kinderpornografen oder Internetkriminelle, die mit gestohlenen Bank- oder Kreditkartendaten handeln – und eben auch Rechtsradikale, um in ihren Netzwerken möglichst ungestört zu bleiben. Schon der öffentlich zugängliche Bereich von 4chan ist Teil einer Subkultur, die zuweilen verstörend und nicht selten abstoßend wirkt. Das Forum wirbt damit, dass jeder Nutzer anonym Kommentare hinterlassen und Bilder einstellen kann. Das frei zugängliche Themenspektrum reicht von japanischen Comics und japanischer Kultur bis zu Videospielen, Musik und Fotografie.

Im weiteren Detail lesen sich die Themen der Rubriken nicht mehr ganz so harmlos: Sie reichen von Waffen über »Sexy Beautiful Women« und »Hardcore für Erwachsene« bis hin zu »Politically Incorrect«, in denen die stets anonymen Diskussionsteilnehmer politisch inkorrekt schon mal gegen »nigger« oder »faggots« (»Schwuchteln«) hetzen. Das Foto einer jungen Asiatin im knappen Bikini wird kommentiert mit: »Ich liebe japanisches Fleisch.« In der Sprache der 4chan-Gemeinde heißen derartige Forumsbeiträge lulz (laughs at someone else's or one's own expense – lachen auf anderer Leute oder eigene Kosten). Welche Art von Humor sich hinter solchen Kommentaren verbergen soll, ist für Außenstehende nur schwer nachzuvollziehen, was sich hinter den Mauern der geschlossenen Nutzergruppen abspielt, bleibt ein Rätsel. 4chan ist alles andere als ein Randphänomen – und nur eines von unzähligen Foren im Netz.[51] Mit knapp sieben Millionen Besuchern erzielt 4chan jeden Monat rund 240 Millionen Seitenaufrufe.[52] Zum Vergleich: Nachrichtenportale wie *spiegel.de* erreichen rund 110 Millionen Aufrufe. Die Startseite weist die Gesamtzahl der bisher eingegangenen Einträge aus: knapp dreieinhalb Milliarden.[53]

Der Albtraum von Jugendschützern und Strafverfolgern heißt Dark Social in Analogie zum Darknet. Die rechtsextreme Propaganda findet zunehmend auf Messengerdiensten wie Telegram in Gruppen oder Kanälen statt, an denen nur zugelassene Mitglieder teilnehmen können. Mittlerweile beobachtet jugendschutz.net über 300 solcher rechtsextremen Kanäle und Gruppen, die täglich mehr als 2000 neue Inhalte produzieren. Die reichweitenstärksten Kanäle haben mehr als 35 000 Mitglieder. Sie dienen den rechten Propagandisten vor allem dazu, die eigenen Inhalte möglichst ohne Störung durch Strafverfolger oder Plattformbetreiber zu verbreiten. Die Mitglieder können dort Posts liken und kommentieren, aber keine eigenen Inhalte veröffentlichen.[54]

Die schlimmste Hetze findet aber in Chat-Gruppen statt, in denen sich die Mitglieder im direkten Kontakt austauschen: Anleitungen zum bewaffneten Kampf, offen menschenverachtende Fotos, satirisch verpackte Kommentare (Memes) und Videos mit expliziter Gewalt. »Durch die direkte Interaktion schaukeln sich Diskussionen besonders schnell hoch«, so die Erkenntnis der staatlichen Jugendschützer. »Durch die gegenseitige Vergewisserung des rechtsextremen Weltbildes entstehen enthemmte Echokammern, in denen Provokation und ein Überbietungswettbewerb drastischer Inhalte vorherrschen.« Die große Sorge ist, dass die Online-Enthemmung in reale Gewalt umschlagen könnte.[55]

Es ist eine Art asymmetrischer Krieg im Netz. Der Staat ist mit seinen Gesetzen, den Aufsichts- und Strafverfolgungsbehörden der Entwicklung immer mindestens einen Schritt hinterher und bewegt sich zudem ständig im Spannungsfeld zwischen Datenschutz und Sicherheitsinteressen.

Das zeigt sich auch bei der aktuellen Debatte über die sogenannte Quellen-Telekommunikationsüberwachung. Das Bundeskabinett verabschiedete im Juli 2020 einen Gesetzentwurf, nach dem alle Geheimdienste, auch der Verfassungsschutz, künftig Überwachungssoftware einsetzen können, um Ziele auszuspionieren. Dabei werden sogenannte Trojaner auf Endgeräten wie Smartphones oder Tablets installiert, ohne dass die Betroffenen davon etwas mitbekommen. Damit können die Sicherheitsbehörden auch Kommunikation mitverfolgen, die verschlüsselt über Messengerdienste wie Whatsapp oder Telegram läuft. Es wäre ein wichtiges Instrument, um unbemerkt in die abgeschotteten Kanäle und Chat-Groups einzudringen, die vorzugsweise von rechtsradikalen Gruppierungen benutzt werden. Aber Journalistenverbände und öffentlich-rechtliche Medien laufen dagegen Sturm. Sie fürchten, nicht zu Unrecht, dass auch Journalisten damit ausgespäht werden können.[56]

Die Trolle und Hetzer werden auch auf diese neue Lage zu reagieren wissen. Sie agieren schnell und beweglich wie eine Guerilla-Armee hinter den feindlichen Linien.

Auch das sogenannte Netzwerkdurchsetzungsgesetz (NetzDG), das seit 1. Oktober 2017 in Kraft ist und die Hasskriminalität im Internet bekämpfen soll, ist nach wie vor umstritten. Es zeigt einmal mehr, wie schwierig es ist, mit der Informationsflut im Netz umzugehen. Plattformbetreiber müssen nach dem Gesetz »offensichtlich strafbare Inhalte« innerhalb von 24 Stunden löschen. Andernfalls drohen Bußgelder bis zu 50 Millionen Euro. Die Einführung des Gesetzes bedeute eine »Grundsatzentscheidung für das digitale Zeitalter«, so der damalige Bundesjustiz- und heutige Außenminister Heiko Maas im Juni 2017 im Bundestag, es beende »das digitale Faustrecht« und sichere die »Meinungsfreiheit«. Die Erfahrung habe gezeigt: »Ohne politischen Druck werden die großen Plattformbetreiber ihre Verpflichtungen nicht erfüllen, und deshalb ist dieses Gesetz zwingend notwendig.«[57]

Es war unter dem Eindruck zweier großer politischer Ereignisse entstanden, nämlich des explosionsartigen Anstiegs von Hasskommentaren und Gewaltdrohungen gegen Politiker in deutschsprachigen Netzwerken im Zuge der Migrationswelle im Herbst 2015 und der rasanten Zunahme von Fake News und Schmähungen in den USA während des Präsidentschaftswahlkampfs im Jahr 2016.

Bevor das NetzDG in seiner damaligen Form erlassen wurde, war eine heftige politische Debatte vorausgegangen, wie der Hetze wirksam zu begegnen sei. Im Visier des Bundesjustizministers stand vor allem Facebook als mit Abstand größtes der sozialen Netzwerke. Mit der Migrationsdebatte entwickelte sich eine Diskussions-Unkultur, die eine neue, teilweise erschreckende Dimension im politischen Diskurs offenbarte. Es schwappe eine »braune Welle« durchs Netz, urteilte damals der *stern*-Kolumnist Micky Beisenherz, »die all jene hochspült, die bislang unterm Radar durchgeflogen sind«.[58]

Justizminister Maas schrieb an Facebook, im Zusammenhang mit den fremdenfeindlichen Angriffen auf Flüchtlinge und Flüchtlingsunterkünfte hätten Bürger zahlreiche Beschwerden über rassistische Hetze im Internet an sein Ministerium geschickt. »Insbesondere beklagen Facebook-Nutzer«, so Maas, »dass Ihr Unternehmen trotz entsprechender konkreter Hinweise rassistische und fremdenfeindliche ›Posts‹ und Kommentare nicht effektiv unterbinde«. Facebook müsse, stellte Justizminister Maas umgehend fest, die Hasskommentare von sich aus löschen.[59]

Damit zeigte sich aber bereits das Dilemma. Denn Facebook durfte auch damals schon keine volksverhetzenden Inhalte propagieren. Soweit veröffentlichte Meinungsäußerungen gewisse Straftatbestände erfüllen, konnten sie bereits verfolgt und geahndet werden, was auch in einigen Fällen geschah. Beispielsweise in Bayern, als ein 25-Jähriger bei Facebook in einem etwas eigenwilligen Idiom über ein Heim für Asylanten gepostet hatte: »I hätt nu a Gasflasche und a Handgranate rumliegen für des Gfrast. Lieferung frei Haus.« Wobei »Gfrast« soviel bedeutet wie »Gesindel«. Der Mann wurde wegen Volksverhetzung zu 7500 Euro Geldstrafe verurteilt.[60]

Es zeigte sich jedoch ebenfalls, dass die Wirklichkeit komplizierter ist, als dass man Facebook einfach beauftragen könnte, die Hetze im Netz in eigener Verantwortung zu entsorgen. Denn damit müsste man akzeptieren, dass die Konzerne nach ihren Werten und Moralvorstellungen handeln.

Facebook verweigerte die eigenständige Löschung der Hass-Posts zunächst mit der Begründung, sie widersprächen nicht den sogenannten Gemeinschaftsstandards des Konzerns. Zwar gebe es »Richtlinien, die explizit sexuelle, hasserfüllte und gewalttätige Inhalte verbieten«, erklärte das zuständige Facebook-Team, aber offenbar zählte man rechte Hassposts nicht dazu. In den USA darf man selbst den Holocaust leugnen, weil das unter die Meinungsfreiheit fällt. Ganz anders verhielt sich Facebook, wenn es um die Darstellung nackter menschlicher Körper ging. Genitalien oder nackte weibliche Brüste waren mit den Gemeinschaftsstandards in aller Regel nicht vereinbar und wurden entfernt.

Was anstößig, verdächtig oder nicht zu tolerieren ist, stellen also mehr oder weniger anonyme Kräfte bei Facebook fest. Die Kriterien sind nicht transparent: Legt man amerikanische Moralvorstellungen zugrunde, die aus dem europäischen, arabischen oder chinesischen Kulturkreis?

Damit wären die demokratische Kontrolle, die Legislative, die Exekutive und dazu gleich noch die Judikative an einen Konzern übergegangen, der völlig nach eigenem Gutdünken oder dem seines Gündungsgesellschafters Mark Zuckerberg tun und lassen kann, was er will. Eine fatale Entwicklung für die Demokratie.

Bundesjustizminister Maas verabredete bei einem Treffen im Herbst 2015 mit Facebook-Managern vorsichtshalber nur die Einrichtung einer Task Force, die bis zum Jahresende Kriterien für den Umgang mit Hassposts entwickeln sollte. »Ich bin Facebook sehr dankbar, dass sie ihre Verantwortung wahrnehmen«, sagte er damals.[61] Dabei hätte das Strafgesetzbuch durchaus die Möglichkeit geboten, bei Verdacht auf Volksverhetzung direkt gegen den Konzern vorzugehen. Davon war aber einstweilen nicht die Rede – zu neu das Thema für die

Politik, zu groß die Unsicherheiten, ob man nicht doch in Konflikt mit der Meinungsfreiheit kommt, zu unübersichtlich für die Justiz. Wo soll man anfangen zu suchen, bei den täglichen Millionen von Facebook-Posts? Und vielleicht gab es auch die Hoffnung, durch Gespräche ein Raubtier zu zähmen, das sich nicht zähmen lassen will.

Die Gespräche am runden Tisch zwischen Facebook und dem Minister dauerten an, ohne dass sich in der Sache viel bewegte. Im Dezember 2016 forderte Maas dann, Staatsanwaltschaften und Gerichte sollten hart gegen Hass und Fake News in sozialen Netzwerken vorgehen. »Verleumdung und üble Nachrede sind nicht von der Meinungsfreiheit gedeckt. Das muss die Justiz auch im Netz konsequent verfolgen«, so Maas damals.[62]

Das war offenbar unter dem Eindruck des US-Wahlkampfs geschehen. Dass der anfangs als chancenlos geltende, mehrfach der Lüge überführte Kandidat Donald Trump als Sieger hervorging, hatte auch die deutschen Politiker aufgeschreckt. Zur gleichen Zeit stand der Bundestagswahlkampf bevor, und die Sorge war groß, dass gezielte Meinungsmanipulationen auch in Deutschland einen politischen Erdrutsch auslösen könnten. »Wir dürfen nicht zulassen«, schrieb damals der Netzpolitiker der Grünen, Konstantin von Notz, im *Handelsblatt*, »dass der Glauben in demokratische und rechtsstaatliche Institutionen langsam, aber sicher erodiert«.[63]

Facebook-Gründer Zuckerberg schwärmte von intelligenten Algorithmen, um die Wahrscheinlichkeit zu berechnen, nach der eine Meldung als wahr oder falsch eingestuft werden kann. Doch diese Themen seien »komplex«, schrieb er in seinem Facebook-Profil, »sowohl technisch als auch philosophisch«. Am liebsten wollte er wohl gar nicht eingreifen, weil Facebook die Verantwortung für die verbreiteten Inhalte nicht übernehmen mochte.[64]

Die Internetgiganten hatten jedoch deutlich gezeigt, wie sie sich ihrer gesellschaftlichen Verantwortung stellen: Trotz gigantischer Gewinne möglichst wenig Steuern zahlen und sich ansonsten den Standort mit den laxesten Datenschutzgesetzen aussuchen. Deshalb fiel in Europa die Wahl auf das kleine Irland als bevorzugter Standort der größten Konzerne.

Hier zeigte sich einmal mehr die neue Internetökonomie – niemand möchte Verantwortung für die Folgen übernehmen. Facebook verdiente damals schon Milliarden mit der Verbreitung von Inhalten, ohne diese Inhalte selbst zu produzieren, Airbnb vermittelte Unterkünfte, ohne eine einzige Unterkunft zu besitzen, und mit Uber war ein Taxiunternehmen ohne Taxis entstanden, weshalb man sich nicht um die Arbeitsbedingungen der Fahrer scherte.

Auch um die Arbeitsbedingungen der sogenannten Content-Moderatoren scheint sich im Facebook-Reich niemand richtig gekümmert zu haben, nachdem man diese interne Prüfinstanz als Reaktion auf den weltweiten Druck eingerichtet hatte. Anfangs waren weltweit etwa 15 000 Mitarbeiterinnen und Mitarbeiter dafür zuständig, »verstörende Inhalte« zu überprüfen und gegebenenfalls zu löschen und damit auch dem deutschen NetzDG zu seiner Geltung zu verhelfen. Was sie sich täglich anschauen müssen, kann man nur erahnen. Ein 1000 Seiten umfassendes Regelwerk legt fest, wie mit Hass und Hetze, aber auch Tierquälerei, Kindesmissbrauch oder live geposteten Selbstmorden zu verfahren sei.[65] Ein Beispiel: Während das Foto von Phan Thị Kim Phúc, dem sogenannten Napalm-Mädchen aus dem Vietnamkrieg, wegen Nacktheit gesperrt wurde, ist diese laut den Facebook-Gemeinschaftsstandards »unter Umständen« erlaubt »als eine Form von Protest, zur Steigerung des Bewusstseins für ein bestimmtes Anliegen oder aus bildungsrelevanten oder medizinischen Gründen«.[66]

Die Anweisungen – kaum minder verstörend als die Inhalte selbst. »Konzern im Eiertanz«, kommentierte damals die *Frankfurter Allgemeine Zeitung*.[67]

Auch wegen solcher unklaren Kriterien bei den Social-Media-Betreibern stand das NetzDG von Anbeginn gleichermaßen in der Kritik von Bürgerrechtlern, Wirtschaftsverbänden und Juristen. Dabei stellte sich der grundsätzlichen Absicht der Bundesregierung, etwas gegen Rechtsextremismus und Hetze zu unternehmen, kaum jemand entgegen. Jedoch: »Dieses Gesetz macht Mitarbeiter sozialer Netzwerke zu Richtern über die Meinungsfreiheit«, sagte Christian Mihr, Geschäftsführer der Journalistenorganisation Reporter ohne Grenzen, noch vor der Verabschiedung des NetzDG und warnte, es könnte »das Grundrecht auf Presse- und Meinungsfreiheit massiv beschädigen«.[68]

Als Antwort auf den Anschlag auf die Synagoge in Halle und den Mord an Walter Lübcke verabschiedete die Bundesregierung im Februar 2020 den Entwurf für die erste Novelle des NetzDG. Das sogenannte Gesetz zur Bekämpfung des Rechtsextremismus und der Hasskriminalität sieht vor, dass geäußerte Drohungen, Beleidigungen oder Verleumdungen künftig unter das Strafgesetz fallen und mehrjährige Haftstrafen nach sich ziehen können. In bestimmten Fällen müssten große Plattformen wie Facebook oder Twitter beanstandete Inhalte nicht nur löschen, sondern sie auch an das Bundeskriminalamt melden, inklusive der Angaben wie IP-Adressen, Portnummern und sogar Passwörter der verantwortlichen Nutzerinnen und Nutzer.[69]

Das Grundproblem bleibt aber bestehen. Die Internetkonzerne sind weiterhin Hilfssheriffs der Strafverfolger. Darauf verwies auch der wirtschaftsnahe Digitalverband Bitkom. »Die Auslegung der Gesetze und die Durchsetzung geltenden Rechts obliegen auch im Internet den Gerichten und Staatsanwaltschaften – nicht privaten Unternehmen«, erklärte Geschäftsführer Bernhard Rohleder. »Im Ergebnis werden die betroffenen Plattformen dazu verleitet, eher zu viele als zu wenige Nutzerdaten an Strafverfolgungsbehörden zu melden – auch aus Sorge vor Bußgeldern.« Was man wiederum als Bedrohung für die Meinungsfreiheit sehen kann. Zugleich gab Rohleder zu bedenken, dass vor allem Staatsanwaltschaften personell unterbesetzt sind. Im Kampf gegen Rechtsextremismus und Hasskriminalität brauchten die zuständigen Behörden mehr Personal sowie Digitalkompetenz und »keine fragwürdigen, neuen Befugnisse«.[70]

Das Bundesjustizministerium schätzte, dass jährlich etwa 250 000 gemeldete Inhalte beim Bundeskriminalamt landen werden. Daraufhin rechnete der Deutsche Richterbund sogleich vor, es sei mit rund 150 000 neuen Verfahren pro Jahr zu rechnen, was sich mit der vorgesehenen Besetzung nicht bewältigen ließe. Um die hohe Zahl zusätzlicher Verfahren zu bewältigen, brauche es 400 neue Staatsanwälte und Strafrichter.[71]

Und doch: Die anhaltende Diskussion und der wachsende Druck aus der Politik ließen die großen Internetkonzerne nicht unbeeindruckt. Es wurden in den vergangenen Jahren auf Facebook, Twitter und Youtube massenhaft Posts, Nutzerkonten und Video-Kanäle gelöscht. Das machte rechten Propagandisten und Hetzern aller Couleur das Leben zumindest etwas schwerer. »Wir haben beispielsweise im ersten Quartal 2020 mehr als zehn Millionen Inhalte aufgrund von Hassrede gelöscht«, sagte Facebook-Europachefin Angelika Gifford im Gespräch mit dem *Handelsblatt*. 90 Prozent davon sei automatisiert entdeckt worden, durch neue Technologien. Zur Wahrheit gehöre aber auch, merkt das *Handelsblatt* an: Die Dunkelziffer weiß niemand – vielleicht nicht einmal Facebook.[72]

Und dann geschah etwas, womit so nicht zu rechnen war. Nachdem Twitter-Chef Jack Dorsey Ende Mai 2020 erstmals einen Tweet von US-Präsident Trump mit einem Warnhinweis versehen ließ, überschlugen sich die Ereignisse förmlich.

Trump twitterte während der Ausschreitungen in Minneapolis nach dem gewaltsamen Tod George Floyds, man werde die Kontrolle wiederherstellen. Dann fügte er ein historisch belastetes Zitat hinzu: »When the looting starts, the shooting starts« (Wenn Plünderungen beginnen, wird geschossen). Es war die Drohung, mit der Walter Headley, 1967 Polizeichef von Miami, ein brutales Vorgehen gegen die schwarze Bevölkerung angekündigt hatte.

Dieser von Dorsey beanstandete Tweet wurde auch auf Trumps Facebook-Profil gespiegelt, dessen Chef Mark Zuckerberg sich allerdings weigerte, die Äußerung zu markieren oder von der Plattform zu nehmen. Zuckerberg verteidigte seine Haltung auch noch, als rund 600 Facebook-Angestellte[73] zum ersten Mal in der Geschichte des Unternehmens ihre Unzufriedenheit mit dem Gründer dokumentierten. Sie seien einem Aufruf gefolgt, sich für einen Tag »von ihren digitalen Arbeitsgeräten abzumelden und die Abwesenheitsfunktionen in E-Mail oder Facebook-Messenger zu aktivieren mit dem Hinweis, man gehe demonstrieren«, berichtete das *Handelsblatt*.[74] Viele von ihnen fanden sich auf Twitter und Linkedin unter dem Hashtag #takeaction (Unternimm etwas) zusammen.

Doch dann kamen Meldungen, die den Facebook-Chef offensichtlich rasch zum Umdenken brachten: Werbekunden kündigten an, Facebook zu boykottieren. »Stop Hate for Profit« war der eingängige Slogan. Es begann mit Outdoor-Marken wie Patagonia und The North Face, dann folgten der US-Telekommunikationskonzern Verizon, der europäische Konsumgüterriese Unilever und andere. Im Juli beteiligten sich mehr als

1000 Firmen weltweit an dem Boykott, darunter auch Volkswagen, Henkel und SAP. Die Facebook-Aktie brach zeitweilig um mehr als acht Prozent ein, was dem Gegenwert von rund 50 Milliarden Dollar entsprach.[75]

Mark Zuckerberg reagierte umgehend und kündigte in einer Videobotschaft an, Facebook werde Werbeanzeigen verbieten, die Angehörige einer bestimmten Ethnie, Gender-Identität oder sexuellen Orientierung als gefährlich darstellen. Auch Flüchtlinge und Asylbewerber seien ausdrücklich geschützt. Ebenso würden Posts, die zu Gewalt aufrufen oder darauf zielen, Menschen von einer politischen Wahl abzuhalten, sofort gelöscht, selbst wenn sie vom US-Präsidenten persönlich kommen.

Wie zum Beweis sperrte Facebook auf den Plattformen des Konzerns mehr als 300 Konten, 28 Seiten und mehr als 100 Gruppen der rechtsextremen US-Bewegung Boogaloo. Das demokratiefeindliche Netzwerk werde ab sofort als »gefährliche Organisation« eingestuft und von allen Plattformen verbannt, teilte Facebook mit.[76]

Auch eine Anzeige von US-Präsident Donald Trump wurde von der Plattform genommen, die vor »linksextremen Mobs« warnte, die Amerikas Städte zerstören würden. In einer Version der Anzeige wurde ein umgekehrtes rotes Dreieck gezeigt – das Symbol, mit dem die Nazis in Konzentrationslagern politische Gefangene kennzeichneten. Die Posts hätten Regeln gegen die Verbreitung von »organisiertem Hass« in dem sozialen Netzwerk widersprochen, erklärte ein Facebook-Sprecher. Ohne den nötigen kritischen Kontext könne ein solches Symbol einer »verbotenen Hassgruppe« nicht verwendet werden.[77]

Was auch immer die Gründe sind, auf Facebook gibt es jetzt zumindest einige Hassposts weniger.

Wenn die Anzeigenkunden längerfristig tatsächlich abspringen, wäre das Geschäftsmodell bedroht. Nahezu der komplette Umsatz von Facebook hängt an der Werbung. Die Konzerne spüren die Verantwortung, auch gegenüber ihren Kunden für Werte einzustehen. »Stop Hate for Profit« findet sicher auch bei vielen Konsumenten große Zustimmung. Gleichzeitig führt für die werbetreibenden Unternehmen kein Weg mehr an Facebook mit seiner Fast-Monopolstellung auf dem Social-Media-Markt vorbei. Aber wenn nicht alles täuscht, kommt hier eine Entwicklung in Gang, die dem Hass im Netz zumindest etwas entgegensetzen kann.

Facebook-Europachefin Angelika Gifford brachte im *Handelsblatt* die Stimmungslage angesichts des Werbeboykotts auf den Punkt: »Wir sind innerhalb des Unternehmens sehr, sehr alarmiert.«[78]

8. Planet Facebook

Der Fall Cambridge Analytica und die Folgen

»Aus Baumwolle wurde Stoff. Aus Eisenerz Stahl. Aus Bäumen Nutzholz. Aber erst das Aufkommen des Internets machte es möglich, aus unserem Leben – unserem Verhalten, unserer Aufmerksamkeit, unserer Identität – Handelswaren zu machen. Menschen wurden zu Daten verarbeitet. Wir dienten nun als Rohstoff dieser Datenindustrie.« Christopher Wylie, von dem dieses Zitat stammt[1], weiß genau, wovon er spricht. Seine Arbeit bestand darin, diesen Rohstoff zu Gold zu machen – und damit den Weg für einen der umstrittensten Politiker unserer Zeit zu ebnen. Das brachte ihm mehr Prominenz ein, als ihm je lieb war. Wylie ist mitverantwortlich für den bislang größten Datenskandal um Facebook. Zugleich ist ihm zum großen Teil die Aufklärung dieses Datenskandals zu verdanken.

Wylie wurde zum Whistleblower, als ihm klar wurde, welche Auswirkungen seine Arbeit und die einer Handvoll Kolleginnen und Kollegen hatte. »Wir werteten Facebook aus, um die Daten der Profile von Millionen Menschen zu ernten«, gestand er der Reporterin Carole Cadwalladr vom britischen *Observer*.[2] »Wir schufen Modelle, um auszuwerten, was wir über sie wussten, und um auf ihre inneren Dämonen zu zielen. Das war die Grundlage, auf der die ganze Firma aufgebaut wurde.«

Es geht um Cambridge Analytica, jene britisch-amerikanische Firma, für die Wylie gearbeitet hatte, es geht um Facebook, die größte Online-Community der Welt, und es geht um die Lehren aus dem US-Präsidentschaftswahlkampf 2016, den der Polit-Außenseiter Donald Trump für sich entscheiden konnte. Ein Triumph, den Trump auch seinem stramm rechten Strategen Stephen Bannon und dem konsequenten, man kann auch sagen, perfiden Einsatz von Big-Data-Algorithmen zu verdanken hatte. Ein Konzept, das die Brexiteers um den Rechtspopulisten Nigel Farage bei der Entscheidung über den EU-Austritt Großbritanniens mit Erfolg übernahmen, übrigens auch mit Stephen Bannons Unterstützung.[3]

Der Skandal um Facebook, Cambridge Analytica und Trump ist so komplex, dass es einiger Vorbereitung bedarf, um ihn zu schildern. Wie wurden Millionen Menschen zu dem Rohstoff für die Datenindustrie, von dem Christopher Wylie sprach? Wie kann man die inneren Dämonen wildfremder Personen kennenlernen? Und was bedeutet das für künftige politische Entscheidungsprozesse, den gesellschaftlichen Diskurs und damit letztlich auch für die Zukunft unserer Demokratie?

Sie ist auf eine neue Art verletzlich geworden, weil wir selbst angreifbar geworden sind. Die Trump-Wahl und der Brexit waren erst der Anfang einer datengetriebenen Propaganda, die im Extremfall politische Systeme aushebeln und die Demokratie unterhöhlen könnte. »Der Schaden, der davon ausging«, sagt Christopher Wylie, »ist für mich mit der Wirkung einer Massenvernichtungswaffe zu vergleichen.«[4]

Um sich davor zu schützen, ist es hilfreich zu verstehen, wie der Skandal entstanden ist, was daraus folgt und was da möglicherweise noch auf uns zukommt.

Was ist Facebook? Darauf gibt es vermutlich zweieinhalb Milliarden Antworten. So viele, ein gutes Drittel der Menschheit, sind als Nutzer registriert im größten sozialen Netzwerk der Welt. Das ist aus Sicht der Betreiber ein ungeheurer Pool an Datenmaterial.

Obwohl Facebook nach außen hin alles tut, um den Eindruck zu vermeiden, genau darauf käme es an. »Menschen nutzen Facebook täglich, um ihre Erlebnisse zu teilen, mit Freunden und Familienmitgliedern zu kommunizieren und Gemeinschaften zu bilden«, heißt es in der Einleitung zu den Facebook-Gemeinschaftsstandards[5] – der, wenn man so will, Verfassung, die das Miteinander auf dem Planeten Facebook regelt. »Wir sind ein Dienst mit mehr als zwei Milliarden Nutzern, denen wir die Möglichkeit geben, sich über Länder- und Kulturgrenzen hinweg und in Dutzenden von Sprachen frei auszudrücken.« Das ist die helle Seite, über die dunkle sprechen der Konzern und sein Gründer nicht so gern.

Erinnern wir uns kurz, wie alles anfing: Im Jahr 2003 gründete der Harvard-Student Mark Zuckerberg, damals neunzehn Jahre alt, die Website Facemash, gedacht als politisch nicht ganz korrekter Spaß unter Studenten. Mash bedeutet im Deutschen Püree oder Brei. Auf der Seite wurden, ohne Einwilligung der Betroffenen, jeweils zwei Fotos zufällig ausgewählter Harvard-Studierender nebeneinandergestellt. Die Nutzer von Facemash sollten dann bewerten, wer von beiden der oder die Attraktivere sei. Die Bilder stammten aus den offiziellen Jahrbüchern der Universität, den sogenannten Facebooks. Der Spaß währte nicht lange. Nachdem sich Protest geregt hatte, musste Zuckerberg die Website schon nach wenigen Tagen schließen.[6]

Ein Jahr darauf verließ er die Uni, entwickelte eine neue Website und nannte sie Facebook. Wer über eine E-Mail-Adresse von Harvard verfügte, konnte auf Zuckerbergs Website Fotos sowie persönliche und akademische Angaben hochladen, nach anderen Mitgliedern mit ähnlichen Interessen suchen und ein Netzwerk von Freunden aufbauen. Diese simple Idee machte Zuckerberg später zu einem der reichsten Menschen der Welt.

Nach kurzer Zeit hatte Facebook rund 650 Mitglieder. »Ich bin ziemlich zufrieden mit der Zahl der Leute, die bisher dabei sind«, sagte Studienabbrecher Mark Zuckerberg damals der von Studenten herausgegebenen Zeitung *The Harvard Crimson*. »Es liegt in der Natur der Website, dass die Nutzer umso mehr mit ihr anfangen können, je mehr Freunde sie dazu bewegen, ihr beizutreten.« Auf die Privatsphäre werde ganz besonders geachtet, so der Gründer. »Jeder kann festlegen, wer die Informationen sehen kann. Zum Beispiel kann man auswählen, dass nur aktuelle Studenten die Einträge sehen können, oder Personen aus demselben Jahrgang, demselben Wohnheim oder derselben Klasse. Man kann eine Suche einschränken, sodass nur ein Freund oder ein Freund eines Freundes nach jemandem suchen kann. Die Leute können sehr gut kontrollieren, wer ihre Einträge sehen darf.«[7] Zuckerberg rechnete damals damit, dass Facebook bald 900 Mitglieder haben könnte. Es wurden dann einige mehr, wie man heute weiß.

Zweieinhalb Milliarden Mitglieder. Das sind zweieinhalb Milliarden Lebensläufe, Geschichten, Pläne, Wünsche, Sehnsüchte, Träume. Mehr noch: Durch die Vernetzung und Gruppen entstehen Querverbindungen, die ihrerseits neue Informationen produzieren. Es ist eine kollektive Zustandsbeschreibung der seelischen Verfassung unseres Planeten.

Es gibt überhaupt nur ein Netzwerk, das damit vergleichbar wäre: der weltweite Überwachungsapparat der National Security Agency (NSA). In gigantischen Datenspeichern sammelt der US-Spionagedienst nach Ansicht von Geheimdienstexperten den gesamten Datenverkehr in den weltweiten Netzen, was schon allein dadurch erleichtert wird, dass vier Fünftel aller weltweiten Datenverbindungen ohnehin über den nordamerikanischen Kontinent laufen. Eines dieser Zentren wurde im Oktober 2013 am Rande der Ortschaft Bluffdale im US-Bundesstaat Utah eröffnet, in einer abgeschiedenen Gegend, rund 35 Kilometer von Salt Lake City entfernt – die Einweihung verlief in aller Stille, die NSA legt bekanntermaßen keinen Wert auf Öffentlichkeit. Wie es innerhalb der Betonmauern aussieht, zählt zu den größten Staatsgeheimnissen der USA. Schon der genaue Auftrag des Datencenters ist als geheim eingestuft, über Details wird sowieso nicht gesprochen. Der amerikanische Journalist und Bestsellerautor James Bamford, der sich seit mehr als 35 Jahren mit der NSA beschäftigt, lieferte nach intensiven Recherchen die ersten Hinweise darauf, was sich wohl im Inneren der Überwachungsmaschinerie abspielt.[8] Er verglich dieses Archiv der Menschheit mit Jorge Luis Borges' »Die Bibliothek von Babel«, jenem Ort, so Bamford, an dem »die Sammlung von Informationen unendlich und monströs zugleich« sei, an dem »das gesamte Wissen der Welt aufbewahrt, aber nicht ein einziges Wort verstanden« würde.[9]

Geschätzt wird anhand der Außenmaße der riesigen Betonbunker, dass die Gesamtfläche des Datenspeichers 100 000 bis 150 000 Quadratmeter misst. Die Speicherkapazitäten in Bluffdale sollen sich auf der Ebene von Yottabytes bewegen, wie die Mitre Corporation, die unter anderem als privater Thinktank für das US-Verteidigungsministerium tätig ist, in einem vertraulichen Bericht feststellte. Es ist eine Eins mit 24 Nullen – eine Einheit, die zuvor noch nie für irgendeine technische Beschreibung gebraucht wurde.[10]

Der deutsche Jurist und Völkerrechtler Jan Schallaböck wies früh darauf hin, dass die NSA für jeden Internetnutzer auf der Welt einen eigenen Account eingerichtet haben könnte.[11] Das wären dann zurzeit etwas mehr als vier Milliarden Nutzerkonten. Mit ihren gewaltigen Analyse- und Speichermöglichkeiten ist es für die NSA ein Leichtes, das gesamte Computernutzungs- und Kommunikationsverhalten im Internet aufzuzeichnen. Sämtliche Daten von Facebook, Google, Microsoft und anderen US-Konzernen bekommt sie ohnehin – gegen Bezahlung, der Staat ist für die Internetgiganten ein wichtiger Kunde –, die Informationen aus den Smartphones und anderen mobilen Geräten ebenso. Rund fünf Milliarden Ortungsdaten werden allein an einem Tag übermittelt, wie durch die Enthüllungen des NSA-Whistleblowers Edward Snowden bekannt wurde.[12]

Der Gedanke an einen NSA-Zwangsaccount ist nicht abwegig. Wenn ein privates Unternehmen wie Facebook mit rund 45 000 Mitarbeitern solche Datenmengen verwalten und verarbeiten kann, sollte das dem mächtigsten Geheimdienst der Welt mit fast ebenso vielen Beschäftigten und einem ganzen Heer von Vertragsfirmen allemal möglich sein. Leider, meint Schallaböck, könne man sich nicht so einfach das Passwort für diesen Account zuschicken lassen, um nachzusehen, was die NSA gespeichert hat. Auch die Bitte um Auskunft oder Löschung unter Berufung auf deutsche oder europäische Datenschutzregeln dürfte ins Leere laufen.

Was mit diesen gehorteten Nutzerdaten sowohl bei der NSA als auch bei Facebook geschieht, wurde durch die Whistleblower Edward Snowden und Christopher Wylie etwas deutlicher, das gesamte Ausmaß kann man nur erahnen.

Moderne Algorithmen der Datenanalyse, warnte der Informatiker und Kryptografiespezialist Jörn Müller-Quade, beförderten aus den »scheinbar flüchtigen Momenten und vielen partiellen Einsichten, die man der Öffentlichkeit des Internets gewährt«, Erkenntnisse, die »zu umfassenden Nutzerprofilen angelegt« würden. Die heutigen Analysemethoden können mit künstlicher Intelligenz auch früher schwer fassbare Informationsquellen wie frei gestaltete Texte oder Bild- und Tonmaterialien einordnen. Durch die Kombination von »Bilderkennungsverfahren, statistischen Verfahren, Verfahren der Textanalyse sowie Prognoseverfahren, um fehlende oder noch unbekannte Attributswerte zu schätzen«, so Müller-Quade, würden »Datenspuren systematisch auf Korrelationen geprüft und – unbemerkt von den Nutzern – zu einem ›schlüssigen‹ Bild gefügt«.[13]

Dieser Ausflug in die geheime Welt der staatlichen Überwachung ist hilfreich, wenn man die Dimension dessen verstehen will, was wir alle – oder zumindest sehr viele von uns – bei Facebook begeistert unterstützen. Für die Recherchen zu einem Buch über die NSA-Enthüllungen Edward Snowdens trafen Stefan Aust und ich im Jahr 2014 William Binney, den früheren Chefkryptologen der NSA.[14] Insgesamt 37 Jahre stand er in Diensten der Spionagebehörde, war bis 2001 für die Verarbeitung und Analyse der weltweit gewonnenen Abhördaten verantwortlich, leitete 6000 Mitarbeiter und galt als einer der brillantesten Analytiker, die je in Diensten der NSA gestanden hatten. Einige der Systeme, mit denen die NSA mittlerweile die ganze Welt überwacht, hatte er in den 1990er-Jahren mitentwickelt. Er wollte sie gezielt gegen Terroristen einsetzen – im Ausland, gemäß dem Verfassungsauftrag der NSA. Als er nach den Anschlägen vom 11. September 2001 aber von der politischen Führung erfuhr, dass die gesamte amerikanische Bevölkerung damit überwacht werden sollte, stieg er aus. »Die Bürgerrechte spielten plötzlich keine Rolle mehr«, sagte uns Binney, als wir ihn in Berlin trafen, »die Verantwortlichen brachen alle ihren Eid auf die Verfassung.« Seit seinem abrupten Ausscheiden aus dem Dienst lebt er als Pensionär, berät IT-Unternehmen in Sicherheitsfragen, reist zu Datenschutz- und

Hackerkongressen und berichtet aus dem Innenleben der NSA, was ihm auch schon die juristische Verfolgung seines früheren Arbeitgebers einbrachte. Er war ein Whistleblower, lange vor Edward Snowden. Sein Problem war nur: Er hatte nicht, wie dieser, bei seinem Ausstieg geheime Dokumente mitgenommen. Deshalb glaubte ihm anfangs niemand. Über die NSA-Überwachung urteilte Binney damals in unserem Gespräch: »Hier läuft etwas, auf das der KGB, die Stasi oder die Gestapo stolz gewesen wären, wenn sie es damals gehabt hätten.«

Binney, geboren 1943, ist kein linker Fundamentalkritiker. Er verbrachte sein gesamtes Berufsleben beim Militär und bei der NSA und blieb in seinen politischen Überzeugungen ein Konservativer, ein Anhänger der rechten Tea-Party-Bewegung. Unnötig, zu erwähnen, dass er heute ein Gegner Trumps ist. Er fühlt sich als Patriot, den Grundsätzen der Verfassung verpflichtet. Er äußerte im Gespräch in Berlin einen Verdacht, wozu der Einsatz des Spionageapparats im Landesinneren in Wahrheit diene: »Es geht darum, das Volk zu managen.« Eine Aussage, die mir heute noch bemerkenswerter erscheint als damals. Binney erklärte uns, dass er in seiner aktiven Zeit hauptsächlich an den sogenannten Metadaten der elektronischen Kommunikation interessiert war, nicht an den Inhalten. Er wollte wissen, wer mit wem, wann und wo in Verbindung steht. Er habe niemals eine Mail lesen müssen, um beispielsweise zu erkennen, was terroristische Gruppierungen planten oder in welchen Regionen mit Truppenbewegungen zu rechnen gewesen sei. Stattdessen habe er Kommunikationsströme im Netz analysiert, erklärte Binney. Daraus habe er ablesen können, ob ein Ansteigen oder Absinken der Verbindungsfrequenz zu beobachten gewesen sei, in welche Richtungen sich die Kommunikation verlagert hätte, ob sie sich auf bestimmte Orte konzentriert oder ob der Zahlungsverkehr in bestimmten

Bereichen zugenommen hatte. Daraus ließen sich wiederum sogar Profile einzelner Personen gewinnen.

Der Mathematiker wusste, dass diese Analysen über mögliche Attentäter oder Terrorzellen, die er in seiner aktiven Zeit mithilfe der Big-Data-Systeme durchführte, auch im großen gesellschaftlichen Maßstab funktionieren. So wie er versucht hatte, aus gesammelten Daten die künftigen Absichten von Verdächtigen ablesen und dadurch rechtzeitig gegensteuern zu können, lassen sich auch gesellschaftliche Bewegungen vorhersagen und möglicherweise im Sinne desjenigen beeinflussen, der über diese Informationen verfügt.

Der Spielfilm »Minority Report« mit Tom Cruise kommt einem da in den Sinn. Menschen werden verhaftet aufgrund von Verbrechen, die sie noch gar nicht begangen haben, aber vermutlich begehen werden. Predictive Policing ist das Schlagwort dafür. Es wird in einigen Städten in den USA schon praktiziert, auch in deutschen Polizeipräsidien laufen entsprechende Pilotprojekte. Amazon experimentiert mit der Technologie des Anticipatory Shipping, bei dem die Waren an Kunden versendet werden, bevor diese sie überhaupt bestellt haben.

Facebook arbeitet an ähnlichen Technologien. Die Enthüllungsplattform The Intercept, gegründet vom US-Journalisten Glen Greenwald, der maßgeblich an der Aufdeckung des NSA-Skandals beteiligt war, zitierte 2018 aus einer als vertraulich eingestuften Facebook-Präsentation: Sie beschreibe »einen neuen Werbedienst, der die Methoden erweitert, mit denen das soziale Netzwerk seinen Werbekunden die Zugänge zu seinen Nutzern und deren Leben verkauft: Anstatt Werbetreibenden lediglich die Möglichkeit zu bieten, Menschen auf der Grundlage von Demografie und Konsumvorlieben zu adressieren, bietet Facebook an, sie je nachdem, wie sie sich verhalten *werden*, was sie kaufen *werden* und was sie denken *werden*, gezielt anzusprechen. Diese Möglichkeit beruht auf einem sich selbst verbessernden, von künstlicher Intelligenz getriebenen Vorhersageprogramm namens FBLearner Flow.«[15]

In der Facebook-Präsentation werbe eine Folie für die Fähigkeit, so Autor Sam Biddle, »zukünftiges Verhalten vorherzusagen«. Dadurch sei es den werbetreibenden Unternehmen möglich, »Menschen auf der Grundlage von Entscheidungen anzusprechen, die sie noch gar nicht getroffen haben. Dies würde möglicherweise Dritten die Möglichkeit geben, den erwarteten Kurs eines Konsumenten zu ändern.«[16]

Facebook erkläre weiter, es sei möglich, die gesamte Nutzerbasis von mehr als zwei Milliarden Personen zu »durchkämmen und Millionen von Menschen zu identifizieren«, die »in Gefahr« sein könnten, von einer Marke zu einem Konkurrenten zu wechseln. Diese Personen könnten dann »aggressiv mit Werbung« bearbeitet werden, die ihre Entscheidung vorwegnehmen und vollständig ändern könnte. Facebook bezeichne das als »verbesserte Effizienz im Marketing«, so Biddle. Das sei nicht das Facebook, »das Ihnen Chevy-Werbung zeigt, weil Sie die ganze Woche über Ford angeschaut haben – ein alter Hut in der Welt des Online-Marketings«, schrieb er, »vielmehr nutzt Facebook Fakten aus Ihrem Leben, um vorherzusagen, dass Sie in naher Zukunft von Ihrem Auto die Nase voll haben werden«. Facebook bezeichne diesen Service als »Loyalitätsprognose«.[17]

Der Autor und Internetvordenker Sascha Lobo nannte das schon 2014 in einem Beitrag für *Spiegel Online* »die kybernetische Steuerung der Gesellschaft«.[18] Der Kern der Totalüberwachung sei laut Lobo »Kontrolle«. Wenn man aus den Daten der Vergangenheit Verhalten der Zukunft vorhersagen könne, meint er, »lässt sich die ganze Gesellschaft kybernetisch steuern, indem der Staat mit Anreizen und Sanktionen das berechnete Verhalten beeinflusst«. Den Kern der Kybernetik bildete nach Norbert Wiener und anderen die Überzeugung, dass sich aus dem Verhalten in der Vergangenheit das Verhalten in der Zukunft berechnen ließe, wenn man nur in ausreichendem Maße über die richtigen Daten verfüge. Mit der digitalen Vernetzung gebe es erstmals ein geeignetes Instrument, um »Details des Verhaltens besser und präziser zu überwachen« als je zuvor, meint Lobo, »bis in die Tiefe der Gefühls- und Gedankenwelt einzelner Individuen«.[19]

Die Intercept-Enthüllung im April 2018 kam für Facebook zur Unzeit. Nachdem die Verwicklung seines Unternehmens in den Cambridge-Analytica-Skandal bekannt geworden war, stand Mark Zuckerberg weltweit wegen des Umgangs mit Nutzerdaten unter Beschuss. In einer Konferenzschaltung mit Journalisten beharrte er darauf, Facebook würde sorgfältig auf die Privatsphäre seiner Mitglieder achten. »Die überwiegende Mehrzahl der Daten, die Facebook über Sie weiß, sind darauf zurückzuführen, dass Sie sich entschieden haben, sie zu teilen. Wir verfolgen die Leute nicht«, beteuerte Zuckerberg. »Es gibt andere Internetfirmen, Datenmakler oder andere Leute, die versuchen könnten, Daten zu tracken und zu verkaufen, aber wir kaufen und verkaufen nicht. (…) Aus irgendeinem Grund gelingt es uns seit Jahren nicht, die Leute von der Vorstellung abzubringen, wir würden Daten an Werbekunden verkaufen. Das tun wir nicht. Wir haben es nie getan. Es läuft dem zuwider, was uns eigentlich antreibt. Selbst wenn wir das wollten, würde es einfach keinen Sinn machen, das zu tun.«[20]

Die Wirklichkeit sieht anders aus. Schon damals war klar, dass Facebook keineswegs nur den Zweck hat, den es nach außen vorgibt: dass man ständig mit Freunden vernetzt ist, gemeinsame Vorlieben teilt und lustige Bilder und Videos hin- und herschickt. Die Umrisse des US-Wahlkampfskandals 2016 kamen langsam ans Licht. Auch wenn noch nicht alle

Details enthüllt wurden, war schon damals bekannt, dass über eine App die Profile von mindestens 50 Millionen Facebook-Nutzern abgezogen wurden, weil die Datenanalyse-Firma Cambridge Analytica damit Stimmung für den Präsidentschaftskandidaten Donald Trump machen wollte. Als Reaktion auf die Empörung distanzierte sich Facebook in der ersten Pressemitteilung noch von Cambridge Analytica. Die Firma habe die Daten missbraucht und gelogen. Aber diese Abwehrfront bröckelte rasch. Schließlich meldete sich Mark Zuckerberg mit einer beschwichtigenden Stellungnahme: »Wir tragen die Verantwortung, Eure Daten zu schützen«, gab er sich kleinlaut und ein wenig reumütig, »und wenn wir das nicht können, verdienen wir Euch nicht.«[21]

»Verdienen« dürfte das Stichwort sein. Facebooks Börsenwert ist seit 2018 noch erheblich gestiegen, betrug im Juli 2020 rund 520 Milliarden Dollar. Der Umsatz im Jahr 2019 lag bei rund 70 Milliarden.[22] Trotz hoher Ausgaben für Forschung und Entwicklung (rund dreizehn Milliarden) wies Facebook 2019 noch einen Jahresgewinn von etwa achtzehn Milliarden Dollar aus, das ergibt eine Traum-Umsatzrendite von 25 Prozent. Diese unvorstellbaren Summen werden laut Geschäftsbericht fast ausschließlich mit Werbung (Advertising) verdient. Die Frage ist, was alles unter diesen Begriff fällt.

Rein technisch gesehen hat Zuckerberg recht, wenn er behauptet, Facebook verkaufe keine Daten von Kunden – soweit es dabei um Namen, Adressen, Geburtsdaten und andere persönliche Angaben geht. Auch in der vertraulichen Präsentation der KI-Software FBLearner Flow wurde laut The Intercept betont, alle Daten seien zum Schutz der Privatsphäre der Nutzer »aggregiert und anonymisiert«. Aber das macht im Zeitalter der digitalen Vernetzung praktisch keinen Unterschied. Anonymität im Netz ist eine Illusion, wie Studien von Computerwissenschaftlern immer wieder beweisen.[23] Das Sozialverhalten der Internetnutzer ist eindeutiger als jeder Fingerabdruck. Nur wenige Angaben reichen in der Regel, um einen anonymen User sicher zu identifizieren. Außerdem gibt es genügend Unternehmen auf dem Markt, sogenannte Datenmakler wie beispielsweise Acxiom, bei denen man komplette Datensätze über nahezu jeden registrierten Bewohner der Erde kaufen kann, inklusive Adressen, Telefonnummern, Transaktionen auf Bank- und Kreditkartenkonten, Vermögen, Hypothekendarlehen, Leasingverträge oder andere finanzielle Verpflichtungen. In den USA sind derlei Angaben einfacher zu beschaffen als in Europa und im Besonderen in Deutschland, weil hier strengere Datenschutzregeln gelten. Aber auch hierzulande lassen sich noch genügend Daten erheben. Acxiom ist auch in Deutschland aktiv.

Wie es um die Privatsphäre der Facebook-Mitglieder bestellt ist, lässt sich am eindrucksvollsten den Gerichtsverfahren entnehmen, in denen sich der österreichische Jurist Max Schrems mit seiner Gruppe europe-v-facebook und der Nachfolgeorganisation noyb (none of your business) seit fast zehn Jahren mit dem Konzern anlegt.

Facebooks Europatochter sitzt im Steuer- und (aus Sicht der Unternehmen) Datenschutzparadies Irland. Die Facebook Ireland Ltd. regelt die Nutzungsbedingungen für alle Facebook-Mitglieder außerhalb der USA und Kanadas. Im Jahr 2011 nahmen Schrems, damals noch Student, und zwei Kommilitonen das zum Anlass, von Facebook Auskunft über die Daten zu verlangen, die das Unternehmen über sie speichert. Der Konzern reagierte und schickte die Dokumente mit den verlangten Informationen nach Wien. Beim ersten Antragsteller umfassten die ausgedruckten Daten 780 DIN-A4-Seiten, beim zweiten waren es mehr als 1100, und beim dritten waren es schon mehr als 1200 Seiten. In allen Datensätzen, so berichteten Schrems und seine Mitstreiter, hätten sich sensible Informationen wie politische Überzeugung, psychische Krankheiten oder sexuelle Orientierung gefunden.[24] Mehr als 40 000 Nutzer folgten bislang dem Beispiel der drei Juristen und stellten Auskunftsersuchen an Facebook. Der Konzern ging relativ schnell dazu über, die Dateien nicht mehr individuell zu verschicken, sondern stattdessen Download-Tools anzubieten.

Die nähere Analyse der gespeicherten Dossiers vermittelt tiefe Einblicke in die Datenbankstruktur von Facebook und damit in das Geschäftsmodell, das die Traumgewinne durch Werbeeinnahmen und andere Vermarktungserlöse ermöglicht. »Bei Facebook«, erklärte mir der Datenschutzexperte und frühere Sprecher des Chaos Computer Clubs, Andy Müller-Maguhn, der sich eingehend mit dem Fall Europe versus Facebook beschäftigte, »galt ja immer der Spruch: Der Nutzer ist nicht der Kunde, er ist in Wahrheit das Produkt. Die eigentlichen Kunden sind die Werbefirmen.« Angesichts dessen, was man inzwischen über die gespeicherten Daten wisse, erklärt Müller-Maguhn, sei das »die am wenigsten paranoide, harmloseste Erklärung dessen, was da abläuft«.[25]

Das Wort Target ist der Schlüsselverweis in der Facebook-Datenbank – der Kunde, Nutzer oder Abonnent ist also im internen Jargon die Person, auf die alles abzielt. Jede Aktivität dieser Zielperson wird registriert, nach mehr als 60 Kategorien aufgeschlüsselt und gespeichert – das geschieht jedes Mal, wenn sich ein Mitglied einloggt. In den meisten Fällen erfolgt die Speicherung offenbar ohne Zeitbegrenzung.

Hier ein Auszug aus den Facebook-Datenrichtlinien:

»*Chat:* die letzten Chats mit anderen Zielpersonen werden eine gewisse Zeit gespeichert (Dauer unbekannt)

Checkins: alle Orte, an denen die Zielperson jemals eingecheckt hat

Connections: alle Verbindungen zu Seiten, die der Zielperson gefallen, sowie deren ID

Family: weitere Familienmitglieder unter Angabe der Verwandtschaftsbeziehung

Favourite Quotes: die Eingaben im Feld Lieblingszitate

Friend Requests: alle Freundschaftsanfragen anderer Zielpersonen, auch die abgelehnten

Groups: alle Mitgliedschaften in Gruppen

Last Location: der letzte Aufenthaltsort, der vermutlich aus den letzten bekannten Daten ermittelt wird, zum Beispiel Checkins, Verwendung der Facebook-Smartphone-App, Fotos, in denen die Zielperson markiert wurde

Machines: jeder jemals verwendete Computer wird mit Cookies markiert und erhält eine eindeutige Nummer

Notes: Liste aller gespeicherten Notizen. Schlüsselwörter oder Personen können markiert werden

Photos: alle von der Zielperson hochgeladenen Fotos

Pokes: Liste aller »Anstupser«, die man verschickt oder empfangen hat

Political Views: Angaben zu den politischen Überzeugungen

Privacy Settings: Liste der Datenschutzeinstellungen der Zielperson auf Facebook

Realtime Activities: Speicherung der Ergebnisse von Tracking. Alle Klicks auf Facebook werden gespeichert und dienen der Analyse

Removed Friends: Liste aller ehemaligen Freunde auf Facebook

Shares: alle Links, die die Zielperson auf der Pinnwand postet«[26]

Dazu kommen selbstverständlich alle verfügbaren persönlichen Angaben wie Name, Wohnort, Geburtsdatum, Geschlecht und, soweit angegeben, Ausbildung, Beruf, Beziehungsstatus, Religion und so weiter. Wie die Aktivisten von europe-v-facebook anhand der ihnen vorliegenden Unterlagen weiterhin ermittelten, würden viele Daten, die ein Nutzer löscht, von Facebook nur deaktiviert – sie würden also nicht mehr angezeigt, fänden sich aber noch in den Datensätzen.

Im Jahr 2012, so fanden Datenschutz-Aktivisten heraus, beantragte Facebook in den USA ein Patent zur »Bestimmung von Persönlichkeitseigenschaften von Nutzern über ihre Kommunikation und Kenndaten in sozialen Netzwerken«. Die Persönlichkeitsdaten sollen laut Patentantrag »in Verbindung mit dem Nutzerprofil gespeichert und neben vielen anderen Zwecken dafür verwendet werden können, Nutzer gezielt anzusprechen, Rankings zu erstellen, verschiedene Versionen von Produkten auszuwählen, und zu weiteren anderen Zwecken«.[27]

Außerdem wiesen die österreichischen Datenschützer um Max Schrems schon vor Jahren darauf hin, dass Facebook heimlich Daten auch von den Besuchern der Website sammelt, die keine eingetragenen Facebook-Mitglieder sind, dass der Konzern zudem durch die Integration von Like-Buttons auf fremden Websites praktisch alle Internetnutzer quer durchs Netz verfolgen kann; und dass Facebook ohne Zustimmung der Betroffenen persönliche Daten abschöpft, beispielsweise über die Smartphone-App oder den Import von E-Mails, und diese für eigene Zwecke verwendet, was in aller Regel bedeutet: verkauft. Der Datentransfer über die App wird beim Cambridge-Analytica-Skandal eine besondere Rolle spielen.

Nachdem durch Edward Snowden bekannt wurde, dass US-Geheimdienste ungehindert auf die Server von Facebook und anderen Internetgiganten zugreifen können, brachte europe-v-facebook zunächst bei verschiedenen Datenschutzbehörden Beschwerden gegen das sogenannte Safe-Harbor-Abkommen zwischen den USA und der Europäischen Union ein. Die Regelung bestand seit dem Jahr 2000 und war im Wesentlichen ein Zugeständnis der Europäer an die real existierenden Verhältnisse in der Internetindustrie. Wobei nicht nur Facebook und andere soziale Netzwerke betroffen waren, sondern auch viele Finanzinstitute, Kreditkartenunternehmen und andere Zahlungsdienstleister. Nahezu der gesamte elektronische Zahlungsverkehr in der westlichen Welt läuft über Server in den USA. Nach dem Safe-Harbor-Abkommen sollten sensible Daten auch außerhalb der Europäischen Union verarbeitet werden können, wenn bestimmte Grundsätze eingehalten würden. Diese Grundsätze sah Schrems nach Snowdens Enthüllungen über den flächendeckenden NSA-Überwachungsapparat als nachweislich verletzt an.

Die irische Datenschutzbehörde unter ihrer Kommissarin Helen Dixon weigerte sich, aufgrund der Anzeige ein Verfahren zu eröffnen. Irland ist traditionell sehr nachsichtig mit den Internetgiganten. Neben Facebook haben auch noch Apple, Google und andere ihren Europasitz in Irland. In diesem Zusammenhang lohnt es sich, einmal per Google StreetView einen Blick auf das Gebäude am Fitzwilliam Square South 21 in Dublin zu werfen, in dem die laut Organigramm[28] knapp 40-köpfige Behörde ihren Sitz hat. Der vierstöckige Backsteinbau in Dublins Innenstadt ist bemerkenswert klein geraten für eine Institution, die für viele der größten Internetkonzerne der Welt zuständig ist.

Der Europäische Gerichtshof (EuGH) jedenfalls folgte der Beschwerde der Kläger um Max Schrems und erklärte das Safe-Harbor-Abkommen im Oktober 2015 für ungültig. Die Regelung, so das Gericht, verletze »den Wesensgehalt des Grundrechts auf Achtung des Privatlebens«, weil sie nur »für die amerikanischen Unternehmen gilt, die sich ihr unterwerfen, nicht aber für die Behörden der Vereinigten Staaten«. Es war ein klarer Rüffel für die EU-Kommission, denn sie hätte nach Ansicht des Gerichts »die Befugnisse der nationalen Datenschutzbehörden durch einen Beschluss nicht wie geschehen beschränken dürfen«. Die persönlichen Daten europäischer Internetnutzer seien in den USA nicht ausreichend vor dem Zugriff der Behörden geschützt. Das Gericht habe klargestellt, dass »Massenüberwachung Grundrechte verletzt«, kommentierte Max Schrems seinen Erfolg damals. Das Urteil sei »mit Blick auf Online-Privatsphäre hoffentlich ein Meilenstein«.[29]

Die EU-Kommission hatte zu der Zeit schon zwei Jahre lang mit den USA über eine Neufassung des Abkommens verhandelt. Heraus kam ein neuer Name: Privacy Shield. Viel geändert hat sich aber in der Sache nichts, weswegen Schrems mit seinem inzwischen neu gegründeten Verein noyb ein weiteres Mal vor den EuGH zog – und im Juli 2020 wiederum recht bekam. Die Luxemburger Richter stellten fest, im Hinblick auf die Zugriffsmöglichkeiten der US-Behörden seien die Anforderungen an den Datenschutz nicht gewährleistet. Zudem sei der Rechtsschutz für Betroffene unzureichend. Max Schrems wird in seinen Reaktionen deutlicher: »Das Urteil ist eine schallende Ohrfeige für die EU-Kommission.« In Sachen Datenschutz sei die Kommission gegenüber den USA »total eingeknickt«. Es sei nun an der Zeit, so Schrems, dass Europäer von den USA wieder ernst genommen werden. »Es muss endlich Schluss damit sein, dass die Amerikaner sagen, bitte speichert alle Daten der Welt bei uns. Aber wenn sie dann mal da sind, habt ihr keine Rechte mehr. Das ist ja grotesk.« Schrems empfiehlt jetzt »eine grundlegende und ernsthafte Änderung der Überwachungsgesetze in den USA«.[30] Die Vizepräsidentin der

EU-Kommission, Vera Jourova, kündigte an, man werde auf der Grundlage des Urteils »eng mit unseren amerikanischen Kollegen zusammenarbeiten«.[31] Man darf gespannt sein, wer sich durchsetzt.

Auch angesichts dieser Diskussion ist es hochproblematisch, dass Facebook zu seiner eigenen gewaltigen Online-Datensammlung noch die Offline-Daten seiner Mitglieder von Brokern wie Acxiom hinzukauft, um die eigenen Erkenntnisse über jeden Einzelnen mit Zahlen und Fakten zu unterfüttern und daraus noch attraktivere Angebote für die Anzeigenkunden zu machen.

Das enthüllte der unabhängige, hauptsächlich durch Spenden und Zuwendungen privater Stiftungen getragene Rechercheverbund ProPublica in einem Beitrag mit dem Titel »Facebook sagt den Nutzern nicht alles, was es wirklich über sie weiß«.[32] ProPublica genießt in den USA nach umfassend recherchierten Geschichten hohes Ansehen, wurde allein im Jahr 2020 gleich in zwei Kategorien mit dem Pulitzer-Preis ausgezeichnet.

Facebook, so fand ProPublica heraus, verwendet Algorithmen nicht nur zur Bestimmung der Nachrichten und Anzeigen, die den Nutzern angezeigt werden, sondern auch zur Kategorisierung der Nutzer in Zehntausende von Gruppen für das Mikrotargeting, das zielgenaue Zuschneiden der Werbeangebote. Dafür verwendet Facebook laut ProPublica auch die Informationen von Datenmaklern. »Um genau herauszufinden, welche Art von Daten Facebook von Maklern kauft«, so die Autoren Julia Angwin, Surya Mattu und Terry Parris Jr., »haben wir eine Liste mit 29 000 Kategorien heruntergeladen, welche die Website den Anzeigenkunden zur Verfügung stellt.« Nahezu 600 dieser Kategorien seien von externen Datenmaklern bereitgestellt worden, teile Facebook seinen Anzeigenkunden in dieser Liste mit. »Die Kategorien von kommerziellen Datenmaklern waren größtenteils finanzieller Natur«, berichtet ProPublica, »wie beispielsweise ›gesamte liquide investierbare Vermögenswerte zwischen 1 und 25 000 Dollar‹ oder ›Personen in Haushalten mit einem geschätzten Haushaltseinkommen zwischen 100 000 und 125 000 Dollar‹ oder ›Personen, die häufig in preisgünstigeren Kaufhäusern oder Ein-Dollar-Geschäften einkaufen‹.«[33]

Wer auf Facebook wissen will, warum er eine bestimmte Anzeige sieht, hat die Möglichkeit, einen Button anzuklicken, und erhält dann pauschale Auskünfte wie: »Du hast diese Einstellung, weil wir glauben, dass sie aufgrund deiner Handlungen auf Facebook relevant für dich sein könnte.« Oder: »Du hast diese Einstellung, weil du eine Seite im Zusammenhang mit cooking on facebook markiert hast.« Man kann die spezielle Anzeige auch löschen, aber da wäre man quasi mit nichts anderem mehr beschäftigt.

Von den angekauften Daten erführen die Betroffenen nichts, kritisierte ProPublica. Auf der Seite von Facebook, auf der erklärt werde, »was die Anzeigen, die Sie sehen, beeinflusst«, heiße es lediglich, das Unternehmen beziehe die Informationen über seine Nutzer »aus mehreren verschiedenen Quellen«. Auch zeige Facebook den Nutzern keine der oft bemerkenswert detaillierten Informationen, die es von den Brokern erhalte, darunter ihr Einkommen, die Art der Restaurants, die sie besuchten, und sogar, wie viele Kreditkarten sie in ihrer Brieftasche hätten.

ProPublica ging noch einen Schritt weiter und bat seine Leser in einer groß angelegten Crowdsourcing-Aktion, sämtliche Interessenkategorien einzusenden, die ihnen von Facebook auf Knopfdruck angezeigt wurden. So kamen insgesamt 52 000 eindeutige Attribute zur Klassifizierung zusammen. ProPublica veröffentlicht die Liste im Netz.[34] Es ist unmöglich, auch nur ansatzweise wiederzugeben, welche Eigenschaften, Interessen und Gewohnheiten seiner Mitglieder Facebook für interessant im Sinne der Anzeigenkunden hält. »Die Mitglieder schickten uns alles«, berichtet ProPublica, »von ›Vortäuschen von SMS-Versenden in unangenehmen Situationen‹ bis ›Stillen in der Öffentlichkeit.‹«

Die Kategorien sind in mehreren Sprachen gehalten. Es geht um Lebensumwelt, Religion, Interessen, Vorlieben für Marken oder bestimmte sexuelle Präferenzen. Von Ashkenazi Jewish Culture über Karlsruher SC, List of countries with McDonald's Restaurants, Man Ray, Spiritual Ecology bis zu Zach Deputy (einem Musiker), um nur einige wenige zu nennen – die Dimensionen sind schlicht unvorstellbar, nach denen Facebook ein Drittel der Menschheit kategorisiert und klassifiziert. Es ist die Art von Erkenntnissen des 21. Jahrhunderts, nach denen nicht nur die Sicherheitsbehörden, sondern auch die Weltwirtschaft gieren: die gesammelten Biografien im Netz. Die Datenspuren sind gewaltig, die jedes einzelne Mitglied mit der Zeit hinterlässt: besuchte Websites, Chats, E-Mails, Textnachrichten, Fotos, Videos, Likes und Dislikes – Klick um Klick, und alles bleibt auf ewig gespeichert in riesigen Serverfarmen rund um den Globus. Auch die Daten, die ein Nutzer vermeintlich gelöscht hat.

Mit Big-Data-Analysen lässt sich eine Gesellschaft heute in kleinste Splittergruppen trennen. Wer so intime Einsichten in die Arbeits-, Gefühls- und Interessenwelt der Menschen hat, besitzt ein mächtiges Manipulationsinstrument. Denn wer sich zutraut, aufgrund dieses Wissens vorherzusagen, wie Menschen sich verhalten werden, der könnte auch mit dem Gedanken spielen, das künftige Verhalten dieser Menschen zu beeinflussen. Es war nur eine Frage der Zeit, bis die Politik sich dieser Instrumente bedienen würde. Der Präsidentschaftswahlkampf 2016 in den USA demonstrierte erstmals im weltpolitischen Maßstab, wie gefährlich Daten sein können, wenn man sie als Waffen in einem Propagandafeldzug einsetzt.

Behaviour Change war und ist das Stichwort: Wie kann man Millionen von unentschiedenen Wählerinnen und Wählern manipulieren, wie erreicht man eine Verhaltensänderung zugunsten Trumps? Die Strategen wollten die Überzeugbaren, wie sie sie nannten, gezielt mit Psyops, psychologischen Operationen – ein Begriff aus der psychologischen Kriegsführung –, beeinflussen.

Dahinter steckte vor allem Stephen Bannon, rechter Demagoge, Trumps Wahlkampfstratege und nach allgemeiner Einschätzung der Architekt des Wahlerfolgs 2016. Bannon suchte nach einer Waffe für seinen ultrakonservativen Feldzug gegen das, was er abschätzig »Establishment« und den »Sumpf in Washington« nannte. Er fand in Alexander Nix, dem Gründer und Chef von Cambridge Analytica, offenbar einen Verbündeten. Der rechte US-Milliardär Robert Mercer, einer der finanzkräftigsten Unterstützer Trumps, finanzierte das Projekt mit fünfzehn Millionen Dollar. Christopher Wylie war als Forschungsdirektor bei Cambridge Analytica maßgeblich daran beteiligt, bis er aus Gewissensgründen ausstieg und sich entschloss, den gesamten Hintergrund des Skandals aufzudecken.

Am 17. März 2018 erschienen die *New York Times*, der britische *Guardian* und der Fernsehsender Channel 4 gleichzeitig mit den Ergebnissen einer Recherche, die ein Jahr gedauert hatte und im Wesentlichen auf den Aussagen und Dokumenten von Wylie und seiner früheren Cambridge-Analytica-Kollegin Brittany Kaiser basierte.

Das Entsetzen nach den Enthüllungen der Whistleblower war groß, die Schockwellen der Breaking News breiteten sich über den Erdball rasant aus. In Großbritannien nahmen unter anderem die National Crime Agency und der Inlandsgeheimdienst MI5 Ermittlungen auf, in den USA schalteten sich die Bundespolizei FBI, das Justizministerium und die Börsenaufsicht SEC ein. Eine Woche nach den Enthüllungen brach der Aktienkurs von Facebook um achtzehn Prozent ein, was damals einem Verlust von rund 80 Milliarden Dollar entsprach.

Alexander Nix, der Chef von Cambridge Analytica, hatte sich im März 2018 noch gerühmt, seine Firma habe Donald Trumps Wahlsieg erst ermöglicht. Ohne Big Data, so Nix, wäre der unaufhaltsame Aufstieg des skurrilen Polit-Außenseiters aus New York nicht denkbar gewesen. Sein Unternehmen habe für Trump »den gesamten digitalen Wahlkampf und den TV-Wahlkampf« organisiert, die Daten seien »die Grundlage der gesamten Strategie« gewesen, behauptete Nix in einer verdeckt gedrehten Aufzeichnung des britischen Fernsehsenders Channel 4.[35] Ein Undercover-Reporter hatte sich als reicher Kunde ausgegeben, der mithilfe von Cambridge Analytica für einen Wahlerfolg mehrerer Kandidaten in Sri Lanka sorgen wolle. Dafür traf er sich mehrmals mit Nix und anderen Top-Managern in Londoner Hotels und filmte heimlich mit. Kurz nach der Veröffentlichung fegte der Skandal auch Nix hinweg. Die Firma wurde aufgelöst.

»Die Geschichte von Cambridge Analytica zeigt, wie unsere Identität und unser Verhalten zu Waren auf dem hart umkämpften Markt des Datenhandels geworden sind«, berichtet Christopher Wylie in seinem Buch »Mindf*ck. Wie die Demokratie durch Social Media untergraben wird«.[36] »Die Firmen, die den Informationsfluss kontrollieren, gehören zu den mächtigsten der Welt; die Algorithmen, die sie insgeheim entwickelt haben, beeinflussen die Nutzer in einem zuvor unvorstellbaren Maße. Egal, welches Thema einem Menschen am wichtigsten ist – Waffengewalt, Einwanderung, Meinungs- oder Religionsfreiheit –, Silicon Valley, dem neuen Epizentrum unserer Wahrnehmungskrise, kann er nicht entrinnen.« Seine Arbeit bei Cambridge Analytica, so Wylie, habe »die Schattenseite der technologischen Innovationen« offenbart. »Und Facebook, jene Webseite, auf der man Partyeinladungen und Babyfotos verbreitete, ließ es zu, dass diese Innovationen auf die Menschheit losgelassen wurden.«[37]

Die Einblicke, die Wylie mit seinen Enthüllungen gewährt, lesen sich wie ein Politthriller. Sie führen in die Welt von exklusiven Clubs, skrupellosen Demagogen, milliardenschweren Drahtziehern, dubiosen Mittelsmännern und geheimen Absprachen. Sie bestätigen den schlimmen Verdacht, dass Politik zuweilen ein sehr schmutziges Geschäft ist.

Der gebürtige Kanadier Wylie, Jahrgang 1989, der sich nach seinem Coming-out in Sachen Cambridge Analytica in einem ausführlichen Porträt im *Guardian* als schwulen Veganer bezeichnete und mit pinken Haaren auftrat, wollte ursprünglich herausfinden, wie sich Fashiontrends durch Datenanalysen beeinflussen lassen. So lautete das Thema seiner Promotion an der juristischen Fakultät der London School of Economics.[38]

Neben der Mode interessierte ihn auch die Politik. Mit siebzehn Jahren hatte er schon in Kanada im Büro des Oppositionsführers Michael Ignatieff gearbeitet, des Vorsitzenden der Liberalen. Mit neunzehn zog er nach England, begann zu studieren und brachte sich selbst das Programmieren bei. Nebenbei beriet er die britischen Liberalen und bekam über seine politischen Verbindungen im Jahr 2013 einen Job bei der Strategic Communication Laboratories Group (SCL), die auch für das Militär tätig war. Deren Tochtergesellschaft SCL Elections war auf psychografisches Mikrotargeting von Wählern aufgrund von Big-Data-Analysen spezialisiert. »Politik und Mode, so wurde mir klar«, erklärt Wylie in seinem Buch, »hatten dieselbe Grundlage. Sie beruhten beide auf detaillierten Konstrukten dessen, wie sich Menschen im Verhältnis zu anderen wahrnehmen.«[39] Die Arbeit habe vor allem darin bestanden, vorauszusehen, wie Menschen »kulturelle Information internalisieren und dann verbreiten – ganz gleich, ob sie sich einer Terrororganisation anschlossen oder bestimmte Klamotten kaufen«.[40] Aber dabei wollte man es bei SCL nicht belassen, das Ziel war, aufgrund dieser Vorhersagen herauszufinden, wie man Menschen gezielt beeinflussen konnte. »Wenn man versucht, das Denken einer Person zu hacken, muss man ihre *kognitiven Verzerrungen* identifizieren und sie dann ausnutzen«, so Wylie. »Man überlegt sich, welche Teile der erkennbaren Informationen man in den Vordergrund zieht. Um zu beeinflussen, wie sich eine Person fühlt, was sie glaubt und wie sie sich verhält.« So mache man im Kern »Daten zur Waffe«.[41]

Die wichtigsten Auftraggeber für SCL seien Militär- und Geheimdienste gewesen. Man habe an Projekten gearbeitet, welche die Regierungen selbst nicht offiziell durchführen konnten, beispielsweise für das nationale Sicherheitsministerium von Trinidad. Der Inselstaat mit seinen rund anderthalb Millionen Einwohnern wollte wissen, ob es möglich sei, mithilfe von Datenanalysen Einwohner zu identifizieren, die wahrscheinlich Verbrechen begehen würden, und möglichst noch, wann und wie sie es verüben würden. »Wir betrieben schlicht und einfach Spionage, gedeckt von den führenden Politikern Trinidads«, schildert Wylie seine Empfindungen, als er und sein Team die Hauptdatenverbindungen auf der Insel anzapften, um das Kommunikationsverhalten der Einwohner zu beobachten und daraus ihre Schlüsse auf deren psychologische Verfassung zu ziehen. Sie konnten tatsächlich in Echtzeit verfolgen, was sich die Zielpersonen auf den Displays ihrer

Geräte anschauten. Damals musste den Beteiligten schon klar geworden sein, dass ein Instrument, mit dem man Verhalten vorhersagen könnte, auch bei Wahlkämpfen nützlich wäre.

Ähnliche Projekte führte SCL verdeckt auch für Regierungen in Afrika und Südasien durch. In Pakistan versuchten Wylie und sein Team, durch Psyops die Rekrutierung von Dschihadisten zu sabotieren, in Südamerika sollten Drogenhändler durch gezielte Desinformation gegen ihre Bosse aufgewiegelt werden. Ein afrikanischer Gesundheitsminister zweigte Millionen aus dem Etat seines Ministeriums für eine persönliche Wahlkampagne ab, zu der SCL die Datenanalysen lieferte.

Im August 2013, berichtet Wylie, seien Vertreter der ägyptischen Regierung nach London gekommen, um zu erfahren, ob man »politische Extremisten«, wie sie sagten, mit Informationsprogrammen bekämpfen, also mit psychologischen Mitteln beeinflussen könne. Es war die Zeit blutiger Auseinandersetzungen in Ägypten nach dem Arabischen Frühling. »Wir diskutierten mehrere Szenarien, wie man Verwirrung in der Bewegung stiften könnte«, erklärt Wylie, »etwa durch Gerüchte, die sich durch Instant Messaging verbreiten würden, oder durch eingeschleuste Verbündete, die die Massen anstacheln sollten.« Mit der Zeit, so sagt er, habe er sich an die »allgegenwärtige Korruptheit und moralische Ignoranz« gewöhnt. »Je tiefer ich in SCL-Projekte hineingezogen wurde, desto mehr schien die im Büro herrschende Kultur mein Urteilsvermögen zu trüben.«[42]

Als Stephen Bannon mit SCL in Kontakt kam, nahmen die Projekte rasch eine neue, ungeahnte Dimension an. Bannon, Trumps späterer Wahlkampfstratege und zeitweiliger Berater im Weißen Haus, war damals Vorstandsvorsitzender des rechten Newsportals Breitbart. Sein wichtigster Finanzier war der Kalifornier Robert Mercer, der mit seinem Hedgefonds

Renaissance Technologies Milliarden verdient hatte und später Millionen in Trumps Wahlkampf pumpte.

Obwohl Bannon und der schrille Datennerd Wylie kaum unterschiedlicher hätten sein können, habe er schon beim ersten Treffen bemerkt, schreibt Wylie, »dass wir ähnlich ticken«. Beide hätte es ins politische Feld verschlagen, aber die gemeinsame Leidenschaft sei die Kultur gewesen, »wobei Bannons Ambitionen beim Film, meine in der Mode lagen«.

Der Besucher aus den USA ließ sich von Wylie ausführlich in die Projekte einweihen, an denen SCL arbeitete. »Bannons Interesse an unserer Arbeit war nicht rein akademischer Natur, er hatte Großes mit SCL vor«, berichtet Wylie. Als es um die Forschung über Social Media ging, habe er einmal gefragt, ob man etwas Ähnliches auch in Amerika machen könne. Wylie: »›Sicher doch, warum nicht‹, antwortete ich.«[43]

Bannon gehört zu den schillerndsten und vielleicht auch widersprüchlichsten Vertretern der US-amerikanischen Rechten. Er gilt als hochintelligenter, bestens ausgebildeter Stratege. Das macht ihn in den Augen seiner Gegner so gefährlich. Bannon stammt aus Norfolk in Virginia, wuchs in einer irisch-katholischen Arbeiterfamilie auf, verpflichtete sich bei der US Navy, diente sich bis zum Assistenten des Admiralstabschefs im Pentagon hoch, ging später als Investmentbanker zu Goldman Sachs und verdiente Millionen, wurde Produzent von Fernsehserien, Dokumentationen und Hollywoodfilmen, bevor er mit Breitbart News seinen rechten Propagandafeldzug begann. Sein Auftreten wirkt eher unkonventionell: Kein streng gescheitelter Kurzhaarschnitt, sondern wuschelige, ungekämmte Haare, und statt Businessanzug trägt er lieber T-Shirts und Cargohosen. Im August 2020 wurde bekannt, dass Bannon im Verdacht steht, er habe Hunderttausende von Dollar aus einem Spendenfonds veruntreut.

Bloomberg Businessweek bezeichnete 2015 den Breitbart-Chef als »gefährlichsten politischen Funktionär in Amerika«[44] und zitierte ihn mit den Worten: »Ich war nicht politisch, bis ich in den Militärdienst kam und sah, wie sehr Jimmy Carter die Sache versaut hat. Ich wurde zum großen Reagan-Verehrer. Das bin ich immer noch.« Später stellte er sich in den Dienst eines anderen Präsidenten, der wie Bannon selbst auf das Establishment schimpfte und das zur Kernbotschaft seines Wahlkampfs machte – Donald Trump.

Bannons rechtsextremes Sendungsbewusstsein zeigte sich früh. »Nach dem Schock von 9/11« habe er begonnen, »sich und anderen die neue Weltordnung zu erklären, indem er zahllose Freund-Feind-Erzählungen miteinander verschraubte. Daraus wurde Schritt für Schritt eine eschatologische Mythologie vom messianischen Volk der weißen Amerikaner im Kampf gegen das Weltböse.« Bannon habe eine Verwandlung vom »Shakespeare-Liebhaber und Aufklärer für Klimafragen zum rassistischen Demagogen mit biblischem Endzeitvokabular« durchgemacht, so Till Briegleb in der *Süddeutschen Zeitung*.[45]

Mit der Newsseite Breitbart, dessen Vorstandschef er nach dem Tod des Gründers Andrew Breitbart wurde, fand Bannon das geeignete Medium für seinen Kampf gegen das Böse. Er machte sie zur damals mächtigsten Stimme der amerikanischen Alt-Right-Bewegung. Diese Alternative Rechte, urteilte das Southern Poverty Law Center in einer Studie[46], setze sich zusammen aus »rechtsextremen Ideologien, Gruppen und Einzelpersonen, deren Kerngedanke darin besteht, dass die ›weiße Identität‹ von multikulturellen Kräften angegriffen wird«. Breitbart sei »ein Zufluchtsort für Menschen, die denken, Fox News seien zu höflich und zurückhaltend«, spottete *Bloomberg Businessweek* in einem Vergleich mit dem populistischen Trump-Haussender.[47]

Nach demselben Bericht soll Robert Mercer zehn Millionen Dollar in Breitbart News investiert haben, seine Tochter Rebekah sei in Steuerunterlagen des Jahres 2013 als Mitglied des Vorstands aufgeführt. Mercer und seine Familie wurden damit also zu den wichtigsten Sponsoren der Alt-Right-Bewegung. Mit weiteren fünfzehn Millionen Dollar war Mercer 2014 dabei, als aus SCL die mit Alexander Nix gemeinschaftlich gegründete Firma Cambridge Analytica wurde. Mercers Tochter Rebekah und Steve Bannon gehörten zum Führungsteam des neuen Unternehmens. Und später war Mercer einer der größten Einzelspender für Trumps Wahlkampf.

Mit Cambridge Analytica entwickelte der Milliardär eine ebenso größenwahnsinnige wie beängstigende Vision für die USA. »Die Idee war«, so Christopher Wylie, »die Profile sämtlicher Bürger des Landes zu erfassen, ihre Persönlichkeit und ihr individuelles Verhalten zu bestimmen und daraus *in silico*, im Computer, eine Simulation der Gesellschaft zu erschaffen.« Damit hätte man »womöglich das mächtigste Marktforschungsinstrument, das je ersonnen wurde«, in Händen. Bannon habe dann entschieden, einen Probelauf in Virginia zu starten.[48]

Es begann mit klassischer Feldforschung. Wylie und sein Team, darunter auch Soziologen und Anthropologen, flogen im Oktober 2013 in die USA, um vor Ort Erkenntnisse über die Menschen in Virginia zu sammeln: wie sie die Welt wahrnahmen und was für sie wichtig war, um daraus die Fragen für ihre quantitativen Forschungen herauszuarbeiten. Später stellten sie Fokusgruppen zusammen, organisierten Online-Panels und schalteten testweise digitale Anzeigen, um die Wirkung eines republikanischen Gouverneurskandidaten zu testen. Ergänzend sammelten sie, wie Wylie berichtet, »Unmengen von persönlichen Informationen über Leute aus Virginia«. Sie kauften sie bei Datenhändlern wie Acxiom, bedienten sich aber auch bei Anbietern spezieller Listen von evangelikalen Kirchen, bei Medienunternehmen oder anderen Verzeichnissen. Eine aufschlussreiche Quelle waren auch Volkszählungsdaten, auch wenn diese keine konkreten Angaben zu einzelnen Personen enthielten. Aber ein Zensusblock umfasse zwischen 600 und 3000 Personen, so Wylie, »und wenn wir zahlreiche Datenquellen kombinierten, konnten wir mühelos Individuen einzelne Eigenschaften zuschreiben«.[49]

Die Erkenntnisse waren bahnbrechend für alles, was Cambridge Analytica noch vorhatte, und vor allem für das größte Projekt, von dem im Jahr 2014 allerdings noch niemand etwas ahnte: der Präsidentschaftswahlkampf Donald Trumps. Die Forscher glaubten beweisen zu können, dass es Zusammenhänge zwischen Persönlichkeitsmerkmalen und politischen Einstellungen gab. Damit ließen sich ihrer Meinung nach nicht nur bestimmte Verhaltensweisen vorhersagen, sondern auch Haltungen verändern. Man könnte auch sagen: das Volk managen. Der Albtraum des NSA-Kritikers William Binney.

Auch an anderen Stellen wurde genau zu diesem Thema geforscht, mehrere der Arbeiten wurden finanziert von der Darpa (Defense Advanced Research Projects Agency), der Nachfolgebehörde der Arpa, aus der einst das Internet hervorgegangen war. Das US-Militär interessierte sich sehr für die Nutzung der sozialen Medien zur digitalen Kriegsführung.

Über den Datenwissenschaftler Aleksandr Kogan kam Cambridge Analytica im Frühjahr 2014 mit zwei Pionieren des psychologischen Profilings am Psychometrischen Zentrum der Universität von Cambridge in Kontakt: Michael Kosinski und David Stillwell. Zu dieser Zeit beschäftigten sie sich mit der Frage, ob man die psychologischen Eigenschaften von Menschen anhand ihrer Likes auf Facebook einschätzen kann.[50] Die Studie erbrachte, dass Menschen, die beispielsweise *Battlestar*

Galactica gelikt hatten, eine Fernsehserie, wahrscheinlich introvertiert waren, während Fans von Lady Gaga wahrscheinlich extrovertiert waren. Kosinski und Stillwell konnten die Likes mit weiteren grundlegenden Persönlichkeitsmerkmalen korrelieren: Offenheit, Gewissenhaftigkeit, Freundlichkeit, Verträglichkeit und Neigung zu Neurosen. Die Forscher entdeckten weitere interessante Zusammenhänge. Etwa, dass man aus durchschnittlich 68 Facebook-Likes eines Users mit 95 Prozent Treffsicherheit ablesen kann, welche Hautfarbe er oder sie hat oder ob er oder sie Demokrat oder Republikaner (85 Prozent) sei. Auch Religionszugehörigkeit, Alkohol-, Zigaretten- oder Drogenkonsum und sogar die Intelligenz lassen sich nach Erkenntnissen der Forscher berechnen. So sei ein Like für die US-Satiresendung *Colbert Report* ein guter Indikator für hohe Intelligenz. Ein hochgereckter Daumen für Harley Davidson deute auf das Gegenteil hin.

Kosinski und Stillwell benötigten nur zehn Likes, um die Eigenschaften einer fremden Person genauer zu beurteilen als die ihrer Arbeitskollegen, mit denen sie täglich Umgang hatten. Mit 70 Likes konnten sie die Eigenschaften einer Person besser einschätzen als die enger Freunde.[51]

In einer weiteren Studie untermauerten sie ihre These, computergestützte Beurteilungen von Persönlichkeiten seien verlässlicher als die von Menschen. Auf Grundlage ihres digitalen Fußabdrucks könnten die Persönlichkeiten von Menschen »genauer und valider« und ohne Einbeziehung menschlicher sozial-kognitiver Fähigkeiten eingeschätzt werden.[52] Konsequenterweise bestätigten Kosinski und Stillwell dann zusammen mit Kollegen in einer späteren Studie, dass Anzeigen tatsächlich überzeugender sind, wenn sie auf die psychologischen Merkmale der Zielperson zugeschnitten sind. Dazu führten sie drei große Feldexperimente mit insgesamt dreieinhalb

Millionen Testpersonen durch, denen individuell zugeschnittene Werbung gezeigt wurde. Ergebnis: Ihr Verhalten habe sich, »gemessen an Klicks und Käufen, signifikant verändert«. Im Vergleich zu nicht personalisierten Anzeigen hätten sie »zu bis zu 40 Prozent mehr Klicks und bis zu 50 Prozent mehr Käufen« geführt. Der Einsatz von psychologischem Targeting ermögliche es demnach, das Verhalten großer Personengruppen zu beeinflussen.[53]

An die mächtige Datenbasis für ihre Feldstudien gelangten Kosinski und Kollegen mithilfe einer Facebook-App, für die Testpersonen geworben wurden. Facebook unterstützt Forschungsarbeiten über seine Plattform, wohl nicht nur aus uneigennützigen Motiven. Die Teilnehmer mussten einen Persönlichkeitsfragebogen ausfüllen, anhand dessen die Forscher ihre fünf grundlegenden Persönlichkeitsmerkmale ermittelten. Dann baten sie die Nutzer um Zugang zu ihren Likes.[54] Empirische Forschung im Zeitalter von Big Data.

»Die meisten meiner Studien waren als Warnung gedacht«, erklärte Kosinski im Jahr 2018 gegenüber dem Uni-Nachrichtenportal Insights.[55] Der gebürtige Pole lehrt inzwischen in Stanford und ist einer der führenden Experten für Psychometrie, die Vermessung der Seele. »Man kann sich Anwendungen vorstellen, die Gutes bewirken, aber es ist viel einfacher, sich Anwendungen vorzustellen, die Menschen so manipulieren, dass sie sich gegen ihre eigenen Interessen entscheiden.«

Das ist eine Frage des Standpunkts. Was die meisten der Testpersonen wohl nicht ahnten: dass Facebook bei den Apps keine ausdrückliche Zustimmung von ihnen braucht, um auch die Daten ihrer Freunde freizugeben – wissenschaftliche Forschung ist erlaubt, ohne dass die Betroffenen etwas davon erfahren, nur für Werbezwecke ist die Zustimmung erforderlich.

Nach Christopher Wylies Schätzung hat ein durchschnittlicher Facebook-Nutzer zwischen 150 und 300 Freunde. Er schildert, wie elektrisiert er war, als er von dem Feldexperiment via Facebook erfuhr: »›Also noch mal zum Mitschreiben‹, sagte ich. ›Wenn ich eine Facebook-App habe und 1000 Leute sie installieren, dann bekomme ich … so um die 150 000 Profile? Echt jetzt? Das lässt Facebook zu?‹« Genau so sei es, bestätigten Kosinski und Stillwell. Ein bis zwei Dollar würden sie den Testpersonen bezahlen, die sich die App herunterladen. Wylie musste nicht lange überlegen. Mit Mercers Millionen im Hintergrund war es ein Leichtes, an Millionen von Profilen heranzukommen: »Der Zugang zu den Facebook-Daten, so hofften wir, würde uns endlich den ersten Versuch der Simulation einer ganzen Gesellschaft *in silico* ermöglichen.«[56]

Und so lief die Operation an, die Wylie im März 2018 gegenüber der *Guardian*-Reporterin Carole Cadwalladr enthüllte und damit den Skandal lostrat.[57] Die App für den Persönlichkeitstest entwickelte Wylie zusammen mit Aleksandr Kogan. Über dessen Firma Global Science Research (GSR) wurden Facebook-Nutzer zur Teilnahme an dem Projekt eingeladen. Kosinski und Stillwell seien nicht damit beauftragt worden, weil sie 500 000 Dollar für die Arbeit an den Modellen gefordert hätten, was die Auftraggeber für unangemessen hielten, behauptete Kogan 2018 in einer Stellungnahme für das britische Parlament.[58] So sei er gebeten worden, sowohl die Datensammlung als auch die Modellierung zu übernehmen. Kosinski wiederum hat die Sache anders in Erinnerung. Er habe sich geweigert, an dem Projekt teilzunehmen, als er erfahren habe, dass die Idee von Wählerbeeinflussung dahinterstehe, berichtet er dem Magazin des schweizerischen *Tagesanzeiger*.[59] Außerdem hatte er den Verdacht, Kogan habe seine Modelle kopiert.

Wie dem auch sei. Insgesamt gaben mehr als 300 000 Testpersonen bereitwillig Auskunft über ihre Stimmungen, Überzeugungen und Lebensumstände. Der Umweg über Kogans Firma gab der Aktion den wissenschaftlichen Anstrich, durch den nach den Facebook-Regeln auch der Zugriff auf die Konten der Nutzerfreunde erlaubt war. Da jeder der Teilnehmer im Durchschnitt 160 Freunde hatte, verfügte Cambridge Analytica bald über mehr als 50 Millionen Persönlichkeitsprofile, vorwiegend von Personen aus den USA. Möglicherweise war es das, was Mark Zuckerberg meinte, als er beim weltweit ersten Facebook-Community-Gipfel 2017 erklärte: »Ich denke, das Wichtigste, was wir tun können, ist, die Menschen einander näherzubringen.«[60]

Im Sommer 2014 habe Cambridge Analytica sogar über die Profile von mehr als 87 Millionen Facebook-Mitgliedern verfügt, berichtet Wylie, und auf Veranlassung von Bannon damit begonnen, auf Facebook und anderen Plattformen in den USA gefälschte Foren, Gruppen oder Nachrichtenquellen zu platzieren, die wie echte Seiten wirkten. Das sei eine sehr »weitverbreitete Taktik« von Cambridge Analytica im Zuge der Bekämpfung von Aufständen in anderen Regionen der Welt gewesen. So seien rechtsgerichtete Seiten mit unspezifischen Namen wie »Smith County Patriots« oder »I love my Country« eingerichtet worden, die mithilfe der Algorithmen von Facebook in den Feeds von Teilnehmern aufgetaucht seien, die zuvor ähnliche Inhalte gelikt hätten. Besonders perfide: Sobald eine dieser Fake-Gruppen eine bestimmte Größe erreicht hatte, wurden von Cambridge Analytica reale Treffen organisiert. So hätten die Zielpersonen das Gefühl bekommen, Teil einer großen Bewegung zu sein. Manchmal sei auch ein Mitarbeiter der Firma aufgetaucht, »um die Ängste in der Gruppe anzuschüren«, so Wiley. »Mit unserer Arbeit in den USA aktivierten wir gezielt das Schlechteste in den Menschen, von Paranoia bis hin zum Rassismus.«[61] Im August 2014 verließ er Cambridge Analytica. Heute arbeitet er als Forschungschef bei der Modekette H&M.

Wie die ganze Sache weiterging und schließlich einen weltweiten Skandal auslöste, lässt sich von da an nicht mehr durch Aussagen und Unterlagen des Whistleblowers Wylie, sondern vor allem anhand der Ereignisse rekonstruieren – und anhand dessen, was der geltungssüchtige Cambridge-Analytica-Chef Alexander Nix freimütig ausplauderte. Das Erstaunliche ist, dass spätestens nach dem Wahlsieg Trumps, aber lange vor Wileys Enthüllungen schon viele Fakten bekannt waren, ohne dass die Welt groß Notiz davon genommen hätte.

Im November 2015 meldete leave.eu, die Brexit-Kampagne des radikalen EU-Gegners Nigel Farage, sie habe eine Big-Data-Firma zur Unterstützung für den Kampf um das Referendum engagiert. Ihr Name: Cambridge Analytica. Ein knappes Jahr darauf, am 19. September 2016, trat deren CEO Alexander Nix beim Concordia Summit in New York auf. Es waren noch zehn Wochen bis zur Wahl des nächsten US-Präsidenten. Seit Juni war bekannt, dass Trump die englische Firma für seinen Digitalwahlkampf angeheuert hatte. Was heute weniger überraschend klingt als damals, weil man inzwischen weiß, wie eng die Beziehungen zwischen den Populisten Trump und Farage waren. Und natürlich hatte Bannon im Hintergrund die Verbindungen geknüpft.

Nix nutzte die Chance, den versammelten Entscheidungsträgern die Vorzüge datengetriebener Wahlkämpfe zu erklären. Bisher seien Wahlkampagnen nach demografischen Konzepten geführt worden, das aber sei »eine lächerliche Idee«, so Nix. »Alle Frauen erhalten die gleiche Nachricht, nur weil sie das gleiche Geschlecht haben – oder alle Afroamerikaner wegen ihrer Rasse?« Dann erläuterte er das Cambridge-Analytica-

Modell, das nach seiner Aussage »die Persönlichkeit jedes Erwachsenen in den USA berechnen kann«.

Was Trumps Team aus diesen Erkenntnissen machte, ließ sich am Tag der dritten TV-Präsidentschaftsdebatte zwischen Trump und Clinton beobachten: Die Trump-Zentrale verschickte 175 000 verschiedene Versionen seiner Wahlaussagen, vor allem via Facebook. Sie unterschieden sich meist nur in winzigen Details und waren damit genau auf die Zielpersonen zugeschnitten: verschiedene Titel, Farben, Untertitel, mit Foto oder mit Video. Wie weit diese Anpassung geht, erklärte Nix im Dezember 2016 in einem bemerkenswerten Gespräch mit der schweizerischen Zeitschrift *Das Magazin*: »Wir können Dörfer oder Häuserblocks gezielt erreichen. Sogar Einzelpersonen.«[62] In Miamis Stadtteil Little Haiti habe Cambridge Analytica Einwohner mit Nachrichten über das Versagen der Clinton-Stiftung nach dem Erdbeben in Haiti versorgt – um sie davon abzubringen, Hillary Clinton zu wählen.

In sogenannten Dark Posts, gekauften Facebook-Anzeigen, die nur Nutzer mit passendem Profil sehen können, habe man zum Beispiel Afroamerikanern Videos zugespielt, in denen Hillary Clinton schwarze Männer als »Raubtiere« (Predators) bezeichnet. Anstatt klassisch für einen Kandidaten und seine Ansichten zu werben, setzten Trumps Helfer darauf, die Gegenkandidatin auf wenig subtile, aber sehr zielgerichtete Weise zu diskreditieren.

Ab Juli 2016 sei für Trump-Wahlhelfer eine App bereitgestellt worden, so Alexander Nix weiter zu *Das Magazin*, mit der sie erkennen konnten, welche politische Einstellung und welchen Persönlichkeitstyp die Bewohner eines Hauses hatten. Die Wahlhelfer hätten auf die Bewohner zugeschnittene Gesprächsleitfäden parat gehabt. Die Reaktionen hätten sie dann in die App eingegeben, und die neuen Informationen seien in den Kontrollraum von Cambridge Analytica zurückgemeldet worden.

Die Entscheidung, erzählte Nix, dass Trump sich in den letzten Wochen vor der Wahl auf Michigan und Wisconsin konzentriert habe, sei auf Basis von Datenanalysen geschehen.[63]

Der Ausgang ist bekannt. Trump siegte knapp, Großbritannien verließ die Europäische Union. Wie groß der Anteil von Big Data daran ist, lässt sich allenfalls vermuten. Sie seien die »Daten-Gurus, die das Wahlergebnis vorausgeahnt hätten«, schrieb Cambridge Analytica drei Tage nach dem Sieg Trumps.[64] Wenig später war man etwas kleinlauter.

Auch Mark Zuckerberg versuchte, die Sache kleinzureden, als die Diskussion über die Rolle von Facebook und Fake News im Wahlkampf aufkam. Wenige Tage nach der US-Wahl nannte er die Vorstellung, sein Unternehmen könne etwas mit dem Wahlausgang zu tun haben, eine »ziemlich verrückte Idee«.

Es sei »unsere Aufgabe, unser Ziel«, sagte er, »den Menschen zu helfen, die Inhalte zu sehen, die für sie am sinnvollsten und interessantesten sind«.[65]

9. Trump, Fake News und die russischen Trolle

Machtpolitik im Zeitalter von Social Media

Mark Zuckerberg spürte wohl selbst, dass 2018 ein schwieriges Jahr werden würde, als er einen persönlichen Post zum Jahresauftakt veröffentlichte. Trump war seit zwölf Monaten im Amt, und er schockte die Welt mit einer rücksichtslosen »Make America Great Again«-Politik und seinem demagogischen Gebrauch der sozialen Medien, insbesondere Twitter. Und die Diskussion über die Rolle von Facebook bei Trumps anscheinend unaufhaltsamem Aufstieg wollte nicht abebben. Zudem waren Gerüchte aufgetaucht, Russland könne im Präsidentschaftswahlkampf mit verdeckten Operationen mitgemischt und dabei Facebook und Twitter als wichtigste Plattformen genutzt haben.

Auf seinem Facebook-Account schrieb Zuckerberg im Januar 2018: »In der Welt gibt es Ängste vor einer Spaltung, und Facebook hat viel zu tun – sei es, um unsere Gemeinschaft vor Missbrauch und Hass zu schützen, sich gegen die Einmischung von Nationalstaaten zu verteidigen oder sicherzustellen, dass die Zeit, die wir auf Facebook verbringen, etwas Gutem dient.«[1]

Eine der »interessantesten Fragen in der Technologie«, so Zuckerberg weiter in seiner Botschaft, sei die nach »Zentralisierung vs. Dezentralisierung. Viele von uns sind in die

Technologie eingestiegen, weil wir glauben, dass sie eine dezentralisierende Kraft sein kann, die mehr Macht in die Hände der Menschen legt. (Die ersten vier Worte der Mission von Facebook waren schon immer ›give people the power‹).« Doch inzwischen hätten »viele Menschen den Glauben an dieses Versprechen verloren« und würden eher davon ausgehen, »dass Technologie die Macht nur zentralisiert, nicht aber dezentralisiert«.[2]

Und vor allem hatten viele Menschen den Glauben verloren, dass Zuckerberg tatsächlich »die Probleme lösen« wollte, wie er in seinem Post angekündigt hatte. Die Machtzentrale Facebook war für ihn vor allem eine Gelddruckmaschine und lief nach wie vor reibungslos, auch als im März 2018 Christopher Wylies Enthüllungen über die heimlich aus der App gewonnenen Nutzerprofile die Welt erschütterten.

Facebook stand dabei vor allem in der Kritik, weil es diesen Skandal nicht selbst publik gemacht und die Daten von sich aus gelöscht hatte. Zunächst versuchte der Konzern, sich als Opfer einer Täuschung darzustellen. »Alle Beteiligten an dem Skandal« – also die Firma SCL/Cambridge Analytica, Christopher Wylie und der Psychologe Aleksandr Kogan – »haben versichert, dass die fraglichen Daten gelöscht worden seien«, gab sich Paul Grewal, der Vizepräsident von Facebook, ahnungslos. Dann habe man feststellen müssen, dass die Daten noch nicht vernichtet worden seien. »Wir werden alle erforderlichen Schritte unternehmen, damit die fraglichen Daten ein für alle Mal gelöscht werden«, so Grewal, und man werde die Facebook-Accounts der drei Parteien sperren, »bis weitere Informationen vorliegen«.[3] Das geschah dann auch. Wylie kommentierte den Vorgang auf Twitter sarkastisch: »Gesperrt auf @facebook. Wegen meiner Enthüllungen. Für etwas, das sie seit zwei Jahren schon vertraulich gewusst haben.«[4]

Mehrere Parlamentsausschüsse in den USA und in Großbritannien strengten unmittelbar nach Bekanntwerden des Skandals Untersuchungen an, Sicherheits- und Aufsichtsbehörden begannen in beiden Ländern mit Ermittlungen. Wylie berichtet in seinem Buch, dass er am 27. März 2018 zu einer öffentlichen Anhörung im britischen Parlament eingeladen wurde und in der Folge in den USA vor dem Geheimdienstausschuss und dem Justizausschuss in beiden Kammern des Kongresses Rede und Antwort stand.[5]

Auch der Facebook-Chef wurde zum gefragten Gesprächspartner. Der damalige Vorsitzende des britischen Parlamentsausschusses für Digitales, Kultur, Medien und Sport, Damian Collins, schrieb an Zuckerberg, es sei nun »an der Zeit, von einem verantwortlichen Repräsentanten von Facebook, der über die nötige Autorität verfügt, eine genaue Darstellung dieses katastrophalen Versagens« zu erhalten. Angesichts der Ankündigung Zuckerbergs zu Jahresbeginn, er wolle »die Probleme lösen«, so Collins süffisant zum Facebook-Chef, hoffe er doch sehr, dass Zuckerberg selbst »dieser verantwortliche Repräsentant« sei. Als amerikanischer Staatsbürger war dieser aber nicht verpflichtet, vor dem Ausschuss zu erscheinen, und schickte zwei Vertreter nach London.[6]

In Washington konnte sich Zuckerberg nicht so einfach aus der Affäre ziehen. Zumal sich die Parlamentarier (und die amerikanische Öffentlichkeit) noch für einen anderen Sachverhalt brennend interessierten, bei dem Facebook ebenfalls eine entscheidende Rolle zugeschrieben wurde. Im Frühjahr 2018 untersuchte der Sonderbeauftragte des US-Justizministeriums, Robert Mueller, welche Verbindungen es während des Wahlkampfs zwischen Trumps Team und russischen Vertretern gegeben hatte. Und wie Russland über die sozialen Medien – verdeckt – in einem »Desinformationskrieg«[7] mit Fake News

Einfluss auf den Wahlkampf genommen hatte, um einen Sieg Hillary Clintons zu verhindern, gehörte zu den wichtigsten Fragen in diesem brisanten innenpolitischen Streitfall.

So hatte Zuckerberg ein doppeltes Problem. Er musste sich für den Umgang seines Unternehmens mit den Nutzerdaten rechtfertigen (Facebook hatte inzwischen eingeräumt, dass insgesamt 87 Millionen Nutzerprofile an Cambridge Analytica gegangen waren), und er musste sich der Frage stellen, ob Facebook – aus Naivität oder Gleichgültigkeit – sich für die Desinformationskampagnen der russischen Propagandakrieger hat instrumentalisieren lassen.

Bei einem Hearing am 10. April 2018 brachte die demokratische Vize-Präsidentschaftskandidatin für die Wahl 2020 Kamala Harris Zuckerberg in Verlegenheit. Sie wollte wissen, ob es eine bewusste Entscheidung gewesen sei, die Facebook-Nutzer nicht zu informieren, als die Firma interne Kenntnis von der Weitergabe der Daten an Cambridge Analytica hatte.[8] »Ich spreche von der Benachrichtigung der Nutzer«, so Harris. »Und das bezieht sich auf Fragen der Transparenz und des Vertrauens: wie die Nutzer darüber informiert werden, was sie darüber erfahren, wie ihre persönlichen Daten missbraucht wurden.« Um die konkrete Frage drückte sich Zuckerberg herum, aber er gab zu, es sei »ein Fehler gewesen, die Nutzer nicht zu informieren«. Und er kündigte an, »verdächtige Apps« zu untersuchen und gegebenenfalls zu sperren und die betroffenen Nutzer zu informieren, wenn sie »etwas Unsauberes« fänden. Es könnte sich aber um »Zehntausende von Apps« handeln.[9]

Auch zum Thema Russland gab er sich eher kleinlaut. Die Bemühungen, Belege für eine russische Einflussnahme zu finden und diese zu stoppen, seien »langsam« gewesen. Das, erklärte der Facebook-Chef, »bedauere ich am meisten«.[10]

Vereinzelte Meldungen über mögliche Propagandaaktivitäten Russlands auf Facebook waren schon im Herbst zuvor aufgetaucht. So meldete zum Beispiel die *Washington Post* im September 2017, eine »russische Firma, die mit Pro-Kreml-Propaganda in Verbindung gebracht wird«, habe »während des Wahlkampfs auf Facebook geworben«.[11] Der Geheimdienstausschuss des US-Repräsentantenhauses nahm Untersuchungen auf. Alex Stamos, Facebooks Sicherheitschef, leitete den Abgeordneten eine Untersuchung zu, die in verkürzter Form auch veröffentlicht wurde. »Bei der Überprüfung der Anzeigenkäufe stellten wir fest«, so Samos in seinem Statement, »dass zwischen Juni 2015 und Mai 2017 etwa 100 000 US-Dollar für Anzeigen ausgegeben wurden – in Verbindung mit etwa 3000 Anzeigen –, die mit rund 470 nicht authentischen Accounts und Seiten in Verbindung standen und damit gegen unsere Richtlinien verstießen.«[12] Nicht authentische Accounts sind solche, die sich nicht eindeutig auf einen realen Nutzer zurückführen lassen. Die Analyse lege nahe, so Samos, »dass diese Konten und Seiten miteinander verbunden waren und vermutlich von Russland aus betrieben wurden«. Ein Viertel der Anzeigen, etwa 750, erklärte der Facebook-Sicherheitschef, sei »auf Zielgruppen an bestimmten Orten ausgerichtet« gewesen, die meisten allerdings schon 2015 und nicht im Wahljahr 2016.[13] Die spannende Frage, um welche Gegenden und Zielgruppen es sich dabei handelte, ließ Samos unbeantwortet. Inzwischen wusste man: In den sogenannten Swing-States mit vielen unentschlossenen Wählern war die Entscheidung zwischen Donald Trump und Hillary Clinton denkbar knapp ausgefallen. Michigan hatte Clinton mit 11 600 Stimmen verloren, Wisconsin mit 27 000 Stimmen. Das waren die beiden Bundesstaaten, auf die sich Trump in der Endphase des Wahlkampfs besonders konzentriert hatte und die letztlich mit dazu beitrugen, ihm seinen knappen Erfolg zu sichern.

Es war das erste Mal, dass Facebook sich zur möglichen Verstrickung in den US-Wahlkampf geäußert hatte. Es war zugleich das Ende von Zuckerbergs Beschwichtigung, es sei eine »ziemlich verrückte Idee« zu glauben, Facebook könne den Ausgang von Wahlen beeinflussen. Die Summe von 100 000 Dollar erscheine gering, dennoch könne man damit Millionen amerikanischer Wähler erreichen, rechnete das Nachrichtenportal The Daily Beast vor: Schon beim Durchschnittspreis von sechs Dollar für 1000 Klicks würde das »bedeuten, dass der Kreml etwa 17 Millionen Aufrufe erreicht hätte«.[14] Diese Reichweite ließe sich aber erheblich steigern, wenn man gezielt auf Anzeigen setze, die sich im Netz rasch viral verbreiteten, so Marketing-Experte Dennis Yu in The Daily Beast. Er schätzte, dass man damit die Reichweiten etwa auf das Dreifache steigern könne. Das wären dann rund 50 Millionen Aufrufe.

Die naheliegende Frage, ob es Verbindungen zwischen Trumps Wahlkampfteam und den russischen Unterstützern gegeben hatte, lenkte den Verdacht rasch auf Jared Kushner, den Schwiegersohn des US-Präsidenten. Kushner selbst heizte diesbezügliche Spekulationen schon kurz nach der Wahl mit einem Exklusivinterview an, das er Steven Bertoni vom renommierten Wirtschaftsmagazin *Forbes* gab.[15] Es war schon allein deshalb bemerkenswert, weil Kushner praktisch nie mit der Presse spricht. »This Guy Got Trump Elected« titelte *Forbes* auf dem Cover seiner Dezember-Ausgabe 2016 (Dieser Kerl machte Trump zum Wahlsieger). Zur Bestätigung zitierte das Blatt den rechtskonservativen Milliardär Peter Thiel: »Jareds Rolle in der Kampagne ist kaum zu überschätzen und schwer zusammenzufassen«, so Thiel, der als einer der wenigen im Silicon Valley öffentlich Trump unterstützt, »wenn Trump der Vorstandsvorsitzende war, dann war Jared effektiv der Vorstand für das operative Geschäft.«[16]

Der so Gelobte verriet in dem Interview freimütig, worauf die erfolgreiche Wahlkampfstrategie basierte: »Ich rief jemanden an, der für eine der Technologiefirmen arbeitet, mit denen ich zusammenarbeite, und ließ mir von ihm erklären, wie das Mikrotargeting auf Facebook funktioniert.« In diesem Zusammenhang fiel in dem *Forbes*-Beitrag auch der Name einer der beteiligten Firmen: Cambridge Analytica. Sie sei engagiert worden, um das »Universum der Wähler zu kartografieren und herauszufinden, welche Themen am wichtigsten sind: Wirtschaft, Immigration oder Wandel«, schrieb *Forbes*-Autor Bertoni nach seinem ausführlichen Gespräch mit Kushner.[17]

Welche Verbindungen gab es zwischen Trumps Wahlkampfteam und den russischen Propagandakriegern? Das war die Frage, die Washington nun elektrisierte. Der zweite skandalbehaftete Komplex in diesem Zusammenhang ist die Affäre um Hillary Clintons E-Mails, die auf Wikileaks veröffentlicht wurden. Es ging um 91 Mails mit vertraulichen Informationen, die auf dem privaten E-Mail-Konto der damaligen Außenministerin gelandet waren statt auf ihrem Dienst-Account. Eine Verletzung der Dienstpflichten, die von Trumps Team zum Skandal hochstilisiert wurde. Es stellte sich die Frage, ob Russland möglicherweise die E-Mails gehackt und Wikileaks als Kanal benutzt hatte, um die Affäre publik zu machen.

Der Sonderbeauftragte des Justizministeriums, Robert Mueller, hatte bereits Anklage gegen russische Unternehmen und dreizehn russische Staatsbürger erhoben, ebenso gegen Trumps Wahlkampfleiter Paul Manafort und dessen Stellvertreter Richard Gates. Der Vorwurf: Verschwörung zum Betrug an den USA, illegale Einmischung in den Wahlkampf 2016.[18] Dabei ging es unter anderem um ein Treffen mit einer russischen Anwältin während des Wahlkampfs, die belastendes Material über Hillary Clinton in Aussicht gestellt haben soll.

An dem Termin im New Yorker Trump Tower hatte auch Jared Kushner teilgenommen.

Haben die Amerikaner wiederum den Russen dabei geholfen, ihre Memes und Fake News im Netz so auszurichten, dass sie die Adressaten zielgenau erreichten? Zum Beispiel die unentschlossenen Wähler in den heiß umkämpften Swing-Staaten? Und welche Rolle spielte Cambridge Analytica dabei? »Ich glaube, die Russen hatten Hilfe«, sagte ein Mitglied des Geheimdienstausschusses, die demokratische Kongressabgeordnete Jackie Speier aus Kalifornien, gegenüber dem Magazin *Vanity Fair*. »Ich habe mich immer gefragt, ob Cambridge Analytica ein Teil davon war.«[19]

Ein anderer prominenter Demokrat, der Osteuropa-Experte Mike Carpenter, früherer stellvertretender Verteidigungsminister unter Präsident Obama, erklärte in *Vanity Fair*, die Russen seien »hervorragend darin, ihre Spuren zu verwischen. Sie nehmen Leute in Mazedonien, Albanien oder Zypern unter Vertrag und bezahlen sie über das Dark Web.« Sie würden aber immer Leute vor Ort einsetzen, um ihren Kampagnen den nötigen Nachdruck zu verleihen, so Carpenter. »Meine einzige Frage ist, wer genau ihnen 2016 geholfen hat.«[20]

Beweisen ließ sich das freilich nicht. Aber es war schon erstaunlich, besser gesagt erschreckend, wie sehr sich die Methoden von Cambridge Analytica und die der russischen Propagandakrieger glichen. Desinformation war offenbar eines der wichtigsten Ziele – Verwirrung und Verunsicherung säen, den Hass schüren.

»Papst Franziskus unterstützt Donald Trump.« »Hillary Clinton verkaufte Waffen an den Islamischen Staat (IS).« »Hillary Clinton wurde verboten, ein Amt auf Bundesebene auszuüben.« »Der FBI-Direktor erhielt Millionen von der Clinton-Stiftung.« Alles Fake News natürlich, aber das waren nach einer

Untersuchung des auf Netzanalysen spezialisierten Webportals Buzzfeed die vier erfolgreichsten »Meldungen« in den drei Monaten vor der Präsidentenwahl 2016. Erfolgreich, weil sie rund drei Millionen Engagements auf Facebook auslösten. Sie wurden also millionenfach gelikt oder geteilt. Buzzfeed verfolgte die Urheberschaft dieser vier Fake Storys zurück bis zu dem »bemerkenswert erfolgreichen, völlig unzuverlässigen« Portal Ending the Fed. Die Seite war laut Buzzfeed erst wenige Monate vor der Präsidentenwahl gegründet worden, ein Eigentümer oder redaktionell Verantwortliche wurden nicht angegeben.[21] Zum Vergleich: Buzzfeed untersuchte auch die Zahlen der sogenannten Mainstream-Medien, darunter: *New York Times*, *Washington Post*, *NBC News*, *USA Today*, *Politico*, *CNN*, *Wall Street Journal*, *CBS News*, *ABC News*, *New York Daily News*, *New York Post*, Buzzfeed selbst und andere. Die erfolgreichste Nachricht all dieser Portale in den drei Monaten vor der Wahl, so rechnete Buzzfeed vor, kam von der *Washington Post* und erzielte 876 000 Engagements auf Facebook. Die Hitliste der Mainstream-Medien führte nach dieser Zählung ein Video von *CBS News* vom Februar 2016 mit 1,7 Millionen Aktionen, Engagements und Kommentaren an. »Barbara Bush: Ich verstehe nicht, wie Frauen für Trump stimmen können«, so der Titel eines Interviews mit der Gattin des früheren US-Präsidenten.[22]

Allein dieser Vergleich weist wieder auf das Grundproblem hin. Facebook versteht sich als Technikunternehmen und weigerte sich, zumindest bis zur Wahl Trumps, Verantwortung für die publizierten Inhalte zu übernehmen. Für den Algorithmus – der im Übrigen so gut gehütet wird wie das Brauserezept von Coca-Cola – spielt es keine Rolle, ob eine bestimmte Geschichte wahr oder falsch ist. Im Gegenteil: Das Ziel ist, möglichst viele Nutzer auf die Seite zu locken oder auf der Seite zu halten. Es geht um nichts anderes. Dabei werden jene Beiträge bevorzugt, die wahrscheinlich mehr Leute lesen, liken und mit ihren Freunden teilen. Deshalb ist eine sensationell aufgemachte, aber gefälschte Geschichte gleichsam automatisch erfolgreicher als eine präzise recherchierte, aber weniger laute Geschichte. Entscheidend ist allein, wie viele Aktionen und Reaktionen sie auslöst. Das mächtigste Medium der Welt hegt nicht im Mindesten die Absicht, den demokratischen Diskurs zu fördern, Missstände aufzudecken, die Herrschenden zu kontrollieren oder wenigstens für Kultur und Unterhaltung zu sorgen. Das einzig erkennbare Ziel ist, Geld zu verdienen.

Das ist umso bedrohlicher, als mehr als 40 Prozent der erwachsenen US-Amerikaner ihre Nachrichten vor allem über Facebook beziehen, wobei die Frauen mit 61 Prozent stärker vertreten sind als die Männer. Das ist das Ergebnis einer Studie des Pew Research Center aus den Jahren 2018/2019.[23] Interessant ist auch, dass die Studie angibt, die weißen Amerikaner seien mit 62 Prozent deutlich stärker vertreten als die nicht weißen mit 37 Prozent. Es folgen als Nachrichtenquellen Youtube mit 21, Twitter mit zwölf, Instagram mit acht sowie Linkedin mit sechs Prozent. Frühere Untersuchungen erbrachten ähnliche Zahlen.[24]

Wie fatal sich die Herrschaft des Facebook-Algorithmus auswirken kann, zeigt – eine der skurrilsten Geschichten aus dem US-Wahljahr 2016 –, wie Veles, eine verschlafene 43 000-Einwohner-Stadt in Nordmazedonien, zur »Welthauptstadt der Lügen«[25] wurde. Vor der US-Wahl überraschte eine bis dahin unbekannte Website namens WorldPoliticus das amerikanische Publikum mit der sensationellen Story, Hillary Clinton werde 2017 wegen Verbrechen im Zusammenhang mit ihrem E-Mail-Skandal angeklagt. Die Information stammte angeblich aus ungenannten FBI-Quellen. »Eure Gebete wurden erhört«, lautete die Schlagzeile. Die haltlose Geschichte, berichtete Buzzfeed, habe auf Facebook mehr als 140 000 Aktionen, Reaktionen und Kommentare ausgelöst.[26] Derweil habe ein junger Mann im rund 9000 Kilometer entfernten Veles beobachtet, so Buzzfeed, »wie Geld auf sein Google AdSense-Konto zu tröpfeln begann«. Über Google AdSense wird die Werbung auf der Website zielgerichtet platziert. Wenn die angebliche Sensationsmeldung über Facebook und andere soziale Netzwerke geteilt wird und möglichst viele Nutzer daraufhin die Website besuchen, verdient der Betreiber Geld. Es sind Centbeträge, aber die summieren sich rasch. Vor allem, wenn man nicht nur eine solche Website unterhält, sondern gleich mehrere.

Mindestens 140 Websites seien von Veles aus gestartet worden, berichtete Buzzfeed, mit amerikanisch klingenden Namen wie TrumpVision365, USConservativeToday, DonaldTrumpNews oder USADailyPolitics. Fast alle hätten »aggressive Pro-Trump-Inhalte« veröffentlicht, die sich »an Konservative und Trump-Anhänger in den USA« gerichtet hätten.[27] Die angebliche Wahlwerbung des Papstes für Trump wurde wohl hier erfunden, ebenso die gefälschte Meldung, ein FBI-Insider habe behauptet, E-Mails von Hillary Clinton wiesen auf Verbindungen zu einem Sexring pädophiler Politiker hin.[28]

Der britische *Guardian* machte durch seine Recherchen sogar 150 Websites aus, die von Veles aus betrieben wurden. »Einige behaupten, Millionen von Seitenaufrufen pro Monat zu verzeichnen«, so der *Guardian*. Die meisten anderen seien »relativ obskur«. Sie existierten »vor allem aus einem Grund – um von dem scheinbar endlosen Appetit auf Neuigkeiten über Donald Trump zu profitieren. Und sie erhalten großen Auftrieb durch Facebook.«[29]

Dahinter steckten keineswegs politische Ambitionen. Veles habe »einen digitalen Goldrausch« erlebt, so Buzzfeed, als immer mehr junge Männer entdeckt hätten, wie man mit Fake News zu Geld kommen könne. »Ja, die Informationen in den Blogs sind schlecht, falsch und irreführend«, gestand einer der Jugendlichen gegenüber Buzzfeed. »Aber der Grundgedanke ist: Wenn es die Leute dazu bringt, darauf zu klicken und sich zu engagieren, dann nutzt man das.«[30] Die meisten der Fake-News-Produzenten seien irgendwann Schüler an der örtlichen technischen Mittelschule gewesen, berichtete der schweizerische Sender SRF. Lehrer Gjorgji Gjorgjiev berichtete vom plötzlichen Reichtum in der Stadt: »Wir sahen auf einmal teure Autos, teure Kleider, teure Mobiltelefone.«[31]

Das Mastermind hinter der gesamten Operation sei laut SRF der Gründer einer Akademie für Internet-Marketing in Skopje, Mirko Ceselkoski. Er warb 2018 für sich noch mit dem selbstbewussten Slogan »Der Mann, der Donald Trump versehentlich zum Präsidenten machte«.[32] Angefangen hätten seine Studenten mit Internetseiten über gesunde Ernährung, Schlankheitskuren und schnelle Autos. Dann aber hätten sie gemerkt, dass die Nutzer auf politischen Seiten viel intensiver und länger verweilten. Somit lasse sich dort auch mehr Geld verdienen. »Was ich tat, war vielleicht nicht ethisch«, zitiert der SRF den Marketingexperten. »Aber die ganze Welt tat es. Es endete damit, dass wir ein Epizentrum der Fake News wurden.«[33]

Das andere Epizentrum war offenbar St. Petersburg in Russland, der Sitz der Internet Research Agency (IRA). Die Organisation war nach Ansicht des US-Sonderermittlers Mueller beteiligt »an Operationen zur Einmischung in Wahlen und politische Prozesse«. So steht es in der Anklage Muellers gegen dreizehn russische Staatsangehörige und die Wahlkampfhelfer Trumps im Februar 2018.[34] Unter den Angeklagten ist auch der millionenschwere Unternehmer Jewgeni Prigoschin, der nach Muellers Ansicht der Finanzier der IRA sein soll. Der Oligarch gilt schon seit Langem als Vertrauter des russischen Präsidenten Putin. Eine Einschätzung, die nach einem Bericht der Wochenzeitschrift *Die Zeit* auch der Bundesnachrichtendienst (BND) und der Bundesverfassungsschutz (BfV) teilen.[35] Prigoschin trägt den Beinamen »Chefkoch des Kreml«, weil er mit seiner Cateringfirma Concord das Privileg genießt, das Restaurant in der russischen Duma betreiben zu dürfen. Öffentlich bestreite Prigoschin jede Verbindung zur IRA, so *Die Zeit*, doch in der Analyse von BND und BfV werde er als einer der Oligarchen genannt, die den Kreml unterstützten und »für die offene und verdeckte Finanzierung von Einflussaktivitäten eingesetzt« würden. Auch Sonderermittler Mueller nennt in seiner Anklageschrift Prigoschin als den Finanzier der IRA. Der Kreml bestreitet selbstverständlich jede Verbindung zur IRA, aber die US-Geheimdienste kamen Anfang 2017 zu einem eindeutigen Ergebnis, wie die *New York Times* berichtete: »Wir kommen zu dem Schluss, dass Putin 2016 eine Kampagne anordnete, um die US-Präsidentenwahl zu beeinflussen. Das russische Ziel war, das öffentliche Vertrauen in den US-amerikanischen demokratischen Prozess zu untergraben, die frühere Außenministerin Clinton schlechtzumachen und ihre Wählbarkeit und potenzielle Präsidentschaft zu beeinträchtigen.«[36]

Die IRA ist das, was man eine Trollfabrik nennt – eine Einrichtung zur industriellen Herstellung von Fake News, eine Produktionsstätte für Desinformation. Die Organisation führe »einen Informationskrieg gegen die Vereinigten Staaten von Amerika«, so Mueller in seiner Anklage, indem sie »fiktive US-Personen auf Social-Media-Plattformen und anderen internetbasierten Medien« auftreten lasse. Das Ziel sei gewesen, sich in die US-Präsidentschaftswahlen einzumischen, um »Misstrauen gegenüber den Kandidaten und dem politischen System im Allgemeinen zu verbreiten«. Dafür sei bereits 2014 eine Abteilung mit rund 80 Mitarbeitern gegründet worden, die sich speziell auf die US-Bevölkerung konzentrieren und Operationen auf Social-Media-Plattformen wie Youtube, Facebook, Instagram und Twitter durchführen sollte. Ihre Aufgaben reichten von »der Erschaffung fiktiver Personas[37] bis hin zur technischen und administrativen Unterstützung«. Das Jahresbudget belaufe sich auf den Gegenwert »von Millionen von US-Dollar«.[38]

Muellers Ermittlungen geben Einblicke in eine generalstabsmäßig vorbereitete Operation, die hochkonspirativ durchgeführt wurde. Zur Vorbereitung reisten Mitarbeiterinnen und Mitarbeiter der IRA in die USA, gaben sich teilweise als amerikanische Staatsbürger aus, besuchten Bundesstaaten, die wahlentscheidend werden können, und nahmen Kontakt zu politisch und sozial engagierten Gruppierungen verschiedenster Couleur auf. Mit diesem Wissen richteten die Trolle in St. Petersburg nach und nach Hunderte von Social-Media-Accounts ein. Um den Anschein zu erwecken, diese würden von den USA aus betrieben, wurde in der russischen Zentrale ein Schichtbetrieb eingerichtet, damit die Posts und Chats zu den passenden Tages- und Nachtzeiten veröffentlicht werden konnten. Im Februar 2016, so heißt es in der Anklageschrift weiter, hätten die »Angeklagten und ihre Mitverschwörer« intern Themen für zukünftige Inhalte verschickt, die auf von der IRA kontrollierten Social-Media-Konten veröffentlicht werden sollten. Die Spezialisten seien angewiesen worden, Inhalte zu posten, die sich auf ›Politik in den USA‹ konzentrieren, und ›jede Gelegenheit zu nutzen, um Hillary und den Rest zu kritisieren (außer Sanders und Trump – wir unterstützen sie)‹.«[39]

Auf Facebook und Instagram wurden Accounts zu umstrittenen Themen wie Einwanderung (darunter Gruppen wie SecuredBorders), Black-Lives-Matter-Bewegung (Blacktivist), Religion (United Muslims of America oder Army of Jesus) eingerichtet. Einige dieser Seiten seien im Jahr 2016 auf Hunderttausende von Followern angewachsen.

So beispielsweise die Seite SecuredBorders, die Ängste um die Sicherheit der US-Grenzen schürte und in den Zeiten des US-Wahlkampfs 2016 allein 133 000 Follower hatte. »Amerika ist in Gefahr, und wir müssen unser Land jetzt mehr denn je schützen, Schluss mit dem liberalen Quatsch«, lautete deren Slogan.[40]

Auf dem Social-Media-Account von United Muslims of America war hingegen negative Wahlwerbung zu lesen, die potenzielle Clinton-Anhänger davon abhalten sollte, zur Wahl zu gehen: »Amerikanische Muslime boykottieren heute Wahlen, die meisten amerikanischen muslimischen Wähler weigern sich, für Hillary Clinton zu stimmen, weil sie den Krieg gegen die Muslime im Nahen Osten fortsetzen will und dafür war, den Irak anzugreifen.«[41] Oder auf einem Account namens WokeBlacks: »Ein besonderer Hype und Hass auf Trump führt die Menschen in die Irre und bringt Schwarze dazu, Killary[42] zu wählen. Wir können nicht den weniger schlimmen von zwei Teufeln aussuchen. Dann wären wir sicher besser dran, wenn wir GAR NICHT wählen würden.«[43]

Diese Strategie, potenzielle Wähler der Gegenkandidaten fernzuhalten, hat in den USA einen Namen: Voter supression. In einem Land, in dem sich jeder Einzelne aktiv um eine Registrierung als Wähler kümmern muss, kann die Abschreckung schon im Vorfeld durchaus relevante Ergebnisverschiebungen bringen.

Daneben schalteten die Desinformationskrieger auch Online-Werbung für Tausende von Dollar, wie Muellers Anklageschrift in einer Auflistung der erschreckend plumpen Schlagzeilen festhält. Hier ein Auszug:

»7. April 2016, Ich sage Nein zu Hillary Clinton/
Ich sage Nein zur Manipulation
10. Mai 2016, Donald will den Terrorismus besiegen …
Hillary will ihn sponsern
30. Juni 2016, #NeverHillary #HillaryForPrison
#Hillary4Prison #HillaryForPrison2016
14. Oktober 2016, Von allen Kandidaten ist Donald Trump
der einzige, der die Polizei vor Terroristen schützt
19. Oktober 2016, Hillary ist ein Satan, ihre Verbrechen
und Lügen haben bewiesen, wie böse sie ist«

Von den Werbeeinnahmen profitierten auch Facebook und die anderen sozialen Netzwerke. Es blieb nicht, dies sei der Vollständigkeit halber angefügt, bei Online-Aktionen, die zur Aufwiegelung dienen sollten. Es wurden auch ganz reale Demonstrationen und Kampagnen organisiert, beispielsweise im Juni 2016 in der Hauptstadt Washington unter dem Motto »Unterstützt Hillary. Rettet die amerikanischen Muslime«. Geworben wurde dafür auf der Facebook-Seite von United Muslims of America. Auf der Demo wurden Schilder mit einem angeblichen Zitat von Hillary Clinton gezeigt: »Ich denke, die Scharia wird der Freiheit eine neue starke Richtung geben.« Muellers Ermittler fanden bei ihrer Untersuchung heraus, dass Mitarbeiter der russischen IRA diese und andere Transparente vier Tage vor der Demonstration bestellt hatten.[44]

Die ebenfalls von der IRA aus betriebene Facebook-Seite Being Patriotic hatte in Wahlkampfzeiten bis zu 200 000 Follower und rief zu Demonstrationen und sogenannten Flash Mobs auf, berichtete The Daily Beast.[45] Die Seite warb unter anderem für eine »Down With Hillary«-Demo vor Clintons Wahlkampfzentrale in New York, eine Pro-Trump-Demonstration am 11. September in Manhattan sowie für Miners-for-

Trump-Demonstrationen in Philadelphia und Pittsburgh im Oktober. Auch über den mit Being Patriotic verbundenen Twitter-Account march_for_trump wurden diese Veranstaltungen organisiert.

Dass Twitter genauso von dieser Schwemme von Fake News betroffen war, macht die Sache umso schlimmer. Die *New York Times* zählte im Juli 2016 einige der absurdesten Beispiele auf der Kurznachrichtenplattform auf:

»Der Meinungsforscher in Hillary Clintons Wahlkampfteam, Joel Benenson, habe ein geheimes Memo geschrieben, in dem er Pläne zur Rettung der Clinton-Kandidatur durch einen radiologischen Angriff am Wahltag darlegte, durch den der Urnengang ausfallen sollte. Der leitende Stratege der Clinton-Kampagne, John Podesta, praktiziere okkulte Rituale mit verschiedenen Körperflüssigkeiten. Hillary Clinton bezahle angeblich Meinungsforscher dafür, Ergebnisse zu verfälschen. Der Tweet, so die *New York Times*, wurde von Donald Trump Jr. veröffentlicht. Angeblich existiere eine Spur verdächtiger Todesfälle von zahlreichen Feinden Hillary Clintons.«[46]

Im September 2017 übergab Twitter an den Geheimdienstausschuss des US-Kongresses eine Liste mit rund 3000 Accounts, die während des Wahlkampfs aktiv waren und nach intensiven Recherchen von Twitter der russischen Desinformationskampagne zugeschrieben wurden.[47] Weitere Untersuchungen des Unternehmens ergaben, dass zwischen den Jahren 2013 und 2018 mehr als neun Millionen Tweets auf 3800 Konten abgesetzt wurden, die aus der St. Petersburger Trollfabrik stammten. Entdeckt wurden auch mehr als eine Million Tweets auf insgesamt 770 Konten, die dem Iran als Quelle zugeordnet wurden. Ein Beleg dafür, dass auch der islamische Gottesstaat die Desinformation als Waffe entdeckt hat.

Twitter veröffentlichte das gesamte Archiv »im Einklang

mit unseren strengen Grundsätzen der Transparenz«, wie das Unternehmen damals mitteilte, zu wissenschaftlichen Zwecken, um »ausländische Einflussnahme und Informationskampagnen besser zu verstehen«.[48]

Forscher der Universität von Washington entdeckten bei eingehenden Analysen der russischen Tweets nicht nur Beispiele für rassistische, ausländer- oder frauenfeindliche Propaganda, sondern durchaus auch Inhalte, die sie eher dem linken Spektrum zuordneten – was sie anscheinend noch mehr verwirrte. Die Forscher seien selbst im Zweifel gewesen, ob es sich dabei um Propaganda gehandelt habe, schreibt die Leiterin der Untersuchung, Kate Starbird, die Krisenkommunikation und Verschwörungstheorien erforscht, in einem Beitrag für das Webportal Medium. Die Erkenntnisse aus ihrer Studie fasste sie so zusammen:

»Diese IRA-Agenten ahmten Karikaturen von politisch aktiven US-Bürgern nach. Dabei handelte es sich manchmal um grobe Karikaturen der schlimmsten Art von Online-Aktivisten, die sich einer vergifteten Rhetorik bedienten. In anderen Fällen schien es sich um ganz gewöhnliche Menschen zu handeln, Menschen, die sich um die Dinge kümmern, die uns wichtig sind, Menschen, die das wollen, was wir auch wollen, Menschen, die unsere Werte und Lebenseinstellungen teilen.«[49]

Erstens, so Starbirds Erkenntnis, zielten diese Kampagnen »auf uns innerhalb unserer Online-Gemeinschaften ab, also dort, wo wir uns Gehör verschaffen, soziale Verbindungen herstellen und politische Aktionen organisieren«. Die Agenten infiltrierten die Gemeinschaften, indem sie sich wie andere Mitglieder dieser Gruppen verhielten, Vertrauen aufbauten und ein Publikum gewönnen. »Zweitens dienen diese Operationen dazu«, stellte die Forscherin fest, »dieses Vertrauen für verschiedene Ziele zu nutzen, um diese Gemeinschaften auf die strategischen Ziele der Betreiber (in diesem Fall der russischen Regierung) auszurichten. Eines dieser Ziele ist es, ›Spaltung zu säen‹, Druck auf die Bruchlinien in unserer Gesellschaft auszuüben.« Eine gespaltene Gesellschaft, die sich gegen sich selbst wende, so das bedrückende Fazit, die »zusammenkommen und keine gemeinsame Basis finden« könne, sei »eine Gesellschaft, die leicht manipulierbar ist«.[50]

Das Ausmaß und die Perfidie dieses Propagandafeldzugs sind bedrohlich. Es wirkt, als hätten die russischen Trolle die bei Cambridge Analytica erprobten Methoden übernommen. Oder umgekehrt. Dass Trumps Wahlkampfhelfer, darunter auch sein Schwiegersohn Jared Kushner, sich offenbar mit den russischen Informationskriegern eingelassen hatten, mutet noch immer an wie der Plot aus einer drittklassigen Politsatire. Nur ist es leider die Realität in einer Gesellschaft, durch die nicht erst seit Trump ein tiefer Riss geht.

Welche Bedeutung allein Facebook für die beiden Wahlkampfteams von Trump und Clinton hatte, zeigt eine interne Untersuchung des Social-Media-Konzerns, über die *Bloomberg News* 2018 erstmals berichtete.[51] Demnach schaltete Trump zwischen Juni und November 2016 auf Facebook 5,9 Millionen verschiedene Versionen von Anzeigen, während es bei Clinton gerade mal 66 000 waren. Beide Kampagnen hätten »viel Geld für Facebook ausgegeben«, schreibt laut *Bloomberg* der Autor des internen Papiers und nennt für diesen Zeitraum 44 Millionen Dollar für Trump und 28 Millionen Dollar für Clinton, die Facebook an Einnahmen generiert habe. Das bedeutet, Trumps Kampagne war mit ihrem eingesetzten Budget um ein Vielfaches erfolgreicher als die von Hillary Clinton. Trumps Team setzte konsequent auf Beiträge, die das Potenzial hatten, im Netz viral zu gehen, d. h. vor allem tausendfach geteilt zu werden. Trump setzte 84 Prozent seines Budgets ein, um die

Nutzer zu Aktionen aufzufordern, etwa zu spenden. Bei Hillary Clinton waren es nur 56 Prozent. »Trumps FB-Kampagnen waren komplexer als Clintons«, so der Autor, »und nutzten die Fähigkeit von Facebook, die Ergebnisse zu optimieren, besser aus.« Trumps Team habe sich bei den Anzeigen darauf konzentriert, »diejenigen zu verbreiten, die das meiste Facebook-Engagement generierten«.[52] Und damit, so ist das zu verstehen, deutlich mehr Reichweite für das eingesetzte Geld erzielt.

Und dazu kam noch die Unterstützung der russischen Trolle. Wie wirksam war die Desinformationskampagne der Russen, und was lässt sich daraus generell für Wahlkämpfe über die sozialen Medien ableiten? Zur russischen Trollfabrik IRA gibt es zahlreiche Studien, aber in harten Zahlen wird sich die Frage nach deren Einfluss auf die US-Wahl vermutlich nie beantworten lassen. Eine der tiefgehendsten Analysen über die russische Propaganda auf Facebook, Instagram, Twitter und Google lieferte im Auftrag des Geheimdienstausschusses des US-Senats das international renommierte Computational Propaganda Project der Universität von Oxford in Zusammenarbeit mit dem Marktforschungsinstitut Graphika.[53]

Laut dieser Studie teilten von 2015 bis 2017 mehr als 30 Millionen Menschen die IRA-Inhalte über Facebook und Instagram, wobei die Texte, Videos, Memes und Bilder gezielt in wichtigen Momenten des Wahlkampfs gespielt worden seien, um Trump zu unterstützen. Dazu zählten nach den Erkenntnissen der Forscher Fernsehdebatten, die großen Kongresse der Parteien und der Wahltag selbst. Die russischen Aktivitäten hätten sich auf einige Hauptziele konzentriert, so die Autoren der Studie weiter. Unter anderem »afroamerikanische Wähler von der Wahl abhalten und ihnen falsche Informationen darüber geben, wie sie wählen sollten; afro- und lateinamerikanische Wähler veranlassen, der US-Regierung zu misstrauen; rechtsextreme Wähler ermutigen, konfrontativer zu sein; und Fake News und Verschwörungstheorien verbreiten«.[54] So hätten die Botschaften an Afroamerikaner vor allen Dingen darauf abgezielt, sie von der Wahl abzuhalten, indem sie den Ärger über strukturelle Ungleichheiten gegen die schwarze Bevölkerung ausnutzten, darunter Polizeigewalt, Armut und unverhältnismäßig hohe Haftstrafen. Auf ähnliche Weise wurden nach den Erkenntnissen der Forscher gezielt LGBT- und liberale Wähler angesprochen. Auch bei diesen Gruppen ging es vorrangig darum, das Vertrauen in das politische System zu erschüttern. Konservative und damit potenzielle Trump-Wähler wiederum wurden ermuntert, zur Wahl zu gehen. Um die Wähler anzustacheln, seien Minderheiten diffamiert worden, insbesondere Muslime. Erwähnt werden in dem Bericht unter anderem Behauptungen über die Burka, pauschale Aussagen über Muslime als Terroristen und über sexuell Andersdenkende.[55]

Interessant war auch die Erkenntnis der Oxford-Forscher, dass die russische Kampagne nicht mit dem Wahlerfolg Trumps endete. Im ersten Halbjahr danach seien die Aktivitäten der Gruppe bei Instagram um 238 Prozent, bei Facebook um 59 Prozent und bei Twitter um 52 Prozent gestiegen. Im Dezember 2016 sei zweimal ein besonders starker Anstieg der Aktivitäten zu verzeichnen gewesen. Zum ersten Mal am 29. Dezember, dem Tag, an dem der noch amtierende Präsident Barack Obama die Ausweisung von 35 russischen Diplomaten wegen Wahlbeeinflussung bekannt gegeben habe. Der nächste Sprung erfolgte am Tag darauf, als Russlands Präsident Putin ankündigte, er werde nicht mit Aktionen gegen die Vereinigten Staaten reagieren.

Die Kooperationsbereitschaft der Unternehmen bei dieser Studie war offenbar nicht allzu ausgeprägt. Die von Google bereitgestellten Daten von 2014 bis 2018 seien »bemerkenswert knapp« gewesen, hielten die Forscher aus Oxford in ihrem Bericht fest: Einzig Twitter habe »eine riesige Menge detaillierter Account-Informationen über die Twitter-Accounts« geliefert, »von denen das Unternehmen wusste, dass sie von IRA-Mitarbeitern verwaltet wurden«. Doch die Twitter-Daten seien »unorganisiert« gewesen, so die Wissenschaftler, und das Unternehmen hätte es »wiederholt versäumt«, mit ihnen »zusammenzuarbeiten, um die russischen Einflussoperationen der letzten zwei Jahre zu verfolgen«.[56] Da Google keine Zahlen darüber lieferte, wie oft in Russland erstellte Videos auf Youtube aufgerufen oder geteilt wurden, seien sie gezwungen gewesen, über alternative Websites nach den Videos zu suchen, um nachzuvollziehen, welche Reichweite die Propaganda erzielt habe. Facebook wiederum habe keine Kommentare von Nutzern zu den russischen Posts bereitgestellt, dadurch sei es schwierig gewesen, zu beurteilen, wie die Propaganda aufgenommen wurde. Die Aussage des Unternehmens, man habe nur »ein paar Hunderttausend Dollar an Anzeigen« von russischen Akteuren eingenommen, wurde in der Studie als »abwegig« bezeichnet. Tatsächlich hätten russische Agenten »weit mehr als diese 100 000 Dollar an Facebook-Anzeigen« ausgegeben, schlussfolgerte der Bericht aus den eigenen Erkenntnissen über die Frequenz und Verbreitung der Inhalte.[57]

Einige Mitglieder des Geheimdienstausschusses fühlten sich von den Konzernen hinters Licht geführt. »Viele Monate haben wir die Social-Media-Unternehmen gedrängt, Querschnittsanalysen durchzuführen, ohne Erfolg, selbst als wir so viele ihrer Daten wie möglich veröffentlicht hatten«, klagte der demokratische Abgeordnete Adam Schiff aus Kalifornien laut *New York Times*. Die Weigerung der Unternehmen, sich »eingehend mit der russischen Einmischung auseinanderzusetzen«, erklärte Schiff, habe »unsere Aufgabe weitaus schwieriger gemacht, als sie hätte sein sollen«.[58] Das Parlament hat keine Handhabe, die Konzerne zur Herausgabe ihrer Daten zu zwingen.

Etwa Mitte 2017 seien die Aktivitäten der IRA gestoppt worden, fanden die Datenforscher von der Universität Oxford heraus. Damals hatten Facebook, Twitter und andere große Plattformen angekündigt, sie würden die Werbung für Agenturen abschalten, die Fake News verbreiteten. Weitere Vorkehrungen betrafen neue Vorsichtsmaßnahmen bei der Platzierung von Anzeigen innerhalb von Videos, wenn diese Fake News beinhalteten. Außerdem, so Facebook-Chef Mark Zuckerberg, werde man das Interesse werbetreibender Unternehmen berücksichtigen, nicht mit Inhalten verbunden zu werden, »die ihre Marken in keinem guten Licht erscheinen lassen«. Die neuen Richtlinien verlangten von den Anzeigenkunden eine »authentische, etablierte Präsenz auf Facebook« und den Nachweis, dass »sie diejenigen sind, für die sie sich ausgeben, und seit mindestens einem Monat ein Profil oder eine Seite auf Facebook haben«. Zuckerberg beteuerte, alle Accounts, die mutmaßlich von der IRA betrieben wurden, seien geschlossen worden. Außerdem werde Facebook künftig künstliche Intelligenz einsetzen, um »bösartige Aktivitäten« bei Wahlen in Frankreich, Italien und bei der außerordentlichen Senatswahl in Alabama aufzudecken.

Er glaube, so Zuckerberg, dass »die neue Technologie dazu beitragen werde, die Integrität von Wahlen auf der ganzen Welt vor Manipulationen über Facebook zu schützen«.[59]

Die Senatswahl in Alabama im Dezember 2017 ist insoweit sehr bemerkenswert, als sich der demokratische Bewerber Doug Jones mit 49,9 Prozent der Stimmen denkbar knapp gegen seinen republikanischen Kontrahenten Roy Moore durchsetzte, der 48,8 Prozent erreichte. Zum ersten Mal seit

25 Jahren konnten die Demokraten einen Sieg in dem erzkonservativen Bundesstaat erringen. Die Wahl war notwendig geworden, weil der bisherige Mandatsträger Jeff Sessions zum Justizminister ernannt wurde und seinen Sitz im Senat räumen musste.

Bemerkenswert war dieser Wahlgang aber noch aus einem anderen Grund, wie die *New York Times* und die *Washington Post* erst im Dezember 2018 enthüllten.[60] Auch in Alabama wurde während des Wahlkampfs Propaganda mit Fake News betrieben, diesmal aber von der anderen Seite. Eine verdeckte Aktion sollte der Unterstützung des demokratischen Kandidaten Jones dienen.

Laut den Zeitungsmeldungen richtete eine Gruppe von Social-Media-Experten unter anderem eine Facebook-Seite ein, die den Anschein erwecken sollte, als stamme sie von konservativen Bürgern aus Alabama. Das Ziel war, die Republikaner zu spalten und einen konservativen Kandidaten zu fördern, der nur deshalb aufgestellt wurde, um dem aussichtsreichsten Kandidaten Moore Stimmen abzunehmen. Zudem richteten die demokratischen Kampagneros Tausende von Twitter-Accounts ein, die wirken sollten, als würden automatisierte russische Accounts, sogenannte Bots, Moore folgen und ihn unterstützen. Potenzielle Wähler Moores sollten also offenbar verunsichert werden. Über diese scheinbare russische Unterstützung für Moore wurde in den Medien breit berichtet. Wie gesagt, Moore verlor die Wahl äußerst knapp. Einige Zehntausend Stimmen mehr reichten seinem demokratischen Widersacher zum Sieg.

Die Reaktion der Demokraten auf die Enthüllung war durchaus widersprüchlich. Als sie mehr als ein Jahr zuvor von »Russlands heimlicher Einflusskampagne« erfahren hätten, mit der »Hillary Clinton geschädigt und Donald J. Trump im

Präsidentschaftswahlkampf 2016 gefördert werden sollte«, schreibt die *New York Times*, seien sie »schockiert« gewesen. »Aber zumindest einige wenige Demokraten waren der Meinung, dass ihre Partei solche Taktiken nicht völlig vermeiden könne, wenn andere sie weiterhin anwenden würden.«[61]

Vollends absurd wird es, wenn man die weiteren Hintergründe des Alabama-Skandals beleuchtet. Das Geld für die klandestine Propagandaaktion kam laut *New York Times* vom Mitgründer der Businessplattform Linkedin, Reid Hofman. Als die Sache aufflog, beteuerte Hoffman, er habe davon keine Ahnung gehabt. Der Milliardär, ein prominenter Unterstützer der Demokraten, hatte ursprünglich 750 000 US-Dollar in das Unternehmen American Engagement Technologies gesteckt, das sich mit der Erforschung von Social Media bei politischen Entscheidungen beschäftigte. Der Chef dieses Unternehmens war Mikey Dickerson, ein früherer Google-Mitarbeiter. Er hatte unter Präsident Obama den United States Digital Service gegründet, einen Dienst zur Digitalisierung der Dienstleistungen von Regierung und staatlicher Verwaltung. Über American Engagement Technologies, so die *New York Times*, seien 100 000 US-Dollar an eine Firma namens New Knowledge weitergereicht worden, die dann die schmutzigen Aktionen gegen den republikanischen Kandidaten durchgeführt haben soll.[62]

Nach Bekanntwerden des Skandals schloss Facebook fünf Konten, die sich auf die Firma New Knowledge zurückführen ließen. Twitter habe die Frage, ob irgendwelche Maßnahmen ergriffen worden seien, nicht beantwortet, berichtete die *New York Times*. Die Demokraten und ihr siegreicher Kandidat Doug Jones hätten sich umgehend von der Aktion distanziert. Den unfreiwilligen Finanzier der ganzen Operation, Reid Hoffman, zitierte die Zeitung mit den Worten: »Wir können nicht zulassen, dass unehrliche Wahlkampftaktiken in unserer Demokratie ungeprüft bleiben – egal, welcher Seite sie angeblich helfen.«[63]

Der Fall zeigt: Nicht nur Populisten wie Trump, der Brexiteer Nigel Farage oder die russischen Informationskrieger haben das Mikrotargeting für Stimmungsmache und den Kampf um Wählerstimmen entdeckt. Einer der Pioniere auf diesem Gebiet war ein demokratischer Präsidentschaftskandidat, der im Jahr 2008 als Außenseiter ins Rennen ging: Barack Obama. Er und sein Team hatten mit »Yes, we can!« nicht nur eine genial einfache Botschaft gefunden, die für den gesellschaftlichen Wandel stand, sondern sie gehörten auch zu den Ersten, die über Internet und Social Media für ihre Ziele und die Mobilisierung der Wähler warben. Der Datenspezialist Christopher Wylie, der später bei Cambridge Analytica für korrupte Regierungen und rechte Populisten arbeiten sollte, berichtet in seinem Buch, wie er als Achtzehnjähriger zusammen mit anderen Mitarbeitern der kanadischen Liberalen in die USA geschickt wurde. Das Ziel war, so Wylie, sich »mit verschiedenen Facetten seines Wahlkampfs zu beschäftigen und herauszufinden, welche seiner Taktiken man bei künftigen Wahlkampagnen fortschrittlicher kanadischer Politiker kopieren konnte«.[64]

In Obamas Team habe er Ken Strasma kennengelernt, fährt Wylie fort, »zuständig für das Targeting, die Bestimmung von Zielgruppen und deren exakte Anvisierung mit spezifisch auf sie zugeschnittenen Werbebotschaften«. Der habe ihm die Wahlkampfstrategie erläutert: »›Alles, was wir tun‹, sagte er, ›basiert auf dem Wissen darüber, wen genau wir mit welchen Themen ansprechen müssen.‹« Mit anderen Worten, so Wylie, »das Rückgrat der Kampagne waren Daten«.[65] Über Fake News oder ausländische Einmischung bei den Wahlen 2008 und 2012, sollte man hinzufügen, ist bislang nichts bekannt.

Auch ein junger Praktikant aus Frankreich, Guillaume Liégey, arbeitete 2008 mit in Obamas Team. Er hatte sich bereits während seines Studiums an der HEC in Paris (École des hautes études commerciales) und in Harvard intensiv mit Datenanalysen und Social Media beschäftigt. Die Mitarbeit bei Obamas erster Kampagne, so erzählte mir Liégey in einem Gespräch im März 2018, habe ihn auf die Idee gebracht, später in Frankreich zusammen mit zwei Partnern ein Start-up für Wahlkampftechnologien zu gründen. Mit Liegey Muller Pons (LMP), so der Name der Firma, war Liégey eigenen Angaben zufolge bereits als Datenanalyst in Wahlkämpfen in vierzehn Ländern Europas tätig. Der bislang prominenteste Kunde war sicherlich der französische Präsidentschaftskandidat Emmanuel Macron. Ab 2015 koordinierte LMP den Wahlkampf des damals noch weitgehend unbekannten Bewerbers und – nach deren Gründung 2016 – seiner Bewegung La République en Marche. Reine Intuition reiche »für moderne Wahlkämpfe einfach nicht mehr aus«, so der Firmengründer im Gespräch in Hamburg: »Man muss seine potenziellen Wähler erkennen und wissen, welche Nachrichten bei ihnen ankommen, und wie man sie übermitteln muss.« Big-Data-Analysen lieferten die Grundlagen, aber erst die Kombination aus »Daten, Technik und Menschen« bringe den Erfolg. »Wenn Sie mir sagen, wo Sie wohnen, sage ich Ihnen, wen Sie wählen werden«, meinte Liégey. Das alles geschehe, versicherte er, »selbstverständlich unter Einhaltung der Datenschutzregeln, die in Europa strenger sind als in den USA«.[66]

Deshalb stoßen reine Social-Media-Wahlkämpfe in Europa an ihre Grenzen, weil das Wissen über einzelne Personen und ihre Lebensumstände nicht so tief reicht wie in den USA. Jedenfalls, wenn man die Bestimmungen des Datenschutzes nicht verletzen will. Unter anderem deshalb setzte Liégey bei Macron auf eine Kombination aus Datenanalyse und klassischem Haustürwahlkampf. Der Erfolg schien ihm recht zu geben.

Die Welle der Fake News machte aber nicht vor den Grenzen des Kontinents halt. Es sei ein »erfolgreiches Jahr für Lügen, Hetze und Fakes« gewesen, meldete das Newsportal Buzzfeed über das Jahr 2018. Demnach waren die Top Fünf der – nach Interaktionen auf Facebook gemessenen – erfolgreichsten Falschmeldungen:

»Staat zahlt Harem 7500 Euro im Monat: Syrer lebt jetzt mit zwei Ehefrauen und acht Kindern in Deutschland
Afrikaner schneidet Baby den Kopf ab, und keiner in Deutschland berichtet darüber
Laut Merkel ist Flüchtlingen bei den Tafeln unbedingter Vorrang zu geben
Claudia Roth: Im Ramadan soll ein Verkaufsverbot für Alkohol bestehen
GEZ-Urteil: Verfassungsrichter und Urheber des Rundfunkbeitrags sind Brüder«[67]

Da sind sie alle versammelt, die Hassfiguren der Trolle im Netz: Kanzlerin Merkel und die Flüchtlinge, die prominente Grüne Claudia Roth, die »Lügenpresse«, die angeblich nicht über bestimmte Straftaten berichten darf, weil es politisch unerwünscht sei, und die GEZ, die für den verhassten öffentlich-rechtlichen Rundfunk die Gebühren eintreibt (auch wenn sie gar nicht mehr GEZ heißt).

Insgesamt hatten die acht erfolgreichsten Falschmeldungen 2018 mehr Facebook-Interaktionen als fast alle Artikel der größten Nachrichtenseiten in Deutschland. Und auch hier – wie in den USA – mischten die Russen mit ihren Trollfabriken wieder kräftig mit. Die Nummer eins der Falschnachrichten auf Facebook – die mit dem Harem – stammte von der in Russland registrierten Webseite anonymousnews.ru. Allein dieser Beitrag generierte insgesamt 148 000 Facebook-Interaktionen.[68] Zum Vergleich: Nur die *Süddeutsche Zeitung* hatte im Jahr 2018 einen Artikel, der mehr Interaktionen erzeugte. Er war überschrieben mit »Der Untergang«. Dabei ging es um die von der Wochenzeitung *Die Zeit* angestoßene Debatte, ob man Flüchtlinge in Seenot retten solle oder nicht. Dass man darüber überhaupt diskutiere, so die *Süddeutsche Zeitung* damals, sei »der erste Schritt in die Barbarei«.[69] Keine andere der 50 meistgelesenen deutschen Nachrichtenseiten – nicht *Bild*, *Spiegel*, *Focus*, *Welt* oder *stern* – hatte im Jahr 2018 einen Beitrag mit so vielen Interaktionen auf Facebook. Insgesamt konnten nach dieser Zählung die acht erfolgreichsten Falschmeldungen fast 768 000 Facebook-Interaktionen generieren, im Jahr davor waren es laut Buzzfeed weniger als eine halbe Million. Facebooks Veränderungen an seinem Newsfeed nach den Diskussionen über die US-Wahl 2016 hätten »den Verschwörungsmedien in Deutschland offenbar nicht geschadet«, sondern seien »vielleicht zu ihrem Vorteil« gewesen, bilanzierte Buzzfeed.[70]

Die deutschen Nachrichtendienste waren ohnehin schon alarmiert. Seit 2014 beobachteten sie »eine neue Phase russischer Beeinflussungsaktivitäten«, wie es in einem vertraulichen Bericht an das Kanzleramt heißt.[71] Aufgeschreckt hatten die Sicherheitsbehörden Meldungen wie diese, die im Jahr 2017 auf anonymousnews.ru zu lesen war: »Alarmstufe Rot! Eine Whistleblowerin packt aus: Die Vorbereitungen für einen Völkermord in Deutschland 2017«. Die Regierung beherberge in Bunkern Tausende bewaffnete Muslime, sie warteten nur auf den Befehl zum Losschlagen. Das habe eine Ingenieurin auf dem Sterbebett offenbart. Auch das Anfang 2018 in Litauen verbreitete Gerücht, Bundeswehrsoldaten hätten sich an einem Mädchen vergangen, passt ebenso in dieses Raster wie der 2016 zur Staatsaffäre hochgekochte »Fall Lisa« – das dreizehnjährige russlanddeutsche Mädchen hatte behauptet, von »Südländern« entführt und vergewaltigt worden zu sein, russische Staatsmedien warfen deutschen Behörden daraufhin vor, den Fall zu vertuschen. Später stellte sich heraus, dass das Mädchen die Tat nur vorgetäuscht hatte.[72]

Die EU-Kommission reagierte auf die nicht zu übersehende Zunahme an Fake News, indem sie einen Verhaltenskodex zur Bekämpfung von Desinformation entwickelte und die großen Plattformbetreiber zur Unterzeichnung aufforderte, was im Oktober 2018 dann auch geschah. Es sei weltweit das erste Mal, teilte die zuständige EU-Kommissarin Mariya Gabriel damals mit, dass sich die Unternehmen auf freiwilliger Basis zur Bekämpfung von Desinformation bekennen würden.[73]

Immerhin, es bewegte sich etwas, wenn auch in kleinen Schritten. Die Kommission forderte deshalb drei Monate nach der Unterzeichnung die Unternehmen auf, ihre Anstrengungen im Vorfeld der Europawahlen 2019 zu intensivieren. »Es wurden einige Fortschritte erzielt, insbesondere bei der Entfernung von Scheinkonten und der Begrenzung der Sichtbarkeit von Websites, die Desinformation verbreiten«, so die Kommission.[74] Zusätzliche Maßnahmen seien jedoch nötig, um »in allen EU-Mitgliedstaaten für die volle Transparenz der politischen Werbung zu sorgen, einen angemessenen Zugang zu den Daten der Plattformen zu Forschungszwecken zu ermöglichen und durch Kontaktstellen im Frühwarnsystem eine entsprechende Zusammenarbeit zwischen den Plattformen und einzelnen Mitgliedstaaten zu gewährleisten«.[75]

Das Thema ist komplex, deshalb kann die Initiative nicht mehr als ein Anfang sein. Immerhin nimmt sie Unternehmen wie Facebook, Google und Twitter in die Pflicht, Zugänge für die unabhängige Forschung zu erleichtern, mehr dafür zu tun, den Fake-News-Verbreitern die finanziellen Grundlagen zu entziehen, sowie gefälschte oder verdächtige Profile und automatisierte Systeme schneller als bisher zu sperren. Auch die Zusammenarbeit mit unabhängigen Faktencheckern ist eine Errungenschaft dieser neuen Vereinbarung.

Doch der Kampf gegen Desinformation im Netz ist langwierig und äußerst mühsam. Das zeigt auch die Arbeit des US-Sonderermittlers Mueller. Im März 2020 übergab er seinen Abschlussbericht an das US-Justizministerium. Insgesamt erhob Mueller Anklage in 30 Fällen. Zu Verurteilungen wegen Spionage kam es bislang nicht, weder für US-Bürger noch für russische Staatsangehörige. Urteile ergingen bisher nur in relativ unspektakulären Fällen. Trumps Berater Richard Gates stellte sich als Kronzeuge zur Verfügung und wurde nach einem Deal wegen Falschaussagen gegenüber dem FBI und Verschwörung zu 45 Tagen Wochenendhaft, 20 000 US-Dollar Geldstrafe und 300 Stunden Sozialarbeit verurteilt. Trumps Wahlkampfmanager Paul Manafort wurde 2019 wegen Steuerhinterziehung und Bankbetrug zu drei Jahren und elf Monaten Haft verurteilt.[76]

Viele der Prozesse waren im Sommer 2020 noch nicht abgeschlossen. Präsident Trump hatte für die zweijährigen Ermittlungen Robert Muellers ohnehin nur ein einziges Wort übrig: »Hexenjagd«.[77]

Jetzt blickt die Welt gespannt auf den Präsidentschaftswahlkampf 2020, der unter Corona-Bedingungen stattfindet. Donald Trump bemüht sich bereits nach Kräften, im Rahmen seiner Kampagne zur Wiederwahl unablässig Zweifel an der Legitimität der Briefwahl zu säen. Damit knüpft er nahtlos an die Taktik der voter supression aus dem Wahlkampf 2016 an. So twitterte er beispielsweise am 27. Mai: »Es führt KEIN WEG (NULL!) daran vorbei, dass Briefwahl-Stimmzettel im Wesentlichen betrügerisch sein werden. Briefkästen werden ausgeraubt, Stimmzettel werden gefälscht & sogar illegal ausgedruckt & mit gefälschten Unterschriften versehen.« Der Tweet wurde rund 49 000-mal weitergeleitet und erhielt 123 000 Likes. Also alles wie gehabt? Nicht ganz. Es war der erste Präsidenten-Tweet, den Twitter mit einem Warnhinweis versah.[78] Trumps Behauptung, Briefwahl-Stimmzettel führten zu Wahlbetrug, sei »unbegründet«.

10. Die Krise der Glaubwürdigkeit

Journalismus und Politik in der Kritik

Trump reagierte prompt auf den Faktencheck durch Twitter, und er tat das, was er gerne tut, wenn er aufmüpfiges Verhalten wittert: Er drohte mit Strafe. Einen Tag nach dem Warnhinweis, am 27. Mai 2020, twitterte @realDonald Trump, die Republikaner hätten das Gefühl, dass »die sozialen Plattformen konservative Stimmen total zum Schweigen« brächten. »Wir werden sie«, so der Präsident weiter, »streng regulieren oder zusperren, bevor wir zulassen, dass das jemals geschieht.«[1]

Dass ihm ausgerechnet sein bevorzugtes Medium in den Wochen vor der Wahl Paroli bot, schien Trump richtiggehend in Rage gebracht zu haben. Bereits einen Tag nach der getwitterten Ankündigung unterschrieb er eine Präsidialverfügung, mit der die sozialen Netzwerke stärker reglementiert werden sollen. Die Begründung: Es gehe um den Schutz von Meinungsfreiheit und Demokratie, so Trump bei der Unterzeichnung im Oval Office. Die großen Online-Plattformen versuchten, Ansichten zu unterdrücken, die ihrem politischen Standpunkt nicht entsprächen.[2]

Die Konservativen als Opfer der sozialen Medien: Ein Klageruf, der aus dem Munde des amtierenden Präsidenten besonders absurd klingt. Kaum ein anderer Politiker nutzt Twitter so konsequent wie Trump, um seine Botschaften ungefiltert unters Volk zu streuen. Rund 54000 Tweets hat er seit Bestehen des Accounts abgesetzt[3], seinen Wahlerfolg verdankt er sicherlich zu einem nicht geringen Teil einer konsequenten Social-Media-Kampagne, die zudem noch kräftig von konservativen bis rechtsextremen Gruppen unterstützt wurde, ohne dass eine der Plattformen nennenswert eingegriffen hätte. Rechercheure der *Washington Post* haben nachgezählt und herausgefunden, dass Trump während seiner Amtszeit von Januar 2017 bis Juli 2020 mehr als 20000 falsche oder irreführende Behauptungen aufgestellt hat. Diese Rechnung bezieht sich nicht nur auf Twitter, sondern auch auf Pressekonferenzen, Fernsehauftritte und öffentliche Veranstaltungen, was die Sache nicht besser macht. Die Zeitung sprach von einem »Tsunami von Unwahrheiten«, der vom Oval Office ausgehe.[4]

Im November 2012 hatte Trump noch per Tweet bekannt: »Ich liebe Twitter … Es ist, als würde man seine eigene Zeitung besitzen – ohne die Verluste.«[5] Doch seit Twitter und in der Folge auch Facebook ihre Politik in Bezug auf Fake News geändert haben und er damit rechnen muss, dass seine Falschaussagen kommentiert, korrigiert oder gar gesperrt werden, scheint die Liebe etwas erkaltet zu sein.

Trumps Verfügung, wenn sie Gesetz würde, träfe nicht nur Twitter, sondern auch die anderen großen sozialen Netzwerke, die bislang nach der sogenannten »Section 230« in Sachen Meinungsfreiheit umfassenden rechtlichen Schutz genießen. Nach dieser Bestimmung werden sie nicht für die von Nutzern veröffentlichten Inhalte verantwortlich gemacht, mit wenigen Ausnahmen wie beispielsweise Darstellungen von Kindesmissbrauch oder Urheberrechtsverletzungen. Zugleich haben die Online-Plattformen die Möglichkeit, auf eigene Veranlassung gegen bestimmte Inhalte oder Nutzer vorzugehen. Trumps Justizminister William Barr sagte laut *Handelsblatt*, diese Klausel solle nicht abgeschafft, aber reguliert werden. Sie sei weit über ihren ursprünglichen Zweck hinaus strapaziert worden.[6]

Jetzt prüft die Regierung die rechtlichen Möglichkeiten. Sollte aus der Verfügung jemals ein Gesetz werden, wäre das ein gefährlicher Schnellschuss mit unabsehbaren Folgen für die Meinungsfreiheit im Netz. »Twitter hat eine Aufklärungsdrohne geschickt, Donald Trump hat mit einer Atombombe geantwortet«, kommentierte die *Süddeutsche Zeitung*.[7]

Die Diskussion, wer die Verantwortung für die in den sozialen Netzwerken publizierten Inhalte trägt, wird seit einigen Jahren mit zunehmender Intensität diskutiert, nicht nur in den USA. Auch in Deutschland stellte sich schon bei der Einführung des Netzwerkdurchsetzungsgesetzes (NetzDG) 2017 die Frage, ob man die Verantwortung für die Inhalte auf die Internetkonzerne verlagern kann oder gar muss, beispielsweise um die Flut an Hassmails und Falschnachrichten einzudämmen. Sind sie nur die Dienstleister, die Bedienoberflächen, Datenleitungen und -speicher bereitstellen, damit die Nutzer ihre Fotos, Videos und Texte miteinander teilen können? Oder sind sie eher den journalistischen Medien gleichzustellen, die für die von ihnen verbreiteten Inhalte haften?

Die Wahrheit ist, dass es auf diese zentrale Frage keine einfache Antwort gibt. Es ist offensichtlich, dass die Inhalte auf den sozialen Plattformen nicht neutral sind, sondern nach den Regeln der Konzerne veröffentlicht werden – nach den Algorithmen, die für niemanden außerhalb der Strategie- und Entwicklungsabteilungen bei Facebook, Twitter und den anderen Konzernen zu durchschauen sind. Es gibt keine Transparenz, es ist nicht klar, welche Prioritäten gesetzt werden, welchen inneren Richtlinien sie folgen, wessen Interessen berücksichtigt werden. Die Gemeinschaftsstandards sind eher wachsweich, und auch der bislang einzige existierende Verhaltenskodex, den die Europäische Kommission 2018 den Unternehmen abgerungen hat, ist nicht mehr als eine Absichtserklärung. Immerhin führte er, wie beschrieben, zur millionenfachen Löschung von Hassmails und Fake News. Aber das ist immer noch ein verschwindend kleiner Teil dessen, was in den sozialen Netzwerken stattfindet. Schon allein wegen der unübersehbaren Flut an Einträgen, die sekündlich neu hinzukommen, ist eine effektive inhaltliche Kontrolle unmöglich, weder durch Aufsichtsbehörden noch durch Strafverfolger oder die Konzerne selbst. Die inzwischen rund 35 000 von Facebook eingesetzten Content-Moderatoren sind überfordert. Rein rechnerisch kommen auf jeden Einzelnen dieser Moderatoren mehr als 70 000 Nutzer. Künstliche Intelligenz ist auch kein Allheilmittel, sie stößt an ihre Grenzen, wenn es beispielsweise um Satire geht. Wer legt die Kriterien fest, nach denen die KI programmiert wird? Wer will entscheiden, was sie darf und was nicht?

Es ist eben ein Unterschied, ob Millionen von Menschen ihre eigenen Beiträge weitgehend ungefiltert ins Netz stellen oder ob eine Redaktion Beiträge verfasst, die einen bestimmten Entwicklungsprozess durchlaufen und für die sie jederzeit zur Verantwortung gezogen werden kann. Die Entscheidung darüber, was in den sozialen Netzwerken erlaubt ist und was nicht, darf nicht einer Handvoll Konzerne überlassen werden, die im Wesentlichen auf ökonomische Interessen ausgerichtet sind. Gleichzeitig darf man sie nicht aus dieser Verantwortung entlassen.

Andererseits sind Verbote und Zensur sicher keine Lösung. Die freie Kommunikation und die Meinungsvielfalt im Netz gehören zu den wichtigsten Errungenschaften dieser technischen Revolution. Sie können Menschen zueinander bringen, gegenseitiges Verständnis ermöglichen, politische Graswurzelbewegungen und kulturellen Reichtum fördern. Sie sind auch geeignet, staatliche Zensur wenigstens teilweise zu umgehen, eine Gegenöffentlichkeit zu bilden, wenn die klassischen Medien behindert oder unterdrückt werden. In welches Spannungsfeld selbst die größten Konzerne dabei geraten können, zeigt das Beispiel China, wo das Regime ein freies Internet offenkundig als Bedrohung empfindet und entsprechende Sperrungen und Restriktionen verfügt, wenn die Firmen nicht von sich aus Zugeständnisse machen. Eines dieser Zugeständnisse betrifft die Weiterleitung persönlicher Daten der Nutzer an die chinesischen Sicherheitsbehörden.

Und nun also der Populist Trump, der schon mit Sanktionen droht, wenn seine Tweets einem Faktencheck unterzogen werden. Wenn er könnte und dies rechtlich möglich wäre, so sagte er laut *Handelsblatt* bei der Unterzeichnung der Verfügung, würde er Twitter am liebsten schließen.[8] Einstweilen rief er Ministerien und Bundesbehörden dazu auf, ihre Ausgaben für Werbung und Marketing auf Online-Plattformen zu überprüfen. Eine unverhohlene Drohung mit der ökonomischen Keule.

Es wird ungemütlicher für die Internetkonzerne, wie sich auch bei der Anhörung der vier sogenannten Tech-Giganten Ende Juli 2020 vor dem Kartellrechtsausschuss des US-Kongresses zeigte. Geladen waren die Chefs von Amazon, Apple, Facebook und Google, vier der größten Internetkonzerne der Welt, deren Wert in der Pandemie noch einmal zugelegt hat und die es zusammen auf den sagenhaften Börsenwert von rund fünf Billionen Dollar bringen. Zum ersten Mal traten Jeff Bezos, Tim Cook, Mark Zuckerberg und Sundar Pichai gemeinsam in einer Sitzung auf, wenn auch coronabedingt nur über eine Videokonferenz.

Es ging um die wirtschaftliche Macht der großen Vier, die auch den Politikern in Washington langsam unheimlich wird –

in diesem Punkt sind sich Republikaner und Demokraten über die Parteigrenzen hinweg einig. Der Vorwurf: Die Konzerne würden ihre dramatisch gewachsene Marktmacht missbrauchen, um Konkurrenten zu schädigen und damit den Wettbewerb zu behindern, was am Ende den Verbrauchern schade. Mit ähnlichen Argumenten sollte in den USA schon einmal ein Konzern zerschlagen werden: Microsoft, Ende der 1990er-Jahre. Microsoft-Gründer Bill Gates fand sich danach in einem langwierigen Kartellverfahren wieder. Ähnliches droht auch jetzt, selbst wenn die vier Top-Manager jegliche Vorwürfe von sich wiesen oder sich möglichst ahnungslos gaben. Als die demokratische Abgeordnete Pramila Jayapal, die den Bundesstaat Washington vertritt, Zuckerberg fragte, ob Facebook jemals die Konkurrenz kopiert habe, gab er zur Antwort: »Wir haben sicherlich Funktionen angepasst, die andere eingeführt haben.« Und auf Jayapals Nachfrage, wie viele Unternehmen Facebook denn nun kopiert habe: »Weniger als fünf? Weniger als 50?«, sagte Zuckerberg: »Frau Abgeordnete, ich weiß es nicht.«[9]

Die Republikaner wiederum gingen ganz im Sinne ihres Präsidenten dem Verdacht nach, die Konzerne aus dem Silicon Valley würden konservativen Stimmen nicht genügend Raum bieten. Das ist einigermaßen erstaunlich nach der Flut an Fake News und Pro-Trump-Initiativen, mit denen die sozialen Netzwerke in den vergangenen Jahren regelrecht überschwemmt wurden. Das Misstrauen richtet sich wohl eher gegen die Unternehmensgründer und Top-Manager aus dem Silicon Valley, die aus ihrer persönlichen Unterstützung für die Demokraten meist keinen Hehl machen. Amazon-Chef Bezos ist zudem noch Eigentümer der liberalen *Washington Post*. Auf die in den Firmen und sozialen Netzwerken verwendeten Algorithmen hat das aber, nach allem, was man weiß, keinen Einfluss. Da geht das Geschäft vor.

Der republikanische Abgeordnete Jim Jordan aus Ohio beschuldigte die Unternehmen, sie würden die Konservativen daran hindern, ihre Anhänger zu erreichen. Dazu fragte Jordan bei Sundar Pichai nach, ob Google Trumps Rivalen Joe Biden im November zum Sieg verhelfen würde. »Wir unterstützen beide Kampagnen«, so Pichai, »wir machen unsere Arbeit unparteiisch.« Jordans Parteikollege Matt Gaetz aus Florida wollte von Zuckerberg wissen, ob die Content-Moderatoren bei Facebook konservative Inhalte benachteiligen würden. Zuckerberg sagte, sie seien auf neutrales Verhalten trainiert.

Am Tag zuvor hatte das Weiße Haus die Aufsichtsbehörde Federal Communications Commission (FCC) angewiesen, die »Section 230« für den Umgang der sozialen Netzwerke mit nutzergenerierten Inhalten zu überprüfen. Trump möchte seine Drohungen also wahr machen.[10]

Die Kongressanhörung in Washington bestärkte auch die Kritiker der Internetkonzerne in der EU-Kommission. Wettbewerbskommissarin Margrethe Vestager, die sich schon öfter mit Google, Facebook & Co. angelegt hatte, forderte Ende Juli 2020 erneut eine stärkere Regulierung der Unternehmen, die ein »Quasimonopol« ausübten.[11] Die EU-Kommission bereitet seit einiger Zeit den Digital Service Act vor, mit dem der Einfluss der Online-Plattformen auf die demokratische Meinungsbildung in den EU-Staaten reguliert werden soll. Dabei setzt man auch auf Gespräche mit den betroffenen Konzernen.[12] So wächst der Druck gleich von mehreren Seiten, auch wenn das in Teilen hilflos erscheint.

In deutschen Verlagshäusern und Redaktionen mag man diese Diskussionen um Marktmacht und Meinungsfreiheit mit gemischten Gefühlen verfolgen. Die Verantwortlichen schwanken seit Jahren in der Frage, ob man die Konzerne als Gegner betrachten oder versuchen sollte, sie zu Verbündeten zu machen. Für großes Aufsehen sorgte im Jahr 2014 der offene Brief des Springer-Vorstandsvorsitzenden Mathias Döpfner an den damaligen Google-Chef Eric Schmidt. »Wir haben Angst vor Google. Ich muss das einmal so klar und ehrlich sagen, denn es traut sich kaum einer meiner Kollegen, dies öffentlich zu tun«, bekannte Döpfner, um in demselben Schreiben sein Dilemma zu offenbaren: Einerseits sei Axel Springer Teil einer europäischen Kartellklage gegen Google und »streitet mit dem Konzern über die Durchsetzung des deutschen Leistungsschutzrechts, das den Inhalte-Diebstahl verbietet, andererseits profitiert Axel Springer nicht nur von dem durch Google entstehenden Traffic, sondern auch bei der Vermarktung von Restplätzen seiner Online-Werbung von Googles Algorithmus. Das stimmt.« Man könne das »schizophren« nennen, »liberal« oder »alternativlos«, so Döpfner weiter. »Wir kennen keine Alternative, die auch nur ansatzweise vergleichbare technologische Voraussetzungen zur automatisierten Werbevermarktung bietet. Und wir dürfen auf diese Einnahmequelle nicht verzichten, weil wir das Geld dringend für technologische Zukunftsinvestitionen brauchen. Weshalb immer mehr andere Verlage das Gleiche tun. Wir kennen auch keine Suchmaschinen-Alternative zur Sicherung oder Steigerung unserer Online-Reichweite. Ein großer Anteil journalistischer Qualitätsmedien erhält seinen Traffic überwiegend via Google.«[13]

Ohne Google würden die großen deutschen Nachrichtenportale erheblich geringere Reichweiten im Netz erzielen. Bei *spiegel.de* kommen laut dem Internet-Statistikdienst Alexa rund 22 Prozent der Nutzer direkt über Google, bei *welt.de* sind es rund 28 Prozent und bei *sueddeutsche.de* rund 31 Prozent.[14] Das sind entscheidende Zahlen, auch für die Werbevermarktung. Je mehr Traffic auf den Seiten, desto höher sind die Preise für die Anzeigen. Und auch hier sind die journalistischen

Marken, wie von Döpfner ausgeführt, auf die automatisierten Tools angewiesen, mit denen die Werbung genau auf die jeweiligen Nutzer zielt. Mehr als das: Sie sind regelrecht von ihnen abhängig. Das gilt für Google wie für Facebook. Sie sind die »Werbesupermächte«[15], was sich nicht zuletzt in den Milliardenumsätzen zeigt, die beide Konzerne mit der Vermarktung erzielen. Nach einer Studie des britischen Marktforschungsunternehmens WARC aus dem Jahr 2019[16] haben Google und Facebook zusammen mit mehr als 60 Prozent Anteil am weltweiten Online-Werbeumsatz eine absolute Vormachtstellung in der digitalen Welt und nehmen damit sogar ein Viertel des gesamten Werbeumsatzes weltweit ein. Um das in Zahlen auszudrücken: Der Umsatz des Google-Mutterkonzerns Alphabet, zu dem auch Youtube gehört, betrug im Jahr 2019 mehr als 160 Milliarden US-Dollar, der von Facebook mehr als 70 Milliarden.[17] Erzielt werden diese gigantischen Summen fast ausschließlich mit den Einkünften aus der Vermarktung.

Die Internetkonzerne haben ein System aufgebaut, das man im Mittelalter von den Raubrittern kannte: Sie nehmen Wegezoll, sie kassieren für die Vermittlung der Anzeigen, besser gesagt für das Mikrotargeting unter Verwendung ihrer detaillierten Nutzerprofile. Dieses Wissen lassen sie sich fürstlich bezahlen. Nach Branchenschätzungen bleiben von jedem Dollar oder Euro, den die Wirtschaft für Online-Werbung ausgibt, 85 Prozent in den Händen der Konzerne.[18] Was sie damit erreicht haben, ist eine dramatische Verschiebung zu ihren Gunsten und zu Lasten der Inhalteproduzenten. In der vordigitalen Welt flossen den Verlagen oder Radio- und Fernsehsendern die Einnahmen aus der Werbung direkt und nahezu vollständig zu, heute bleiben für sie nur die Brosamen übrig. »Google sitzt auf dem gesamten gegenwärtigen Datenschatz der Menschheit wie der Riese Fafner im Ring des Nibelungen:

›Hier lieg ich und besitz‹«, klagte deshalb Springer-Chef Mathias Döpfner in seinem offenen Brief an den Google-Chef. Wenn der Treibstoff des 20. Jahrhunderts die fossilen Brennstoffe gewesen wären, so Döpfner weiter, dann seien das im 21. Jahrhundert ganz sicher die Daten und Nutzerprofile. Man müsse sich fragen, »ob Wettbewerb im digitalen Zeitalter generell noch funktionieren kann, wenn Daten so umfangreich in der Hand einer Partei konzentriert sind«.[19]

Konsequenterweise verweigert sich das Verlagshaus Axel Springer bisher der Google-News-Initiative, die der Internetkonzern im Jahr 2016 ins Leben rief. Mit rund fünfzehn Millionen Euro, die allein in Deutschland verteilt werden (europaweit: 150 Millionen Euro), will Google Innovationen im Journalismus fördern.[20] Nach Recherchen von netzpolitik.org flossen die Fördermittel in Deutschland unter anderem an den *Spiegel*, die *Frankfurter Allgemeine Zeitung*, *Die Zeit*, *Süddeutsche Zeitung*, *Wirtschaftswoche*, *taz* sowie die Funke Mediengruppe. Die »krisengebeutelten deutschen Presseverlage können bei diesem Angebot einfach nicht ablehnen«, kommentierte Autor Ingo Dachwitz auf netzpolitik.org, das entbehre »nicht einer gewissen Ironie, schließlich sparen sie sonst nicht mit Kritik an dem Machthunger des US-Konzerns, der sich nach und nach in jedem Gesellschaftsbereich unentbehrlich machen will«.[21] Döpfner hingegen erklärte: »Geldgeschenke an Verlage lehnen wir ab.« Stattdessen solle der Konzern das sogenannte Leistungsschutzrecht akzeptieren und damit den Verlagen »die notwendigen wirtschaftlichen Mittel zur Verfügung stellen«, betonte Döpfner.[22] Ein wichtiger Punkt: Jahrelang präsentierte Google auf seiner Suchmaschine und auf Google News journalistische Inhalte von Verlagen, ohne dafür Gebühren zu bezahlen. Nach langwierigen Rechtsstreitigkeiten kündigte der Konzern im Juni 2020 erstmals an, mit Zeitungsverlagen

Lizenzverträge abzuschließen und Geld für die verwendeten Inhalte zu bezahlen.[23]

Die Chefin des Hamburger Verlagshauses Gruner + Jahr, Julia Jäkel, knöpfte sich im April 2017 in einem Gastbeitrag für die *Frankfurter Allgemeine Zeitung* mit Facebook einen der anderen Internetgiganten vor. Der Erfolg des »asozialen Netzwerks« Facebook habe einen »unzweideutigen Effekt: Er dreht dem Journalismus langsam, aber sicher den Geldhahn zu.«

Gebraucht würden, so Jäkel weiter in der *FAZ*, »echte, wirtschaftlich belastbare Partnerschaften auf Augenhöhe zwischen Facebook und den Medienunternehmen – anstatt galoppierend asymmetrischer Verhältnisse, in denen sich immer mehr Wissen, Macht und Geld in wenigen Gegenden der amerikanischen Westküste konzentriert«.[24] In einem Interview mit dem *Handelsblatt* appellierte die Gruner + Jahr-Chefin im Zusammenhang mit Facebook wenig später an die Verantwortlichen in der Wirtschaft. Sie müssten sich »wieder ein bisschen mehr darüber bewusst sein, dass sie mit jedem Euro, den sie ausgeben, gesellschaftliche Entscheidungen treffen«, so Jäkel. »Wollen sie Medien unterstützen, die aufwendig recherchieren und für Transparenz und Pluralismus sorgen? Oder kanalisieren sie ihr Werbegeld auf Plattformen, die keine eigenen Inhalte produzieren und die sich sehr schwertun zu unterscheiden zwischen Wahr und Falsch?«[25]

Das ist im Sommer 2020 nun mehr als drei Jahre her. Geändert hat sich an den Machtverhältnissen kaum etwas, jedenfalls kaum etwas im Sinne der Verlagsbranche – trotz der Zugeständnisse von Google beim Leistungsschutzrecht, die allerdings unausweichlich sind, alles andere wäre Piraterie. Auf Youtube verbreitet der Konzern nach wie vor millionenfach Inhalte, ohne über die Rechte zu verfügen. Kaum jemand wehrt sich gegen diese massenhafte Verletzung des Urheberrechts.

Auch hier stellt sich letztlich die Frage, ob man Youtube nicht für die Verbreitung der Inhalte haftbar machen müsste.

So muss man feststellen, dass die Einnahmen aus der Vermarktung bei Print und Fernsehen seit Jahren ebenso kontinuierlich sinken, wie die der Internetkonzerne wachsen. Die Zuwächse in der Online-Vermarktung gleichen die Verluste in Verlagshäusern und privaten TV-Sendern, die sich überwiegend durch Werbung finanzieren, bei Weitem nicht aus.

Das Problem verschärft sich dadurch, dass bei Druckerzeugnissen die Abhängigkeit von den Verkaufserlösen durch die Entwicklung auf dem Werbemarkt tendenziell steigt. Früher machte die Werbung den überwiegenden Teil der Einnahmen aus, heute sind es die Einzelverkäufe und Abonnements. Aber die Verkaufszahlen bei Zeitungen und Zeitschriften sind – mit wenigen Ausnahmen – ebenfalls im dauerhaften Sinkflug, und im Netz sind die Leserinnen und Leser nur langsam bereit, für journalistische Inhalte regelmäßig zu bezahlen. Bei einer Befragung der Wirtschaftsprüfungsgesellschaft PricewaterhouseCoopers (PwC) aus dem Jahr 2019 gaben zwanzig Prozent der erwachsenen Deutschen an, sie hätten schon einmal für Onlinemedien bezahlt, 59 Prozent aber nutzen nur die kostenlosen Angebote, und 21 Prozent gaben an, sie würden keine Internetseiten von Zeitungen, Zeitschriften oder Magazinen besuchen.[26]

Es gibt in Deutschland kein einziges journalistisches Angebot im Netz, das mit seinen Erlösen aus dem Vertrieb auch nur annähernd an die erfolgreichen Zeiten im Printgeschäft anknüpfen kann.

Man mag die Verlage bedauern oder auch nicht, für die Meinungsvielfalt im Land ist das keine gute Botschaft. Gleichzeitig sind die Erwartungen beim Publikum an die Presse hoch. So wünschen sich laut einer weiteren Studie von PwC neun von zehn Deutschen eine personelle Verstärkung in den Redaktionen, um Nachrichten intensiver prüfen und Fake News erkennen zu können. Allerdings zeigte sich nur ein Viertel der Befragten bereit, dafür auch mehr zu zahlen.[27]

Das Vertrauen in die Glaubwürdigkeit der sozialen Medien ist nicht sonderlich ausgeprägt. Darauf haben wir schon am Ende des zweiten Kapitels hingewiesen, hier eine etwas ausführlichere Analyse: Im Auftrag der Axel Springer SE führte das Institut für Demoskopie Allensbach Ende 2018 eine repräsentative Umfrage unter mehr als 2000 Deutschen über sechzehn Jahre durch. »Wem glauben wir was? So nutzen die Deutschen klassische Medien und US-Plattformen wirklich«, lautete der Titel der Studie, die das Fachmagazin *Horizont* veröffentlichte.[28] Auf die Frage »Wo ist das Risiko besonders groß, dass man auf falsche Informationen trifft?« nannten 70 Prozent der Deutschen Facebook, jeweils 57 Prozent der Antworten entfielen auf Twitter und Youtube, 51 Prozent nannten Instagram. Das Risiko für Falschmeldungen lag nach Ansicht der Befragten beim Privatfernsehen bei 30 Prozent, bei Online-Angeboten von Zeitungen und Zeitschriften bei zehn Prozent, beim öffentlich-rechtlichen Fernsehen bei sechs, bei Nachrichtenmagazinen wie *Spiegel* und *Focus* ebenfalls bei sechs und bei öffentlich-rechtlichen Radiosendern und überregionalen Tageszeitungen bei vier Prozent.

Das Ergebnis sei »vernichtend für Facebook«, kommentierte *Horizont* die Umfrage.[29] Rund 23 Millionen Menschen in Deutschland sind derzeit nach Branchenschätzungen mindestens einmal täglich auf Facebook aktiv, etwa 32 Millionen Menschen einmal pro Monat, wobei die Tendenz insbesondere bei den jüngeren Nutzergruppen leicht fallend ist.[30] Facebook selbst gibt seit Längerem keine gesondert ausgewiesenen Zahlen für Deutschland heraus. Auch Twitter veröffentlicht keine offiziellen Zahlen über die Reichweite in Deutschland. Nach Erhebungen der ARD/ZDF-Onlinestudie gab es 2019 rund 1,4 Millionen täglich aktive und 2,8 Millionen einmal wöchentlich aktive Twitter-Nutzer in Deutschland (weltweit sind es rund 330 Millionen), also nicht einmal ein Zehntel der Facebook-Mitglieder.[31] Die starke Öffentlichkeitswirkung von Twitter hat in Deutschland also weniger mit einer mitgliederstarken Community zu tun als damit, dass Twitter die bevorzugte Plattform für Multiplikatoren wie Politiker, Aktivisten und Journalisten ist, welche die Twitter-Trends in die klassischen Massenmedien tragen. Man kann auch sagen, Twitter ist die Echokammer für Politiker und Journalisten.

Warum klaffen Glaubwürdigkeit und Attraktivität bei den sozialen Netzwerken so weit auseinander? Nach diesen Umfrageergebnissen werden sie nicht genutzt, weil sich die Menschen von ihnen verlässliche Nachrichten erhoffen. Sie dienen vor allem der privaten Kommunikation, der Unterhaltung und dem Austausch, beispielsweise durch Chats, eigene Beiträge, Bilder- und Videotausch oder das Beobachten der Aktivitäten anderer Mitglieder. Eigentlich das ideale Umfeld für Beeinflussung aus allen Richtungen.

»Machen Sie sich manchmal Gedanken darüber, ob Sie den Informationsquellen, die Sie nutzen, auch vertrauen können, oder machen Sie sich darüber keine Gedanken?« war eine der Fragen der erwähnten Allensbach-Studie. Das Ergebnis: Ein knappes Viertel der Gesamtbevölkerung, 24 Prozent, denkt nicht darüber nach, ob eine Informationsquelle vertrauenswürdig ist. Erhebliche Unterschiede gibt es allerdings je nach sozioökonomischem Status. Bei Menschen mit einem hohen Status sind es 60 Prozent, die sich Gedanken über die Verlässlichkeit von Informationsquellen machen, bei Menschen mit geringerem sozialen Status liegt der Wert bei nur 38 Prozent, ermittelte die Allensbach-Untersuchung. »Für die Werbeindustrie bedeutet das«, so das Fazit von *Horizont*, »je kaufkräftiger die Klientel, desto bedeutsamer die Qualität des Umfeldes, in dem geworben wird«.[32]

Oder andersherum: Könnten verlässliche Informationen im Netz ein Privileg der Besserverdienenden sein, weil sie eher bereit und in der Lage sind, bezahlte Inhalte zu akzeptieren? Das ist zumindest eine der Befürchtungen, die im Jahr 2019 bei einer Umfrage des renommierten britischen Reuters Institute unter 233 verantwortlichen Medienschaffenden geäußert wurden. Laut dem aktuellen Digital News Report des Reuters Institute mit dem Titel »Journalism, Media, and Technology Trends and Predictions 2020« setzt »die Hälfte der befragten Verleger« auf »bezahlte Inhalte als zukünftige Haupteinnahmequelle im Netz. Etwa ein Drittel, 35 Prozent, ist der Meinung, dass Einnahmen aus Werbung und bezahlten Inhalten künftig gleichbedeutend sein werden, aber nur noch jeder Siebte, 14 Prozent, setzt allein auf Werbung.«[33] Die mögliche Gefahr, so das Reuters Institute: »Da immer mehr Qualitätsjournalismus hinter Registrierungs- und Bezahlschranken verschwindet, könnten die Gefahren für die Demokratie im kommenden Jahr deutlicher hervortreten.« Es sei zu befürchten, »dass der Konsum seriöser Nachrichten weitgehend auf zahlungskräftige Eliten beschränkt bleibt, während der Großteil der Bevölkerung die Schlagzeilen und Memes über soziale Medien erhält oder gar keine Nachrichten mehr aufnimmt«.[34]

Das ist ein ebenso wichtiger wie beunruhigender Gedanke. Gut recherchierte Nachrichten, Reportagen, Features, die Geld kosten, konkurrieren mit den kostenlosen Angeboten, die das Netz überschwemmen und deren Wahrheitsgehalt im Zweifel auch einmal gegen null geht. Auch die vom Reuters Institute befragten Verleger und Journalisten sind laut dem Bericht ganz überwiegend, nämlich zu 85 Prozent, der Meinung, »dass die Medien mehr tun sollten, um Lügen und Halbwahrheiten anzuprangern«. Wobei einige der Befragten befürchteten, »dass dies möglicherweise nicht ausreichen wird, weil weltweit immer mehr Politiker den Medienfahrplan von Donald Trump aufgreifen, die Mainstream-Medien zu unterhöhlen und die sozialen Medien zu nutzen, um ihre Botschaften direkt an ihre Anhänger zu schicken«.[35]

Das Thema deutet auf zwei weitere zentrale Probleme hin, mit denen die klassischen Medien zu kämpfen haben – neben dem finanziellen Druck. Sicher ist es wichtig und notwendig, dass eine freie und unabhängige Presse den Lügen und Halbwahrheiten von Demagogen und ihren Hilfstruppen auf den Grund geht und sie wenn möglich widerlegt. Aber erstens: Indem die Lügen aus den sozialen Netzen Eingang in die etablierten Medien finden, werden sie gleichsam »offiziell« zum Thema gemacht. So entsteht die bizarre Situation, dass die Presse zwangsläufig – allein indem sie berichtet – beispielsweise die haltlosen Anschuldigungen eines Donald Trump verbreitet, wenn auch nicht unkommentiert. Aber dennoch: Wenn der US-Präsident von Fake News oder von »Lamestream«-Media spricht, dann meint er stets die großen publizistischen Institutionen wie *New York Times*, *Washington Post* oder *CNN*. »Lügenpresse« lautet die deutsche Übersetzung, ein Wort, das Nazi-Propagandaminister Goebbels schon benutzte und das spätestens seit den rechten Pegida-Demonstrationen auf dem Höhepunkt des Konflikts über die Flüchtlingspolitik der Bundesregierung in Deutschland wieder geläufig ist. »Lügenpresse!«, schallte es den Kamerateams der großen TV-Sender entgegen, wenn sie über die Montagsdemonstrationen in Dresden berichteten, die im Herbst 2014 begannen. Willkommen hingegen waren ausgerechnet die Teams des russischen Senders

Russia Today (heute RT Deutsch), die das Geschehen rund um Pegida ausführlich begleiteten. So wird das Misstrauen gegenüber der Presse zum Thema in der Presse selbst.

Deshalb kann, zweitens, die Tatsache, dass Tageszeitungen, Printmagazine und öffentlich-rechtliche Sender bei Umfragen regelmäßig als Glaubwürdigkeitssieger hervorgehen, nicht darüber hinwegtäuschen, dass die etablierten Medien in den vergangenen Jahren bei ihrem Publikum mit einem schleichenden Glaubwürdigkeitsverlust zu kämpfen haben. Eine ähnliche Entwicklung zeigt sich auch bei den großen – oder wie im Fall der SPD einstmals großen – Volksparteien. Das Misstrauen, teilweise sogar die Verachtung gegenüber Autoritäten, Instanzen und allem, was gelegentlich als Eliten bezeichnet wird, ist verbreitet. Die Presse wird von vielen als Teil dieses Systems betrachtet, vor allem von denjenigen, die sich als abgehängt oder ausgeschlossen betrachten.

Das bestätigt auch eine der umfangreichsten Untersuchungen zum Thema Glaubwürdigkeit, die Langzeitstudie »Medienvertrauen« der Johannes Gutenberg-Universität in Mainz.[36] Seit 2015 führt das dortige Institut für Publizistik regelmäßige repräsentative Trendbefragungen durch. »Die etablierten Medien sind unter Druck geraten: Demonstranten skandieren ›Lügenpresse‹, Online-Foren werden mit aggressiven Kommentaren geflutet und das Internet für die Verbreitung von Verschwörungstheorien genutzt«, schreibt das Team um Studienleiter Professor Christian Schemer zum Hintergrund der Langzeituntersuchung, und weiter: »Seriöse Quellen und das Vertrauen der Bürgerinnen und Bürger in diese Quellen« erschienen notwendiger denn je, denn ohne dieses Vertrauen sei »eine demokratische Willensbildung nicht möglich«.[37] Die Studie, so die Autoren, unterscheide »zwischen mehr oder weniger berechtigten sowie völlig unberechtigten Vorwürfen gegen die ›Mainstream-Medien‹ und fragt nach Zusammenhängen zwischen Medienskepsis, Mediennutzung, politischer Einstellung sowie Verschwörungsmentalität«.

Die Studie zeichnet ein durchaus differenziertes Bild und kann gerade dadurch wichtige Impulse für eine breitere gesellschaftliche Debatte über den schleichenden Glaubwürdigkeitsverlust des Journalismus geben. »›Lügenpresse‹-Vorwürfe sind weiterhin verbreitet, aber immer mehr Bürger widersprechen«, lautet einer der sechs zentralen Befunde aus der aktuellen Befragung des Jahres 2019.[38] In Zahlen drückt sich das laut Studie so aus: »Etwa jeder fünfte Bürger in Deutschland wirft den Medien vor, die Bevölkerung systematisch zu belügen. Zugleich wächst die Zahl der Menschen, die solche Vorwürfe zurückweisen. Insgesamt stimmen 18 Prozent der Bevölkerung der Aussage zu: ›Die Bevölkerung in Deutschland wird von den Medien systematisch belogen‹. 2018 waren es 16 Prozent, 2016 19 Prozent. In der neuen Umfrage weisen jedoch 58 Prozent den ›Lügenpresse‹-Vorwurf zurück – dies ist der bisher höchste gemessene Wert in der Langzeitstudie. Ein Jahr zuvor waren es 51 Prozent, 2016 nur 44 Prozent. Die Zahl der Menschen, die sich nicht auf eine Seite festlegt, ist kontinuierlich gesunken und liegt nun bei 22 Prozent (2016 waren es 36 Prozent). Eine ähnliche Polarisierung wie beim ›Lügenpresse‹-Vorwurf zeigt sich bei anderen Aussagen. So stimmen 23 Prozent der Aussage zu: ›Die Medien arbeiten mit der Politik Hand in Hand, um die Meinung der Bevölkerung zu manipulieren‹. 53 Prozent wenden sich gegen diesen Vorwurf. Im Jahr 2016 lag die Zustimmung bei 27 Prozent, die Ablehnung bei 40 Prozent. Insgesamt weisen mehr Menschen als in den vergangenen Jahren Aussagen zurück, die den Medien absichtliche Manipulation und systematische Lüge vorwerfen.«[39]

Der Höhepunkt der »Lügenpresse«-Debatte, der zeitlich und

inhaltlich mit der Debatte um die Flüchtlingspolitik zusammenhing, wäre demnach fürs Erste überwunden. Eine Garantie, dass diese Diskussion nicht wieder an Fahrt gewinnt, gibt es aber nicht. Auch bei den Corona-Demonstrationen im Sommer 2020 steht der Verdacht im Vordergrund, die Politik und ihre Lakaien, die etablierten Medien, würden das Volk belügen.

Deshalb scheint Entwarnung nicht angebracht, zumal rund ein Fünftel der deutschen Bevölkerung glaubt, von den Medien systematisch belogen zu werden. Die Frage ist, ob es etwas gibt, das diese Fundamentalskeptiker vereint, und wie man sie noch erreichen kann. Auch hier liefert ein Befund der Mainzer Forscher wichtige Erkenntnisse: »Geringe Zufriedenheit mit der Demokratie und pauschale Medienkritik hängen zusammen.« Die Erläuterung dazu: »Wie in den Vorjahren legen die Befunde nahe, dass das Vertrauen in die etablierten Medien im Zuge der ›Lügenpresse‹-Debatte keineswegs in großem Stil erodiert ist. Dennoch hat sich ein relevanter Kern an Kritikern herausgebildet, der die etablierten Medien pauschal verurteilt. Dieser Kern ist zuletzt angewachsen, bei einer insgesamt seit Jahren zunehmenden Polarisierung, die sich klar in den Daten niederschlägt. Menschen, die gegenüber den etablierten Medien zynisch eingestellt sind, finden sich überdurchschnittlich häufig am rechten Rand des politischen Spektrums. Sie sind formal niedriger gebildet, deutlich politikverdrossener und sie haben Angst, dass sich ihre wirtschaftliche Situation in der Zukunft verschlechtern wird. Darüber hinaus zeigt sich, dass die etablierten Medien vor allem von denjenigen Bürgern pauschal verurteilt werden, die häufig alternative Nachrichtenquellen im Social Web konsumieren und regelmäßig Nutzerkommentare auf den Seiten der etablierten Medien schreiben.«[40]

Dieses Fünftel der Bevölkerung kann Wahlen entscheiden, über Erfolg oder Misserfolg von Parteien entscheiden, wie man am Aufstieg der rechtspopulistischen AfD sehen kann, die sich zunehmend zum Sprachrohr dieser Kritik am »System« entwickelte. Aus der einstigen Partei der Eurogegner, die zunächst nur eine marginale Erscheinung war, wurde eine politische Kraft am rechten, teilweise rechtsextremen Rand, die mehr als nur ein vorübergehendes Phänomen ist. Die AfD ist inzwischen im Europaparlament, im Bundestag und in allen Landesparlamenten vertreten, wenn auch mit großen regionalen Unterschieden zwischen Ost und West.[41] Die Systemkritiker von rechts sind den langen Marsch durch die Institutionen angetreten, und dabei ist noch keineswegs ausgemacht, in welche Richtung sich die Partei bewegen wird. Das zeigt der interne Konflikt um Andreas Kalbitz, den rechtsextremen Anführer der AfD in Brandenburg. Die Parteispitze um den Vorsitzenden Jörg Meuthen setzte im Sommer 2020 mit knapper Mehrheit einen Ausschluss Kalbitz' durch, weil er frühere Mitgliedschaften in Neonazi-Gruppierungen verschwiegen hatte. Im August 2020 trat er vom Fraktionsvorsitz in Brandenburg zurück. An Unterstützern in der Partei mangelt es Kalbitz aber weiterhin nicht. Sie kommen vor allem aus den Reihen des inzwischen formal aufgelösten »Flügels«, dessen Netzwerk, so der *Spiegel* im August 2020, weiterhin besteht.[42]

Rechtsaußen Björn Höcke, Fraktionsvorsitzender der AfD in Thüringen, die aus der Landtagswahl im Oktober 2019 mit 23,4 Prozent der Stimmen als zweitstärkste Kraft nach der Linken hervorging, zeigte sich im Juli 2020 zusammen mit Kalbitz auf einer Demonstration im thüringischen Altenburg unter dem Motto »Einigkeit macht stark«. In einem Facebook-Video wünschte Höcke seinem Parteifreund Kalbitz »den größtmöglichen Erfolg« für seinen juristischen Kampf gegen das Ausschlussurteil des AfD-Schiedsgerichts.[43]

Höcke provoziert und sucht den Beifall am äußersten rechten Rand, ungeachtet dessen, was seine Parteispitze davon halten mag. »Im 21. Jahrhundert trifft der lebensbejahende afrikanische Ausbreitungstyp auf den selbstverneinenden europäischen Platzhaltertyp«, sagte er im November 2015 bei einem Vortrag über Asylbewerber aus Afrika.[44] Über das Holocaust-Mahnmal in Berlin bemerkte er im Januar 2017: »Wir Deutschen sind das einzige Volk der Welt, das sich ein Denkmal der Schande in das Herz seiner Hauptstadt gepflanzt hat.«[45] Im Juli 2019 behauptete er auf einer Rede beim sogenannten Kyffhäuser-Treffen des damals noch existierenden AfD-»Flügels«: »Eine wirkliche Demokratie ist Deutschland heute für mich nicht mehr. Deutschland ist für mich heute eine Maulkorb-Demokratie, die leider auf dem besten Weg ist, zu einer Wohlfühl-Diktatur zu werden.«[46]

Nur drei Beispiele von wohlkalkulierter Hetze, die Misstrauen gegen das herrschende »System« schüren soll. Die Liste der Ungeheuerlichkeiten ließe sich noch lange fortsetzen. Der Bundesverfassungsschutz erklärte die AfD im Januar 2019 zum Prüffall, die Jugendorganisation »Junge Alternative« (JA) und der damals noch von Höcke angeführte »Flügel« wurden sogar als »Verdachtsfälle« deklariert. Das erlaubt den Einsatz nachrichtendienstlicher Mittel gegen die Verdächtigen. Wie der *Spiegel* damals berichtete, warfen die Verfassungsschützer Höcke in einem 400-seitigen Gutachten vor, »mehrfach gegen die Grundsätze der Menschenwürde verstoßen« zu haben.[47] Über den »Flügel« urteilte das Verfassungsschutzgutachten laut *Spiegel*, Menschen muslimischen Glaubens würden »in besonders diffamatorischer Weise« als »niederwertig« dargestellt, wenn etwa AfD-Funktionäre die »De-Islamisierung« aller Muslime forderten, einschließlich derer, die eine deutsche Staatsbürgerschaft haben. Die Verfassungsschützer, so der *Spiegel* weiter, hätten auch antisemitische Positionen entdeckt, die sich in Verschwörungstheorien über die »Weltherrschaft über eine entkultivierte Menschheit« äußerten. Basis für das Gutachten, so der *Spiegel* weiter, seien vor allem »Verlautbarungen der Partei im Internet« gewesen, maßgeblich auf Facebook. Die Profile von 80 AfD-Funktionären seien systematisch gesichert und ausgewertet worden.[48]

Die sozialen Medien bilden den Resonanzboden, wenn Agitatoren wie Björn Höcke die Grenzen des Sagbaren austesten und dabei zuweilen offenbar den Boden des Grundgesetzes verlassen. Denn es geht ihnen darum, einen gesellschaftlichen Konsens infrage zu stellen, der bisher zumindest zwischen den bislang in den Parlamenten vertretenen Parteien galt und der auch von großen Teilen der etablierten Medien getragen wird. Zu diesem Konsens gehört, dass Hetze gegen Ausländer, Andersdenkende oder Angehörige von Glaubensgemeinschaften nicht stattfindet, dass Schwächere nicht diffamiert werden und dass man – was eigentlich selbstverständlich ist – nicht offen oder verdeckt mit dem Nationalsozialismus sympathisiert. Doch dieser Konsens ist in Gefahr. Denn mehr und mehr kommt es auch in den etablierten Medien zu einer »Entgrenzung des Sagbaren«, wie der Journalist und Autor Juri Sternburg in einem bemerkenswerten Beitrag in der *taz* feststellte. »Wir sind an einem Punkt angelangt, an dem wir ernsthaft glauben, es wäre nötig Rassisten, Sexisten und Faschisten eine Plattform zu geben. Und mit ›Wir‹ meine ich die Presse in diesem Land.« Hierin sieht Sternburg den eigentlichen Erfolg der Neuen Rechten. »Sie haben es geschafft, dass wir Dinge wieder für diskutabel halten, die indiskutabel waren und immer noch sind«, schreibt er. Eine breite Presselandschaft glaube, »Menschen eine Plattform bieten zu müssen, die sich offen gegen die Menschlichkeit aussprechen«.[49]

Wohin das führen kann, zeigt ein umstrittenes Sommerinterview des RBB aus der Reihe »Politik am See« mit dem brandenburgischen AfD-Fraktionschef Andreas Kalbitz im Juli 2020, das der Sender noch mit der Vorabmitteilung bewarb, die AfD fordere die »Aufhebung aller Corona-Maßnahmen«.[50] In idyllischer Umgebung durfte Kalbitz unter anderem eine »Repression« gegenüber der AfD in den westdeutschen Bundesländern beklagen, die »auf allen Ebenen« stattfinde. Der Verfassungsschutz werde »instrumentalisiert«, wenn er die rechtsextremen Strömungen und einzelne Politiker – darunter auch ihn – in der AfD beobachte, behauptete Kalbitz noch, und im Übrigen erwarte er, seine Partei werde »gestärkt« aus der Auseinandersetzung über sein damals noch laufendes Ausschlussverfahren hervorgehen.[51]

Es sind dieses Mal keine Ungeheuerlichkeiten, die Kalbitz von sich gibt. Es ist das Setting, die Umgebung, die irritieren. Kalbitz, den der Verfassungsschutz als Rechtsextremisten bezeichnet, bekommt Gelegenheit zur Selbstdarstellung wie die übrigen Fraktionsvorsitzenden im brandenburgischen Landtag in dieser Interviewreihe auch. »Die Sommer-Interviews sind nicht investigativ angelegt, sondern machen politische Positionen deutlich«, verteidigte *RBB*-Chefredakteur Christoph Singelnstein das Interview gegenüber dem Nachrichtenportal Watson[52], nachdem der Sender in die Kritik geraten war. »Wir können und wollen als öffentlich-rechtlicher Sender den Fraktionschef der größten Oppositionspartei und zweitstärksten politischen Kraft im Land nicht ignorieren«, so Singelnstein zu Watson. Einen Tag darauf mahnte er allerdings eine bessere Zusammenarbeit der *RBB*-Redaktionen an. Die Expertise mehrerer Redaktionen zum Rechtsextremismus und zu AfD-Fraktionschef Kalbitz sei zu kurz gekommen, so der *RBB*-Chefredakteur.[53] Kurz darauf entschied der Sender, die Gesprächsreihe einzustellen.

In solchen Situationen rächen sich die Rituale, die sich im Verhältnis zwischen Politik und Teilen der Medien eingespielt haben. Jahrzehntelang gab es ein stilles Einverständnis des gegenseitigen Nehmens und Gebens zwischen den Mächtigen und denen, die diese Mächtigen eigentlich kritisch beobachten sollen, den Journalistinnen und Journalisten. Gerade die Sommer-Interviews stehen für diese ritualisierte Form des Umgangs, wenn sich die Bundeskanzlerin, der Vizekanzler, aber inzwischen natürlich auch die Fraktionschefs der AfD, Gauland und Weidel und sogar Rechtsaußen Höcke in Thüringen, in scheinbar persönlicher Atmosphäre den Fragen der Hauptstadtredaktion stellen. Die Sender verweisen dann auf »die Verpflichtung«, wie *RBB*-Chefredakteur Christoph Singelnstein im Fall Kalbitz sagte, »das gesamte demokratisch legitimierte Spektrum zu Wort kommen zu lassen«.[54] Aber gleichzeitig müssten sie sich der Verantwortung stellen, dass sie damit ihren Teil zur Legitimierung dieser politischen Kräfte beitragen. »Die andauernde Präsenz der neorechten Thesen hat zu einer Abgestumpftheit und Ohnmacht geführt, die wir uns lange nicht vorstellen konnten«, kritisierte Juri Sternburg in seinem Beitrag für die *taz*. »Verbale Ausfälle sind längst kein Grund mehr für soziale Ächtung, ganz im Gegenteil. Ein kurzer Aufschrei, dann haben wir eine weitere Hürde des Sagbaren genommen.«[55]

In diesem Zusammenhang sei daran erinnert, dass es AfD-Fraktionsführer Alexander Gauland war, der von der Zeit des Nationalsozialismus als »Fliegenschiss« in der deutschen Geschichte sprach. Warum müssen Print und Fernsehen solchen Demagogen eine Bühne bieten?

Die Wahrheit ist: Weil sie in den sozialen Medien längst diese Bühne haben. Dazu nur einige Beobachtungen aus dem Bundestagswahlkampf 2017. Die Befunde aus dem Jahr 2017 zeigten, stellte der Medienforscher Jan-Hinrik Schmidt fest, »dass sich soziale Medien als Instrument der Wahlkampfkommunikation endgültig etabliert haben. Die Mehrheit der Kandidierenden ist auf Facebook und/oder auf Twitter präsent.«[56] Ausnahme: Als einzige der Spitzenkandidaten sei Angela Merkel nicht auf Twitter vertreten gewesen. Die Daten, so Schmidt, zeigten deutlich, »dass besonders oft die AfD als Partei bei Twitter und Facebook im Aufmerksamkeitsfokus eines Großteils der Nutzer stand«. Auch bei der Erwähnung einzelner Parteien in Twitter-Beiträgen zwischen dem 1. und 25. September 2017 führte die AfD laut einer Untersuchung der Bundeszentrale für politische Bildung mit weitem Abstand: 27 162 für die AfD, auf den nächsten beiden Plätzen folgten SPD mit 14 733 und CDU mit 14 100.[57] Wobei Erwähnungen nicht unbedingt Zustimmung bedeutet. Aber die Zahlen zeigen: Das Forum ist da.

Bei der Analyse der Facebook-Profile der Parteien vor der Bundestagswahl 2017 ermittelte der *ARD*-Faktenfinder, dass die AfD die meisten Likes vorzuweisen hatte: »Ganz oben thront die AfD mit 346 000 Fans, gefolgt von der Linkspartei, die gut 203 000 Fans vorweisen kann. Die CSU hält mit 186 000 noch den Anschluss an die Spitzengruppe, bildet aber mit SPD (158 000) und den Grünen (149 000) das Mittelfeld.« Die AfD habe es »früh geschafft, eine große Community aufzubauen, sie zu pflegen und zu aktivieren«, sagte der Politikberater Martin Fuchs gegenüber dem *ARD*-Faktenfinder. »Die Partei braucht im Grunde keine anderen Medien mehr«, so Fuchs, »um ihre Zielgruppe zu erreichen und zu mobilisieren. Aber sie kommt über ihre Kernwählerschaft nicht hinaus.«[58]

Immerhin reichte diese Kernwählerschaft aus, die AfD im Jahr 2017 mit 12,6 Prozent der Stimmen ins Parlament einziehen zu lassen und ihr damit die Präsenz in den Medien zu verschaffen, mit der sie ein viel größeres Publikum erreichen kann. Wenn die *Tagesschau* über ein Gesetzesvorhaben der Regierung berichtet, kommt in der Regel zunächst der zuständige Minister oder die zuständige Ministerin zu Wort, als Nächstes ist dann aber schon die Meinung der stärksten Oppositionspartei gefragt – der AfD.

Die Frage, wie man mit rechten Populisten umgehen soll, sei es die AfD oder sei es Pegida zu den Hochzeiten der Flüchtlingsdebatte, betrifft alle Gattungen der etablierten Medien. Sie schwankten lange, wie die etablierten Parteien auch, zwischen dem Versuch, sie zu ignorieren, und dem Anspruch, »die Sorgen der Bürger ernst zu nehmen«. Und wenn man sich mit ihnen beschäftigte, dann in betont investigativer Weise, mit der erkennbaren Absicht, sie und ihre politischen Absichten bloßzustellen. Das sorgte allenfalls für Solidarisierungseffekte bei den Anhängern und für weiteres Misstrauen gegen die »Lügenpresse«.

Außerdem sind die Demaskierungsversuche nicht immer gelungen. Besonders Gauland zeigte sich als jemand, der immer wieder Wege findet, Vorwürfe abprallen zu lassen und sich herauszureden. Angesichts des Aufschreis nach seiner »Fliegenschiss«-Bemerkung im Juni 2018 ruderte er öffentlichkeitswirksam zurück. Er habe »nichts bagatellisieren, sondern die moralische Verkommenheit ausdrücken wollen gegenüber den wartenden Reportern«.[59] Das klingt aus seinem Munde geradezu zynisch. Die Masche funktioniert auch in anderen Fällen. Etwa, wenn Gaulands Co-Fraktionsführerin Alice Weidel von »Kopftuchmädchen« spricht. »Die vergifteten Methapern sind in der Welt und entfalten Langzeitwirkung«, beobachtet RP online. Sie würden nicht nur »Grenzen des Sagbaren« verschieben, »sie schaffen auch Überdruss an den Debatten, die sich anschließen«.[60]

Die Medien geraten in die Defensive. Sie haben sich lange,

vielleicht zu lange, als Teil des politischen Systems verstanden und wurden auch so wahrgenommen. Was jetzt nicht immer hilfreich ist, wenn es um die Frage der Glaubwürdigkeit geht.

Jay Rosen, Professor für Journalismus an der Universität von New York, verbrachte im Sommer 2018 sechs Monate mit einem Stipendium der Robert Bosch Stiftung in Deutschland, um die Medienlandschaft zu studieren. Rosen sprach mit Journalisten, Verlegern, Mitgliedern von Verwaltungsräten und Aufsichtsgremien. Er wollte wissen: Wie unterscheidet sich die journalistische Arbeit in Deutschland von der in seiner Heimat USA? Welche Unterschiede gibt es im Selbstverständnis? Was wird getan gegen Fake News und für die Glaubwürdigkeit? In einem langen Videogespräch fragte ich ihn im Juni 2020 nach seinen Erkenntnissen. »Natürlich sind die Medien Teil des politischen Systems«, erklärte Rosen. »Das ist unvermeidlich und muss nicht unbedingt etwas Schlechtes bedeuten. Aber das bedeutet auch, dass die Medien eine Verpflichtung gegenüber der deutschen Demokratie fühlen.« Das Problem dabei, so Rosen: Viele Journalisten in Berlin seien ähnlich wie das Pressekorps in der US-Hauptstadt Washington »fasziniert von dem Spiel der Politik und dem Auf und Ab in den Parteien, wer in der Parteihierarchie gerade oben und wer unten ist. Und das führt zu der Situation, in der wir uns gerade befinden: Wenn die Presse sich mit der politischen Elite verbindet, wird das spätestens dann problematisch, wenn die Politik an Glaubwürdigkeit verliert. Das Misstrauen trifft dann automatisch auch die Presse.«

Der Aufstieg der AfD war eines der wichtigsten Themen bei seinen Gesprächen in Deutschland, so Rosen: »Dabei ging es darum, wie sie die Medien manipulieren und wie erfolgreich sie in den sozialen Medien sind. Das schien in Deutschland zu dieser Zeit etwas ganz Neues, Unbekanntes zu sein.«

Eine Beobachtung, die ich bestätigen kann. Die Existenz von Pegida, das Aufkommen der Montagsdemonstrationen in Dresden im Oktober 2014 und das damit verbundene Entstehen einer Gegenöffentlichkeit in den sozialen Medien hat – nicht nur beim *stern*, für den ich damals tätig war – in den Redaktionen überrascht. Als Deutschland im Herbst 2015 nur noch ein Thema hatte, die Einwanderungswelle, sorgte das für erhebliche Orientierungsschwierigkeiten. Die Haltung in den Pressehäusern schwankte zwischen der Sorge vor dem Ansturm und der Euphorie über die neue Willkommenskultur in Deutschland. Viele spürten die Verpflichtung – möglicherweise sogar eine Art inneren Auftrag –, das optimistische »Wir schaffen das!« der Kanzlerin zu unterstützen. Dabei wurde zu spät erkannt, was sich nicht nur im Osten an Misstrauen, Unmut und Hass zusammenbraute, und spätestens nach den Ereignissen auf der Kölner Domplatte in der Silvesternacht 2015/16 geriet die Presse bei vielen Menschen, nicht nur am rechten Rand des Spektrums, unter Generalverdacht.

Noch am Neujahrsmorgen lautete eine erste Bilanz der Kölner Polizei: »Ausgelassene Stimmung – Feiern weitgehend friedlich«.[61] Erst langsam sickerte durch, was tatsächlich geschehen war. »Über 1200 Strafanzeigen gab es, über 650 mutmaßliche Opfer sexueller Gewalt«, berichtete Moritz Küpper im *Deutschlandfunk* in einer ausführlichen Analyse ein Jahr nach den Vorfällen.[62] 290 Verdächtige wurden ermittelt, 37 Täter wurden schließlich verurteilt. Sie kamen fast ausschließlich aus dem Ausland, vor allem aus Algerien und Marokko, aber auch aus dem Irak, Libyen, Tunesien und Afghanistan.

Schon im Oktober 2015 hatte das *ZDF-Politbarometer* gemeldet, die Mehrheit der deutschen Bevölkerung halte »die Zahl der Flüchtlinge nicht mehr für verkraftbar«. Die Folge: »Merkels Image leidet unter Flüchtlingskrise – SPD und Grüne im

Minus, AfD im Plus«.[63] Nach der Silvesternacht mit der massenhaften Gewalt gegen Frauen kippte die Stimmung. »Zwar gab es auch in Hamburg, Düsseldorf oder Stuttgart in dieser Nacht Übergriffe, doch Köln wurde zu einem Synonym – und zwar weltweit: Für das Scheitern der vielbeachteten deutschen Flüchtlingspolitik. Für das Versagen des Staates, der seine Bürger nicht mehr schützen konnte«, so Küpper im *Deutschlandfunk*.

Und zum Synonym für ein nahezu kollektives Versagen der Presse, mit wenigen Ausnahmen. So veröffentlichten Kölner Zeitungen in ihren Lokalteilen bereits am Neujahrsabend Berichte über sexuelle Belästigungen.[64] »Express, Kölner Stadt-Anzeiger und am ausführlichsten die Kölnische Rundschau zitierten Opfer«, so berichtet die *Süddeutsche Zeitung* in ihrer Analyse vom 7. Januar 2016, »die in der Nacht von Männergruppen beschimpft, bedroht, beraubt und massiv begrapscht wurden.« Die Polizei meldete sich erst am Tag darauf mit der Mitteilung, sie habe eine Ermittlungsgruppe zu den Vorwürfen gegründet. Die »große Aufmerksamkeit«, so die *Süddeutsche Zeitung*, sei erst mit der Pressekonferenz der Kölner Oberbürgermeisterin Henriette Rekers und des damaligen Polizeipräsidenten Wolfgang Albers entstanden. Erst dann, am Nachmittag des 4. Januar, stiegen die großen überregionalen Medien ein, und das teilweise noch mit Verspätung. So musste der stellvertretende *ZDF*-Chefredakteur Elmar Theveßen eine »klare Fehleinschätzung« einräumen, weil der Sender die Meldung nicht in der 19-Uhr-Ausgabe der Nachrichten gebracht hatte. »Die Nachrichtenlage war klar genug. Es war ein Versäumnis, dass die 19-Uhr-heute-Sendung die Vorfälle nicht wenigstens gemeldet hat«, so Theveßen.[65]

Da war es längst zu spät. Der Verdacht war in der Welt, die Presse habe vor allem deshalb so zögerlich über den Skandal berichtet, weil er nicht ins Weltbild vieler Menschen in den Redaktionen und Sendeanstalten passe. Die Gründe waren zum Teil viel banaler, wie beispielsweise beim *stern*. Die Ausgabe 2 des Jahres 2016 hatte Redaktionsschluss in der Nacht vom 3. auf den 4. Januar. Die Pressekonferenz der Oberbürgermeisterin, die bundesweit Aufsehen erregte, fand erst am Tag danach statt. Das Heft erschien dann am 7. Januar mit dem Titelthema »Leichter schlank – mehr Lebensfreude, weniger Verzicht« und einem leicht bekleideten Model auf dem Cover, was nicht recht zur Stimmungslage jener Woche passte, in der sich ganz Deutschland über sexuelle Angriffe auf Frauen empörte. Für die Folgewoche war eine große Titelgeschichte zu den Übergriffen in Köln geplant, doch dann starb David Bowie am Tag vor dem Redaktionsschluss. So wurde der tote Rockmusiker aufs Cover gehoben. Für das brisanteste innenpolitische Thema, das noch monatelang die Debatten beherrschen sollte, blieb nur eine Ankündigung für einen »großen stern-Report« übrig. Sie lautete: »Sind wir noch sicher? Sex-Attacken, Polizeiversagen und die Folgen«.

Ein Fehler, gewiss. Aber im Nachhinein weiß man immer alles besser. Die Folgen waren immens. Auch in der Redaktion häuften sich die Zuschriften von Leserinnen und Lesern, die ihrer Wut über die »Lügenpresse« freien Lauf ließen, die angeblich ihre Direktiven direkt aus dem Kanzleramt bekomme.

Der Fall Köln hat vieles verändert. Knapp eine halbe Million Deutsche, berichtete der Deutschlandfunk, »rüsteten sich im Laufe des Jahres mit Schreckschusspistolen, Pfefferspray und Reizgas aus, die Nachfrage nach dem Kleinen Waffenschein für solche Instrumente stieg um 63 Prozent. Aber nicht nur das Sicherheitsempfinden hat sich verändert, auch der Kurs der Politik, die Beurteilung der Justiz, die Berichterstattung der Medien.«[66]

Und noch etwas hat sich verändert: Das traditionelle Verhältnis zwischen den Medien und ihrem Publikum, es existiert nicht mehr. Die Zeiten, in denen die Wahrheiten gleichsam von der Kanzel verkündet werden konnten und dankbar vom Publikum aufgenommen wurden, sind endgültig vorbei. Dieser Wandel hat zwar nicht erst mit den Ereignissen in Köln begonnen, aber er machte weithin sichtbar, dass das alte System nicht mehr funktioniert. Journalismus-Professor Jay Rosen beschreibt das so: »Das Publikum war lange Zeit wirklich nicht wichtig. Natürlich wurde betont, dass die ganze Arbeit nur für die Leser oder Zuschauer gedacht sei. Dass das Recht des Publikums auf Wissen und Information das höchste Gut sei. Solche Art von Phrasen gab es. Aber eigentlich bezogen die Journalisten das Publikum überhaupt nicht mit ein. Wenn sich jemand zu Wort melden oder beschweren wollte, konnte er allenfalls einen Leserbrief schreiben. Der wurde meistens nicht veröffentlicht, es sei denn, diese Person war besonders wichtig.« Deshalb, so Rosen, habe es »so gut wie keine wirkliche Interaktion mit der Öffentlichkeit« gegeben. Dieses Prinzip des klassischen Journalismus, sagt Rosen noch, habe »lange Zeit gut funktioniert. Zum Nutzen der Verleger, der Journalisten und der Anzeigenkunden.«

Das Prinzip ist passé und wird nicht mehr wiederkehren. Das bedeutet auch das Ende für lieb gewonnene Rollenbilder. Der Medienwissenschaftler Bernhard Pörksen entwirft in unserem Gespräch die Idee einer »redaktionellen Gesellschaft der Zukunft«: Journalistinnen und Journalisten müssten sich »von der Idee der asymmetrischen Belehrung verabschieden« und »ihr Verhältnis zum aktiv und medienmächtig gewordenen Publikum grundsätzlich überdenken, sich von der arroganten Simulation von Allwissenheit, der Rolle des Predigers, des Pädagogen und Wahrheitsverkünders verabschieden«. Stattdessen sollten sie »zum Zuhörer und Moderator und gleichberechtigten Diskurspartner werden«, sagt Pörksen, das sei die »entscheidende Umorientierung«.[67]

Das betreffe im Übrigen auch die etablierten Parteien, die sich schwertäten, sagt Pörksen, »zu verstehen, was diese Fremdlinge, die jetzt mit ihren blauen Haaren aus dem fremden Youtube-Universum in das Grillfest des Ortsvereins hineingeplatzt sind, eigentlich zu sagen haben«. Das ist der Hinweis auf den Youtuber Rezo, dessen Video »Die Zerstörung der CDU« mehr als siebzehn Millionen Mal abgerufen wurde.[68] Die gesamte CDU, allen voran Parteichefin Annegret Kramp-Karrenbauer und ihr Generalsekretär Paul Ziemiak, taten sich wochenlang sehr schwer, auf diesen medialen Frontalangriff angemessen zu antworten. »Zentralistische Strukturen treffen hier auf vernetzte Individuen, die alle ihre eigenen Auffassungen haben«, sagt Pörksen. Seine Erwartung für die nähere Zukunft: »Die digitale Moderne wird entweder das Zeitalter des Dialogs sein oder später in der Rückschau als eine Epoche des Aufeinander-Einbrüllens erscheinen, die ganze Gesellschaften im Inneren zerrissen und die Rückkehr der Stammesfehden unter modernen Medienbedingungen hervorgebracht hat.«[69]

Diese Zukunft hat gerade erst begonnen.

11. »Wahrheit als formbare Masse.«

Interview mit Tonio Kröger

Tonio Kröger ist Gründer und geschäftsführender Gesellschafter der Agenturgruppe antoni und einer der profiliertesten und erfolgreichsten Marketers Deutschlands. Der promovierte Betriebswirt ist unter anderem Mitglied der Jury des Georg von Holtzbrinck-Preises für Wirtschaftspublizistik. Sein Rat ist bei Politikern und Top-Managern gleichermaßen gefragt.

Herr Kröger, wie wichtig ist die Glaubwürdigkeit für die Unternehmen und ihre Marken, die Sie betreuen?

Sie ist das Allerwichtigste, das kann man ohne Übertreibung sagen. Glaubwürdigkeit und Authentizität sind heute die Voraussetzung für alles, was ein Unternehmen leistet. Angefangen von der Qualität des Produktes über die dazugehörigen Botschaften bis hin zur Glaubwürdigkeit einer Nachhaltigkeitsstory. Menschen wollen Unternehmen und Marken, denen sie grundsätzlich vertrauen können.

Und wie steht es um die Glaubwürdigkeit in Politik und Medien? Studien belegen seit Jahren, dass das Vertrauen bröckelt.

Der überragende Stellenwert einer hohen Glaubwürdigkeit betrifft natürlich nicht nur Unternehmen oder Marken, sondern gilt gleichermaßen für Politik und Medien. Sie haben recht: Es ist in der Tat ein neues, generelles Phänomen, dass das Vertrauen in vielen Bereichen der Gesellschaft gegenüber Politik und Medien schwindet. Das ist in diesem Ausmaß bisher nie da gewesen, und das liegt daran, dass das Handeln vieler Protagonisten als unglaubwürdig wahrgenommen wird: Unternehmer, Manager, Politiker, Personen des öffentlichen Lebens; kurzum: all derjenigen, die Vorbilder oder Leitfiguren in einer Gesellschaft sein sollten.

Nehmen Sie den Fall Wirecard. Da wird ein Unternehmen gefeiert, steigt in den Dax auf und hat angeblich knapp zwei Milliarden auf einem Konto auf den Philippinen, das offensichtlich gar nicht existiert. Wirtschaftsprüfer haben versagt, Lobbyisten sind darin verstrickt, möglicherweise wussten Politiker lange Zeit mehr, als sie jetzt gern zugeben.

Oder das Dauerthema Berliner Flughafen: Der Spatenstich war im Jahr 2006. Vor vierzehn Jahren! Milliarden sind dort vergraben worden. Das ist Steuergeld, das bei Kitas, Schulen oder Altenheimen fehlt. Nicht nur in Berlin. Ein völliges Versagen der handelnden Aufsichtsgremien und Führung. Ein weiteres Beispiel: Deutschland will – vertreten durch die Politik – die Maut einführen. Und schließt dazu vor der finalen Entscheidung der europäischen Organe bereits millionenschwere Verträge mit Betreibern und Zulieferern, die jetzt wieder teuer rückabgewickelt werden müssen. Diese Liste an Beispielen lässt sich leider quer durch die Politik, Unternehmen und einzelne Persönlichkeiten mit besonderer Vorbildfunktion beliebig fortsetzen.

Und aus all dem entsteht dann eine Vertrauenskrise?

Jedes einzelne dieser Beispiele ist für sich schon schlimm, Fehler passieren natürlich. Aber die dramatisch zunehmende Parallelität und Häufung dieser Fälle sowie vor allem der Umgang damit nehmen zu. Das höhlt kontinuierlich weiter die Glaubwürdigkeit und damit das Vertrauen aus. Schließlich kann es irgendwann ganz zur Abkopplung, einem Strömungsabriss kommen, die Bevölkerung wendet sich von den sogenannten Vorbildern, Orientierungsgebern, Eliten, oder wie auch immer man sie nennen möchte, ab. Alles schon passiert, die Geschichtsbücher haben ein paar Beispiele parat.

Was wäre denn eine gemeinsame Basis, um Vertrauen wiederherzustellen?

Orientierung, Geradlinigkeit, Aufrichtigkeit und Nachvollziehbarkeit sind die Zutaten, die in Summe eine glaubwürdige Wahrnehmung schaffen. Das haben wir zum Beispiel im Umgang von Politikern mit der Corona-Krise erlebt: Diejenigen, die diese Kriterien für die Öffentlichkeit spürbar echt leben, kamen in den Umfragen nach vorne. Und haben sich dabei, zum Teil, in kürzester Zeit, fast handstreichartig, von den hinteren Plätzen ganz nach vorne gearbeitet. In der Bevölkerung gibt es hier anscheinend eine Herdenintelligenz, eine sehr feine Spürnase. Sie goutiert genau das Verhalten der Protagonisten und ist dann eben auch bereit, unliebsame Vorschriften zu akzeptieren und zu leben, wenn sie mit glaubwürdigen und vernünftigen Argumenten erklärt werden. Das erklärt aber leider auch das Erstarken der Rechtspopulisten, die häufig genau versuchen, diese Knöpfe zu drücken, und dabei vom wahrgenommenen Glaubwürdigkeits-Vakuum profitieren.

Ist das auch eine Frage der Fehlerkultur?

Sicherlich, das führt häufig zu genau dem Gegenteil von Glaubwürdigkeit: Diejenigen, an denen man sich orientieren sollte oder möchte, ducken sich weg oder sind nicht greifbar, wenn es schwierig wird, wenn sie selbst Fehler machen oder die Verantwortung dafür übernehmen sollten. Bei wichtigen Entscheidungen fehlt oft der Mut, voranzugehen. Die Summe all dieser Defizite zerstört das Vertrauen.

Nehmen wir mal an, Sie hätten den Auftrag, das Vertrauen in die Marke Politik wiederherzustellen. Wie würden Sie vorgehen?

Das kann ich nicht, denn das funktioniert in keinem Fall über Marketing, Werbung oder Kommunikation, denn: »Good Advertising shows the weakness of a product faster«.[1] Bitte nicht falsch verstehen: Es ist nicht alles schlecht! Aber wir sollten und müssen den Anfängen wehren. Das heißt, wir müssen erst mal ein wirklich gutes Politik-Produkt haben. Ein solches wird in der Politik von Menschen gemacht, besser gesagt, von Persönlichkeiten. Je talentierter und glaubwürdiger diese Charaktere sind und sich entsprechend verhalten, desto besser ist die Ausgangslage. Und wenn wir dann davon noch ganz viele Persönlichkeiten haben, die einen aus ihrer unterschiedlichen politischen Sicht offenen Diskurs führen und danach nachvollziehbare Entscheidungen treffen, haben wir ein tolles Produkt: eine Demokratie, geprägt von Persönlichkeiten. Das Vertrauen in die Politik kommt dann ganz von alleine.

Kommunikation kann und muss parallel helfen, diese Prozesse zu verstärken, Entscheidungen oder Diskurse nachvollziehbar zu machen oder aufzuklären. Aber sie kann nicht der Anfang sein.

Wie sehen Sie die Rolle der Medien? Werden sie als Teil dieses Systems wahrgenommen?

Auch wenn das jetzt wehtut und wahrscheinlich kategorisch aus dem betroffenen Lager anders gesehen wird: Ich denke, sie werden als Teil des Systems gesehen. Ob das inhaltlich und objektiv betrachtet richtig ist, ist eine andere Frage – aber ich glaube, es wäre die falsche Haltung, sich mit dem Gedanken nicht wirklich ernsthaft auseinanderzusetzen. Das wird dann zu Recht als arrogant wahrgenommen und befördert diese Tendenz weiter.

Was sind die Ursachen Ihrer Meinung nach?

Zur aktuellen Medienkritik und -schelte haben vielerlei Entwicklungen beigetragen, die sich in ihrer Summe noch weiter potenziert haben: Den Anfang hat sicherlich die freie, kostenlose und schnelle Verfügbarkeit von Informationen im Netz gemacht. Der zeitgleich zunehmende, nachhaltige Kostendruck in den Medienunternehmen trug sein Übriges dazu bei, diese Entwicklung weiter zu forcieren, und führte zur Verkleinerung oder Zusammenlegung von Redaktionen. Die Spirale drehte sich weiter. Eine Währung, die es früher gab, ist nahezu weggefallen: Es ist kaum noch möglich, eine Geschichte gründlich zu recherchieren, vielleicht über Monate, und sie dann als »Exklusivmeldung« zu veröffentlichen. Solche Scoops waren die Währung schlechthin. Aber sie kommen immer seltener vor. Da geht aktuell gerade viel verloren, was heute wichtiger denn je wäre.

Was, glauben Sie, sind die Folgen?

Die Exklusivität ist im Netz praktisch aufgehoben. In der Sekunde, in der man eine Meldung veröffentlicht, gehört sie einem nicht mehr. Sie wird sofort aufgegriffen, wenn man Glück hat, noch unter Nennung der Quelle. Aber der Ursprung ist dann oft kaum noch nachzuvollziehen, und deshalb sinkt der Wert der Währung Recherche so rapide. Vielleicht lohnt es sich gar nicht mehr, große Geschichten wie Watergate, den Flick-Spendenskandal oder auch die Panama Papers auszugraben. Damit ist ein Stück weit eine gewisse Gleichgültigkeit aufgekommen. Und mein Eindruck ist, nicht nur beim Publikum, sondern auch bei einigen Journalisten selbst.

Liegt das nicht eher an den wirtschaftlichen Zwängen, unter denen Journalismus heute entsteht? Recherchen kosten nun mal Geld.

Zugegeben, der Kostendruck auf allen Ebenen spielt eine große Rolle, weil die Einnahmen an vielen Stellen massiv zurückgehen. Es kommt aber noch etwas anderes hinzu: Die Aufmerksamkeitsspanne der Konsumenten wird immer geringer. Sie haben ihre vielfältigen Social-Media-Kanäle, die sie einerseits befeuern und andererseits »gelesen« haben müssen. Gleichzeitig nehmen die Summe, die inhaltliche Komplexität und das Tempo der Themen zu: die geopolitische Lage, die wirtschaftspolitische Situation und so weiter. Das sind alles Faktoren, die den Journalismus unter Druck setzen, und sie passieren simultan. Für die Mächtigen ist das eigentlich eine günstige Situation. Im Prinzip können sie nahezu jeden Skandal aussitzen. Weil sich die Aufmerksamkeit meist schnell dem nächsten Thema zuwendet. Und wenn dann kein oder nur ein geringes Interesse besteht, ein Thema weiterzutreiben, weil es mühsam ist oder das Gefühl vorherrscht, es interessiert doch nicht wirklich, oder die Kapazitäten durch den Kostendruck geben nicht mehr her: Dann wird das Ganze auf der Zeitachse immer oberflächlicher und dünner.

Ist der Journalismus am eigenen Anspruch gescheitert?

So weit ist es sicher noch nicht, aber der Journalismus in Deutschland hat sich ja selbst ethische Standards gesetzt, an denen er sich messen lassen muss. Die reichen von der Achtung der Menschenwürde über die Sorgfaltspflicht bis zur Trennung von Werbung und Berichterstattung. Dieser Pressekodex hat uns jahrzehntelang sicher begleitet – bei allen Missachtungen und Fehlern, die natürlich auch passieren. Aber der Kodex wird inzwischen aufgeweicht. Nachrichten sind – wie eben dargestellt – extrem kurzlebig geworden. Gerade im Netz geht es darum, schnell zu sein, möglichst live zu berichten, größtmögliche Reichweite zu erzielen. Dazu kommt auch vielfach die Haltung der Arbeitgeber, die Journalisten teilweise nur noch als Content-Produzenten mit einer möglichst großen Klickrate verstehen.

Welche Rolle spielt die Tatsache, dass der Content lange Jahre im Netz kostenlos angeboten wurde? Dass die Produzenten selbst zur Entwertung ihrer eigenen Arbeit beigetragen haben?

Das hat mit Sicherheit die gesamte Entwicklung beschleunigt. Es kommt noch verschärfend hinzu, dass man im Netz mit vielen anderen kostenlosen Angeboten konkurriert, was man vor 25 Jahren in der Form nicht vorhersehen konnte. Die journalistischen Angebote werden dadurch verwässert, dass viele Menschen selbst zu ihrem eigenen Medium, zu Influencern, geworden sind. Damit ist ein großes Stück Einordnungshoheit an die individuelle Meinung in den Social Networks und das

Phänomen der Filterblasen abgegeben worden: Der Algorithmus tritt an die Stelle eines aufklärenden Journalisten und spielt immer mehr von denselben Themen aus. Ein Brandbeschleuniger speziell für extreme Ansichten und Propagandabotschaften.

Welche Rolle spielen dabei die sozialen Netzwerke?

Die Social Networks haben in diesem Zusammenhang mehrere Auswirkungen. Zuerst halfen sie dabei, News und Inhalte noch schneller zu verbreiten, was die genannten Effekte noch weiter verstärkte. Parallel schufen sie Kommunikationsplattformen – eigentlich müsste man sagen Medienplattformen –, die, wenn überhaupt, nur einer geringen inhaltlichen Kontrolle unterliegen. Diese sind keinesfalls mit einem redaktionellen Anspruch, geschweige denn einer positiv besetzten inhaltlichen, journalistischen Qualitätskontrolle zu messen. Daraus entwickelten sich dann eigene »Kreise«, Plattformen, Influencer, ja letztendlich: eigene Medienmarken. Beispielsweise hat Donald Trumps persönlicher Twitter-Account mehr Follower als die Top Drei der auflagenstärksten Zeitungen – *USA Today*, *The Wallstreet Journal* und die *New York Times* – zusammen!

Trump regiert ja praktisch per Twitter.

Vor Jahren hätten vermutlich nicht nur wir gesagt, dass jemand mit seinem Profil nicht der mächtigste Mann der Welt werden kann. Aber er wurde es nicht nur, er hat sich sogar mindestens vier Jahre gehalten, indem er die Wahrheit als formbare Masse betrachtet. Die freien Medien haben es nicht geschafft, ihn mit seinen Lügen bloßzustellen. Das war bislang unvorstellbar. Viele Leute lesen Nachrichten über Trump bei Trump. Der Rest ist für sie Fake News – oder, wie es in Deutschland seit diesem Dammbruch noch leise, aber inzwischen doch häufiger skandiert wird: »Lügenpresse«. Hier müsste dem Journalismus eine entscheidende Rolle zukommen. Sein Selbstverständnis ist ja nichts weniger, als die vierte Gewalt im Staate zu sein. Man muss sich schon die Frage stellen, ob wir ernsthaft glauben, dass er das noch ist. Die ureigene Rolle des Journalismus ist doch: Transparenz schaffen, einordnen, aufdecken und so den Mächtigen auf die Finger schauen, die Themen hartnäckig recherchieren. Diese Funktion schwindet spürbar.

Würden Sie als Geschäftsmodell im seriösen Journalismus weiter auf Inhalte, auf Aufklärung setzen?

Auf jeden Fall, auch wenn die Bedingungen viel schwieriger geworden sind. Ich glaube immer noch an die Tugenden und die Wirkung des Journalismus. In der Jury des Georg von Holtzbrinck-Preises für Wirtschaftspublizistik haben wir auch dieses Jahr wieder viele herausragende Arbeiten gesehen.

Was Fake News und Hate Speech betrifft, scheint sich in den sozialen Netzwerken endlich etwas zu bewegen. Facebook und Twitter sperren entsprechende Beiträge jetzt öfter. Wie bewerten Sie die Initiative Stop Hate for Profit aus der Wirtschaft?

Das zeigt, dass offensichtlich auch Unternehmen ihre gesellschaftliche Verantwortung wahrnehmen wollen. Die Frage ist nur, gehen sie auch so weit, zugunsten ihrer Haltung Einbußen in ihrer regulären Geschäftstätigkeit hinzunehmen? Das muss sich erst noch zeigen. Aber insgesamt ist die Initiative sehr positiv. Weil sie Werte vermittelt und zudem auf die Glaubwürdigkeit des Unternehmens bzw. der Marke einzahlt –

wenn, wie gesagt, man auch bereit ist, die Glaubwürdigkeit mit aller Konsequenz zu leben und sie nicht doch beim ersten Gegenwind zu opfern.

12. Das digitale Ich

Überleben in der Informationsgesellschaft

Es hätte der Plot einer bissigen Politsatire aus Hollywood sein können: Eine Video-App für Teenager wird zum heiß umkämpften Objekt in einem erbitterten Handelskonflikt der Supermächte USA und China. Es ist aber keine Fiktion, sondern die Realität des Jahres 2020 und belegt einmal mehr, welche zentrale Bedeutung die digitalen Medien erlangt haben – für unseren Alltag, für Gesellschaft, Wirtschaft und Politik … und die Kriegsführung der Zukunft. Wenn in den Zeiten des Kalten Krieges nach dem Zweiten Weltkrieg vor allem der Besitz von Atomwaffen entscheidend für die strategische Vorherrschaft war, so ist es heute die technologische Überlegenheit im Netz. Dahinter steht die Erkenntnis, dass moderne Industriegesellschaften mit ihrer digitalen Infrastruktur zur leichten Beute für Spionage oder Sabotage werden können. Im Ernstfall ließe sich mit Cyberattacken ein ganzes Land lahmlegen. Derartige Angriffe mit Computerviren oder anderen Schadprogrammen sind keine Science-Fiction, sondern gehören zur strategischen Planung jeder modernen Armee. Sogenannte Logikbomben lassen sich zu einem Bruchteil der Kosten konventioneller Waffen oder gar von Atombomben einsetzen, und sie können dennoch immensen Schaden anrichten, wenn sie in gegnerischen Schaltstellen der Stromversorgung, der Verkehrssysteme oder des Finanzwesens zur Detonation gebracht werden. »Die Sicherheitslage wird durch den raschen technologischen Fortschritt und den sich wandelnden Charakter des Krieges beeinflusst«, warnte deshalb das US-Verteidigungsministerium 2018 in seiner National Defense Strategy. Erst die Beherrschung neuer Technologien wie künstliche Intelligenz, Big Data und Robotik würde sicherstellen, »dass wir die Kriege der Zukunft kämpfen und gewinnen können«, so die US-Militärstrategen.[1] Schon im Jahr 2017 hatte Präsident Trump in seiner Nationalen Sicherheitsstrategie gefordert, die Vereinigten Staaten sollten sich auf jene neuen Technologien konzentrieren, die ihre »ökonomische und militärische Überlegenheit« sicherstellen.[2]

Nach dem Netzwerkausrüster Huawei, einem der größten chinesischen Konzerne, geriet nun deshalb auch die App Tiktok, mit der vorwiegend Teenager ihre selbst gedrehten Musikvideos austauschen, zwischen die Fronten in diesem globalen Konflikt. Er wird gleich auf zwei Feldern ausgetragen: auf dem strategischen und dem ökonomischen. Trump drohte Anfang August 2020 mit dem Verbot der App auf dem US-Markt, später setzte er dem chinesischen Tiktok-Betreiber Bytedance eine 90-Tage-Frist für Verhandlungen mit US-Konzernen über einen Verkauf. Gleich mehrere Konzerne, darunter Oracle, Twitter, Microsoft und Walmart, zeigten sich interessiert an der Übernahme des sozialen Netzwerks, das nach Angaben von Branchenkennern Ende 2019 in den USA bereits rund 30 Millionen Mitglieder hatte.[3] Seit Beginn der Corona-Epidemie gehen die Abrufzahlen für die App steil nach oben. Derzeit wird sie weltweit von rund 60 Millionen Nutzern jeden Monat neu auf Apple- und Android-Smartphones installiert.[4] Weltweit hat Tiktok inzwischen rund 800 Millionen Mitglieder, vorwiegend im Alter zwischen sechzehn und 24 Jahren, wobei mit 500 Millionen der überwiegende Teil aus China stammt.

Hinter der »America first!«-Politik Trumps, Version 2.0, steckt die Befürchtung, dass die Daten der Tiktok-Nutzer zur Spionage verwendet werden können, da das Regime in Peking chinesische Unternehmen zwingen kann, diese an die Regierung weiterzuleiten. In einer Verfügung Trumps vom August 2020 hieß es, Tiktok sammele »automatisch große Mengen an Daten von seinen Nutzern«, darunter auch Geodaten und Suchverläufe. Diese Informationen könnten es China erlauben, Angestellte des Bundes oder Dienstleister auszuspionieren, möglicherweise sogar zu erpressen. Deshalb sei die App »eine Bedrohung der nationalen Sicherheit«.[5]

Auch das größte chinesische Netzwerk Wechat, das zum Tencent-Konzern gehört, ist von der Verfügung Trumps betroffen. Es spielt außerhalb Chinas allerdings kaum eine Rolle. Anders hingegen Tiktok, das Facebook-Chef Mark Zuckerberg im Juli 2020 in einer Anhörung als ernst zu nehmenden Konkurrenten für das zu seinem Konzern gehörende Instagram bezeichnete. Tiktok sei die »am schnellsten wachsende« App, so Zuckerberg.[6]

Tiktok reagierte umgehend und wies alle Vorwürfe der US-Regierung von sich: Nutzerdaten würden in den USA verarbeitet und gespeichert. Außerdem habe es keine Anfragen seitens der chinesischen Regierung gegeben, so das Unternehmen.[7] Der Sprecher des chinesischen Außenministeriums, Wang Wenbin, warf Trump vor, seine Verfügung verstieße »gegen die Prinzipien der Marktwirtschaft und gegen die Prinzipien der Welthandelsorganisation«. Die Regeln der Welthandelsorganisation schrieben Offenheit, Transparenz und Nichtdiskriminierung vor; bei Trumps Vorgehen handle es sich hingegen um »pures Mobbing«.[8] Ausgerechnet das autoritäre Regime in Peking beruft sich auf demokratische Prinzipien. Tatsache ist jedoch, dass das chinesische Sicherheitsgesetz auch private Unternehmen wie die Tiktok-Mutter Bytedance zur Herausgabe von Kundendaten verpflichten kann.[9]

Wie auch immer der Streit um die App ausgeht, er steht für eine neue Dimension im Handelskrieg zwischen den USA und China. Es geht um die Dominanz im Internet. Und damit geht es um die erste von fünf Machtproben, die über unsere Zukunft in der Informationsgesellschaft entscheiden werden.

»Die zwei Supermächte unserer Zeit«, kommentiert der Publizist Gabor Steingart, »teilen die digitale Welt untereinander auf.«[10] Es ist ein Duopol entstanden, in dem die mächtigsten Internetunternehmen der Welt gegeneinander antreten. Die »Eindämmungspolitik« (Containment) der USA zementiere »die Monopolstellung von Google und Konsorten und ist daher wertvoller als jede Steuerreform«, stellt Steingart fest.[11] Gegen Amazon steht der chinesische Internet-Handelsriese Alibaba, gegen Google tritt die chinesische Suchmaschine Baidu an, gegen Apple steht Huawei, und bei den sozialen Netzwerken steht Facebook gegen Wechat, das zum Konzern Tencent gehört. Das drohende Verbot von Wechat wie auch die Diskussion um die Spionagegefahr durch Huawei weisen darauf hin, dass diese Konkurrenten nicht nur aus den USA, sondern vom gesamten westlichen Markt ferngehalten werden sollen.

So wächst der Druck der Vereinigten Staaten auf die westlichen Verbündeten, Huawei als Netzwerkausrüster für den 5G-Mobilfunk auszuschließen. England hat einen entsprechenden Beschluss im Juli 2020 verabschiedet, in Deutschland wird derzeit noch darüber diskutiert. Die Sicherheitsanforderungen sollten »generell so festgelegt werden, dass Komponenten für zentrale Infrastrukturen nur von vertrauenswürdigen Lieferanten und Herstellern bezogen werden dürften«, sagte laut *Handelsblatt* ein Sprecher der Bundesregierung nach der

Entscheidung Englands. Das bedürfe aber einer engen europäischen Abstimmung.[12]

Die Europäer sind allenfalls Zuschauer in diesem amerikanisch-chinesischen Konflikt. Mit demselben Argument, die Sicherheit der Daten sei für ihre Bürger nicht gewährleistet, könnte die Europäische Union allerdings auch die US-Internetkonzerne vom EU-Markt verbannen. Nach dem Privacy-Shield-Urteil vom Juli 2020, über das schon an anderer Stelle in diesem Buch berichtet wurde, müsste sie es sogar – zumindest so lange, bis ein neuer wirksamer Schutz der Nutzerdaten zwischen den USA und der EU vereinbart ist. Denn die strengen europäischen Datenschutzregelungen erlauben die Weitergabe von Daten in ein Land außerhalb der EU nur, wenn sie dort nach vergleichbaren Maßstäben geschützt sind. Der Europäische Gerichtshof (EuGH) hat deshalb die bestehende Vereinbarung, den sogenannten EU-US-Datenschutzschild (Privacy Shield), für ungültig erklärt. Die Überwachungsgesetze der USA seien zu weitreichend, so der EuGH in seinem Urteil, als dass der Datenschutzschild die Bürger in den europäischen Ländern angemessen vor ihnen schützen könne.[13] Dabei geht es insbesondere um die nahezu ungehinderten Zugriffsmöglichkeiten der US-Geheimdienste, die spätestens durch die Enthüllungen Edward Snowdens bekannt geworden sind.

Die Vorstellung, man könne oder müsse die Internetkonzerne aus Europa verbannen, mag vielen unrealistisch, vielleicht sogar lächerlich erscheinen. Nicht nur im Sinne des EuGH-Urteils, sondern im Interesse aller seiner Bürger müsste die EU aber diesen Konflikt mit dem mächtigen – in der Welt des Internets übermächtigen – Partner USA offensiv angehen. Europa versus USA – das wäre dann Machtprobe Nummer zwei in der künftigen Informationsgesellschaft.

Jahrelang wurde in der Europäischen Gemeinschaft über

eine einheitliche Datenschutzregelung gestritten. Im Mai 2018 trat die neue Europäische Datenschutzgrundverordnung (DSGVO) in Kraft, eines der größten Gesetzesvorhaben, die es in der EU jemals gab – immerhin geht es um die digitalen Persönlichkeitsrechte von mehr als einer halben Milliarde Menschen. Aus Sicht der europäischen Verbraucher wurde unter anderem einheitlich festgeschrieben, dass sie der Weiterverarbeitung ihrer Daten ausdrücklich zustimmen müssen. Seither sind wir alle damit beschäftigt, beim Anklicken neuer Websites Cookies auszuwählen, die im Wesentlichen dazu dienen, dass unser Internetbrowser uns erkennt und fortan durchs Netz verfolgen kann. Daran haben wir uns gewöhnt.

Was aber mit den Daten geschieht, die wir freiwillig und nach Zustimmung zu den Allgemeinen Geschäftsbedingungen in den sozialen Netzwerken preisgeben, ist nach wie vor vollkommen intransparent. In Europa sind auch US-Unternehmen verpflichtet, ihren Nutzern auf Anforderung eine komplette Sammlung der über sie gespeicherten Daten zur Verfügung zu stellen. Aber auch wenn man das in Anspruch nimmt, ist immer noch nicht klar, ob und wie diese Daten auf der anderen Seite des Atlantiks weitergegeben und -verarbeitet werden. Die europäische DSGVO wird so de facto ausgehebelt. Das betrifft im Übrigen auch alle Daten, die bei amerikanischen Finanzdienstleistern, Kreditkartenunternehmen und Bezahldiensten wie Paypal oder in den Clouds bei Amazon oder Microsoft gespeichert sind. Entgegen landläufiger Vorstellungen befinden sich die riesigen Datenspeicher nicht im Himmel, sondern meist auf nordamerikanischem Boden.

Ein Leben ohne Google, Amazon, Facebook und Instagram scheint für viele schlicht nicht vorstellbar. Ein starker europäischer Datenschutz könnte eines der besten Argumente für den selbstbewussten Aufbau einer eigenen Infrastruktur werden, so wie heute schon grüne Technologien für den nachhaltigen Umbau der Wirtschaft ein Wachstumsfaktor sind. Oder wie es Airbus gelungen ist, die Dominanz der amerikanischen Luftfahrtindustrie zu brechen. Möglicherweise braucht Europa heute ein ähnliches Programm, um einer autonomen digitalen Infrastruktur zum Durchbruch zu verhelfen.

Der Ruf nach »digitaler Souveränität« der Europäer wird lauter. So stellte schon der Medien- und Kommunikationsbericht 2018 der Bundesregierung fest: »In der europäischen Medienpolitik wächst seit längerem der Wunsch, die Entwicklung von Konkurrenzangeboten zu den bislang US-dominierten Plattformen zu befördern.« Damit könne man nicht nur »identitätsstiftende europäische, qualitativ hochwertige Inhalte sichtbarer« machen, sondern »auch den europäischen digitalen Binnenmarkt« stärken und »einen Beitrag zur Meinungsvielfalt in Europa« leisten. Aus Sicht der Bundesregierung seien derartige Initiativen zu begrüßen, so der Bericht.[14] Geschehen ist vonseiten der Politik seither wenig.

Die Initiative »European Public Sphere. Gestaltung der digitalen Souveränität Europas« vertiefte im Juli 2020 diesen Gedanken noch einmal. Eine Projektgruppe um den früheren SAP-Manager Henning Kagermann und den *BR*-Intendanten Ulrich Wilhelm entwarf für die Deutsche Akademie der Technikwissenschaften (acatech) die Vision eines digitalen Ökosystems, »das europäischen Werten folgt, auf demokratische Kontrolle setzt und digitale Souveränität ermöglicht«, so der Vorschlag der Projektgruppe. Sie nennt als Kriterien Werte wie »Transparenz, Offenheit und Schutz der Privatsphäre« sowie »faire Zugangs- und Nutzungsbedingungen«. Der Schlüssel »zur digitalen Souveränität Europas besteht nicht in Abschottung, sondern in der ambitionierten Gestaltung von Alternativen«.[15]

Der Vorstandschef von Burda, Paul-Bernhard Kallen, ebenfalls Mitglied in der acatech-Projektgruppe, nahm in einem Interview mit dem *Handelsblatt* die deutsche und europäische Politik in die Pflicht. »Wir beschützen die Bürger in Deutschland sehr effizient vor deutschen Unternehmen, aber null vor außereuropäischen Unternehmen«, so Kallen, »das ist ein Akt der Selbstgeißelung, der mir nicht einleuchtet. So bleibt Europa bei der digitalen Infrastruktur abhängig von ausländischen Firmen.« Dabei befürchtet er, dass der Aufbau digitaler Souveränität in Europa nur zum Preis außenpolitischer Konflikte gelingen werde. Die US-Regierung schalte »sich ja schon bei der Frage ein, ob wir digitale Unternehmen besteuern dürfen. Wie wird also die Intervention aussehen, wenn wir unsere digitale Infrastruktur selbst bauen?« Amerika, so Kallen, »tut gerade sehr viel dafür, dass Europa eine digitale Kolonie bleibt«.[16]

Die EU kämpft bislang mit dem stumpfen Schwert des Wettbewerbs- und des Steuerrechts – und ist im Sommer 2020 einstweilen spektakulär gescheitert beim Versuch von Wettbewerbskommissarin Margrethe Vestager, von Apple eine Steuernachzahlung in Höhe von dreizehn Milliarden Euro plus Zinsen einzutreiben.[17] »Wir beschreiten ja kein Vakuum«, mahnte Burda-Chef Kallen, »sondern dringen vor in die Domäne der größten Konzerne der Geschichte der Menschheit mit einer Finanzkraft, die eher denen von Staaten entspricht.« Die Anwendung bestehender Gesetze könne »an den Spielregeln nichts verändern«.[18]

Aber es ist auch schon anderen Kolonien gelungen, sich zu befreien. Deshalb müssten Initiativen, die zur Stärkung der digitalen Souveränität beitragen, endlich wirksam und mit den nötigen Mitteln von der europäischen Politik unterstützt werden. Neben dem »Green Deal« der EU-Kommissionspräsidentin Ursula von der Leyen bräuchte es einen »Digital Deal«. Doch leider ist davon auch bei dem 750-Milliarden-Euro-Hilfspaket nach der Corona-Epidemie nicht die Rede. So wird Europa weiter abgehängt. Das ist ein Versäumnis, das sich bitter rächen wird.

Aber vielleicht können die Nutzer, wir alle, etwas verändern? Das wäre dann Machtprobe Nummer drei, sicher ein Kampf mit ungleichen Waffen. Die Empfehlung, bei Facebook, Instagram oder Whatsapp auszusteigen, ist etwa so realistisch wie der Rat, nicht mehr am Straßenverkehr teilzunehmen, weil das zu gefährlich sei. Aber genauso wie wir durch Beachtung bestimmter Regeln auf der Straße unsere Überlebenschancen deutlich erhöhen können, lässt sich im Internet etwas für die psychische Unversehrtheit tun. Wir sollten zum Beispiel die elementarsten Regeln im Umgang mit persönlichen Daten beachten und nicht schon bei jeder kleinen Bestellung in einem Online-Shop unsere Souveränität als Konsumenten, als Bürger mit dem Recht auf Privatsphäre aufgeben. Cookies, deren Verwendung wir ständig erlauben müssen, regelmäßig aus dem eigenen Browser löschen, wäre eine dieser Maßnahmen. Kaum jemand tut das, obwohl es problemlos möglich und von Zeit zu Zeit auch ratsam wäre, um die Erstellung von Benutzerprofilen wenigstens etwas zu erschweren. Weiter: Nur die Daten angeben, die man wirklich für den jeweiligen Zweck angeben muss. Bewusst überlegen, an welcher Stelle man Bequemlichkeit mit der Preisgabe der persönlichen Daten eintauschen will. Ein Ticket für die U- oder S-Bahn bezahlte man früher anonym am Schalter oder am Automaten, heute kennen das Verkehrsunternehmen und PayPal oder der Kreditkartenanbieter jede Strecke, die man jemals im Leben gefahren ist. Allein aus diesen Bewegungsdaten lassen sich zahllose Informationen ablesen, vor allem, wenn sie mit weiteren Informationen verknüpft werden. Und man sollte natürlich genau prüfen, auf welchen sozialen Netzwerken man wirklich unterwegs sein will (oder muss), wie viele Freunde man einladen will – und wie viel man von sich in seinem Persönlichkeitsprofil wirklich preisgeben sollte. Profile zu erstellen, das kennt man vom FBI, dem BKA oder aus Krimis, wenn Experten mit mühsam zusammengesetzten Persönlichkeitsbildern versuchen, Serienmördern auf die Spur zu kommen. Heute machen das Milliarden Menschen freiwillig und wundern sich, wenn sie zu Fahndungsobjekten werden. »›Wir dürfen dich ausspionieren, und du darfst dafür umsonst unseren Dienst nutzen.‹ Das klang kurzfristig vielleicht vernünftig, ist langfristig aber grauenhaft«, stellt Social-Media-Kritiker Jaron Lanier fest.[19]

Die Gegenmaßnahmen mögen alle etwas hilflos klingen. Aber sie sind ein Anfang – wieder da anzuknüpfen, wo wir früher bereits standen. In der Diskussion waren wir nämlich schon einmal viel weiter.

Es ist jetzt 37 Jahre her, dass das Bundesverfassungsgericht in seinem Urteil zur damals in der Bundesrepublik geplanten Volkszählung das »Recht auf informationelle Selbstbestimmung« entwickelte. Vorausgegangen waren jahrelange, erbittert geführte Konflikte über das Vorhaben der Bundesregierung, 600 000 sogenannte Zähler durch das Land zu schicken und die Bürger über ihren Wohn- und Berufsalltag zu befragen. Rund 500 Verfassungsbeschwerden wurden eingereicht, ein Viertel der Bundesbürger kündigte laut Umfragen an, sie würden die Volkszähler nicht in die Wohnungen lassen, und überall im Land gründeten sich Initiativen von Boykotteuren. Ängste vor dem »gläsernen Bürger« wurden wach. »Meine Daten gehören mir«, lautete eine der eingängigsten Parolen.[20]

Kurz vor Anbruch des Jahres 1984 schien Orwells schlimmste Vision unmittelbar Wirklichkeit zu werden. Dabei hätten die Daten, die sich aus der Volkszählung hätten gewinnen lassen, einen Bruchteil von dem preisgegeben, was heute jedes durchschnittliche Facebook-Profil verrät. Die Karlsruher Richter erklärten die Volkszählung in der geplanten Form im Dezember 1983 für verfassungswidrig und stellten in ihrem Grundsatzurteil fest: Jeder Einzelne habe das Recht, selbst zu bestimmen, wann und in welchem Umfang er persönliche Daten preisgeben möchte. Dieses Recht auf informationelle Selbstbestimmung, so das Urteil, gehöre zur freien Entfaltung der Persönlichkeit (Grundgesetz Artikel 2) und genieße Verfassungsrang. Es wurde damit zu einem unveräußerlichen Grundrecht.

Es lohnt sich, die Urteilsbegründung von 1983 näher zu betrachten, denn sie gewinnt durch die Entwicklung der letzten Jahre an Brisanz. »Mit dem Recht auf informationelle Selbstbestimmung«, so das Urteil, sei eine Gesellschaftsordnung »nicht vereinbar, in der Bürger nicht mehr wissen können, wer was wann und bei welcher Gelegenheit über sie weiß«. Denn wer unsicher sei, »ob abweichende Verhaltensweisen jederzeit notiert und als Information dauerhaft gespeichert, verwendet oder weitergegeben werden«, der werde auch versuchen, sein Verhalten entsprechend anzupassen, und weiter: »Dies würde nicht nur die individuellen Entfaltungschancen des Einzelnen beeinträchtigen, sondern auch das Gemeinwohl.« Denn Selbstbestimmung der Bürger sei »eine der wichtigsten Voraussetzungen für eine funktionierende Demokratie«.[21] Das Bundesverfassungsgericht erklärte Teile der geplanten Volkszählung für verfassungswidrig und verlangte, die Regierung müsse ihr Vorhaben datenrechtlich anpassen. Im Jahr 1987 fand sie dann unter geänderten Voraussetzungen statt. Dabei ging es vor allem darum, die Anonymität der Befragten besser zu wahren.[22]

Wo ist dieses kritische Bewusstsein für den Umgang mit persönlichen Daten geblieben?, fragt man sich dreieinhalb Jahrzehnte nach der Volkszählungsdiskussion. Und wie lässt es sich wiederherstellen beziehungsweise neu schaffen? In meiner Kindheit gab es den Verkehrskindergarten, das kleine Einmaleins für den Straßenverkehr. Jugendverkehrsschulen oder andere Methoden der Verkehrserziehung gibt es immer noch, und sie sind dringend nötig, um Kinder und Jugendliche auf die Gefahren des Verkehrs vorzubereiten. Wo bleibt die Social-Media-Erziehung, die »Internet-Verkehrsschule«, um den Umgang mit der neuen Kulturtechnik zu erlernen? Noch immer tun Pädagogen und Bildungspolitiker so, als seien digitale Medien etwas völlig Neues, das zudem ganz überraschend über die Welt kam. Computer sind noch vielerorts Fremdkörper im Lehrbetrieb, moderne Formen der Kommunikation scheitern schon an der ungenügenden Ausstattung in Schulen und anderen Einrichtungen. Welche erschreckenden Defizite es gibt, wurde in Corona-Zeiten besonders deutlich. Der im Frühjahr 2019 ausgerufene Digitalpakt Schule scheint, wie so vieles im Bildungsbereich, im föderalen Durcheinander unterzugehen.[23] Hinzu kommt, dass von den bewilligten fünf Milliarden Euro an Zuschüssen, bislang nur knapp sechzehn Millionen an die Schulen geflossen sind.[24] Es scheint dort niemand die Dringlichkeit des Themas zu erkennen. Auch hier braucht es endlich eine nationale Initiative, die sich nicht darauf beschränkt, ein paar Tabletcomputer an die Schulen zu liefern.

Denn es geht darum, dass wir alle uns künftig auf völlig neue Bedingungen einstellen. Was wir derzeit erleben, ist nur der Anfang einer Entwicklung, die sich noch einmal deutlich beschleunigen wird. Der Kampf um unser digitales Ich wird zur Machtprobe Nummer vier. Er wird unser Zusammenleben bestimmen. Mit dem Smartphone tragen wir unseren persönlichen Spion ständig in der Tasche herum. Er kennt unseren aktuellen Aufenthaltsort, unsere regelmäßigen Wege, unsere Kontakte, kann anhand der Apps unsere Vorlieben analysieren, uns mittels Face-ID durch unsere biometrischen Daten identifizieren und uns via Mikrofon und Kamera belauschen und beobachten. Er weiß, wie viele Schritte wir am Tag gehen, er kennt unsere Schlafgewohnheiten. Und er meldet das alles weiter. Wehren kann man sich dagegen kaum, solange man ein Smartphone benutzt. Es spielt keine Rolle, ob beispielsweise die Ortungsfunktion eingeschaltet ist oder nicht. Lediglich das Abkleben der Kamera(s) scheint ein wirksames Gegenmittel gegen unerwünschte visuelle Beobachtung zu sein. Das setzt allerdings auch die Gesichtserkennung außer Funktion, was wiederum die Identifikation umständlich macht.

In nicht allzu ferner Zukunft wird uns nicht nur das Smartphone, sondern die gesamte Umgebung belauern, und nicht nur das: Sie wird uns ständig analysieren, kategorisieren und in der Konsequenz so zu manipulieren versuchen, wie das heute schon die sozialen Netzwerke tun. Dann wird jedes Produkt, mit dem wir es im Alltag zu tun haben, über Sensoren verfügen und mit dem Internet verbunden sein – seien es Kleider, Möbel, Elektrogeräte, Fahrräder, einfach alles. Keine Utopie: Moderne Autos sind heute schon Smartphones auf Rädern, die alles aufzeichnen und auf die Server der Autokonzerne übertragen. Moderne Heizungssysteme werden über das Smartphone bedient, selbst Glühbirnen lassen sich per WLAN ansteuern. Internet der Dinge nannte man das bisher, inzwischen bürgert sich der Begriff »internet of everything« ein, das Internet von allem. Forscher sprechen von Umgebungsintelligenz (ambient intelligence).

Das wird unabsehbare Folgen haben. Die allermeisten von uns haben es nie gelernt, in einer Umgebung zu leben, die uns ständig beobachtet. In manchen Hochsicherheitsgefängnissen gibt es das, und China ist inzwischen sehr weit mit der flächendeckenden Überwachung seiner Bürger, im Moment noch außerhalb der Wohnung. Aber schon dieser Vergleich zeigt, wo die Gefahren für die Unversehrtheit der Person liegen können. Und mehr noch: Sämtliche medizinische Daten werden im Internet zu finden sein, manche liefern wir selbst durch die Verwendung von Smart Watches und Fitnesstrackern, andere lassen sich durch Verknüpfung unterschiedlicher Quellen herausfinden. Deshalb wird in absehbarer Zeit unser vollständiges digitales Ich in den Clouds von Google, Amazon, Facebook und anderen gespeichert sein.

Dafür braucht es neue Rechtsnormen. Denn spätestens dann laufen wir Gefahr, unsere Persönlichkeitsrechte an die Plattformbetreiber abzutreten, mit all den Gefahren, die damit verbunden sind. Eine Entflechtung der Konzerne, wie sie Teile der demokratischen Partei in den USA anstreben, könnte wenigstens für etwas mehr Transparenz sorgen. Wenn Facebook und Instagram nicht mehr unter einem Konzerndach arbeiten, wird die hemmungslose Datenweitergabe zumindest etwas erschwert. Das wäre aber nur ein kleiner Schritt von vielen, die noch folgen müssen.

Wir müssen die Kontrolle über unser digitales Ich wiedergewinnen. Die Internetgiganten müssen verpflichtet werden, die Algorithmen offenzulegen, nach denen wir analysiert und in Kategorien eingeteilt werden. Es sei »absolut erforderlich, dass sie sich ihrer öffentlichen Verantwortung annehmen«, fordert Eli Pariser, der Vorsitzende der Bürgerrechtsplattform Moveon, »es reicht nicht mehr aus, zu sagen, das personalisierte Internet sei nur eine Funktion von nach Relevanz sortierenden Maschinen, die ihre Arbeit tun«. Wir müssten »persönliche Daten wie persönliches Eigentum betrachten und unsere Rechte daran schützen«, meint Pariser.[25] Er verweist darauf, dass im Jahr 1973 das ehemalige US-Ministerium für Gesundheit, Bildung und Wohlfahrt unter Richard Nixon für »Fair Information Practices« eintrat. Sie besagten: »Wir sollten wissen, wer welche persönlichen Daten über uns hat und wie diese Daten verwendet werden. Wir sollten verhindern können, dass Informationen, die zu einem bestimmten Zweck über uns gesammelt wurden, für einen anderen Zweck eingesetzt werden. Wir sollten in der Lage sein, inkorrekte Informationen über uns zu korrigieren. Unsere Daten sollten sicher sein.«[26]

Das sind simple, für jeden einleuchtende Forderungen. Um sie endlich durchzusetzen, wäre eine groß angelegte gesellschaftliche Debatte notwendig. Die Widerstände der mächtigen Konzerne werden enorm sein. Das Einzige, worauf sie bislang empfindlich reagierten, sind Einkommenseinbußen, etwa durch Aktionen wie »Stop Hate for Profit«, mit denen die werbetreibende Wirtschaft zumindest zeitweise Facebook boykottierte.

Ein Verbraucher-, also Nutzerboykott könnte deshalb helfen, aber der würde ein breites Bewusstsein darüber voraussetzen, dass wir alle ausgebeutet werden, was die Verwendung unserer persönlichen Daten betrifft. Es sei »an der Zeit, sich dagegen zu wehren«, sagt die Big-Data-Expertin Cathy O'Neil, dass »Daten privatisiert und privat genutzt werden, um private Profite zu erzeugen und Macht zu gewinnen, während die Öffentlichkeit von diesem Prozess ausgeschlossen und angehalten wird, sich ordentlich zu benehmen und den Algorithmen zu vertrauen«. Sie fordert ein Regelwerk, mit dem die Firmen nachweisen, »dass diese Algorithmen rechtmäßig und gerecht sind«.[27]

Völlige Transparenz wäre eine unabdingbare Voraussetzung für das Ende der zunehmenden Ausbeutung. Die andere wäre eine finanzielle Kompensation. Cathy O'Neil vergleicht das gegenwärtige Stadium der digitalen Revolution zutreffend mit der ersten industriellen Revolution gegen Ende des 19. Jahrhunderts. Für viele Menschen sei das gute Leben damals noch besser geworden. »Aber dieser Fortschritt hatte auch eine schlimme Kehrseite«, so O'Neil. »Er wurde angetrieben von der schrecklichen Ausbeutung der Arbeitskräfte, von denen viele noch Kinder waren.« Nun hofft sie, dass man sich an die Internetkonzerne und ihre Methoden eines Tages als »Relikte der Anfangstage einer neuen Revolution« erinnern werde, »bevor wir lernten, wie wir Gerechtigkeit und Rechenschaftspflicht ins Datenzeitalter überführen können«.[28]

Der Internettheoretiker Evgeny Morozov hat schon vor Jahren den interessanten Vorschlag gemacht, die Konzerne sollten uns dadurch entlohnen, dass sie die Geräte für das Internet der Dinge kostenlos liefern: »Sie bekommen beispielsweise eine kostenlose intelligente Zahnbürste, erklären sich im Gegenzug aber damit einverstanden, dass sie Daten über ihre Verwendung sammelt.« Und damit würden letztendlich die Produktionskosten finanziert. Das könnte ein fairer Deal unter Geschäftspartnern sein, wenn Transparenz auf beiden Seiten herrscht. Die Internetbenutzer, so Morozov, sollten zu »Datenagenten in eigener Sache werden«.[29]

Jaron Lanier schlägt ein neues Geschäftsmodell vor, eine transparente Geschäftsbeziehung zwischen gleichberechtigten Partnern. Eine Lösung wäre, meint Lanier, »Internetdienste wie Suchmaschinen und Social Media direkt zu bezahlen«. Man könne sich »eine geringe monatliche Grundgebühr für die Nutzung« vorstellen, aber wenn man selbst viel zum Inhalt beitrage, »wenn deine Posts, Videos oder was auch immer sehr viele andere Nutzer anziehen«, dann könnte man damit auch Geld verdienen. Laniers Vision: »So würde eine große Zahl von Nutzern von diesen Diensten finanziell profitieren, statt der wenigen auserwählten Vorzeigestars im gegenwärtigen System.«[30]

Die Diskussion ist eröffnet. Ideen gibt es viele, wie wir vom Objekt, das wir in den sozialen Netzwerken sind, dem »Produkt«, zu selbstbestimmten Kunden werden. Mindestens ebenso wichtig aber ist die Frage, ob es gelingt, die Lügen in den sozialen Netzwerken zurückzudrängen, oder besser gesagt, die Wahrheit zu retten – Machtprobe Nummer fünf.

Offenlegung wäre auch hier die Grundbedingung. *Wir* müssen wissen, welches Bild sich die sozialen Netzwerke von uns machen, was *sie* über uns wissen. Warum bekomme ich genau diesen einen Beitrag angezeigt? Und warum bekomme ich, während ich mit dem ersten Beitrag beschäftigt bin, genau diesen Vorschlag für den nächsten Beitrag? Die sozialen Netzwerke müssten damit beginnen, fordert Bürgerrechtler Eli Pariser, »ihre Filtersysteme für die Öffentlichkeit transparenter zu machen – damit überhaupt erst eine Diskussion darüber, wie sie mit ihrer Verantwortung umgehen, ermöglicht wird«.[31]

Alles wichtige Schritte, um dem Entstehen von Filterblasen entgegenzuwirken. Hinzu kommt, dass vor allem die Algorithmen von Facebook ständig Unsicherheit produzieren, weil sie permanenten Wechseln unterworfen sind. Sie werden schon lange nicht mehr nach der zeitlichen Abfolge sortiert, sondern vorwiegend nach der Relevanz, und die definiert das Unternehmen nach seinen kaum nachvollziehbaren Kriterien. Eines der wesentlichen Ziele ist, so viel weiß man, die Nutzer möglichst lange auf der Seite zu halten, weil man damit mehr Werbung schalten kann.

Auch im klassischen Journalismus wird Werbung verkauft, das war und ist eine der wesentlichen Existenzgrundlagen. Es gibt aber einen entscheidenden Unterschied, wie Eli Pariser bemerkte: »Derzeit tauschen wir ein System mit klaren und wohlüberlegten staatsbürgerlichen Verantwortlichkeiten und Rollen gegen ein System ohne Sinn für Moral.« Den Menschen nur das zu geben, was sie wollen, sei »eine prekäre und geistlose staatsbürgerliche Philosophie«.[32] Das heißt im Umkehrschluss: Die sozialen Netzwerke müssen ohne Wenn und Aber für die Inhalte einstehen, die sie veröffentlichen. Das gilt natürlich in erster Linie für Straftaten wie Verleumdung oder Verhetzung, aber auch unterhalb dieser Schwelle gibt es eine Fülle von Übertretungen, die nicht länger toleriert werden dürfen.

Bislang geschieht das faktisch noch. Die Strafverfolger hinken hoffnungslos hinterher, weil auch hier das Phänomen viel zu spät erkannt wurde und die Ausrüstung und das Personal fehlen. Zugegebenermaßen habe sie angesichts der schieren Anzahl der Fälle kaum Chancen, Schritt zu halten. Kontrollinstanzen, auch die Selbstkontrolle, müssen gestärkt werden, damit sie auch von den Konzernen ernst genommen werden. Und diese müssen weit mehr noch als bisher dazu gedrängt werden, Hass, Lügen und Verschwörungstheorien aufzuspüren und ihnen wirksam entgegenzutreten. Die EU-Kommission ist hier mit ihrem Verhaltenskodex zur Bekämpfung von Desinformation auf dem richtigen Weg. Warnhinweise unter Fake News, die Facebook, Twitter und auch Youtube vermehrt einsetzen, sind ebenfalls richtige erste Schritte, auch der verstärkte Einsatz von Content-Moderatoren und Faktencheckern, unterstützt von künstlicher Intelligenz. Aber das alles ist noch viel zu wenig und halbherzig angesichts der Milliardenumsätze der Plattformen, die anscheinend unaufhaltsam in die Höhe wachsen.

Und schließlich sollten die klassischen Medien den Kampf um die Wahrheit nicht aufgeben, sondern weiterführen, auch wenn die Bedingungen für die Journalistinnen und Journalisten und die Verantwortlichen in den Verlagen und Fernsehsendern nicht einfacher geworden sind. Zu gutem Journalismus gab und gibt es keine Alternative. »Sagen, was ist« – Rudolf Augsteins Wort gilt unverändert.

Im Jahr 2019 sind weltweit 49 Journalistinnen und Journalisten und andere Medienschaffende im Zusammenhang mit ihrem Beruf getötet worden, 389 saßen zum Jahresende in Haft, teilte Reporter ohne Grenzen in seiner Jahresbilanz mit.[33] Der Beruf ist auch deshalb so gefährlich, weil Diktatoren, Autokraten und Kartelle in vielen Ländern Mord oder Verfolgung gegen Journalistinnen und Journalisten einsetzen, die mit Recherchen ihre Kreise stören.

Die Wahrheit ist unter Druck. Man muss sich nur einmal vorstellen, wie die Medienlandschaft in den USA heute aussähe, wenn es die von Trump ständig diffamierte »Lügenpresse« wie die *New York Times* oder die *Washington Post* nicht gäbe. Dass diese altehrwürdigen Institutionen auch im Zeitalter der sozialen Medien erfolgreich sind, wenn auch nicht ohne wirtschaftliche Einbußen, sollte der ganzen Branche Mut machen – auch in Deutschland. Zuletzt zeigte sich in Corona-Zeiten auch hierzulande wieder eine Hinwendung des Publikums zu vertrauten journalistischen Marken. Das ist kein schlechtes Zeichen.

Es ist noch lange nichts verloren. Die Machtprobe ist nicht entschieden.

Dank

Als Autor fühlt man sich vor dem weißen Bildschirm zuweilen etwas einsam, aber ohne Anregungen, Unterstützung und Zuspruch konnte auch dieses Buch nicht entstehen. Bedanken möchte ich mich vor allem bei meinen Gesprächspartnerinnen und Gesprächspartnern, die mir ihre Sicht auf das Thema schilderten und damit viele interessante Aspekte einbrachten, auf die ich selbst nicht gekommen wäre: William Binney, Louisa Dellert, Sebastian Hotz (El Hotzo), Amir Kassaei, Steffen Klussmann, Tonio Kröger, Guillaume Liégey, Andy Müller-Maguhn, Bernhard Pörksen, Jay Rosen, Nena Schink und Philipp Westermeyer. Mein Dank geht auch an Amelie Claassen und Carina Wolfram für ihre engagierten Recherchen und an die beiden Co-Gründer unserer Webagentur Larvitu, Jan Laskowski und Neal Thomas, die mir tiefe Einblicke in Funktions- und Wirkungsweise der Social-Media-Algorithmen vermittelten. Bei Ulrike Fritzsching, Bernd Martin und Kerstin Schulz von der Edition Körber möchte ich mich für die angenehme und konstruktive Zusammenarbeit bedanken, ebenso bei meinen Freunden Götz Geiges und Karlheinz Kögel für anregende Gespräche und solidarische Kritik, sowie, last not least, bei meiner Frau Judith für die große Unterstützung sowie ihre Geduld und ihr Verständnis für mein partiell autistisches Verhalten während der Phase des intensiven Schreibens.

Anmerkungen

Im Dschungel der Informationen

1 https://twitter.com/Ma_Heller/status/1261689056028737545?s=20, zuletzt aufgerufen am 27.07.2020.
2 https://twitter.com/SabineLeidig/status/1261283547698036736, zuletzt aufgerufen am 27.07.2020.
3 »Wer die Freiheit liebt, dem ist eine freie Presse unverzichtbar.« Bundeskanzlerin Merkel 75 Jahre nach Erscheinen der ersten Nachkriegszeitungen, in: bundeskanzlerin.de, 16.05.2020, siehe: https://www.bundeskanzlerin.de/bkin-de/aktuelles/-wer-die-freiheit-liebt-dem-ist-eine-freie-presse-unverzichtbar-bundeskanzlerin-merkel-75-jahre-nach-erscheinen-der-ersten-nachkriegszeitungen-1753428, zuletzt aufgerufen am 07.07.2020.
4 https://twitter.com/realdonaldtrump/status/1261645083704729600?lang=de, zuletzt aufgerufen am 27.07.2020.
5 Stand 27. Juli 2020.
6 Lanier, Jaron, Zehn Gründe, warum du deine Social Media Accounts sofort löschen musst, Hoffmann und Campe, 2018, S. 115.
7 Marantz, Andrew, The Man Behind Trump's Facebook Juggernaut, The New Yorker, März 2020.
8 So bezog sich Stephan B., der im Oktober 2019 den Anschlag auf die Synagoge mit zwei Toten in Halle verübte und sich dabei selbst filmte, vor Gericht auf den Attentäter Brenton Tarrant, der im neuseeländischen Christchurch 51 Menschen getötet hatte.
9 Zitiert nach einem Interview für dieses Buch.
10 Zitiert nach einem Interview für dieses Buch, siehe S. 59.
11 Döpfner, Mathias, »Luftgewehr der Fantasie«, in: Die Welt, 14.01.2019, siehe: https://www.welt.de/kultur/medien/article187009630/Mathias-Doepfner-Luftgewehr-der-Fantasie.html, zuletzt aufgerufen am 27.07.2020.
12 Zitiert nach einem Interview für dieses Buch, siehe S. 59.

1. »Corona existiert nicht!«

1 Siehe: http://www.5gappeal.eu/, zuletzt aufgerufen am 27.07.2020.

2 Großbritannien: Verschwörungsmythos – G5-Netz Schuld an Coronavirus, in: daserste.de, 07.06.2020, siehe: https://www.daserste.de/information/politik-weltgeschehen/weltspiegel/videos/grossbritannien-video-100.html, zuletzt aufgerufen am 27.07.2020.

3 Waterson, Jim, Revealed: ›Former Vodafone executive‹ in 5G conspiracy video is UK pastor, in: The Guardian, 24. April 2020, siehe: https://www.theguardian.com/world/2020/apr/24/vodafone-exec-5g-coronavirus-conspiracy-theory-video-revealed-pastor-luton-jonathon-james, zuletzt aufgerufen am 31.07.2020.

4 Lawrie, Eleanor und Rachel Schraer, Coronavirus: Scientists brand 5G claims ›complete rubbish‹, in: Reality Check, BBC News, 15.04.2020, siehe: https://www.bbc.com/news/52168096, zuletzt aufgerufen am 31.07.2020.

5 Siehe: https://twitter.com/dcms/status/1246106312452321280.

6 Großbritannien: Verschwörungsmythos – G5-Netz Schuld an Coronavirus, in: daserste.de, 07.06.2020, siehe: https://www.daserste.de/information/politik-weltgeschehen/weltspiegel/videos/grossbritannien-video-100.html, zuletzt aufgerufen am 27.07.2020.

7 Horsford, Simon, Conspiracy Theories, in: The Bath Magazine, siehe: https://thebathmagazine.co.uk/conspiracy-theories, zuletzt aufgerufen am 28.07.2020

8 YouGov ist ein britisches Meinungsforschungsinstitut, das hauptsächlich mit Online-Umfragen arbeitet.

9 Horsford, Simon, Conspiracy Theories, in: The Bath Magazine, https://thebathmagazine.co.uk/conspiracy-theories/, zuletzt aufgerufen am 28.07.2020.

10 Freeman, Daniel et al., Coronavirus conspiracy beliefs, mistrust, and compliance with government guidelines in England, in: Psychological Medicine, 21.05.2020, siehe: https://www.cambridge.org/core/journals/psychological-medicine/article/coronavirus-conspiracy-beliefs-mistrust-and-compliance-with-government-guidelines-in-england/9D6401B1E58F146C738971C197407461, zuletzt aufgerufen am 31.07.2020.

11 University of Oxford, News & Events, Conspiracy beliefs reduce the following of government coronavirus guidance, 22.05.2020, siehe: https://www.ox.ac.uk/news/2020-05-22-conspiracy-beliefs-reduces-following-government-coronavirus-guidance#, zuletzt aufgerufen am 31.07.2020.

12 Ebd.

13 Ebd.

14 Galeotti, Mark, The ›Gerasimov Doctrine‹ and Russian Non-Linear War, o. D., https://inmoscowsshadows.wordpress.com/2014/07/06/the-gerasimov-doctrine-and-russian-non-linear-war/, zuletzt aufgerufen am 28.07.2020, Russisches Original des Vortrags: https://www.vpk-news.ru/articles/14632, zuletzt aufgerufen am 28.07.2020.

15 Banse, Dirk und Uwe Müller, Verfassungsschutz warnt vor russischer Einflussnahme, in: Welt am Sonntag, 27.08.2017, siehe: https://www.welt.de/politik/deutschland/article168021550/Verfassungsschutz-warnt-vor-russischer-Einflussnahme.html, zuletzt aufgerufen am 31.07.2020.

16 Prantl, Heribert und Ronen Steinke, BND-Präsident warnt vor Cyberangriffen aus Russland, in: Süddeutsche Zeitung, 29.11.2016, siehe: https://www.sueddeutsche.de/politik/bundestagswahl-bnd-praesident-warnt-vor-cyberangriffen-aus-russland-1.3270995, zuletzt aufgerufen am 31.07.2020.

17 The Kremlin and Disinformation about Coronavirus, in: EUvsDisinfo, 16.03.2020, https://euvsdisinfo.eu/the-kremlin-and-disinformation-about-coronavirus/, zuletzt aufgerufen am 28.07.2020.

18 EEAS Special Report Update: Short Assessment of Narratives and Disinformation Around The Covid-19 Pandemic, in: EUvsDisinfo, 20.05.2020, https://euvsdisinfo.eu/eeas-special-report-update-short-assessment-of-narratives-and-disinformation-around-the-covid19-pandemic-updated-23-april-18-may/?highlight=salisbury, zuletzt aufgerufen am 28.07.2020.

19 Disinfo: Coronavirus Could Have Originated From Latvia, in: EUvs-Disinfo, o.D., https://euvsdisinfo.eu/report/coronavirus-could-have-originated-from-latvia/, zuletzt aufgerufen am 28.07.2020.

20 The Kremlin and Disinformation about Coronavirus, in: EUvsDisinfo, 16.03.2020, https://euvsdisinfo.eu/the-kremlin-and-disinformation-about-coronavirus/, zuletzt aufgerufen am 28.07.2020.

21 Kampmark, Binoy, The Viral Blame Game, Xenophobia, Attribution And Coronavirus, in: Oriental Review, 02.03.2020, https://oriental-review.org/2020/03/02/the-viral-blame-game-xenophobia-attribution-and-coronavirus/, zuletzt aufgerufen am 28.07.2020.

22 Disinfo: Bill Gates is Sponsoring the Corona Virus, in: EUvsDisinfo, o. D., https://euvsdisinfo.eu/report/bill-gates-is-sponsoring-the-corona-virus/, zuletzt aufgerufen am 28.07.2020. Das Video ist auf Youtube inzwischen gelöscht, das Original ist abrufbar unter: https://tvzvezda.

ru/news/vstrane_i_mire/content/202023353-O9wUV.html, zuletzt aufgerufen am 28.07.2020.

23 Statement about nCoV and our pandemic exercise, in: Johns Hopkins Center for Health Security, https://www.centerforhealthsecurity.org/news/center-news/2020-01-24-Statement-of-Clarification-Event201.html, zuletzt aufgerufen am 28.07.2020.

24 The Kremlin and Disinformation about Coronavirus, in: EUvsDisinfo, 16.03.2020, https://euvsdisinfo.eu/the-kremlin-and-disinformation-about-coronavirus/, zuletzt aufgerufen am 28.07.2020.

25 Naughton, John, How the ›Plandemic‹ conspiracy theory took hold, in: The Guardian, 23.05.2020, https://www.theguardian.com/commentisfree/2020/may/23/how-the-plandemic-conspiracy-theory-took-hold, zuletzt aufgrufen am 07.07.2020.

26 Das Video selbst ist auf den großen Plattformen inzwischen gelöscht. Die Seite www.plandemicmovie.com kann aufgerufen werden über: https://web.archive.org/web/20200505020619/https://plandemicmovie.com/, zuletzt aufgerufen am 28.07.2020.

27 Frenkel, Sheera, Ben Decker und Davey Alba, How the ›Plandemic‹ Movie and Its Falsehoods Spread Widely Online, o. D., siehe: https://www.nytimes.com/2020/05/20/technology/plandemic-movie-youtube-facebook-coronavirus.html, zuletzt aufgerufen am 07.07.2020.

28 Robb, Amanda, Anatomy of a Fake News Scandal, in: Rolling Stone, 16.11.2017, siehe: https://www.rollingstone.com/politics/politics-news/anatomy-of-a-fake-news-scandal-125877/, zuletzt aufgerufen am 28.07.2020. Und: Rehfeld, Nina, In Amerika herrscht die Lüge, in: Frankfurter Allgemeine Zeitung, 09.12.2016, siehe: https://www.faz.net/aktuell/feuilleton/debatten/wie-sich-in-amerika-die-herrschaft-der-luege-festigt-14565557.html, zuletzt aufgerufen am 31.07.2020.

29 Ebd.

30 Ebd.

31 Ebd.

32 Zur Ankündigung des Konzerts siehe: https://www.facebook.com/TaylorSwiftCityofLoverConcert/, zuletzt aufgerufen am 28.07.2020.

33 Zu den Videos siehe: Statement by the Department of Defense on the Release of Historical Navy Videos, 27.04.2020, https://www.defense.gov/Newsroom/Releases/Release/Article/2165713/statement-by-the-department-of-defense-on-the-release-of-historical-navy-videos/, zuletzt aufgerufen am 31.07.2020.

34 Ebd.

35 Naughton, John, How the ›Plandemic‹ conspiracy theory took

hold, in: The Guardian, 23.05.2020, https://www.theguardian.com/commentisfree/2020/may/23/how-the-plandemic-conspiracy-theory-took-hold, zuletzt aufgerufen am 07.07.2020.

36 Wernicke, Christian, Die Umdeutung der Pandemie zur großen Lüge, in: sueddeutsche.de, 09.06.2020, https://www.sueddeutsche.de/politik/rechtsextremismus-corona-verschwoerungstheorie-1.4932516, zuletzt aufgerufen am 28.07.2020.

37 Ebd.

38 Verfassungsschutzbericht: Verschwörungsideologien sind Gefahr für die Demokratie, in: Wir in NRW, 09.06.2020, siehe: https://www.land.nrw/nl/node/23775, zuletzt aufgerufen am 28.07.2020.

39 Ermittlungen gegen Hildmann wegen Volksverhetzung, in: Zeit Online, 10.07.2020, siehe: https://www.zeit.de/gesellschaft/zeitgeschehen/2020-07/atila-hildmann-lka-berlin-ermittlung-volksverhetzung, zuletzt aufgerufen am 28.07.2020.

40 Belousova, Katja, Auf welche Mythen Hildmann zurückgreift, in: zdf.de, 19.06.2020, siehe: https://www.zdf.de/nachrichten/panorama/coronavirus-hildmann-staatsschutz-verschwoerungstheorien-100.html, zuletzt aufgerufen am 31.07.2020.

41 Kaess, Christiane, »Grundproblem ist ein zerrüttetes Vertrauensverhältnis«, Interview mit Tim Mannewitz, in: Deutschlandfunk, 11.05.2020, siehe: https://www.deutschlandfunk.de/politologe-zu-anti-corona-demos-grundproblem-ist-ein.694.de.html?dram:article_id=476417, zuletzt aufgerufen am 28.07.2020.

42 Deutch, Gabby, Misinformation Monitor: März 2020, in: NewsGuard, o.D., siehe: https://www.newsguardtech.com/de/misinformation-monitor-march-2020/, zuletzt aufgerufen am 28.07.2020.

43 Ebd.

44 Holzki, Larissa, Studie: Das sind Deutschlands größte Verbreiter von Verschwörungstheorien, in: Handelsblatt, 20.05.2020, siehe: https://www.handelsblatt.com/technik/it-internet/twitter-und-facebook-studie-das-sind-deutschlands-groesste-verbreiter-von-verschwoerungstheorien/25842870.html?ticket=ST-11560698-Dm-GyJINQdYWvtgz6JgmT-ap1, zuletzt aufgerufen am 28.07.2020.

45 Coronavirus Bioweapon – How China Stole Coronavirus From Canada And Weaponized It, in: GreatGameIndia, 26.01.2020, siehe: https://greatgameindia.com/coronavirus-bioweapon/, zuletzt aufgerufen am 28.07.2020.

46 Das Analysetool CrowdTangle bestätigt diese Zahlen, meldet mit Stand 29.07.2020 insgesamt 4.446 Interaktionen auf Facebook.

47 Stand 29.07.2020.

48 Deutch, Gabby, Misinformation Monitor: März 2020, in: NewsGuard, o. D., siehe: https://www.newsguardtech.com/de/misinformation-monitor-march-2020/, zuletzt aufgerufen am 28.07.2020.

49 Eckert, Till und Alice Echtermann, Große Verschwörung zum Coronavirus? Wie Ken Jebsen mit irreführenden Behauptungen Stimmung macht, in: correctiv.org, 08.05.2020, siehe: https://correctiv.org/faktencheck/2020/05/08/grosse-verschwoerung-zum-coronavirus-wie-ken-jebsen-mit-falschen-behauptungen-stimmung-macht, zuletzt abgerufen am 09.08.2020.

50 Vgl. hierzu: Ken FM: Bill Gates kapert Deutschland, in: Youtube, siehe: https://www.youtube.com/watch?v=qpaRh_uicmc&t=969s. Das Video erzielte bis 29. Juli 2020 mehr als 164000 Aufrufe, zuletzt aufgerufen am 29.07.2020.

51 Jebsen, Ken: Gates kapert Deutschland!, in: KenFM, o. D., siehe: https://kenfm.de/gates-kapert-deutschland/, zuletzt aufgerufen am 29.07.2020.

52 Jebsen, Ken: »Ich lass mir das nicht länger gefallen!« – Meditation als Agitation, in: KenFM.de, o.D., siehe: https://kenfm.de/ich-lass-mir-das-nicht-laenger-gefallen-meditation-als-agitation/, zuletzt aufgerufen am 29.07.2020.

53 RBB feuert Moderator Ken Jebsen, in: Spiegel.de, 24.11.2011, siehe: https://www.spiegel.de/kultur/gesellschaft/antisemitismusvorwuerfe-rbb-feuert-moderator-ken-jebsen-a-799673.html, zuletzt aufgerufen am 29.07.2020.

54 Broder, Henry M., »ich weis wer den holocaust als PR erfunden hat«, in: Achgut.com, 06.11.2011, siehe: https://www.achgut.com/artikel/ich_weis_wer_den_holocaust_als_pr_erfunden_hat/, zuletzt aufgerufen am 29.07.2020.

55 Siehe: https://www.youtube.com/watch?v=QZ1T9KmNt6M&feature=related, zuletzt aufgerufen am 29.07.2020.

56 Siehe: https://www.youtube.com/watch?v=pHMqTq5v4Og&feature=youtu.be&t=1h22m50s, zuletzt aufgerufen am 12.07.2020.

57 Richter, Marie, Chine Labbé, Virginia Padovese und Kendrick McDonald, Superspreader von Corona-Falschinformationen, in: Newsguardthech.com, 20.05.2020, siehe: https://www.newsguardtech.com/de/twitter-superspreaders-europe/, zuletzt aufgerufen am 29.07.2020.

58 Siehe: https://twitter.com/RalfTHeuer/status/1286265708624699393, zuletzt aufgerufen am 29.07.2020.

59 Siehe: https://twitter.com/RalfTHeuer/status/1287042686076190720, zuletzt aufgerufen am 29.07.2020.
60 Siehe: https://twitter.com/RalfTHeuer/status/1287794351037448194, zuletzt aufgerufen am 29.07.2020.
61 Siehe: https://www.newsguardtech.com/wp-content/uploads/2020/03/DE-deutschland-kurier.org-UPDATED.pdf, zuletzt aufgerufen am 29.07.2020.
62 Geheimbericht der Bundesregierung warnt: Migranten können Corona-Epidemie in Deutschland auslösen, in: deutschland-kurier.org, 10.02.2020, siehe: https://www.deutschland-kurier.org/geheimbericht-der-bundesregierung-warnt-migranten-koennen-corona-epidemie-in-deutschland-ausloesen/, zuletzt aufgerufen am 29.07.2020.
63 Hoffman, Bianca, Es besteht zurzeit keine Gefahr einer Coronavirus-Epidemie durch afrikanische Migranten in Deutschland, in: correctiv.org, 14.02.2020, siehe: https://correctiv.org/faktencheck/2020/02/14/es-besteht-zurzeit-keine-gefahr-einer-coronavirus-epidemie-durch-afrikanische-migranten-in-deutschland, zuletzt aufgerufen am: 29.07.2020.
64 Siehe: https://www.newsguardtech.com/wp-content/uploads/2020/03/DE-compact-online.de-UPDATED.pdf, zuletzt aufgerufen am 29.07.2020.
65 Reuth, Sven, Neuer Coronavirus fordert mehr Todesopfer als SARS. Handelt es sich um eine Biowaffe?, in: Compact-online.de, 09.02.2020, siehe: https://www.compact-online.de/neuer-coronavirus-fordert-mehr-todesopfer-als-sars-handelt-es-sich-um-eine-biowaffe/, zuletzt aufgerufen am 29.07.2020.
66 Siehe: https://www.newsguardtech.com/wp-content/uploads/2020/07/DE-Deutsch.RT_.com-UPDATED.pdf, zuletzt aufgerufen am 29.07.2020.
67 Siehe: https://deutsch.rt.com/uber-uns/, zuletzt aufgerufen am 29.07.2020.
68 Siehe: https://www.newsguardtech.com/wp-content/uploads/2020/07/DE-Deutsch.RT_.com-UPDATED.pdf, zuletzt aufgerufen am 29.07.2020.
69 Peter König zu Coronavirus und EVENT 201: »Menschen werden gerade getestet!«, in: rt.com, 24.03.2020, siehe: https://deutsch.rt.com/international/99841-peter-konig-zu-corona-virus/, zuletzt aufgerufen am 29.07.2020.
70 Siehe: https://deutsch.rt.com/uber-uns/, zuletzt aufgerufen am 29.07.2020.
71 König, Peter, China is Confronting the COVID-19 Epidemic.

Was It Man-Made? An Act of of Bio-warfare?, in: globalresearch.ca, 29.02.2020, siehe: https://www.globalresearch.ca/china-is-confronting-the-covid19-epidemic-was-it-man-made-an-act-of-of-bio-warfare/5705067, zuletzt aufgerufen am 29.07.2020.

72 Thailand heilt offenbar Corona-Patientin mit Medikamenten-Mix, in: rt.com, 02.03.2020, siehe: https://deutsch.rt.com/asien/98695-thailand-heilt-offenbar-corona-patientin-mit-medikamenten-mix/, zuletzt aufgerufen am 29.07.2020.

73 Wongcha-um, Panu, Cocktail of flu, HIV drugs appears to help fight coronavirus: Thai doctors, in: reuters.com, 02.02.2020, siehe: https://www.reuters.com/article/us-china-health-thailand/cocktail-of-flu-hiv-drugs-appears-to-help-fight-coronavirus-thai-doctors-idUSKBN-1ZW0GQ, zuletzt aufgerufen am 29.07.2020.

74 Nicas, Jack, Russia State News Outlet RT Thrives on YouTube, Facebook, in: wjs.com, 23.10.2017, siehe: https://www.wsj.com/articles/russia-state-news-outlet-rt-thrives-on-youtube-facebook-1508808937, zuletzt aufgerufen am 29.07.2020.

75 Siehe: https://www.youtube.com/user/rtdeutsch, zuletzt aufgerufen am 29.07.2020.

76 Schmehl, Karsten, Das sind 8 der erfolgreichsten Falschmeldungen auf Facebook 2018, in: buzzfeed.com, 14.12.2018, siehe: https://www.buzzfeed.com/de/karstenschmehl/falschmeldungen-facebook-2018-fakes-luegen-fake-news, zuletzt aufgerufen am 29.07.2020.

77 Bill Gates Stiftung prognostizierte 65 Millionen Tote durch Corona-Virus – vor 3 Monaten, in: anonymousnews.ru, o. D., siehe: https://www.anonymousnews.ru/2020/01/26/bill-gates-stiftung-corona-virus/, zuletzt aufgerufen am 29.07.2020.

78 Holzki, Larissa und Till Hoppe, EU-Kommissionsvizin Jourova warnt vor Fake News über Messenger-Dienste, in: Handelsblatt, 18.03.2020, siehe: https://www.handelsblatt.com/politik/international/coronavirus-eu-kommissionsvizin-jourova-warnt-vor-fake-news-ueber-messenger-dienste-/25658146.html, zuletzt aufgerufen am 29.07.2020.

79 Ebd.

80 Hurtz, Simon und Hannes Munzinger, Corona-Falschmeldungen erreichen ein Millionenpublikum, in: Süddeutsche Zeitung, 10.04.2020, siehe: https://www.sueddeutsche.de/medien/corona-falschmeldungen-youtube-facebook-1.4873470/, zuletzt aufgerufen am 29.07.2020.

81 Datenanalyse. Nutzer finden fragwürdige Corona-Informationen vor allem auf Youtube und verbreiten sie auf Whatsapp, in: correctiv.

org, 12.05.2020, siehe: https://correctiv.org/faktencheck/hintergrund/2020/05/12/datenanalyse-nutzer-finden-fragwuerdige-corona-informationen-vor-allem-auf-youtube-und-verbreiten-sie-ueber-whatsapp, zuletzt aufgerufen am 29.07.2020.

82 Siehe: https://www.youtube.com/watch?v=4UwGkif2w-s, zuletzt aufgerufen am 29.07.2020.

83 Jack, Simon, Facebook's Zuckerberg defends actions on virus misinformation, in: BBC News, 21.05.2020, siehe: https://www.bbc.com/news/business-52750162, zuletzt aufgerufen am 29.07.2020.

84 Siehe: https://www.tagesschau.de/faktenfinder/panikmache-coronavirus-101.html, zuletzt aufgerufen am 12.07.2020.

85 Corona und die Medien. Eine Studie im Auftrag des NDR – Magazin Zapp – Mai 2020, in: ndr.de, Mai 2020, siehe: https://www.ndr.de/fernsehen/sendungen/zapp/infratestdimapcorona100.pdf, zuletzt aufgerufen am 29.07.2020.

86 PwC Communications: Studie »Vertrauen in Medien«, siehe: https://www.pwc.de/de/technologie-medien-und-telekommunikation/pwc-studie-vertrauen-in-medien-2018.pdf, zuletzt aufgerufen am 29.07.2020.

87 Gramlich, John, 10 facts about Americans and Facebook, in: pewresearch.org, 16.05.2019, siehe: https://www.pewresearch.org/fact-tank/2019/05/16/facts-about-americans-and-facebook/, zuletzt aufgerufen am 29.07.2020.

88 Gensing, Patrick, ARD-Faktenfinder, Coronavirus: Panikmache per WhatsApp, in: tagesschau.de, 18.03.2020, siehe: https://www.tagesschau.de/faktenfinder/panikmache-coronavirus-101.html, zuletzt aufgerufen am 29.07.2020.

2. »Relotius hat uns geerdet.«

1 Das Interview wurde Ende Mai 2020 geführt.

3. Social Media

1 Petro, Bill, History of the Internet: 50 Years Ago, in: medium.com, 29.08.2019, siehe: https://medium.com/swlh/history-of-the-internet-50-years-ago-today-413a7518307a, zuletzt aufgerufen am 05.08.2020.

2 Poleshova, A., Statistiken zur Internetnutzung weltweit, in: statista.com, 17.07.2019, siehe: https://de.statista.com/themen/42/internet/, zuletzt aufgerufen am 13.07.2020.

3 Kleinrock, Leonard, Fifty years of the internet, What we learned, and where will we go next?, in: techcrunch.com, 18.03.2019, siehe: https://techcrunch.com/2019/03/18/fifty-years-of-the-internet/, zuletzt aufgerufen am 13.07.2020.

4 Ebd.

5 Siehe: https://omr.podigee.io/35-omr-35-mit-studivz-grunder-ehssan-dariani, zuletzt aufgerufen am 05.08.2020.

6 Grabitz, Ileana, Was ist eigentlich falsch gelaufen bei StudiVZ?, in: welt.de, 09.04.2012, siehe: https://www.welt.de/wirtschaft/webwelt/article106164973/Was-ist-eigentlich-falsch-gelaufen-bei-StudiVZ.html, zuletzt aufgerufen am 05.08.2020.

7 Hauck, Mirjam, Original verklagt Kopie, in: sueddeutsche.de, 17.05.2010, siehe: https://www.sueddeutsche.de/digital/facebook-vs-studivz-original-verklagt-kopie-1.588317, zuletzt aufgerufen am 05.08.2020.

8 Ebd.

9 Ebd.

10 Faltenbacher, Sofia, Was von StudiVZ übrig geblieben ist – Wir erkunden ein fast ausgestorbenes Netzwerk, in: vice.com, o. D., siehe: https://www.vice.com/de/article/gqnxa4/mit-studi-vz-ist-mehr-passiert-als-du-denkst, zuletzt aufgerufen am 05.08.2020.

11 Grabitz, Ileana, Was ist eigentlich falsch gelaufen bei StudiVZ?, in: welt.de, 09.04.2012, siehe: https://www.welt.de/wirtschaft/webwelt/article106164973/Was-ist-eigentlich-falsch-gelaufen-bei-StudiVZ.html, zuletzt aufgerufen am 05.08.2020.

12 Langer, Alexander, StudiVZ ist back: »Wir bereiten uns auf einen großen Ansturm vor«, in: business-punk.com, 28.04.2020, siehe: https://www.business-punk.com/2020/04/studivz-ist-back-wir-bereiten-uns-auf-einen-grossen-ansturm-vor/, zuletzt aufgerufen am 13.07.2020.

13 Goodrow, Cristos, You know what's cool? A billion hours, in: blog.youtube, 27.02.2017, siehe: https://blog.youtube/news-and-events/you-know-whats-cool-billion-hours, zuletzt aufgerufen am 05.08.2020.

14 Singh, Manish, Telegram hits 400M monthly active users, in: techcrunch.com, 24.04.2020, siehe: https://techcrunch.com/2020/04/24/telegram-hits-400-million-monthly-active-users/, zuletzt aufgerufen am 05.08.2020.

15 Für diese und alle folgenden Angaben siehe: https://datareportal.com/reports/digital-2020-germany, zuletzt aufgerufen am 13.07.2020.

16 Deutsche Nutzerzahlen siehe auch: https://buggisch.wordpress.com/2020/01/02/social-media-messenger-und-streaming-nutzerzahlen-in-deutschland-2020/, zuletzt aufgerufen am 13.07.2020.
17 Mayr, Stefan, Augsburg führt Boden-Ampeln für Handynutzer ein, in: sueddeutsche.de, 20.04.2016, siehe: https://www.sueddeutsche.de/bayern/verkehrssicherheit-augsburg-fuehrt-boden-ampeln-fuer-handy-nutzer-ein-1.2958002, zuletzt aufgerufen am 13.07.2020.
18 Schirrmacher, Frank, Payback: Warum wir im Informationszeitalter gezwungen sind zu tun, was wir nicht tun wollen, und wie wir die Kontrolle über unser Denken zurückgewinnen, Karl Blessing Verlag, 2010, S. 106.
19 Lanier, Jaron, Zehn Gründe, warum du deine Social Media Accounts sofort löschen musst, Hoffmann und Campe, 2018, S. 33.
20 Bauman, Zygmunt, Daten, Drohnen, Disziplin, Suhrkamp Verlag, 2013.
21 Travers, Jeffrey und Stanley Milgram: Experimental Study of the Small World Problem, in: stanford.edu, 23.09.2010, siehe: https://snap.stanford.edu/class/cs224w-readings/travers69smallworld.pdf, zuletzt aufgerufen am 05.08.2020.
22 Leskovec, Jure und Eric Horvitz, Planetary-Scale Views on an Instant-Messaging Network, in: erichorvitz.com, June 2007, siehe: http://erichorvitz.com/Leskovec_Horvitz_worldwide_buzz.pdf, zuletzt aufgerufen am 05.08.2020.
23 Siehe: https://front.moveon.org/about/, zuletzt aufgerufen am 05.08.2020.
24 Ebd.
25 Siehe: https://www.alexa.com/siteinfo/livejournal.com, zuletzt aufgerufen am 05.08.2020.
26 Siehe: https://www.livejournal.com/stats.bml, zuletzt aufgerufen am 05.08.2020.
27 Stegers, Fiete, Schwedens Jugend geht in die virtuelle Disko, in: tagesschau.de, 27.06.2006, siehe: https://web.archive.org/web/20081215153407/http://www.tagesschau.de:80/ausland/meldung110526.html, zuletzt aufgerufen am 05.08.2020.
28 Ebd.
29 Schmidt, Holger, Das nächste große Ding im Internet, in: faz.net, 30.01.2006, siehe: https://www.faz.net/aktuell/wirtschaft/netzwirtschaft/digitale-zukunft-das-naechste-grosse-ding-im-inter-net-1300127.html, zuletzt aufgerufen am 05.08.2006
30 Stegers, Fiete, Pausenhofgeplapper und das Ticket zum Ruhm,

in: tagesschau.de, 10.03.2006, siehe: https://web.archive.org/web/20081211004240/http://www.tagesschau.de/ausland/meldung128156.html, zuletzt aufgerufen am 05.08.2020.

31 Hasselmann, Jörn, 20-Jähriger tötet Freundin und sich selbst, in: tagesspiegel.de, 29.07.2008, siehe: https://www.tagesspiegel.de/berlin/tod-in-friedenau-20-jaehriger-toetet-freundin-und-sich-selbst/1289104.html, zuletzt aufgerufen am 05.08.2020.

32 Briegleb, Volker, Chat-Anbieter verpflichten sich zu mehr Jugendschutz, in: heise.de, 05.11.2007, siehe: https://www.heise.de/newsticker/meldung/Chat-Anbieter-verpflichten-sich-zu-mehr-Jugendschutz-192369.html, zuletzt aufgerufen am 05.08.2020.

33 Hauck, Mirjam und Johannes Kuhn, Der Untergang des Vorzeige-Netzwerks, in: sueddeutsche.de, 30.06.2011, siehe: https://www.sueddeutsche.de/digital/myspace-fuer-35-millionen-dollar-verkauft-der-untergang-des-vorzeige-netzwerks-1.1114413, zuletzt aufgerufen am 05.08.2020.

34 Siehe: https://hootsuite.com/de/ressourcen/barometer-2018-de, zuletzt aufgerufen am 13.07.2020.

35 Siehe: https://www.mpfs.de/studien/jim-studie/2019/, zuletzt aufgerufen am 13.07.2020.

36 WhatsApp, Instagram und Co. – so süchtig macht Social Media, DAK-Studie: Befragung von Kindern und Jugendlichen zwischen 12 und 17 Jahren, Februar 2018, siehe: https://www.dak.de/dak/bundesthemen/onlinesucht-studie-2106298.html#/, zuletzt aufgerufen am 13.07.2020.

37 Poleshova, A., Statistiken zum Thema Soziale Netzwerke, in: statista.com, 17.03.2020, siehe: https://de.statista.com/themen/1842/soziale-netzwerke/, zuletzt aufgerufen am 05.08.2020.

38 Heintze, Roland, Das sind die beliebtesten Sozialen Medien der Deutschen!, in: faktenkontor.de, 09.07.2019, siehe: https://www.faktenkontor.de/pressemeldungen/das-sind-die-beliebtesten-sozialen-medien-der-deutschen-2/, zuletzt aufgerufen am 05.08.2020.

39 Siehe: https://www.friedenspreis-des-deutschen-buchhandels.de/die-preistraeger/2010-2019/jaron-lanier, zuletzt aufgerufen am 13.07.2020.

40 Bauman, Zygmunt, Daten, Drohnen, Disziplin, Suhrkamp Verlag, 2013, S. 35.

4. Das Leben der anderen

1 Cathy Hummels vor Gericht! »Muss ich mir Sorgen machen?«, in: derwesten.de, 25.06.2020, siehe: https://www.derwesten.de/panorama/promi-tv/cathy-hummels-instagram-influencer-streit-schleichwerbung-id229384364.html, zuletzt aufgerufen am 06.08.2020.

2 Bialek, Cathrin, Cathy Hummels bekommt auch in zweiter Instanz Recht, in: handelsblatt.com, 25.06.2020, siehe: https://www.handelsblatt.com/unternehmen/it-medien/schleichwerbungs-prozess-cathy-hummels-bekommt-auch-in-zweiter-instanz-recht/25949656.html, zuletzt aufgerufen am 06.08.2020.

3 Vorwurf der Schleichwerbung: Influencerin Cathy Hummels siegt auch vor dem OLG, in: heise.de, 25.06.2020, siehe: https://www.heise.de/news/Vorwurf-der-Schleichwerbung-Influenzerin-Cathy-Hummels-siegt-auch-vor-dem-OLG-4795748.html, zuletzt aufgerufen am 06.08.2020.

4 Bialek, Cathrin, Cathy Hummels bekommt auch in zweiter Instanz Recht, in: handelsblatt.com, 25.06.2020, siehe: https://www.handelsblatt.com/unternehmen/it-medien/schleichwerbungs-prozess-cathy-hummels-bekommt-auch-in-zweiter-instanz-recht/25949656.html, zuletzt aufgerufen am 06.08.2020.

5 Brecht, Katharina, Influencerin Vreni Frost erzielt Teilerfolg vor Berliner Kammergericht, in: horizont.net, 09.01.2019, siehe: https://www.horizont.net/marketing/nachrichten/schleichwerbe-vorwuerfe-influencerin-vreni-frost-erzielt-teilerfolg-vorberliner-kammergericht-172096, zuletzt aufgerufen am 06.08.2020.

6 Hamich, Christopher, Manchmal Werbung, manchmal nicht, in: netzpolitik.org, 21.11.2019, siehe: https://netzpolitik.org/2019/influencer-gesetz-manchmal-werbung-marketing-medienanstalten/, zuletzt aufgerufen am 06.08.2020.

7 Siehe: https://www.die-medienanstalten.de/themen/werbeaufsicht, zuletzt aufgerufen am 09.08.2020.

8 Zitiert nach einem Interview für dieses Buch.

9 Beisch, Natalie, Wolfgang Koch und Carmen Schäfer, ARD/ZDF-Onlinestudie 2019: Mediale Internetnutzung und Video-on-Demand gewinnen weiter an Bedeutung, in: ard-zdf-onlinestudie.de, 09/2009, siehe: http://www.ard-zdf-onlinestudie.de/files/2019/0919_Beisch_Koch_Schaefer.pdf, zuletzt aufgerufen am 13.07.2020.

10 Die angegebenen Zahlen sind den jeweiligen Instagram-Accounts entnommen und geben den Stand vom Juli 2020 wieder.

11 Stand Juli 2020.
12 Das Gespräch wurde im Juli 2020 geführt.
13 Diese und die folgenden Angaben sind Stand Juli 2020.
14 Lufkin, Bryan, Is Kylie Jenner really a »self-made« millionaire?, in: bbc.com, 13.07.2018, siehe: https://www.bbc.com/worklife/article/20180713-is-kylie-jenner-really-a-self-made-millionaire, zuletzt aufgerufen am 06.08.2020.
15 Kylie Jenner schlägt sie alle, in: faz.net, 06.03.2019, siehe: https://www.faz.net/aktuell/wirtschaft/unternehmen/kylie-jenner-ist-die-juengste-milliardaerin-der-welt-16074604.html, zuletzt aufgerufen am 06.08.2020.
16 Janke, Klaus, Instagram zeigt erste Sättigungserscheinungen, in: horizont.net, 26.02.2020, siehe: https://www.horizont.net/medien/nachrichten/social-media-instagram-zeigt-erstesaettigungserscheinungen-181063, zuletzt aufgerufen am 06.08.2020.
17 Blagdon, Jeff, Facebook's »billion dollar« Instagram acquisition to actually cost $715 million, in: theverge.com, 24.10.2014, siehe: https://www.theverge.com/2012/10/24/3551872/facebook-instagram-acquisition-715-million, zuletzt aufgerufen am 06.08.2020.
18 Facebook investiert in Foto-Hype, in: ftd.de, 10.04.2010, siehe: https://web.archive.org/web/20120412192539/http://www.ftd.de/it-medien/computer-technik/:instagram-uebernahme-facebook-investiert-in-foto-hype/70020430.html, zuletzt aufgerufen am 06.08.2020.
19 Siehe: https://about.fb.com/news/2012/04/facebook-to-acquire-instagram/, zuletzt aufgerufen am 06.08.2020.
20 Clement, J., Number of monthly active Instagram users from January 2013 to June 2018, in: statista.com, 03.12.2019, siehe: https://www.statista.com/statistics/253577/number-of-monthly-active-instagram-users/, zuletzt aufgerufen am 06.08.2020.
21 Greenwood, Shannon, Andrew Perrin und Maeve Duggan, Social Media Update 2016. Facebook usage and engagement is on the rise, while adoption of other platforms holds steady, in: pewresearch.org, 11.11.2016, siehe: https://www.pewresearch.org/internet/2016/11/11/social-media-update-2016/, zuletzt aufgerufen am 06.08.2020.
22 Siehe: https://about.instagram.com/de-de/community, zuletzt aufgerufen am 06.08.2020.
23 Instagram startet Werbung in Deutschland, in: projector.de, 17.05.2015, siehe: http://www.projecter.de/blog/social-media/instagram-startet-werbung-in-deutschland.html, zuletzt aufgerufen am 06.08.2020.

24 Siehe: https://www.facebook.com/help/instagram/155833707900388, zuletzt aufgerufen am 06.08.2020.
25 Siehe: www.childrenscommissioner.gov.uk, zuletzt aufgerufen am 13.07.2020.
26 Stern, Jenny, Anwältin »übersetzt« AGB von Instagram, in: br.de, 10.01.2017, siehe: https://www.br.de/puls/themen/netz/anwaeltin-uebersetzt-instagram-agb-fuer-kinder-100.html, zuletzt aufgerufen am 06.08.2020.
27 Bundeskartellamt, Bundeskartellamt untersagt Facebook die Zusammenführung von Nutzerdaten aus verschiedenen Quellen, Hintergrundinformationen zum Facebook-Verfahren des Bundeskartellamtes, in: bundeskartellamt.de, 07.02.2019, siehe: https://www.bundeskartellamt.de/SharedDocs/Publikation/DE/Pressemitteilungen/2019/07_02_2019_Facebook_FAQs.html?nn=3591568, zuletzt aufgerufen am 13.07.2020.
28 Bundeskartellamt, Hintergrundinformationen zum Facebook-Verfahren des Bundeskartellamtes, in: bundeskartellamt.de, 19.12.2017, siehe: http://www.bundeskartellamt.de/SharedDocs/Publikation/DE/Diskussions_Hintergrundpapier/Hintergrundpapier_Facebook.pdf?__blob=publicationFile&v=5, zuletzt aufgerufen am 06.08.2020.
29 Bundeskartellamt, Bundeskartellamt untersagt Facebook die Zusammenführung von Nutzerdaten aus verschiedenen Quellen, Hintergrundinformationen zum Facebook-Verfahren des Bundeskartellamtes, in: bundeskartellamt.de, 07.02.2019, siehe: https://www.bundeskartellamt.de/SharedDocs/Publikation/DE/Pressemitteilungen/2019/07_02_2019_Facebook_FAQs.pdf?__blob=publicationFile&v=5, zuletzt aufgerufen am 06.08.2020.
30 Lanier, Jaron, Zehn Gründe, warum du deine Social Media Accounts sofort löschen musst, Hoffmann und Campe, 2018, S. 33.
31 Instagram created a Monster – A no bullshit guide to what's really going on!, in: behindthequest.com, 23.04.2017, siehe: http://behindthequest.com/instagram-created-a-monster/, zuletzt aufgerufen am 13.07.2020.
32 Rüegg, Ben, Das sind die Tricks der Instagram-Influencer, Powerlikes, Engagement Pods, Shoutouts & Co., in: omr.com, 18.10.2018, siehe: https://omr.com/de/influencer-tricks-powerlikes-shoutouts-bots-engagement-gruppen/, zuletzt aufgerufen am 13.07.2020.
33 Pods sind Instagram-Gruppen, die alle ihre Beiträge direkt nach Veröffentlichung gegenseitig kommentieren und liken.
34 Instagram created a Monster – A no bullshit guide to what's

really going on!, in: behindthequest.com, 23.04.2017, siehe: http://behindthequest.com/instagram-created-a-monster/, zuletzt aufgerufen am 13.07.2020.

35 Melotti, Sara, The World Needs More Truth, in: ted.com, Oktober 2018, siehe: https://www.ted.com/talks/sara_melotti_the_world_needs_more_truth, zuletzt aufgerufen am 13.07.2020.

36 Lanier, Jaron, Zehn Gründe, warum du deine Social Media Accounts sofort löschen musst, Hoffmann und Campe, 2018, S. 27.

37 Das Gespräch fand im Juli 2020 statt.

38 Schink, Nena, Unfollow! Wie Instagram unser Leben zerstört, Eden Books, 2020.

6. Aus dem Nichts

1 Gibbs, Nancy und Timothy Roche, The Columbine Tapes, in: time.com, 20.12.1999, siehe: http://content.time.com/time/magazine/article/0,9171,992873,00.html, zuletzt aufgerufen am 07.08.2020.

2 Ebd.

3 Friederichs, Hauke, Verehrung für die Amokläufer, in: zeit.de, 20.04.2009, siehe: https://www.zeit.de/online/2009/17/amoklauf-columbine/, zuletzt aufgerufen am 07.08.2020.

4 Stein, Hannes, Er rief »Kuckuck« und schoss ihr mit einer Schrotflinte mitten ins Gesicht, in: welt.de, 20.04.2009, siehe: https://www.welt.de/geschichte/article192139211/Columbine-High-School-Er-rief-Kuckuck-und-schoss-ihr-mit-einer-Schrotflinte-mitten-ins-Gesicht.html, zuletzt aufgerufen am 07.08.2020.

5 Ebd.

6 Kristof, Nicholas, Lessons From the Virginia Shooting, in: nytimes.com, 26.08.2015, siehe: https://www.nytimes.com/2015/08/27/opinion/lessons-from-the-murders-of-tv-journalists-in-the-virginia-shooting.html, zuletzt aufgerufen am 07.08.2020.

7 Siehe: https://twitter.com/realdonaldtrump/status/963878055969198080?lang=en, zuletzt aufgerufen am 07.08.2020.

8 Wagner, John und Jenna Johnson, »Attacks would end!«, Trump doubles down on arming some teachers, defends NRA, in: washingtonpost.com, 22.02.2018, siehe: https://www.washingtonpost.com/news/post-politics/wp/2018/02/22/attacks-would-end-trump-expresses-support-for-raising-assault-rifle-age-to-21-presses-cases-for-arming-some-teachers/, zuletzt aufgerufen am 07.08.2020.

9 Ebd.

10 Florida student Emma Gonzalez to lawmakers and gun advocates, »We call BS«, in: cnn.com, 18.02.2018, siehe: https://edition.cnn.com/2018/02/17/us/florida-student-emma-gonzalez-speech/index.html, zuletzt aufgerufen am 14.07.2020.

11 Siehe: https://www.facebook.com/pg/NeverAgainMSD/about/, zuletzt aufgerufen am 07.08.2020.

12 Siehe: https://twitter.com/Turnout_Tuesday/status/965226612886310914, zuletzt aufgerufen am 07.08.2020.

13 Calfas, Jennifer, »I Have a Dream That Enough is Enough«, Martin Luther King Jr.'s Granddaughter, 9, Gives Powerful Speech at March For Our Lives, in: time.com, 24.03.2018, siehe: https://time.com/5214244/yolanda-renee-king-martin-luther-king-march-for-our-lives/, zuletzt aufgerufen am 07.08.2020.

14 Ahmed, Saeed, Here is the White House response to March for Our Lives, in: cnn.com, 24.03.2018, siehe: https://edition.cnn.com/2018/03/24/politics/white-house-response-to-march-trnd/index.html, zuletzt aufgerufen am 07.08.2020.

15 German, Lopez, Trump administration moves to ban bump stocks, in: vox.com, 23.03.2018, siehe: https://www.vox.com/policy-and-politics/2018/3/23/17057856/trump-bump-stocks-guns-florida-shooting, zuletzt aufgerufen am 07.08.2020.

16 »Dies sollte eine Welt ohne Waffen sein. Punkt!«, in: zeit.de, 24.03.2018, siehe: https://www.zeit.de/politik/ausland/2018-03/usa-schueler-waffengesetze-march-for-our-lives, zuletzt aufgerufen am 14.07.2020.

17 Zu Deutsch etwa: Nationaler Raus-aus-der-Schule-Tag.

18 Yee, Vivian und Alan Blinder, National School Walkout: Thousands Protest Against Gun Violence Across the U.S., in: nytimes.com, 14.03.2018, siehe: https://www.nytimes.com/2018/03/14/us/school-walkout.html, zuletzt aufgerufen am 14.07.2020.

19 Schlüter, Nadja, »Es müsste höchste Priorität haben!«, in: sueddeutsche.de, 02.12.2018, siehe: https://www.sueddeutsche.de/panorama/interview-es-muesste-hoechste-prioritaet-haben-1.4235645, zuletzt aufgerufen am 07.08.2020.

20 Gemeint waren die schwedischen Parlamentswahlen vom 9. September 2018. Und: Hecking, Claus, Gretas Aufstand, in: spiegel.de, 30.11.2018, siehe: https://www.spiegel.de/wissenschaft/natur/greta-thunberg-das-gesicht-der-globalen-klimabewegung-a-1241185.html, zuletzt aufgerufen am 07.08.2020.

21 Sigler, Sebastian, Greta Thunberg – Ikone der Klimareligiösen und

Opfer ihrer Eltern, in: tichyseinblick.de, 28.01.2019, siehe: https://www.tichyseinblick.de/daili-es-sentials/greta-thunberg-ikone-der-klimareligioesen-und-opfer-ihrer-eltern/, zuletzt aufgerufen am 14.07.2020.

22 Siehe: www.wedonthavetime.org, zuletzt aufgerufen am 07.08.2020.

23 Ernman, Malena, Szenen aus dem Herzen. Unser Leben für das Klima, S. Fischer, 2019.

24 Siehe: https://www.facebook.com/gretathunbergsweden/posts/767646880269801, zuletzt aufgerufen am 14.07.2020.

25 Wolff, Reinhard, Greta schwänzt die Schule – fürs Klima, in: taz.de, 27.08.2018, siehe: https://taz.de/15-jaehrige-Aktivistin-aus-Schweden/!5528023/, zuletzt aufgerufen am 14.07.2020.

26 Siehe: https://twitter.com/gretathunberg/status/1054776525017493506?lang=en, zuletzt aufgerufen am 07.08.2020.

27 Thunberg, Greta, I'm striking from school to protest inaction on climate change – you should too, in: theguardian.com, 26.11.2018, siehe: https://www.theguardian.com/commentisfree/2018/nov/26/im-striking-from-school-for-climate-change-too-save-the-world-australians-students-should-too, zuletzt aufgerufen am 14.07.2020.

28 Siehe: https://www.youtube.com/watch?v=DGDMqyfK8UQ, zuletzt aufgerufen am 14.07.2020.

29 Dowideit, Anette, Die Greta-Macher, in: welt.de, 19.12.2019, siehe: https://www.welt.de/politik/plus204137490/Fridays-for-Future-Die-Greta-Macher-wer-steht-hinter-Thunberg.html, zuletzt aufgerufen am 14.07.2020.

30 Ebd.

31 von Hall, Gunnila, Bolag använde Greta Thunberg som dragplåster – drog in 10 miljoner, in: svd.e, 09.02.2019, siehe: https://www.svd.se/hans-bolag-anvande-greta-thunberg-som-dragplaster–drog-in-10-miljoner, zuletzt aufgerufen am 14.07.2020.

32 Siehe: https://www.facebook.com/gretathunbergsweden/posts/767646880269801, zuletzt aufgerufen am 07.08.2020.

33 Miazga, Rafał, Greta Thunberg – the young face of climate change, in: sentione.com, 25.03.2019, siehe: https://sentione.com/blog/greta-thunberg-the-young-face-of-climate-change, zuletzt aufgerufen am 14.07.2020.

34 Rezo, Die Zerstörung der CDU, in: youtube.com, 18.05.2019, siehe: https://www.youtube.com/watch?v=4Y1lZQsyuSQ, zuletzt aufgerufen am 09.08.2020.

35 Gensing, Patrick, Aggressives Klima im Netz, in: tagesschau.de,

26.04.2019, siehe: https://www.tagesschau.de/faktenfinder/inland/fridays-for-future-133.html, zuletzt aufgerufen am 14.07.2020.

36 Ebd.

37 Siehe: https://twitter.com/steinhoefel/status/1089078655920324608?lang=de, zuletzt aufgerufen am 14.07.2020.

38 Broder, Henryk M., Aggressives Klima im Netz, in: welt.de, 30.01.2019, siehe: https://www.welt.de/debatte/henryk-m-broder/article187962993/Henryk-M-Broders-Rede-vor-der-AfD-Bundestags-fraktion.html, zuletzt aufgerufen am 14.07.2020.

39 Wyssuwa, Matthias, Die Welt, wie sie ihr gefällt, in: faz.net, 12.02.2019, siehe: https://www.faz.net/aktuell/politik/ausland/klimaaktivistin-greta-thunberg-mit-16-jahren-schon-ein-phaenomen-16036155.html, zuletzt aufgerufen am 07.08.2020.

40 Siehe: https://twitter.com/c_lindner/status/1104683096107114497?lang=de, zuletzt aufgerufen am 14.07.2020.

41 Siehe: https://www.scientists4future.org/about/team/, zuletzt aufgerufen am 07.08.2020.

42 Das Gespräch fand im Juli 2020 statt.

43 Infratest dimap, Wenn am kommenden Sonntag Bundestagswahl wäre …, in: wahlrecht.de, siehe: https://www.wahlrecht.de/umfragen/dimap.htm, zuletzt aufgerufen am 07.08.2020.

44 Das Gespräch fand im Juli 2020 statt.

45 Cole, Brendan, White House Retweets Trump Tweet Restricted by Twitter for »Glorifying Violence«, in: newsweek.com, 29.05.2020, siehe: https://www.newsweek.com/donald-trump-white-house-george-lloyd-minneapolis-twitter-1507344, zuletzt aufgerufen am 07.08.2020.

46 Das Gespräch fand im Juli 2020 statt.

47 Ebd.

48 Lobo, Sascha, »Das Internet ist nicht das, wofür ich es gehalten habe«, in: faz.net, 12.01.2014, siehe: https://www.faz.net/aktuell/feuilleton/medien/sascha-lobo-das-internet-ist-nicht-das-wofuer-ich-es-gehalten-habe-12747989.html, zuletzt aufgerufen am 07.08.2020.

49 Meister, Andre, Gamma FinFisher: Überwachungstechnologie »made in Germany« gegen Arabischen Frühling in Bahrain eingesetzt, in: netzpolitik.org, 08.08.2014, siehe: https://netzpolitik.org/2014/gamma-finfisher-ueberwachungstechnologie-made-in-germany-gegen-arabischen-fruehling-in-bahrain-eingesetzt/, zuletzt aufgerufen am 07.08.2020.

50 Hong Kong security law: What is it and is it worrying?, in: bbc.com,

30.06.2020, siehe: https://www.bbc.com/news/world-asia-china-52765838, zuletzt aufgerufen am 07.08.2020.

51 Purnell, Newley, Google, Facebook and Twitter Suspend Review of Hong Kong Requests for User Data, in: wsj.com, 07.07.2020, siehe: https://www.wsj.com/articles/whatsapp-to-suspend-processing-law-enforcement-requests-for-user-data-in-hong-kong-11594034580, zuletzt aufgerufen am 14.07.2020.

7. Rechte Echokammern

1 Siehe: https://www.youtube.com/watch?v=KdnLSC2hy9E, zuletzt aufgerufen am 07.08.2020.

2 Holscher, Max und Anna-Sophie Schneider, Ein Satz – und der Hass danach, in: spiegel.de, 26.06.2019, siehe: https://www.spiegel.de/politik/deutschland/walter-luebcke-was-geschah-bei-der-buerger-versammlung-2015-in-kassel-a-1274434.html, zuletzt aufgerufen am 07.08.2020.

3 Kummert, Tim, Bis sich einer fand, der Worten Taten folgen ließ, in: spiegel.de, 18.06.2019, siehe: https://www.spiegel.de/panorama/justiz/fall-walter-luebcke-in-kassel-chronologie-einer-hetzjagd-im-netz-a-1272968.html, zuletzt aufgerufen am 07.08.2020.

4 Wienand, Lars, Erika Steinbach heizte Hass auf Walter Lübcke neu an, in: t-online.de, 17.06.2019, siehe: https://www.t-online.de/nachrichten/deutschland/id_85876452/erika-steinbach-fachte-hass-auf-walter-luebcke-neu-an.html, zuletzt aufgerufen am 08.08.2020.

5 Jüttner, Julia, Das widerrufene Geständnis des Stephan Ernst, in: spiegel.de, 18.06.2020, siehe: https://www.spiegel.de/panorama/justiz/walter-luebcke-prozess-in-frankfurt-das-widerrufene-gestaendnis-des-stephan-ernst, zuletzt aufgerufen am 08.08.2020.

6 18 steht für die Stellen der Buchstaben A und H im Alphabet, die Initialen Adolf Hitlers.

7 Zum Hintergrund der rechtsradikalen Netzwerke siehe auch: Aust, Stefan und Dirk Laabs, Heimatschutz, Der Staat und die Mordserie des NSU, Pantheon, 2014.

8 Bongen, Robert, Otto Carsten, Julian Feldmann und Nino Seidel, Lübcke-Mord: Mutmaßlicher Helfer als Neonazi bekannt, in: daserste.de, 27.06.2019, siehe: https://daserste.ndr.de/panorama/aktuell/Luebcke-Mord-Mutmasslicher-Helfer-als-Neonazi-bekannt,luebcke140.html, zuletzt aufgerufen am 08.08.2020.

9 Ketteritzsch, Peter, Walter Lübcke im Interview: »Ich bleibe bei

meiner Aussage«, in: hna.de, 16.20.2015, siehe: https://www.hna.de/lokales/kreis-kassel/lohfelden-ort53240/nach-umstrittenen-aussagen-regierungspraesident-luebcke-aeussert-sich-5652974.html, zuletzt aufgerufen am 08.08.2020.

10 Ebd.

11 64 Internethetzer im Mordfall Lübcke identifiziert, in: zeit.de, 13.07.2020, siehe: https://www.zeit.de/gesellschaft/zeitgeschehen/2020-07/mordfall-walter-luebcke-online-hetze-rechtsextremismus-soziale-medien-ermittlungen, zuletzt aufgerufen am 08.08.2020.

12 Bundesministerium des Innern, für Bau und Heimat, Stand, Verfassungsschutzbericht 2019, Juli 2020, siehe: https://www.verfassungsschutz.de/de/download-manager/_vsbericht-2019.pdf, zuletzt aufgerufen am 20.07.2020.

13 Jugendschutz.net, Bericht 2018/2019, Rechtsextremismus im Netz, in: jugendschutz.net, Dezember 2019, siehe: http://www.jugendschutz.net/fileadmin/download/pdf/Bericht_2018_2019_Rechtsextremismus_im_Netz.pdf, zuletzt aufgerufen am 08.08.2020.

14 Ebd.

15 Ebd.

16 Ebd.

17 Ebd.

18 Ebd.

19 Hurtz, Simon, Das gezähmte Internet, in: Süddeutsche Zeitung, 18. Juli 2020.

20 Bovermann, Philipp und Joachim Käppner, Eine Stadt geht in Deckung, in: sueddeutsche.de, 09.10.2019, siehe: https://www.sueddeutsche.de/politik/halle-synagoge-schuesse-1.4633708, zuletzt aufgerufen am 07.08.2020.

21 »Unsere Türen haben zum Glück gehalten«, in: juedische-allgemeine.de, 09.10.2019, siehe: https://www.juedische-allgemeine.de/politik/unsere-tueren-haben-zum-glueck-gehalten/, zuletzt aufgerufen am 07.08.2020.

22 Biermann, Kai, Luisa Hommerich, Yassin Musharbash und Karsten Polke-Majewski, Attentäter mordete aus Judenhass, in: zeit.de, 09.10.2019, siehe: https://www.zeit.de/gesellschaft/zeitgeschehen/2019-10/anschlag-halle-helmkamera-stream-einzeltaeter/, zuletzt aufgerufen am 07.08.2020.

23 Bovermann, Philipp und Joachim Käppner, Eine Stadt geht in Deckung, in: sueddeutsche.de, 09.10.2019, siehe: https://www.

sueddeutsche.de/politik/halle-synagoge-schuesse-1.4633708, zuletzt aufgerufen am 07.08.2020.

24 Ebd.

25 Jugendschutz.net, Bericht 2018/2019, Rechtsextremismus im Netz, in: jugendschutz.net, Dezember 2019, siehe: http://www.jugendschutz.net/fileadmin/download/pdf/Bericht_2018_2019_Rechtsextremismus_im_Netz.pdf, zuletzt aufgerufen am 08.08.2020.

26 vk.com ist ein soziales Netzwerk, das von Russland aus betrieben wird, mit angeblich 90 Millionen Mitgliedern.

27 Jugendschutz.net, Bericht 2018/2019, Rechtsextremismus im Netz, in: jugendschutz.net, Dezember 2019, siehe: http://www.jugendschutz.net/fileadmin/download/pdf/Bericht_2018_2019_Rechtsextremismus_im_Netz.pdf, zuletzt aufgerufen am 08.08.2020.

28 The United States, Department of Justice, Office of Public Affairs, Texas Man Charged with Federal Hate Crimes and Firearm Offenses Related to August 3, 2019, Mass-Shooting in El Paso, in: justice.gov, 06.02.2020, siehe: https://www.justice.gov/opa/pr/texas-man-charged-federal-hate-crimes-and-firearm-offenses-related-august-3-2019-mass, zuletzt aufgerufen am 07.08.2020.

29 Anschlagspläne von Stephan B. standen offenbar bereits im April fest, in: mdr.de, 19.07.2020, siehe: https://www.mdr.de/nachrichten/panorama/extremismus-experte-bei-kripo-live-ueber-attentaeter-selbstinterview-100.html, zuletzt aufgerufen am 07.08.2020.

30 Innenministerium des Landes Schleswig-Holstein, Verfassungsschutzbericht 2001, Gegen Extremismus von rechts und von links, Mai 2002, S. 21, siehe: https://www.frsh.de/fileadmin/pdf/behoerden/VsSH_01.pdf, zuletzt aufgerufen am 08.08.2020.

31 Berliner Polizistenmörder wieder frei, in: tagesspiegel.de, 17.02.2017, siehe: https://www.tagesspiegel.de/berlin/polizei-justiz/nach-19-jahren-haft-berliner-polizistenmoerder-wieder-frei/19358942.html, zuletzt aufgerufen am 07.08.2020.

32 Deutscher Bundestag, Beschlussempfehlung und Bericht des 2. Untersuchungsausschusses nach Artikel 44 des Grundgesetzes, Drucksache 17/14600, 22.08.2013, in: bundestag.de, siehe: https://dipbt.bundestag.de/dip21/btd/17/146/1714600.pdf, zuletzt aufgerufen am 07.08.2020.

33 »The Nailbomber«, in: bbc.uk, o.D., siehe: http://news.bbc.co.uk/hi/english/static/audio_video/programmes/panorama/transcripts/transcript_30_06_00.txt, zuletzt aufgerufen am 08.08.2020.

34 Deutscher Bundestag, Beschlussempfehlung und Bericht des 2. Untersuchungsausschusses nach Artikel 44 des Grundgesetzes, Druck-

sache 17/14600, 22. 08. 2013, in: bundestag.de, siehe: https://dipbt.bundestag.de/dip21/btd/17/146/1714600.pdf, zuletzt aufgerufen am 07.08.2020.

35 Müller, Uwe und Christian Schweppe, »Die NSU-Netzwerke existieren noch. Und formieren sich womöglich neu«, in: welt.de, 15.07.2020, siehe: https://www.welt.de/politik/deutschland/article211599883/Bundestagsvize-NSU-Netzwerke-formieren-sich-womoeglich-neu.html, zuletzt aufgerufen am 08.08.2020.

36 von Bebenburg, Pitt, »NSU 2.0«: Auch der hessische Innenminister Peter Beuth (CDU) erhält Drohschreiben, in: fr.de, 18.07.2020, siehe: https://www.fr.de/politik/polizei-deutschland-frankfurt-nsu-20-peter-beuth-linke-rechter-terror-zr-90008105.html, zuletzt aufgerufen am 07.08.2020.

37 Bundesministerium des Innern, für Bau und Heimat, Verfassungsschutzbericht 2019, Juli 2020, siehe: https://www.verfassungsschutz.de/de/download-manager/_vsbericht-2019.pdf, zuletzt aufgerufen am 08.08.2020.

38 Steffen, Tilmann, Neuer Behördenchef, neue Töne, in: zeit.de, 09.07.2020, siehe: https://www.zeit.de/politik/deutschland/2020-07/verfassungsschutzbericht-2019-extremismus-rechtsterrorismus-straftaten-zunahme, zuletzt aufgerufen am 07.08.2020.

39 Bundesministerium des Innern, für Bau und Heimat, Verfassungsschutzbericht 2019, Juli 2020, siehe: https://www.verfassungsschutz.de/de/download-manager/_vsbericht-2019.pdf, zuletzt aufgerufen am 08.08.2020.

40 Ebd.

41 Zu Deutsch etwa: Die Rückeroberung Deutschlands.

42 Bundesministerium des Innern, für Bau und Heimat, Verfassungsschutzbericht 2019, Juli 2020, siehe: https://www.verfassungsschutz.de/de/download-manager/_vsbericht-2019.pdf, zuletzt aufgerufen am 08.08.2020.

43 Ebner, Julia, Forscherin schleust sich bei Hasskommentatoren ein – und erlebt Erschreckendes, in: focus.de, 06.03.2018, siehe: https://www.focus.de/politik/experten/gastbeitrag-von-julia-ebner-hass-auf-knopfdruck-wenn-die-verbreitung-von-hass-computer-spiel-charakter-bekommt_id_8554382.html, zuletzt aufgerufen am 20.07.2020.

44 Davey, Jacob und Julia Ebner, The Fringe Insurgency, Connectivity, Convergence and Mainstreaming of the Extreme Right, in: isd-global.org, 2017, siehe: https://www.isdglobal.org/wp-content/up-

loads/2017/10/The-Fringe-Insurgency-221017.pdf, zuletzt aufgerufen am 08.08.2020.

45 Ebner, Julia, Forscherin schleust sich bei Hasskommentatoren ein – und erlebt Erschreckendes, in: focus.de, 06.03.2018, siehe: https://www.focus.de/politik/experten/gastbeitrag-von-julia-ebner-hass-auf-knopfdruck-wenn-die-verbreitung-von-hass-computerspiel-charakter-bekommt_id_8554382.html, zuletzt aufgerufen am 20.07.2020.

46 Davey, Jacob und Julia Ebner, The Fringe Insurgency, Connectivity, Convergence and Mainstreaming of the Extreme Right, in: isd-global.org, 2017, siehe: https://www.isdglobal.org/wp-content/uploads/2017/10/The-Fringe-Insurgency-221017.pdf, zuletzt aufgerufen am 08.08.2020.

47 Neudert, Lisa-Maria, Bence Kollanyi und Philip N. Howard, Junk News and Bots during the German Parliamentary Election: What are German Voters Sharing over Twitter?, in: comprop.uk, 19.09.2017, siehe: https://comprop.oii.ox.ac.uk/wp-content/uploads/sites/89/2017/09/ComProp_GermanElections_Sep2017v5.pdf, zuletzt aufgerufen am 07.08.2020.

48 Deutscher Bundestag, Ausschuss Digitale Agenda, »Resilienz von Demokratien im digitalen Zeitalter im Kontext der Europawahl«, von Lisa-Maria Neudert, in: bundestag.de, 10.04.2019, siehe: https://www.bundestag.de/resource/blob/634672/6d986e220f6551aba29c51e4bcc068a9/19-23-046-Neudert-data.pdf, zuletzt aufgerufen am 07.08.2020.

49 Jugendschutz.net, Bericht 2018/2019, Rechtsextremismus im Netz, in: jugendschutz.net, Dezember 2019, siehe: http://www.jugendschutz.net/fileadmin/download/pdf/Bericht_2018_2019_Rechtsextremismus_im_Netz.pdf, zuletzt aufgerufen am 08.08.2020.

50 Ebd.

51 Hoppenstedt, Max, »Diese Szene möchte sich als Elite gegenüber anderen Rechtsextremen fühlen«, in: sueddeutsche.de, 31.10.2019, siehe: https://www.sueddeutsche.de/digital/4chan-kiwifarms-8chan-meguca-imageboards-sind-ein-problem-fuer-ermittler-1.4661798, zuletzt aufgerufen am 07.08.2020.

52 Siehe: http://visitorsworth.com/www.4chan.org%26quot;%3Ewww.4chan.org, zuletzt aufgerufen am 07.08.2020.

53 Siehe: https://www.4chan.org/, zuletzt aufgerufen am 07.08.2020.

54 Jugendschutz.net, Bericht 2018/2019, Rechtsextremismus im Netz, in: jugendschutz.net, Dezember 2019, siehe: http://www.jugendschutz.net/fileadmin/download/pdf/Bericht_2018_2019_Rechtsextremismus_im_Netz.pdf, zuletzt aufgerufen am 08.08.2020.

55 Ebd.

56 DJV fordert Abschaffung, in: djv.de, 08.01.2018, siehe: https://www.djv.de/startseite/profil/der-djv/pressebereich-download/pressemitteilungen/detail/news-djv-fordert-abschaffung, zuletzt aufgerufen am 07.08.2020.

57 Reuter, Markus, Bundestag beschließt Netzwerkdurchsetzungsgesetz, in: netzpolitik.org, 30.06.2017, siehe: https://netzpolitik.org/2017/bundestag-beschliesst-netzwerkdurchsetzungsgesetz/, zuletzt aufgerufen am 07.08.2020.

58 Beisenherz, Mickey, Nazi-Kehrwoche bei Facebook, in: stern.de, 15.09.2015, siehe: https://www.stern.de/kultur/micky-beisenherz/micky-beisenherz–nazi-kehrwoche-bei-facebook-6451044.html, zuletzt aufgerufen am 07.08.2020.

59 Huber, Joachim und Alice Hasters, Facebook: »Kein Ort für Rassismus«, in: tagesspiegel.de, 27.08.2015, siehe: https://www.tagesspiegel.de/gesellschaft/medien/antwort-auf-brief-von-heiko-maas-facebook-kein-ort-fuer-rassismus/12238614.html, zuletzt aufgerufen am 07.08.2020.

60 Volksverhetzung: 25-Jähriger wegen Facebook-Post zu Geldstrafe verurteilt, in: stern.de, 30.05.2017, siehe: https://www.stern.de/panorama/stern-crime/volksverhetzung–25-jaehriger-wegen-facebook-post-zu-geldstrafe-verurteilt-6364972.html, zuletzt aufgerufen am 07.08.2020.

61 »Ohrfeige für Maas«: die Reaktionen auf den Facebook-»Arbeitskreis Hetze«, in: meedia.de, 15.09.2015, siehe: https://meedia.de/2015/09/15/ohrfeige-fuer-maas-die-reaktionen-auf-den-facebook-arbeitskreis-hetze, zuletzt aufgerufen am 07.08.2020.

62 Maas fordert härteres Vorgehen gegen »Fake News«, in: faz.net, 18.12.2016, siehe: https://www.faz.net/aktuell/politik/inland/soziale-medien-maas-fordert-haerteres-vorgehen-gegen-fake-news-14580653.html, zuletzt aufgerufen am 07.08.2020.

63 von Notz, Konstantin, Hass und Hetze im Netz oder Rechtsstaat?, in: handelsblatt.com, 18.12.2016, siehe: https://www.handelsblatt.com/politik/deutschland/hate-speech-fake-news-und-co-populistischen-scheindebatten-fuehren-uns-nicht-weiter/14993516-3.html, zuletzt aufgerufen am 07.08.2020.

64 Beuth, Patrick, Schluss mit Fakebook, in: zeit.de, 19.11.2016, siehe: https://www.zeit.de/digital/internet/2016-11/facebook-zuckerberg-massnahmen-gegen-fake-news, zuletzt aufgerufen am 07.08.2020.

65 Ammann, Thomas, Facebook: Die verstörenden Lösch-Vorgaben des

sozialen Netzwerks, in: stern.de, 24.05.2017, siehe: https://www.stern.de/digital/thomas-ammann/facebook–die-verstoerenden-loesch-vorgaben-des-sozialen-netzwerks-7466346.html, zuletzt aufgerufen am 08.08.2020.

66 Siehe: https://www.facebook.com/communitystandards/adult_nudity_sexual_activity, zuletzt aufgerufen am 07.08.2020.

67 Küchemann, Fridtjof, Wie Facebook sich ziert, in: faz.net, 22.05.2017, siehe: https://www.faz.net/aktuell/feuilleton/fake-news-hass-in-social-media-was-tut-facebook-dagegen-15028396.html, zuletzt aufgerufen am 20.07.2020.

68 Warnung vor Schnellschuss, in: reporter-ohne-grenzen.de, 17.05.2017, siehe: https://www.reporter-ohne-grenzen.de/pressemitteilungen/meldung/warnung-vor-schnellschuss, zuletzt aufgerufen am 07.08.2020.

69 Bundesministerium für Justiz und für Verbraucherschutz, Gesetz zur Verbesserung der Rechtsdurchsetzung in sozialen Netzwerken (Netzwerkdurchsetzungsgesetz – NetzDG), in: gesetze-im-internet.de, 01.09.2017, siehe: https://www.gesetze-im-internet.de/netzdg/BJNR335210017.html, zuletzt aufgerufen am 07.08.2020.

70 Bitkom zum Gesetz gegen Hasskriminalität, in: bitkom,org, 19.02.2020, siehe: https://www.bitkom.org/Presse/Presseinformation/Bitkom-zum-Gesetz-gegen-Hasskriminalitaet, zuletzt aufgerufen am 08.08.2020.

71 Richterbund rechnet mit 150 000 zusätzlichen Verfahren, in: lto.de, 27.01.2020, siehe: https://www.lto.de/recht/justiz/j/deutscher-richter-bund-gesetz-gegen-hasskriminalitaet-kraftakt-strafjustiz-150000-verfahren-400-neue-stellen/, zuletzt aufgerufen am 08.08.2020.

72 Holzki, Larissa und Sebastian Matthes, Facebook-Europachefin zu Werbeboykott: »Wir sind sehr, sehr alarmiert«, in: handelsblatt.com, 08.07.2020, siehe: https://www.handelsblatt.com/technik/it-internet/angelika-gifford-im-interview-facebook-europachefin-zu-werbeboykott-wir-sind-sehr-sehr-alarmiert/25984660.html, zuletzt aufgerufen am 08.08.2020.

73 Nach Schätzungen des US-Fernsehsenders CNBC.

74 Postinett, Axel, Facebook-Mitarbeiter protestieren mit digitalem Streik gegen Zuckerberg, in: handelsblatt.com, 02.06.2020, siehe: https://www.handelsblatt.com/technik/it-internet/streit-um-trump-aussagen-facebook-mitarbeiter-protestieren-mit-digitalem-streik-gegen-zuckerberg/25878798.html?ticket=ST-1752151-XzhtdmfAo-5a63UQRi9fF-ap6, zuletzt aufgerufen am 07.08.2020.

75 Facebook: Aktie bricht nach Werbeboykott ein – 56 Milliarden US-Dollar Verlust, in: stern.de, 29.06.2020, siehe: https://www.stern.de/wirtschaft/news/facebook–aktie-bricht-nach-werbeboykott-ein-–56-milliarden-us-dollar-verlust-9317968.html, zuletzt aufgerufen am 07.08.2020.
76 Facebook sperrt Konten rechtsextremer Gruppen, in: zeit.de, 01.07.2020, siehe: https://www.zeit.de/digital/internet/2020-06/facebook-sperrt-konten-rechtsextremes-netzwerk-boogaloo-bewegung, zuletzt aufgerufen am 07.08.2020.
77 Wong, Julia Carrie, Facebook removes Trump re-election ads that feature a Nazi symbol, in: theguardian.com, 18.06.2020, siehe: https://www.theguardian.com/technology/2020/jun/18/facebook-removes-trump-re-election-ads-that-feature-a-nazi-symbol, zuletzt aufgerufen am 07.08.2020.
78 Holzki, Larissa und Sebastian Matthes, Facebook-Europachefin zu Werbeboykott: »Wir sind sehr, sehr alarmiert«, in: handelsblatt.com, 08.07.2020, siehe: https://www.handelsblatt.com/technik/it-internet/angelika-gifford-im-interview-facebook-europachefin-zu-werbeboykott-wir-sind-sehr-sehr-alarmiert/25984660.html, zuletzt aufgerufen am 08.08.2020.

8. Planet Facebook

1 Wylie, Christopher, Mindf**k. Wie die Demokratie durch Social Media untergraben wird, Dumont, 2020.
2 Cadwalladr, Carole and Emma Graham-Harrison, Revealed: 50 million Facebook profiles harvested for Cambridge Analytica in major data breach, in: theguardian.com, 17.03.2018, siehe: https://www.theguardian.com/news/2018/mar/17/cambridge-analytica-facebook-influence-us-election, zuletzt aufgerufen am 08.08.2020.
3 Angriff auf die Demokratie, Wurde der Brexit gekauft?, in: zdf.de, 25.04.2019, siehe: https://www.zdf.de/dokumentation/zdfinfo-doku/angrifff-auf-die-demokratie-wurde-der-brexit-gekauft-100.html, zuletzt aufgerufen am 07.08.2020.
4 Interview mit Ronja Dittrich, in: Titel, Thesen, Temperamente, ARD, 26.05.20
5 Siehe: https://www.facebook.com/communitystandards/, zuletzt aufgerufen am 08.08.2020.
6 Siehe u. a. Tabak, Alan J., Hundreds Register for New Facebook Website, in: thecrimson.com, o. D., siehe: https://www.thecrimson.com/

article/2004/2/9/hundreds-register-for-new-facebook-website/, zuletzt aufgerufen am 08.08.2020.

7 Ebd.

8 Bamford, James, The Shadow Factory. The Ultra-Secret NSA from 9/11 to the Eavesdropping on America, Anchor, 2009.

9 Ebd.

10 Die Angaben sind der Studie »How much Information?« der University of San Diego entnommen.

11 Schallaböck, Jan, »Löscht die Daten!«, Kursbuch 177.

12 NSA greift milliardenfach Standortdaten von Handys ab, in: spiegel.de, 04.12.2013, siehe: https://www.spiegel.de/netzwelt/netzpolitik/washington-post-nsa-sammelt-milliardenfach-standortdaten-von-handys-a-937290.html, zuletzt aufgerufen am 07.08.2020.

13 Müller-Quade, Jörn, »Privatsphäre gesucht!« Kursbuch 177.

14 Ammann, Thomas und Stefan Aust, Die digitale Diktatur. Totalüberwachung, Datenmissbrauch, Cyberkrieg, 2016.

15 Biddle, Sam, Facebook Uses Artificial Intelligence to Predict Your Future Actions for Advertisers, Says Confidential Document, in: theintercept.com, 13.04.2018, siehe: https://theintercept.com/2018/04/13/facebook-advertising-data-artificial-intelligence-ai/, zuletzt aufgerufen am 08.08.2020.

16 Ebd.

17 Ebd.

18 Lobo, Sascha, Was wirklich hinter der massenhaften Überwachung steckt, in: spiegel.de, 02.07.2014, siehe: https://www.spiegel.de/netzwelt/netzpolitik/ueberwachung-und-kontrollwahn-dahinter-steckt-kybernetik-a-978704.html, zuletzt aufgerufen am 08.08.2020.

19 Ebd.

20 Sherr, Ian und Richard Nieva, Facebook's Zuckerberg: I started this place, I run it, I'm responsible, in: cnet.com, 05.04.2018, siehe: https://www.cnet.com/news/facebooks-zuckerberg-talking-privacy-after-cambridge-analytica/, zuletzt aufgerufen am 08.08.2020.

21 Pütz, Julian, Chronik der Entschuldigungen: Die Unglaubwürdigkeit des Mark Zuckerberg, in: netzpolitik.org, 12.04.2018, siehe: https://netzpolitik.org/2018/chronologie-der-entschuldigungen-die-unglaubwuerdigkeit-des-mark-zuckerberg/, zuletzt aufgerufen am 07.08.2020.

22 Poleshova, A., Umsatz von Facebook weltweit nach Segmenten in den Jahren von 2009 bis 2019, in: statista.com, 31.01.2020, siehe: https://de.statista.com/statistik/daten/studie/151159/umfrage/umsatz-von-

facebook-in-2009-nach-segmenten/, zuletzt aufgerufen am 08.08.2020.

23 Narayanan, Arvind und Vitaly Shmatikov, Robust De-anonymization of Large Sparse Datasets, siehe: https://www.cs.utexas.edu/~shmat/shmat_oak08netflix.pdf, zuletzt aufgerufen am 08.08.2020.

24 Facebooks Datenbestand, in: europe-v-facebook.org, o. D., siehe: http://www.europe-v-facebook.org/DE/Datenbestand/datenbestand.html, zuletzt aufgerufen am 07.08.2020.

25 Das Gespräch fand im Oktober 2019 statt.

26 Siehe: https://www.facebook.com/policy.php, zuletzt aufgerufen am 07.08.2020.

27 Cellan-Jones, Rory, Facebook explored unpicking personalities to target ads, in: bbc.com, 24.04.2018, siehe: https://www.bbc.com/news/technology-43869911, zuletzt aufgerufen am 07.08.2020.

28 Siehe: https://www.dataprotection.ie/en/about/senior-management-committee-organisational-structure, zuletzt aufgerufen am 08.08.2020.

29 EuGH erklärt Datenabkommen mit USA für ungültig, in: spiegel.de, 06.10.2015, siehe: https://www.spiegel.de/netzwelt/netzpolitik/europaeischer-gerichtshof-erklaert-safe-harbor-abkommen-fuer-ungueltig-a-1056366.html, zuletzt aufgerufen am 08.08.2020.

30 Siehe: https://twitter.com/maxschrems/status/1283675174156599296?ref_src=twsrc%5Etfw, zuletzt aufgerufen am 08.08.2020.

31 EU und USA wollen zum Datenschutz beraten, in: rp-online.de, 16.07.2020, siehe: https://rp-online.de/politik/ausland/eugh-urteil-privacy-shield-eu-und-usa-wollen-zum-datenschutz-beraten_aid-52224941, zuletzt aufgerufen am 14.09.2020.

32 Angwin, Julia, Surya Mattu und Terry Parris Jr., Facebook Doesn't Tell Users Everything It Really Knows About Them, in: propublica.org, 27.12.2016, siehe: https://www.propublica.org/article/facebook-doesnt-tell-users-everything-it-really-knows-about-them, zuletzt aufgerufen am 08.08.2020.

33 Ebd.

34 Siehe: https://www.propublica.org/datastore/dataset/facebook-ad-categories, zuletzt aufgerufen am 08.08.2020.

35 Exposed: Undercover secrets of Trump's data firm, in: channel4.com, 20.03.2018, siehe: https://www.channel4.com/news/exposed-undercover-secrets-of-donald-trump-data-firm-cambridge-analytica, zuletzt aufgerufen am 08.08.2020.

36 Ebd.

37 Ebd.

38 Cadwalladr, Carole, »I made Steve Bannon's psychological warfare tool«: meet the data war whistleblower, in: theguardian.com, 18.03.2018, siehe: https://www.theguardian.com/news/2018/mar/17/data-war-whistleblower-christopher-wylie-faceook-nix-bannon-trump, zuletzt aufgerufen am 08.08.2020.

39 Wylie, Christopher, Mindf**k. Wie die Demokratie durch Social Media untergraben wird, Dumont, 2020.

40 Ebd.

41 Ebd.

42 Ebd.

43 Ebd.

44 Green, Joshua, This Man Is the Most Dangerous Political Operative in America, in: Bloomberg.com, 08.10.2015, siehe: https://www.bloomberg.com/politics/graphics/2015-steve-bannon/, zuletzt aufgerufen am 08.08.2020.

45 Briegleb, Till, Zündeln am Weltenbrand, in: sueddeutsche.de, 09.07.2018, siehe: https://www.sueddeutsche.de/kultur/ehemaliger-trump-berater-zuendeln-am-weltenbrand-1.4045461, zuletzt aufgerufen am 08.08.2020.

46 Alt-Right, in: splcenter.org, o.D., siehe: https://www.splcenter.org/fighting-hate/extremist-files/ideology/alt-right, zuletzt aufgerufen am 08.08.2020.

47 Green, Joshua, This Man Is the Most Dangerous Political Operative in America, in: Bloomberg.com, 08.10.2015, siehe: https://www.bloomberg.com/politics/graphics/2015-steve-bannon/, zuletzt aufgerufen am 08.08.2020.

48 Wylie, Christopher, Mindf**k. Wie die Demokratie durch Social Media untergraben wird, Dumont, 2020.

49 Ebd.

50 Matz, S.C., Michal W. Kosinski, G. Nave und D. J. Stillwell, Psychological Targeting as an Effective Approach to Digital Mass Persuasion, in: Stanford.edu, November 2017, siehe: https://www.gsb.stanford.edu/faculty-research/publications/psychological-targeting-effective-approach-digital-mass-persuasion, zuletzt aufgerufen am 08.08.2020.

51 Ebd.

52 Youyou, Wu, Michal Kosinski und David Stillwell, Computer-based personality judgments are more accurate than those made by

humans, in: pnas.org, 27.01.2015, siehe: https://www.pnas.org/content/112/4/1036, zuletzt aufgerufen am 08.08.2020.

53 Matz, S.C., Michal W. Kosinski, G. Nave und D.J. Stillwell, Psychological Targeting as an Effective Approach to Digital Mass Persuasion, in: Stanford.edu, November 2017, siehe: https://www.gsb.stanford.edu/faculty-research/publications/psychological-targeting-effective-approach-digital-mass-persuasion, zuletzt aufgerufen am 08.08.2020.

54 Andrews, Edmund L., The Science Behind Cambridge Analytica: Does Psychological Profiling Work?, in: stanford.edu, 12.04.2018, siehe: https://www.gsb.stanford.edu/insights/science-behind-cambridge-analytica-does-psychological-profiling-work, zuletzt aufgerufen am 07.08.2020.

55 Ebd.

56 Wylie, Christopher, Mindf**k. Wie die Demokratie durch Social Media untergraben wird, Dumont, 2020.

57 Cadwalladr, Carole und Emma Graham-Harrison, Revealed: 50 million Facebook profiles harvested for Cambridge Analytica in major data breach, in: theguardian.com, 17.03.2018, siehe: https://www.theguardian.com/news/2018/mar/17/cambridge-analytica-facebook-influence-us-election, zuletzt aufgerufen am 08.08.2020.

58 Kogan, Aleksandr, Written evidence, in: parliament.uk, 16.03.2018, siehe: https://www.parliament.uk/documents/commons-committees/culture-media-and-sport/Written-evidence-Aleksandr-Kogan.pdf, zuletzt aufgerufen am 08.08.2020.

59 Grassegger, Hannes und Mikael Krogerus, Diese Firma weiss, was Sie denken, in: tagesanzeiger.ch, 04.12.2016, siehe: https://www.tagesanzeiger.ch/ausland/amerika/diese-firma-weiss-was-sie-denken/story/25805157, zuletzt aufgerufen am 08.08.2020.

60 Zuckerberg, Mark, Bringing the World Closer Together, in: facebook.com, 22.06.2017, siehe: https://www.facebook.com/notes/mark-zuckerberg/bringing-the-world-closer-together/10154944663901634/, zuletzt aufgerufen am 08.08.2020.

61 Wylie, Christopher, Mindf**k. Wie die Demokratie durch Social Media untergraben wird, Dumont, 2020.

62 Grassegger, Hannes und Mikael Krogerus, Diese Firma weiss, was Sie denken, in: tagesanzeiger.ch, 04.12.2016, siehe: https://www.tagesanzeiger.ch/ausland/amerika/diese-firma-weiss-was-sie-denken/story/25805157, zuletzt aufgerufen am 08.08.2020.

63 Ebd.

64 The Data Gurus Who Anticipated the Election Result, in:

ca-political.com, 11.11.2016, siehe: https://ca-political.com/news/ca-data-gurus-who-anticipated-election-result, zuletzt aufgerufen am 07.08.2020.

65 Solon, Olivia, Facebook's fake news: Mark Zuckerberg rejects »crazy idea« that it swayed voters, in: theguardian.com, 11.11.2016, siehe: https://www.theguardian.com/technology/2016/nov/10/facebook-fake-news-us-election-mark-zuckerberg-donald-trump, zuletzt aufgerufen am 08.08.2020.

9. Trump, Fake News und die russischen Trolle

1 Siehe: https://www.facebook.com/zuck/posts/10104380170714571, zuletzt aufgerufen am 08.08.2020.

2 Ebd.

3 Siehe: https://about.fb.com/news/2018/03/suspending-cambridge-analytica/, zuletzt aufgerufen am 07.08.2020.

4 Siehe: https://twitter.com/chrisinsilico, Tweet vom 18. März 2018.

5 Wylie, Christopher, Mindf**k. Wie die Demokratie durch Social Media untergraben wird, Dumont, 2020.

6 Siehe: https://www.parliament.uk/documents/commons-committees/culture-media-and-sport/180320%20Chair%20to%20Mark%20Zuckerberg%20re%20oral%20evidence.pdf, zuletzt aufgerufen am 08.08.2020.

7 Martineau, Paris, Russia's Disinformation War Is Just Getting Started, in: wired.com, 10.08.2019, siehe: https://www.wired.com/story/russias-disinformation-war-is-just-getting-started/, zuletzt aufgerufen am 07.08.2020.

8 Zuckerberg, Mark, Testimony: Senators Question Facebook's Commitment to Privacy, in: nytimes.com, 10.04.2018, siehe: https://www.nytimes.com/2018/04/10/us/politics/mark-zuckerberg-testimony.html, zuletzt aufgerufen am 08.08.2020.

9 Ebd.

10 Ebd.

11 Leonnig, Carol D., Tom Hamburger und Rosalind S. Helderman, Russian firm tied to pro-Kremlin propaganda advertised on Facebook during election, in: washingtonpost.com, 06.09.2017, siehe: https://www.washingtonpost.com/politics/facebook-says-it-sold-political-ads-to-russian-company-during-2016-election/2017/09/06/32f01fd2-931e-11e7-89fa-bb822a46da5b_story.html, zuletzt aufgerufen am 07.08.2020.

12 Siehe: https://about.fb.com/news/2017/09/information-operations-update/, zuletzt aufgerufen am 08.08.2020.
13 Ebd.
14 Poulsen, Kevin, Spencer Ackerman und Ben Collins, Russia's Facebook Fake News Could Have Reached 70 Million Americans, in: thedailybeast.com, 11.09.2017, siehe: https://www.thedailybeast.com/russias-facebook-fake-news-could-have-reached-70-million-americans, zuletzt aufgerufen am 08.08.2020.
15 Bertoni, Steven, Exclusive Interview: How Jared Kushner Won Trump The White House, in: forbes.com, 22.11.2016, siehe: https://www.forbes.com/sites/stevenbertoni/2016/11/22/exclusive-interview-how-jared-kushner-won-trump-the-white-house/#40b1f2c23af6, zuletzt aufgerufen am 27.07.2020.
16 Ebd.
17 Ebd.
18 Anklage siehe unter: https://www.justice.gov/sco, zuletzt aufgerufen am 08.08.2020.
19 Smith, Chris, Did Jared Kushner's Data Operation Help Select Facebook Targets for the Russians?, in: vanityfair.com, 15.09.2017, siehe: https://www.vanityfair.com/news/2017/09/jared-kushner-data-operation-russia-facebook, zuletzt aufgerufen am 08.08.2020.
20 Ebd.
21 Silverman, Craig, Facebook Made This Sketchy Website's Fake Story A Top Trending Topic, in: buzzfeednews.com, 29.08.2016, siehe: https://www.buzzfeednews.com/article/craigsilverman/a-site-that-facebook-made-a-top-trending-topic-is-a-sketchy, zuletzt aufgerufen am 07.08.2020.
22 Bush, Barbara, »I don't know how women can vote for Trump«, in: youtube.com, 04.02.2016, siehe: https://www.youtube.com/watch?v=8CxH2iHVWUg, zuletzt aufgerufen am 07.08.2020.
23 Gramlich, John, 10 facts about Americans and Facebook, in: pewresearch.org, 16.05.2019, siehe: https://www.pewresearch.org/fact-tank/2019/05/16/facts-about-americans-and-facebook/, zuletzt aufgerufen am 08.08.2020.
24 Ebd.
25 Balzli, Peter, Wo der Papst Trump wählt und Hillary Clinton pädophil ist, in: srf.ch, 26.10.2018, siehe: https://www.srf.ch/kultur/gesellschaft-religion/welthauptstadt-der-luegen-wo-der-papst-trump-waehlt-und-hillary-clinton-paedophil-ist, zuletzt aufgerufen am 27.07.2020.
26 Silverman, Craig und Lawrence Alexander, How Teens In The Balkans

Are Duping Trump Supporters With Fake News, in: buzzfeednews.com, 03.11.2016, siehe: https://www.buzzfeednews.com/article/craigsilverman/how-macedonia-became-a-global-hub-for-pro-trump-misinfo, zuletzt aufgerufen am 08.08.2020.

27 Ebd.

28 Balzli, Peter, Wo der Papst Trump wählt und Hillary Clinton pädophil ist, in: srf.ch, 26.10.2018, siehe: https://www.srf.ch/kultur/gesellschaft-religion/welthauptstadt-der-luegen-wo-der-papst-trump-waehlt-und-hillary-clinton-paedophil-ist, zuletzt aufgerufen am 27.07.2020.

29 Tynan, Dan, How Facebook powers money machines for obscure political »news« sites, in: theguardian.con, 24.08.2016, siehe: https://www.theguardian.com/technology/2016/aug/24/facebook-clickbait-political-news-sites-us-election-trump, zuletzt aufgerufen am 07.08.2020.

30 Silverman, Craig und Lawrence Alexander, How Teens In The Balkans Are Duping Trump Supporters With Fake News, in: buzzfeednews.com, 03.11.2016, siehe: https://www.buzzfeednews.com/article/craigsilverman/how-macedonia-became-a-global-hub-for-pro-trump-misinfo, zuletzt aufgerufen am 08.08.2020.

31 Balzli, Peter, Wo der Papst Trump wählt und Hillary Clinton pädophil ist, in: srf.ch, 26.10.2018, siehe: https://www.srf.ch/kultur/gesellschaft-religion/welthauptstadt-der-luegen-wo-der-papst-trump-waehlt-und-hillary-clinton-paedophil-ist, zuletzt aufgerufen am 27.07.2020.

32 Ebd.

33 Ebd.

34 Siehe: https://www.justice.gov/file/1035477/download, zuletzt aufgerufen am 08.08.2020.

35 Biermann, Kai, Luisa Hommerich, Andreas Loos, Yassin Musharbash, Holger Stark und Sascha Venohr, Die Scharfmacher, in: zeit.de, 15.05.2019, siehe: https://www.zeit.de/2019/21/russland-trolle-twitter-europawahl-daten-manipulation/, zuletzt aufgerufen am 08.08.2020.

36 Intelligence Report on Russian Hacking, in: nytimes.com, 06.01.2017, siehe: https://www.nytimes.com/interactive/2017/01/06/us/politics/document-russia-hacking-report-intelligence-agencies.html, zuletzt aufgerufen am 08.08.2020.

37 Personas bezeichnen in diesem Fall fiktive Mitglieder mit einer gefälschten Biografie und einem gefälschten Freundeskreis.

38 Siehe: https://www.justice.gov/file/1035477/download, zuletzt aufgerufen am 07.08.2020.

39 Ebd.

40 Ebd.

41 Ebd.
42 Ein zynisches Wortspiel aus »Killer« (Mörder) und »Hillary«.
43 Ebd.
44 Ebd.
45 Poulsen, Kevin, Spencer Ackerman, Ben Collins und Gideon Resnick, Exclusive: Russians Appear to Use Facebook to Push Trump Rallies in 17 U.S. Cities, in: thedailybeast.com, 25.09.2017, siehe: https://www.thedailybeast.com/russians-appear-to-use-facebook-to-push-pro-trump-flash-mobs-in-florida, zuletzt aufgerufen am 08.08.2020.
46 Rutenberg, Jim, Media's Next Challenge: Overcoming the Threat of Fake News, in: nytimes.com, 06.11.2016, siehe: https://www.nytimes.com/2016/11/07/business/media/medias-next-challenge-overcoming-the-threat-of-fake-news.html?src=busln&_r=1, zuletzt aufgerufen am 08.08.2020.
47 Siehe: https://intelligence.house.gov/uploadedfiles/exhibit_b.pdf, zuletzt aufgerufen am 08.08.2020.
48 Gadde, Vijaya und Yoel Roth, Enabling further research of information operations on Twitter, in: twitter.com, 17.10.2018, siehe: https://blog.twitter.com/official/en_us/topics/company/2018/enabling-further-research-of-information-operations-on-twitter.html, zuletzt aufgerufen am 08.08.2020.
49 Starbird, Kate, The Surprising Nuance Behind the Russian Troll Strategy, in: medium.com, 20.10.2018, siehe https://medium.com/s/story/the-trolls-within-how-russian-information-operations-infiltrated-online-communities-691fb969b9e4, zuletzt aufgerufen am 08.08.2020.
50 Ebd.
51 Frier, Sarah, Trump's Campaign Said It Was Better at Facebook. Facebook Agrees, in: bloomberg.com, 03.04.2018, siehe: https://www.bloomberg.com/news/articles/2018-04-03/trump-s-campaign-said-it-was-better-at-facebook-facebook-agrees, zuletzt aufgerufen am 08.08.2020.
52 Ebd.
53 Howard, Philip N., Bharath Ganesh, Dimitra Liotsiou, John Kelly und Camille François, The IRA, Social Media and Political Polarization in the United States, 2012–2018, in: comprop.uk, 17.12.2018, siehe: https://comprop.oii.ox.ac.uk/research/ira-political-polarization/, zuletzt aufgerufen am 08.08.2020.
54 Ebd.
55 Ebd.

56 Ebd.
57 Ebd.
58 Frenkel, Sheera, Daisuke Wakabayashi and Kate Conger, Facebook, Twitter and YouTube Withheld Russia Data, Reports Say, in: nytimes.com, 17.12.2018, siehe: https://www.nytimes.com/2018/12/17/technology/tech-companies-russian-interference.html, zuletzt aufgerufen am 08.08.2020.
59 Mark Zuckerberg Testimony: Senators Question Facebook's Commitment to Privacy, in: nytimes.com, 10.04.2018, siehe: https://www.nytimes.com/2018/04/10/us/politics/mark-zuckerberg-testimony.html zuletzt aufgerufen am 07.08.2020.
60 Shane, Scott, LinkedIn Co-Founder Apologizes for Deception in Alabama Senate Race, in: nytimes.com, 26.12.2018, siehe: https://www.nytimes.com/2018/12/26/us/reid-hoffman-alabama-election-disinformation.html, zuletzt aufgerufen am 08.08.2020.
61 Ebd.
62 Ebd.
63 Ebd.
64 Wylie, Christopher, Mindf**k. Wie die Demokratie durch Social Media untergraben wird, Dumont, 2020.
65 Ebd.
66 Ammann, Thomas, Facebook-Skandal: So groß ist die dunkle Macht von Big Data, in: stern.de, 16.03.2018, siehe: https://www.stern.de/digital/thomas-ammann/der-facebook-skandal–so-gross-ist-die-dunkle-macht-von-big-data-7914770.html, zuletzt aufgerufen am 09.08.2020.
67 Schmehl, Karsten, Das sind 8 der erfolgreichsten Falschmeldungen auf Facebook 2018, in: buzzfeednews.com, 14.12.2018, siehe: https://www.buzzfeed.com/de/karstenschmehl/falschmeldungen-facebook-2018-fakes-luegen-fake-news, zuletzt aufgerufen am 08.08.2020.
68 Ebd.
69 Luef, Wolfgang, Der Untergang, in: sueddeutsche.de, 05.07.2018, siehe: https://sz-magazin.sueddeutsche.de/abschiedskolumne/seenotrettung-eu-fluechtlinge-85837, zuletzt aufgerufen am 07.08.2020.
70 Schmehl, Karsten, Das sind 8 der erfolgreichsten Falschmeldungen auf Facebook 2018, in: buzzfeednews.com, 14.12.2018, siehe: https://www.buzzfeed.com/de/karstenschmehl/falschmeldungen-facebook-2018-fakes-luegen-fake-news, zuletzt aufgerufen am 08.08.2020.
71 Mascolo, Georg und Nicolas Richter, So wappnet sich Deutschland gegen russische Hacker, in: sueddeutsche.de, 17.12.2016, siehe: https://www.sueddeutsche.de/politik/geheimdienste-so-wappnet-sich-

deutschland-gegen-russische-hacker-1.3297935, zuletzt aufgerufen am 07.08.2020.

72 Mayer, Verena, Fall Lisa endet mit Bewährung, in: sueddeutsche.de, 20.07.2016, siehe: https://www.sueddeutsche.de/panorama/urteil-in-berlin-fall-lisa-endet-mit-bewaehrung-1.3553054, zuletzt aufgerufen am 07.08.2020.

73 European Commission, Code of Practice on Disinformation, in: europa.eu, 26.09.2018, siehe: https://ec.europa.eu/digital-single-market/en/news/code-practice-disinformation, zuletzt aufgerufen am 08.08.2020.

74 European Commission, Verhaltenskodex zur Bekämpfung von Desinformation, in: europa.eu, 29.01.2019, siehe: https://ec.europa.eu/commission/news/code-practice-against-disinformation-2019-jan-29_de, zuletzt aufgerufen am 08.08.2020.

75 Ebd.

76 Siehe: https://www.justice.gov/file/1038801/download, zuletzt aufgerufen am 08.08.2020.

77 Siehe: https://twitter.com/realdonaldtrump/status/1281927265589309441, zuletzt aufgerufen am 07.08.2020.

78 Siehe: https://twitter.com/realDonaldTrump/status/1265255835124539392, zuletzt aufgerufen am 09.08.2020.

10. Die Krise der Glaubwürdigkeit

1 Siehe: https://twitter.com/realDonaldTrump/status/1265601611310739456, zuletzt aufgerufen am 30.07.2020.

2 Trump unterzeichnet Verfügung zur Reglementierung von Social Media, in: handelsblatt.com, 28.05.2020, siehe: https://www.handelsblatt.com/politik/international/nach-faktencheck-trump-unterzeichnet-verfuegung-zur-reglementierung-von-social-media/25871064.html, zuletzt aufgerufen am 30.07.2020.

3 Siehe: https://twitter.com/realDonaldTrump, zuletzt aufgerufen am 30.07.2020.

4 Kessler, Glenn, Salvador Rizzo und Meg Kelly, President Trump has made more than 20,000 false or misleading claims, in: washingtonpost.com, 13.07.2020, siehe: https://washingtonpost.com/politics/2020/07/13/president-trump-has-made-more-than-20000-false-or-misleading-claims/, zuletzt aufgerufen am 05.08.2020.

5 Siehe: https://twitter.com/realDonaldTrump/status/267286284182118400, zuletzt aufgerufen am 30.07.2020.

6 Trump unterzeichnet Verfügung zur Reglementierung von Social Media, in: handelsblatt.com, 28.05.2020, siehe: https://www.handelsblatt.com/politik/international/nach-faktencheck-trump-unterzeichnet-verfuegung-zur-reglementierung-von-social-media/25871064.html, zuletzt aufgerufen am 30.07.2020.
7 Hurtz, Simon, Trumps Rachefeldzug trifft das gesamte Netz, in: sueddeutsche.de, 29.05.2020, siehe: https://www.sueddeutsche.de/digital/trump-twitter-facebook-section-230-1.4922391, zuletzt aufgerufen am 05.08.2020.
8 Trump unterzeichnet Verfügung zur Reglementierung von Social Media, in: handelsblatt.com, 28.05.2020, siehe: https://www.handelsblatt.com/politik/international/nach-faktencheck-trump-unterzeichnet-verfuegung-zur-reglementierung-von-social-media/25871064.html, zuletzt aufgerufen am 30.07.2020.
9 Bose, Nandita und Diane Bartz, U.S. lawmakers accuse Big Tech of crushing rivals to boost profits, in: reuters.com, 29.07.2020, siehe: https://de.reuters.com/article/us-usa-tech-congress/pandemic-makes-big-tech-even-more-powerful-warns-top-u-s-antitrust-lawmaker-idUKKCN24U1FI, zuletzt aufgerufen am 05.08.2020.
10 Statement from the Press Secretary Regarding the Implementation of President Trump's Executive Order on Preventing Online Censorship, in: whitehouse.org, 29.07.2020, siehe: https://www.whitehouse.gov/briefings-statements/statement-press-secretary-regarding-implementation-president-trumps-executive-order-preventing-online-censorship/, zuletzt aufgerufen am 30.07.2020.
11 Demling, Alexander, Hans-Peter Siebenhaar und Christoph Kapalschinski, Tech-Anhörung in den USA bestärkt Regulierungspläne der EU, in: handelsblatt.com, 30.07.2020, siehe: https://www.handelsblatt.com/technik/it-internet/google-apple-facebook-und-amazon-tech-anhoerung-in-den-usa-bestaerkt-regulierungsplaene-der-eu/26052824.html, zuletzt aufgerufen am 30.07.2020.
12 Satariano, Adam, ›This Is a New Phase‹: Europe Shifts Tactics to Limit Tech's Power, in: nytimes.com, 30.07.2020, siehe: https://www.nytimes.com/2020/07/30/technology/europe-new-phase-tech-amazon-apple-facebook-google.html, zuletzt aufgerufen am 30.07.2020.
13 Döpfner, Mathias, Warum wir Google fürchten, in: faz.net, 16.04.2014, siehe: https://www.faz.net/aktuell/feuilleton/medien/mathias-doepfner-warum-wir-google-fuerchten-12897463.html/, zuletzt aufgerufen am 30.07.2020.

14 Siehe: https://www.alexa.com/siteinfo/, zuletzt aufgerufen am 30.07.2020.
15 Schröder, Thorsten, Die Werbesupermächte, in: zeit.de, 04.08.2016, siehe: https://www.zeit.de/wirtschaft/unternehmen/2016-08/facebook-google-werbung-daten-macht/, zuletzt aufgerufen am 30.07.2020.
16 Siehe: https://www.warc.com/content/paywall/article/warc-data/global_ad_trends_global_adspend_outlook/119719, zuletzt aufgerufen am 30.07.2020.
17 Facebook Reports Fourth Quarter and Full Year 2019 Results, in: fb.com, 29.01.2020, siehe: https://investor.fb.com/investor-news/press-release-details/2020/Facebook-Reports-Fourth-Quarter-and-Full-Year-2019-Results/default.aspx, zuletzt aufgerufen am 30.07.2020.
18 Schröder, Thorsten, Die Werbesupermächte, in: zeit.de, 04.08.2016, siehe: https://www.zeit.de/wirtschaft/unternehmen/2016-08/facebook-google-werbung-daten-macht/, zuletzt aufgerufen am 30.07.2020.
19 Ebd.
20 Dachwitz, Ingo, News Initiative: Wohin Googles Millionen für die Medien in Deutschland fließen, in: netzpolitik.org, 26.09.2018, siehe: https://netzpolitik.org/2018/news-initiative-wohin-googles-millionen-fuer-die-medien-in-deutschland-fliessen/, zuletzt aufgerufen am 02.08.2020.
21 Ebd.
22 Simon, Ulrike, »Grants nehmen wir nicht an«, in: horizont.net, 07.05.2015, siehe: https://www.horizont.net/medien/nachrichten/Springer-Boss-Doepfner-zu-Google-Grants-nehmen-wir-nicht-an-134275, zuletzt aufgerufen am 02.08.2020.
23 Google schließt erstmals Lizenzverträge mit Zeitungsverlagen ab, in: zeit.de, 25.06.2020, siehe: https://www.zeit.de/digital/internet/2020-06/google-news-lizenzvertraege-online-journalismus-inhalte, zuletzt aufgerufen am 02.08.2020.
24 Jäkel, Julia: Auf der grauen Seite der Macht, in: faz.net, 04.04.2017, siehe: https://www.faz.net/aktuell/feuilleton/debatten/julia-jaekel-ueber-facebook-und-die-medien-14955478.html, zuletzt aufgerufen am 30.07.2020.
25 Bialek, Catrin und Thomas Tuma, »Eine Krise der demokratischen Öffentlichkeit«, in: handelsblatt.com, 04.09.2017, siehe: https://www.handelsblatt.com/unternehmen/it-medien/gruner-jahr-chefin-julia-jaekel-eine-krise-der-demokratischen-oeffentlichkeit/20278490.html, zuletzt aufgerufen am 30.07.2020.
26 PwC, Ergebnisse: Bevölkerungsbefragung zur Nutzung von Online-

Medienangeboten, Januar 2019, siehe: https://www.pwc.de/de/technologie-medien-und-telekommunikation/pwc-befragung-nutzung-online-medienangebote.pdf, zuletzt aufgerufen am 30.07.2020.

27 PwC, Bevölkerungsbefragung: Social Bots und Fake News, August 2017, siehe: https://www.pwc.de/de/technologie-medien-und-telekommunikation/social-bots-berichtsband.pdf, zuletzt aufgerufen am 30.07.2020.

28 Scharrer, Jürgen, So nutzen die Deutschen klassische Medien und US-Plattformen wirklich, in: horizont.net, 19.02.2019, siehe: https://www.horizont.net/medien/nachrichten/wem-glauben-wir-was-so-nutzen-die-deutschen-klassische-medien-und-us-plattformen-wirklich-172992, zuletzt aufgerufen am 30.07.2020.

29 Ebd.

30 Buggisch, Christian, Social-Media-Netzwerke im Überblick: Wer hat welche Reichweite?, in: buchreport.de, 18.03.2020, siehe: https://www.buchreport.de/news/it-social-media-netzwerke-im-ueberblick-reichweite-2020/, zuletzt aufgerufen am 30.07.2020.

31 Beisch, Natalie, Wolfgang Koch und Carmen Schäfer, ARD/ZDF-Onlinestudie 2019: Mediale Internetnutzung und Video-on-Demand gewinnen weiter an Bedeutung, in: ard-zdf-onlinestudie.de, Sept. 2019, siehe: http://www.ard-zdf-onlinestudie.de/files/2019/0919_Beisch_Koch_Schaefer.pdf, zuletzt aufgerufen am 30.07.2020.

32 Scharrer, Jürgen, So nutzen die Deutschen klassische Medien und US-Plattformen wirklich, in: horizont.net, 19.02.2019, siehe: https://www.horizont.net/medien/nachrichten/wem-glauben-wir-was-so-nutzen-die-deutschen-klassische-medien-und-us-plattformen-wirklich-172992, zuletzt aufgerufen am 30.07.2020.

33 Newman, Nic, Journalism, Media, and Technology Trends and Predictions 2020, in: digitalnewsreport.org, Januar 2020, siehe: http://www.digitalnewsreport.org/publications/2020/journalism-media-and-technology-trends-and-predictions-2020/, zuletzt aufgerufen am 30.07.2020.

34 Ebd.

35 Ebd.

36 Siehe: https://medienvertrauen.uni-mainz.de/, zuletzt aufgerufen am 30.07.2020.

37 Ebd.

38 Johannes Gutenberg Universität Mainz, Forschungsergebnisse der Welle 2019, siehe: https://medienvertrauen.uni-mainz.de/forschungsergebnisse-der-welle-2019/, zuletzt aufgerufen am 02.08.2020.

39 Ebd.

40 Ebd.

41 Stimmenanteile der AfD bei den jeweils letzten Landtagswahlen in den Bundesländern bis Februar 2020, in: statista.com, 17.03.2020, siehe: https://de.statista.com/statistik/daten/studie/320946/umfrage/ergebnisse-der-afd-bei-den-landtagswahlen/, zuletzt aufgerufen am 07.08.2020.

42 Müller, Ann-Katrin, Ein rechter Saubermann, in: spiegel.de, 01.08.2020, siehe: https://www.spiegel.de/politik/deutschland/afd-chef-joerg-meuthen-und-seine-plaene-ein-rechter-saubermann-a-00000000-0002-0001-0000-000172270212, zuletzt aufgerufen am 05.08.2020.

43 Siehe: https://www.facebook.com/Bjoern.Hoecke.AfD/videos/737865906997289/, zuletzt aufgerufen am 04.08.2020.

44 Höcke in Zitaten, in: welt.de, 13.02.2017, siehe: https://www.welt.de/newsticker/dpa_nt/afxline/topthemen/hintergruende/article162043246/Bjoern-Hoecke-in-Zitaten.html, zuletzt aufgerufen am 04.08.2020.

45 Kamann, Matthias, Was Höcke mit der »Denkmal der Schande«-Rede bezweckt, in: welt.de, 18.01.2017, siehe: https://www.welt.de/politik/deutschland/article161286915/Was-Hoecke-mit-der-Denkmal-der-Schande-Rede-bezweckt.html, zuletzt aufgerufen am 04.08.2020.

46 Fiedler, Maria, AfD-»Flügel« ruft seine Anhänger zum »Widerstand« auf, in: tagesspiegel.de, 06.07.2019, siehe: https://www.tagesspiegel.de/politik/erkenntnisse-fuer-den-verfassungsschutz-afd-fluegel-ruft-seine-anhaenger-zum-widerstand-auf/24532722.html, zuletzt aufgerufen am 04.08.2020.

47 Ulrich, Andreas, Melanie Amann und Martin Knobbe, Diffamierend, antisemitisch, rassistisch, in: spiegel.de, 17.01.2019, siehe: https://www.spiegel.de/politik/deutschland/afd-verfassungsschutz-gutachten-nennt-partei-diffamierend-rassistisch-a-1248537.html, zuletzt aufgerufen am 04.08.2020.

48 Ebd.

49 Sternburg, Juri, Abgestumpft und ohnmächtig, in: taz.de, 17.07.2018, siehe: https://taz.de/Rechter-Diskurs-in-Mainstreammedien/!5522437/, zuletzt aufgerufen am 04.08.2020.

50 Interviewserie »Politik am See«: Andreas Kalbitz (AfD), in: rbb24.de, 05.07.2020, siehe: https://www.rbb24.de/politik/beitrag/2020/07/brandenburg-sommerinterview-kalbitz-afd.html, zuletzt aufgerufen am 04.08.2020.

51 Ebd.

52 RBB-Chef rechtfertigt umstrittenes Interview mit AfD-Mann Kalbitz, in: watson.de, 07.07.2020, siehe: https://www.watson.de/deutschland/exklusiv/233863738-rbb-chefredakteur-rechtfertigt-umstrittenes-interview-mit-afd-mann-kalbitz, zuletzt aufgerufen am 04.08.2020.

53 rbb-Chefredakteur: Kalbitz-Interview zeigt Mängel in der redaktionellen Zusammenarbeit, in: rbb24.de, 08.07.2020, siehe: https://www.rbb24.de/politik/beitrag/2020/07/rbb-interview-kalbitz-chefredakteur-singelnstein.html, zuletzt aufgerufen am 04.08.2020.

54 Ebd.

55 Sternburg, Juri, Abgestumpft und ohnmächtig, in: taz.de, 17.07.2018, siehe: https://taz.de/Rechter-Diskurs-in-Mainstreammedien/!5522437/, zuletzt aufgerufen am 04.08.2020.

56 Schmidt, Jan-Hinrik, Verbreitung, Aktivität und Informationsquellen. Twitter-Nutzung von Kandidierenden der Bundestagswahl 2017, in: Media Perspektiven, 12/2017, S. 616–629.

57 Ebd.

58 Vorndran, Matthias, Fans sind nicht automatisch Wähler, in: tagesschau.de, 08.09.2019, siehe: https://www.tagesschau.de/inland/btw17/parteien-facebook-101.html, zuletzt aufgerufen am 04.08.2020.

59 Gauland bezeichnet »Vogelschiss«-Äußerung als »politisch unklug«, in: welt.de, 09.06.2018, siehe: https://www.welt.de/politik/deutschland/article177262066/AfD-Chef-Gauland-bezeichnet-Vogelschiss-Aeusserung-als-politisch-unklug.html, zuletzt aufgerufen: 04.08.2020.

60 So funktioniert die Masche Gauland, in: pr-online.de, 04.06.2018, siehe: https://rp-online.de/politik/deutschland/so-funktioniert-die-masche-gauland-wirbel-um-vogelschiss-vergleich_aid-23197819, zuletzt aufgerufen am 04.08.2020.

61 »Ausgelassene Stimmung – Feiern weitgehend friedlich«, in: sueddeutsche.de, 07.01.2016, siehe: https://www.sueddeutsche.de/panorama/uebergriffe-in-koeln-ausgelassene-stimmung-feiern-weitgehend-friedlich-1.2806355, zuletzt aufgerufen am 04.08.2020.

62 Küpper, Moritz, Die Folgen einer Silvesternacht, in: deutschlandfunkkultur.de, 29.12.2016, siehe: https://www.deutschlandfunkkultur.de/koeln-die-folgen-einer-silvesternacht.1001.de.html?dram:article_id=375086, zuletzt aufgerufen am 04.08.2020.

63 Mehrheit hält die Zahl der Flüchtlinge nicht mehr für verkraftbar. Merkels Image leidet unter Flüchtlingskrise, SPD und Grüne im Minus, AfD im Plus, in: ZDF-Politbarometer, Oktober 2015, siehe:

https://www.presseportal.de/pm/7840/3143165, zuletzt aufgerufen am 04.08.2020.

64 Bielicki, Jan, Warum die Medien so spät über Köln berichteten, in: sueddeutsche.de, 17.01.2016, siehe: https://www.sueddeutsche.de/medien/uebergriffe-an-silvester-warum-die-medien-so-spaet-ueber-koeln-berichteten-1.2808386, zuletzt aufgerufen am 04.08.2020.

65 ZDF räumt »klare Fehleinschätzung« ein, in: spiegel.de, 06.01.2016, siehe: https://www.spiegel.de/panorama/gesellschaft/koeln-uebergriffe-an-silvester-zdf-raeumt-klare-fehleinschaetzung-ein-a-1070656.html, zuletzt aufgerufen am 04.08.2020.

66 Küpper, Moritz, Die Folgen einer Silvesternacht, in: deutschlandfunkkultur.de, 29.12.2016, siehe: https://www.deutschlandfunkkultur.de/koeln-die-folgen-einer-silvesternacht.1001.de.html?dram:article_id=375086, zuletzt aufgerufen am 04.08.2020.

67 Das Gespräch fand im Juli 2020 statt.

68 Rezo, Die Zerstörung der CDU, in: youtube.com, 18.05.2019, siehe: https://www.youtube.com/watch?v=4Y1lZQsyuSQ, zuletzt aufgerufen am 04.08.2020.

69 Ebd.

11. Interview mit Tonio Kröger

1 Gute Werbung zeigt die Schwächen eines Produkts schneller.

12. Das digitale Ich

1 Summary of the 2018 National Defense Strategy of the United States of America, siehe: https://dod.defense.gov/Portals/1/Documents/pubs/2018-National-Defense-Strategy-Summary.pdf, zuletzt aufgerufen am 10.08.2020.

2 National Security Strategy of the United States of America, Dezember 2017, siehe: https://www.whitehouse.gov/wp-content/uploads/2017/12/NSS-Final-12-18-2017-0905.pdf, zuletzt aufgerufen am 10.08.2020.

3 Firsching, Jan, TikTok Statistiken 2020: 800 Mio. Nutzer weltweit & Verweildauer von bis zu 53 Min. pro Tag, in: futurebiz.de, 10.02.2020, siehe: https://www.futurebiz.de/artikel/tiktok-statistiken-2019/, zuletzt aufgerufen am 20.08.2020.

4 Heide, Dana und Annett Meiritz, Die USA und China ringen im Streit um Tiktok um digitale Dominanz, in: handelsblatt.com, 03.08.2020, siehe: https://www.handelsblatt.com/politik/international/geopolitik-

die-usa-und-china-ringen-im-streit-um-tiktok-um-digitale-dominanz/26061552.html, zuletzt aufgerufen am 10.08.2020.

5 Trump macht Druck auf TikTok, in: tagesschau.de, 07.08.2020, siehe: https://www.tagesschau.de/ausland/trump-tik-tok-verfuegung-103.html, zuletzt aufgerufen am 10.08.2020.

6 Demling, Alexander, Anhörung im US-Kongress: Sechs harte Stunden für die Tech-Giganten, in: handelsblatt.com, 30.07.2020, siehe: https://www.handelsblatt.com/technik/it-internet/vorwurf-des-machtmissbrauchs-anhoerung-im-us-kongress-sechs-harte-stunden-fuer-die-tech-giganten/26049714.html, zuletzt aufgerufen am 10.08.2020.

7 China wirft den USA Einschüchterung vor, in: zeit.de, 04.08.2020, siehe: https://www.zeit.de/politik/ausland/2020-08/tiktok-china-usa-vorwurf-einschuechterung-donald-trump, zuletzt aufgerufen am 10.08.2020.

8 Ebd.

9 Lee, Felix, China schottet sein Internet weiter ab, in: taz.de, 30.01.2018, siehe: https://taz.de/Peking-verschaerft-Zensur/!5477920/, zuletzt aufgerufen am 10.08.2020.

10 Steingart, Gabor, Das Morning Briefing, in: gaborsteingart.com, 04.08.2020, siehe: https://news.gaborsteingart.com/online.php?u=fv1HT555786, zuletzt aufgerufen am 10.08.2020.

11 Ebd.

12 Leitel, Kerstin und Stephan Scheuer, Großbritannien schließt Huawei vom 5G-Ausbau aus, in: handelsblatt.com, 14.07.2020, siehe: https://www.handelsblatt.com/politik/international/netzwerkausruester-grossbritannien-schliesst-huawei-vom-5g-ausbau-aus/26003192.html, zuletzt aufgerufen am 10.08.2020.

13 Gerichtshof der Europäischen Union Urteil in der Rechtssache C-311/18, Data Protection Commissioner/Maximilian Schrems und Facebook Ireland, in: europa.eu, 16.07.2020, siehe: https://curia.europa.eu/jcms/upload/docs/application/pdf/2020-07/cp200091de.pdf, zuletzt aufgerufen am 10.08.2020.

14 Die Bundesregierung, Medien- und Kommunikationsbericht der Bundesregierung 2018, in: bundesregierung.de, siehe: https://www.bundesregierung.de/resource/blob/975226/1567556/8540f8c61e5e27-c287d591791aed160e/2019-01-09-medienbericht-breg-2018-politischer-teil-data.pdf, zuletzt aufgerufen am 10.08.2020.

15 Ulhass, Christoph, Digitale Souveränität: Hochrangige Projektgruppe legt Konzept einer European Public Sphere vor, in: acatech.de, 14.07.2020, siehe: https://www.acatech.de/allgemein/digitale-souve-

raenitaet-hochrangige-projektgruppe-legt-konzept-einer-european-public-sphere-vor/, zuletzt aufgerufen am 10.08.2020.

16 Afhüppe, Sven, Kirsten Ludowig und Paul-Bernhard Kallen, »Wir müssen eine eigene digitale Infrastruktur aufbauen«, in: handelsblatt.com, 03.08.2020, siehe: https://www.handelsblatt.com/unternehmen/it-medien/burda-chef-im-interview-paul-bernhard-kallen-wir-muessen-eine-eigene-digitale-infrastruktur-aufbauen/26059538.html, zuletzt aufgerufen am 10.08.2020.

17 Hoppe, Till, Pleite für Vestager: EU-Gericht annulliert Milliardenforderung gegen Apple, in: handelsblatt.com, 15.07.2020, siehe: https://www.handelsblatt.com/politik/international/rekord-steuernachzahlung-pleite-fuer-vestager-eu-gericht-annulliert-milliardenforderung-gegen-apple/25948834.html, zuletzt aufgerufen am 10.10.2020.

18 Afhüppe, Sven, Kirsten Ludowig und Paul-Bernhard Kallen, »Wir müssen eine eigene digitale Infrastruktur aufbauen«, in: handelsblatt.com, 03.08.2020, siehe: https://www.handelsblatt.com/unternehmen/it-medien/burda-chef-im-interview-paul-bernhard-kallen-wir-muessen-eine-eigene-digitale-infrastruktur-aufbauen/26059538.html, zuletzt aufgerufen am 10.08.2020.

19 Lanier, Jaron, Zehn Gründe, warum du deine Social Media Accounts sofort löschen musst, Hoffmann und Campe, S. 146.

20 Vor 30 Jahren: Protest gegen Volkszählung, in: bpb.de, 22.05.2017, siehe: https://www.bpb.de/politik/hintergrund-aktuell/248750/volkszaehlung-1987-22-05-2017, zuletzt aufgerufen am 10.10.2020.

21 Bundesverfassungsgericht, Leitsätze zum Urteil des Ersten Senats vom 15. Dezember 1983, in: bundesverfassungsgericht.de, 15.12.1983, siehe: https://www.bundesverfassungsgericht.de/SharedDocs/Entscheidungen/DE/1983/12/rs19831215_1bvr020983.html, zuletzt aufgerufen am 10.10.2020.

22 Reimann, Kristina, Bürgerprotest und Boykott-Initiativen, in: faz.net, 07.05.2011, siehe: https://www.faz.net/aktuell/politik/zensus-2011/volkszaehlung-1987-buergerprotest-und-boykott-initiativen-1636625.html, zuletzt aufgerufen am 10.10.2020.

23 Grimberg, Steffen, Fünf Milliarden Euro für die digitale Bildung, in: mdr.de, 30.04.2020, siehe: https://www.mdr.de/medien360g/medienwissen/digitalpakt-schule-100.html, zuletzt aufgerufen am 10.10.2020.

24 Milliarden für Schuldigitalisierung noch nicht angekommen, in: zeit.de, 30.08.2020, siehe: https://www.zeit.de/gesellschaft/schule/2020-08/

digitalpakt-schule-digitalisierung-unterricht-foerdergeld, zuletzt aufgerufen am 30.08.2020.

25 Pariser, Eli, Filter Bubble: Wie wir im Internet entmündigt werden, Hanser, S. 239.

26 Ebd., S. 248.

27 O'Neil, Cathy, Angriff der Algorithmen: Wie sie Wahlen manipulieren, Berufschancen zerstören und unsere Gesundheit gefährden, Hanser, S. 313.

28 Ebd.

29 Morozov, Evgeny, »Datenagenten in eigener Sache«, Kursbuch 177.

30 Lanier, Jaron, Zehn Gründe, warum du deine Social Media Accounts sofort löschen musst, Hoffmann und Campe, S. 146.

31 Pariser, Eli, Filter Bubble: Wie wir im Internet entmündigt werden, Hanser, S. 239.

32 Ebd.

33 Jahresbilanz der Pressefreiheit, Getötete, inhaftierte und entführte Journalistinnen und Journalisten 2019, in: reporter-ohne-grenzen.de, siehe: https://www.reporter-ohne-grenzen.de/jahresbilanz/2019, zuletzt aufgerufen am 10.10.2020.

Literaturverzeichnis

Appelbaum, Jacob, Julian Assange, Andy Müller-Maguhn et al., Cypherpunks: Unsere Freiheit und die Zukunft des Internets, Campus Verlag, 2013

Aust, Stefan und Thomas Ammann, Die digitale Diktatur: Totalüberwachung, Datenmissbrauch, Cyberkrieg, Ullstein, 2014

Aust, Stefan und Dirk Laabs, Heimatschutz: Der Staat und die Mordserie des NSU, Pantheon, 2014

Bauman, Zygmunt, Daten, Drohnen, Disziplin, Suhrkamp Verlag, 2013

Clarke, Richard A. und Robert A. Knake, World Wide War: Angriff aus dem Internet, Hoffmann und Campe, 2011

Greenwald, Glenn, Die globale Überwachung: Der Fall Snowden, die amerikanischen Geheimdienste und die Folgen, Knaur Taschenbuch, 2015

Hofstetter, Yvonne, Das Ende der Demokratie: Wie die künstliche Intelligenz die Politik übernimmt und uns entmündigt, C. Bertelsmann, 2018

Howard, Philipp N., Lie Machines, Yale University Press, 2020

Lamberty, Pia und Katharina Nocun, Fake Facts: Wie Verschwörungstheorien unser Denken bestimmen, Quadriga Verlag, 2020

Lanier, Jaron, Wem gehört die Zukunft?, Hoffmann und Campe, 2014

Lanier, Jaron, Zehn Gründe, warum du deine Social Media Accounts sofort löschen musst, Hoffmann und Campe, 2018

Marantz, Andrew, Antisocial: Online Extremists, Techno-Utopians, and the Hijacking of the American Conversation (English Edition), Kindle-Ausgabe, 2020

Morozov, Evgeny, Datenagenten in eigener Sache, in: Kursbuch 177, Privat 2.0, 2014

Müller-Quade, Jörn, »Privatsphäre gesucht!«, Kursbuch 177, Privat 2.0, 2014

Nocun, Katharina, Die Daten, die ich rief: Wie wir unsere Freiheit an Großkonzerne verkaufen, Lübbe, 2018

O'Neil, Cathy, Angriff der Algorithmen: Wie sie Wahlen manipulieren, Berufschancen zerstören und unsere Gesundheit gefährden, Hanser, 2017

Pariser, Eli, Filter Bubble: Wie wir im Internet entmündigt werden, Hanser, 2012

Pomerantsev, Peter, Das ist keine Propaganda: Wie unsere Wirklichkeit zertrümmert wird, DVA, 2020

Pörksen, Bernhard, Die große Gereiztheit: Wege aus der kollektiven Erregung, Hanser, 2018

Schallaböck, Jan, »Löscht die Daten!«, Kursbuch 177, Privat 2.0, 2014

Schink, Nena, Unfollow! Wie Instagram unser Leben zerstört, Eden Books, 2020

Schirrmacher, Frank, Payback: Warum wir im Informationszeitalter gezwungen sind zu tun, was wir nicht tun wollen, und wie wir die Kontrolle über unser Denken zurückgewinnen, Karl Blessing Verlag, 2010

Turkle, Sherry, Die Wunschmaschine: Vom Entstehen der Computerkultur, Rowohlt Verlag, 1991

Wylie, Christopher, Mindf*ck: Wie die Demokratie durch Social Media untergraben wird, DuMont Buchverlag, 2020

Mehr Bäume.
Weniger CO_2.
www.cpibooks.de/klimaneutral

MIX
Papier aus verantwortungsvollen Quellen
FSC® C083411
www.fsc.org